新时代高校财务理论研究

乔春华　著

东南大学出版社
SOUTHEAST UNIVERSITY PRESS
·南京·

内容提要

中国特色社会主义进入新时代,新时代高校财务必须牢牢立足社会主义初级阶段理论。新时代中国特色社会主义思想是高校财务的纲,新时代中国特色社会主义经济思想是高校财务的行动指南。新时代中国特色社会主义高校财务理论的基本特征是:坚持党对高校财务的领导,坚持马克思主义及其中国化理论的指导,坚持为民理财,坚持依法理财,坚持科学理财,坚持平安理财,坚持高校财务可持续发展。

2018 年 8 月 17 日,国务院办公厅发布的《关于进一步调整优化结构提高教育经费使用效益的意见》指出:"要把调结构、提效益作为当前和今后一段时期教育财务工作的主要方向。"因此,"调结构、提效益"是"十四五"期间高等教育财务工作的主要方向。

本书在详细分析高校经费结构中高校经费收入结构与支出结构的基础上阐述了高校经费收入结构与支出结构理论,并对调整高校经费收入结构与支出结构进行了探索;重点对高校经费绩效(高等教育质量和生师比)进行了分析,并对高校全面实施预算绩效管理特别是高校经费绩效评价进行了理论研究;总结了中国高校财务 70 年的历史经验与教训等。

图书在版编目(CIP)数据

新时代高校财务理论研究/乔春华著. —南京:
东南大学出版社,2020.12
ISBN 978 - 7 - 5641 - 9288 - 4

Ⅰ.①新… Ⅱ.①乔… Ⅲ.①高等学校—财务管理—研究—中国 Ⅳ.①G647.5

中国版本图书馆 CIP 数据核字(2020)第 246030 号

新时代高校财务理论研究

著 者	乔春华	
出版发行	东南大学出版社	
社 址	南京市四牌楼 2 号(邮编:210096)	
出 版 人	江建中	
经 销	全国各地新华书店	
印 刷	广东虎彩云印刷有限公司	
开 本	700mm×1 000mm 1/16	
印 张	22.25	
字 数	446 千字	
版 次	2020 年 12 月第 1 版	
印 次	2020 年 12 月第 1 次印刷	
书 号	ISBN 978 - 7 - 5641 - 9288 - 4	
定 价	98.00 元	

本社图书若有印装质量问题,请直接与营销部联系,电话:025 - 83791830。

前　言

我在《新中国高校财务 70 年》的"前言"中曾提及："对新中国高校财务领域中的理论研究,是在总结新中国高校财务 70 年经验与教训的基础上才能得出高校财务发展的规律性,该书作为本书的姊妹篇拟在明年出版的《高校财务理论研究》(暂定名)中阐述。"

习近平总书记指出："这是一个需要理论而且一定能够产生理论的时代,这是一个需要思想而且一定能够产生思想的时代。我们不能辜负了这个时代。"改革开放之后,我国进入了经济繁荣和社会进步的新时代,党的十八大以后,新时代又赋予了新的内涵,产生了新的理论和新的思想,需要总结和研究,高校财务领域亦是如此。《新时代高校财务理论研究》"新"在何处?

新时代中国特色社会主义思想是高校财务的纲,新时代中国特色社会主义经济思想是高校财务的行动指南,高校财务必须牢牢立足社会主义初级阶段理论。

2018 年 11 月 23 日,《教育部办公厅等四部门关于推动落实〈国务院办公厅关于进一步调整优化结构提高教育经费使用效益的意见〉的通知》指出："要把调结构、提效益作为当前和今后一段时期教育财务工作的主要方向。"本专著主要阐述了如何"调结构、提效益"。

党的十九大报告提出："全面实施绩效管理。"2018 年 9 月 1 日,中共中央、国务院颁发了《中共中央　国务院关于全面实施预算绩效管理的意见》;2018 年 11 月 8 日,财政部发布了《关于贯彻落实〈中共中央　国务院关于全面实施预算绩效管理的意见〉的通知》;2019 年 12 月 10 日,教育部发布了《教育部关于全面实施预算绩效管理的意见》。本专著还阐述了高校如何"预算绩效管理"。

党的十九大报告指出："加快一流大学和一流学科建设,实现高等教育内涵式发展。"本专著阐述了高等教育内涵式发展和高等教育"双一流"建设资金研究。

《增广贤文·上集》云："观今宜鉴古,无古不成今",本专著阐述了中国高校财务 70 年的历史经验。

在"不忘初心,牢记使命"的主题教育中,我在想："教授的使命是什么?"1922 年 2 月 16 日,马寅初给"孑民"(蔡元培)的信中写道："教授两字即英文之 professor,在外国非真有学问者,不得称教授,不料在中国竟为一群无耻之徒所盗用,何怪大学奄奄无生气也!"①潘懋元指出："大学教授要做学术文化传承和创新

---

① 王泽京.马寅初致蔡元培书函考释:非真有学问者,不得称教授[N].中国社会科学报,2019-04-08.

的引领者。"我做学问喜欢刨根究底,尽量搞清楚来龙去脉。《大学》开篇曰:"物有本末,事有终始,知所先后,则近道矣。"

一位哲人说过:"上天很吝啬,他只允许一个人一生只做好一件事。"30 年前我就立志只研究一个领域——高校财务。只有聚焦,才能发光。

梁启超曾评价曾国藩:"在并时诸贤杰中,称最钝拙。"曾国藩自称:"余性鲁钝。"但他坚信"有恒","行之有恒,实为人生第一大事"。麦克阿瑟天才奖获得者、美国华裔心理学家安吉拉·李·达科沃斯在 2016 年出版的专著《毅力:爱好和锲而不舍的力量》中认为,一个人能否成功的最重要因素,不是智商,不是情商,不是人脉,不是兴趣,不是勇气,不是长相,而是"Grit"——坚毅,即"永恒毅力",做一个长期主义者。安吉拉也认为:世界上聪明的人很多,你能想到的,别人也能想到,最终你能在聪明人中间赢,是因为你比别人更加坚毅。只有坚毅的长期主义者,才能成为时间的朋友。

日野原重明在《活好,我这样活到 105 岁》中指出:"生命存在于我们能够支配的时间里。"我不用微信,也不加朋友圈。微信就是群,有了群就少了自己支配的时间,我喜静,"宁静而致远,淡泊以明志"。《大学》曰:"定而后能静,静而后能安,安而后能虑,虑而后能得。"儒家、佛家、道家都认为:"静能生慧,静能开悟,静能正道。"

与"输在起跑线"相比,我更相信"输在最后一公里",即"行百里者半九十",抑或"谁笑在最后"。人生不是短跑,而是长跑,甚至是马拉松。人生"最终"能达到什么高度关键就在于最后的努力程度。为了探求真理,马克思在《政治经济学批判》序言中引用被恩格斯誉为新时代第一诗人但丁的诗——在科学的入口处,正像在地狱的入口处一样,必须提出这样的要求:"这里必须根绝一切犹豫;这里任何怯懦都无济于事。"马克思还指出:"在科学上没有平坦的大道,只有不畏劳苦沿着陡峭山路攀登的人,才有希望达到光辉的顶点。"

本书可作为高校财务理论工作者和实务工作者的参考书,也可供研究高校财务人员参考。

这部《新时代高校财务理论研究》是"安徽省高校管理大数据研究中心"智库研究项目成果之一。

在成书过程中得到东南大学出版社编辑同志的精准审阅,在此表示衷心感谢。

《新时代高校财务理论研究》因为"新时代"的"新",研究的主要是近 5 年的"新课题",还没有经过实践的充分检验,肯定有众多不成熟或谬误之处,敬请各位读者批评指正。又因为"新时代的高校财务理论"从横向讲涉及面较窄,从纵向看历史跨度较短,因此,还有的内容拟在明年出版的《高校财务基本理论研究》中阐述。

乔春华

2020 年 3 月

目　录

第一章　新时代中国特色社会主义思想是高校财务的纲

第一节　高校财务必须牢牢立足社会主义初级阶段理论

"新时代"是当今出现的"术语的革命"和"新话"。恩格斯在《资本论》第一卷英文版序言中指出:"一门科学提出的每一种新见解都包含这门科学的术语的革命。"①40年来,改革开放的丰富实践产生了"术语的革命",诸如"社会主义初级阶段""中国有特色的社会主义""社会主义市场经济"等等。这些"术语的革命"影响高校财务理论的深化与发展。邓小平认为,《中共中央关于经济体制改革的决定》提出的"社会主义经济是在公有制基础上的有计划的商品经济"观点,是马克思主义政治经济学的"新话"。②

一、研究社会主义初级阶段理论对高校财务的意义

(一) 初级阶段的理论是"理论"

在知网中学者对"初级阶段理论"的论述不计其数,但在官方文件中一般提法是"社会主义初级阶段的科学论断""社会主义初级阶段的基本路线和纲领""社会主义初级阶段的基本路线";而"初级阶段的理论"仅提到一次,1992年10月12日,党的十四大报告指出:"一九八七年召开了党的第十三次全国代表大会。这次大会的主要历史功绩,是比较系统地论述了我国社会主义初级阶段的理论,明确概括和全面阐发了党的'一个中心、两个基本点'的基本路线。"

(二) 研究社会主义初级阶段理论对高校财务的意义

1. 社会主义初级阶段的科学论断是研究高校财务领域内理论、制定高校财务领域内制度的重要基础

党的十三大报告指出:"正确认识我国社会现在所处的历史阶段,是建设有中国特色的社会主义的首要问题,是我们制定和执行正确的路线和政策的根本

---

① 马克思.资本论:第1卷[M].北京:人民出版社,1975:34.
② 邓小平.邓小平文选:第3卷[M].北京:人民出版社,1993:91.

依据。"

1987 年 3 月 21 日,十三大报告起草组把《关于草拟十三大报告大纲的设想》报给邓小平,这个设想说:"十三大报告全篇拟以社会主义初级阶段作为立论的根据。"邓小平 3 月 25 日批示:"这个设计好"。①

1987 年 8 月 29 日,邓小平在《一切从社会主义初级阶段的实际出发》一文中指出:"我们党的十三大要阐述中国社会主义是处在一个什么阶段,就是处在初级阶段,是初级阶段的社会主义。社会主义本身是共产主义的初级阶段,而我们中国处在社会主义的初级阶段,就是不发达阶段。一切都要从这个实际出发,根据这个实际来制定规划。"②

1997 年 5 月 29 日,江泽民在中央党校省部级干部进修班毕业典礼上的讲话中指出:"十一届三中全会以来,党正确地分析国情,作出了我国还处于社会主义初级阶段的科学论断。这是邓小平建设有中国特色社会主义理论的重要基础,是我们制定路线、方针、政策的根本出发点。"

胡锦涛在党的十七大报告中指出:"当前我国发展的阶段性特征,是社会主义初级阶段基本国情在新世纪新阶段的具体表现。强调认清社会主义初级阶段基本国情,不是要妄自菲薄、自甘落后,也不是要脱离实际、急于求成,而是要坚持把它作为推进改革、谋划发展的根本依据。"

胡锦涛在党的十八大报告中指出:"建设中国特色社会主义,总依据是社会主义初级阶段。"

2. 社会主义初级阶段是"最大国情"和"最大实际"

党的十五大报告指出:"十一届三中全会以来,党正确地分析国情,作出我国还处于社会主义初级阶段的科学论断。我们讲一切从实际出发,最大的实际就是中国现在处于并将长期处于社会主义初级阶段。"

党的十七大报告指出:"我国仍处于并将长期处于社会主义初级阶段的基本国情没有变,人民日益增长的物质文化需要同落后的社会生产之间的矛盾这一社会主要矛盾没有变。……我们必须始终保持清醒的头脑,立足社会主义初级阶段这个最大的实际。"

党的十八大报告指出:"我们必须清醒认识到,我国仍处于并将长期处于社会主义初级阶段的基本国情没有变,人民日益增长的物质文化需要同落后的社会生产之间的矛盾这一社会主要矛盾没有变,我国是世界最大发展中国家的国际地位没有变。在任何情况下都要牢牢把握社会主义初级阶段这个最大国情,推进任何方面的改革发展都要牢牢立足社会主义初级阶段这个最大实际。"

---

① 邓小平.邓小平文选:第 3 卷[M].北京:人民出版社,1993:注释 95,407.

② 邓小平.邓小平文选:第 3 卷[M].北京:人民出版社,1993:252.

2017 年 7 月 26 日,习近平在省部级主要领导干部专题研讨班上讲话中指出:"全党要牢牢把握社会主义初级阶段这个最大国情,牢牢立足社会主义初级阶段这个最大实际,更准确地把握我国社会主义初级阶段不断变化的特点。"

党的十九大报告指出:"必须认识到,我国社会主要矛盾的变化,没有改变我们对我国社会主义所处历史阶段的判断,我国仍处于并将长期处于社会主义初级阶段的基本国情没有变,我国是世界最大发展中国家的国际地位没有变。全党要牢牢把握社会主义初级阶段这个基本国情,牢牢立足社会主义初级阶段这个最大实际,牢牢坚持党的基本路线这个党和国家的生命线、人民的幸福线,领导和团结全国各族人民,以经济建设为中心,坚持四项基本原则,坚持改革开放,自力更生,艰苦创业,为把我国建设成为富强民主文明和谐美丽的社会主义现代化强国而奋斗。"

由此可知,我国仍处于并将长期处于社会主义初级阶段的"基本国情"没有变,推进任何方面的改革和发展必须牢牢把握社会主义初级阶段这个"最大国情",在任何情况下都要必须牢牢立足社会主义初级阶段这个"最大实际",社会主义初级阶段的理论是我们制定和执行正确的路线和政策的根本依据。高校财务领域内的改革和发展必须牢牢把握社会主义初级阶段这个"最大国情",高校财务领域内的理论研究在任何情况下都必须牢牢立足社会主义初级阶段这个"最大实际"。

早在民主革命时期,毛泽东就指出:"只有认清中国社会的性质,才能认清中国革命的对象、中国革命的任务、中国革命的动力、中国革命的性质、中国革命的前途和转变。所以,认清中国社会的性质,就是说,认清中国的国情,乃是认清一切革命问题的基本的根据。"[①]高校财务领域内的改革和发展必须牢牢把握社会主义初级阶段这个"最大国情",高校财务领域内的理论研究和制度制定必须从社会主义初级阶段的实际出发,牢牢把握社会主义初级阶段这个"最大国情"和牢牢立足社会主义初级阶段这个"最大实际"。只有这样,高校财务领域内的理论和制度才能指导实践,并接受实践的检验。因此,要先弄清楚社会主义初级阶段的来龙去脉和内涵。

二、社会主义初级阶段理论的发展沿革

(一) 马克思指的是"共产主义社会"而不是"社会主义社会"分为三个阶段

1875 年 4—5 月,马克思在《哥达纲领批判》中首次提出共产主义社会的两个发展阶段,马克思指出:"在资本主义社会和共产主义社会之间,有一个从前者变为后者的革命转变时期。同这个时期相适应的也有一个政治上的过渡时期……""我们这里所说的是这样的共产主义社会,它不是在它自身基础上已经发展了的,恰恰

---

① 毛泽东.毛泽东选集:第 2 卷[M].北京:人民出版社,1991:633.

相反,是刚刚从资本主义社会中产生出来的,因此它在各方面,在经济、道德和精神方面都还带着它脱胎出来的那个旧社会的痕迹。""在共产主义社会第一阶段,在它经过长久的阵痛刚刚从资本主义社会里产生出来的形态中,是不可避免的。权利永远不能超出社会的经济结构以及由经济结构所制约的社会的文化发展。在共产主义社会高级阶段上,在迫使人们奴隶般地服从分工的情形已经消失,从而脑力劳动和体力劳动的对立也随之消失之后;在劳动已经不仅仅是谋生的手段,而且本身成了生活的第一需要之后;在随着个人的全面发展生产力也增长起来,而集体财富的一切源泉都充分涌流之后,——只有在那个时候,才能完全超出资产阶级法权的狭隘眼界,社会才能在自己的旗帜上写上:各尽所能,按需分配!"①

马克思这里指的是"共产主义社会第一阶段"和"共产主义社会高级阶段",而"过渡时期"是"资本主义社会和共产主义社会之间"的一个阶段,因此,后资本主义社会应分为"资本主义社会和共产主义社会之间的过渡时期""共产主义社会第一阶段"和"共产主义社会高级阶段"三个阶段。

(二) 列宁区分了"共产主义社会"和"社会主义社会"

列宁继承了马克思恩格斯关于未来社会主义的思想,第一次把共产主义社会区分为"社会主义社会"和"共产主义社会"两个阶段。

1. 列宁指的"共产主义社会的第一阶段"是"社会主义"或"共产主义的低级阶段"

1917年,列宁在《国家与革命》一文的第五章中,在阐述"从资本主义到共产主义的过渡"时仍提出"共产主义社会的第一阶段"和"共产主义社会的高级阶段"。

列宁在《国家与革命》中指出:"社会主义同共产主义在科学上的差别是很明显的。通常所说的社会主义,马克思把它称作共产主义社会的'第一'阶段或低级阶段。"②

2. 列宁认为共产主义分为"最初阶段""低级阶段""中级阶段"和"高级阶段"

(1)"低级阶段"的"最初阶段"

1920年,列宁在《共产主义运动中的"左派"幼稚病》中指出:"我们在俄国(推翻资产阶级后的第三年)还刚处在从资本主义向社会主义即向共产主义低级阶段过渡的最初阶段,阶级还存在,而且在任何地方,在无产阶级夺取政权之后都还要存在好多年。"③

(2)分为"低级阶段""中级阶段"和"最高阶段"

列宁在《共产主义运动中的"左派"幼稚病》一书中指出:"从共产主义的观点看来,否认党性就意味着不是从资本主义崩溃的前夜(在德国)跃进到共产主义的低

---

① 中共中央马克思恩格斯列宁斯大林著作编译局.马克思恩格斯选集:第3卷[M].北京:人民出版社,1972:12.

② 中共中央马克思恩格斯列宁斯大林著作编译局.列宁选集:第3卷[M].北京:人民出版社,1995:199-200.

③ 列宁.列宁全集:第39卷[M].2版.北京:人民出版社,1985:24.

级阶段,跃进到中级阶段,而是跃进到共产主义的最高阶段。"①列宁这里所说的低级阶段和中级阶段显然是针对社会主义社会而言的。

列宁指出:"现在我们正经历着一个由资本主义到社会主义的最困难和最痛苦的过渡时期,这个时期在一切国家里都必须是很长的,我再说一遍,这是因为被压迫阶级的每一个胜利都会引起压迫者一次又一次的反抗和推翻被压迫阶级政权的活动。"②列宁认为,"过渡时期"这一概念是指:"从资本主义过渡到社会主义,即过渡到共产主义的低级阶段。"③

3. 列宁对"社会主义社会"阶段划分为"社会主义的初级形式"和"发达的社会主义社会"

(1)"共产主义"的概念是很遥远的

列宁指出:"……显然,对那些未彻底战胜资本主义刚采取最初步骤的人看来,'共产主义'的概念是很遥远的……如果把采取'共产主义'这个名称解释为现在正在实现共产主义制度,那就会是极大的歪曲,那就会带来胡乱吹嘘的实际害处。"④

列宁在谈到从资本主义过渡到社会主义时指出:"可能还会有许多艰苦的过渡阶段",过渡时期有"它的开始、继续和终了","目前我们俄国还只是处在由资本主义到社会主义过渡的第一阶段","我们刚刚开始走了第一步。我们不知道,而且也不可能知道,过渡到社会主义究竟还需要经过多少阶段"。⑤

列宁指出,决不能把"社会主义看成是一种僵死的、凝固的、一成不变的东西","至于人类会经过哪些阶段,通过哪些实际措施达到这个最高目的,那我们不知道,也不可能知道"。⑥

列宁指出:"怎样具体地从旧的、习惯了的、大家都熟悉的资本主义过渡到新的、还没有长出来的、还没有稳固基础的社会主义,却是一个最困难的任务。这一过渡在好的情况下也得要许多年。在这一时期内,我们的政策又要照顾到许多更小的过渡。我们担负的任务的全部困难、政策的全部困难和政策的全部艺术,就在于要估计到每一种这样的过渡的特殊任务。"⑦

1918 年 1 月,列宁指出:"我并不抱幻想,我知道我们才开始进入向社会主义过渡的时期,我们还没有达到社会主义。"⑧

1918 年 5 月,列宁在《论"左派"幼稚性和小资产阶级性》一文中,在论述到俄

① 中共中央马克思恩格斯列宁斯大林著作编译局.列宁选集:第 4 卷[M].北京:人民出版社,1995:200.
② 列宁.列宁全集:第 34 卷[M].北京:人民出版社,1985:414.
③ 中共中央马克思恩格斯列宁斯大林著作编译局.列宁选集:第 4 卷[M].北京:人民出版社,1995:200.
④ 中共中央马克思恩格斯列宁斯大林著作编译局.列宁选集:第 4 卷[M].北京:人民出版社,1995:112.
⑤ 列宁.列宁全集:第 27 卷[M].北京:人民出版社,1985:116,117,118.
⑥ 列宁.列宁全集:第 31 卷[M].北京:人民出版社,1985:95.
⑦ 列宁.列宁全集:第 30 卷[M].北京:人民出版社,1995:298.
⑧ 列宁.列宁全集:第 33 卷[M].2 版.北京:人民出版社,1985:271.

国处于"过渡"阶段时又指出:"看来,还没有一个专心研究俄国经济问题的人否认过这种经济的过渡性质。看来,也没有一个共产主义者否认过社会主义苏维埃共和国这个名称是表明苏维埃政权有决心实现向社会主义的过渡,而绝不是表明新的经济制度就是社会主义制度。"①

(2)"社会主义的砖头现在还没有烧好"和"社会主义的幼芽还很嫩弱"

1918年3月,列宁指出:"建设社会主义的砖头现在还没有烧好。我们不能再多说什么,而应当尽量谨慎和精确。"②

列宁在《关于星期六义务劳动》一文中指出:"我们在剥夺了地主资本家以后,只获得了建设初级形式的社会主义的可能性,但是这里还丝毫没有共产主义的东西。拿我国目前的经济来看,我们就能看出,这里社会主义的幼芽还很嫩弱。"③

(3)"初级形式的社会主义"还是"社会主义的初级形式"

列宁在《列宁全集》中文第1版中指出:"我们在剥夺了地主资本家以后,只获得了建设初级形式的社会主义的可能性,但是这里还丝毫没有共产主义的东西。"④

列宁在《列宁全集》中文第2版中却改译为:"我们在剥夺了地主资本家以后,只获得了建立社会主义那些最初级形式的可能,但是这里还丝毫没有共产主义的东西,拿我国目前的经济来看,我们就能看出,这里社会主义的幼芽还很嫩弱,旧的经济形式还占很大的支配地位,这表现在小规模经营占优势,还表现在最厉害最猖獗的投机倒把活动上。"⑤但《列宁选集》在校译时却没更正。

4. 列宁提出"发达的社会主义社会"和"完备形式的社会主义"

(1)"发达的社会主义社会"

1920年2月2日,列宁在第七届全俄中央执行委员会第一次会议上做的关于全俄中央执行委员会和人民委员会工作的报告中指出:"怎样设想一个发达的社会主义社会,这也不困难。这也已经解决了。但是,怎样实际地从旧的、习惯了的、大家都熟悉的资本主义向新的、还没有产生的、没有牢固基础的社会主义过渡,却是一个最困难的任务。这一过渡搞得好也需要许多年。"⑥

1920年3月,莫斯科省委提交俄共(布)第九次代表大会的提纲写道:"在发达的社会主义社会里,社会分工和把人们束缚于一定职业的现象将会消失。"⑦

---

① 列宁.列宁全集:第34卷[M].2版.北京:人民出版社,1985:275.
② 列宁.列宁全集:第34卷[M].2版.北京:人民出版社,1985:61.
③ 中共中央马克思恩格斯列宁斯大林著作编译局.列宁选集:第4卷[M].北京:人民出版社,1995:142.
④ 列宁.列宁全集:第30卷[M].1版.北京:人民出版社,1985:253.
⑤ 列宁.列宁全集:第38卷[M].2版.北京:人民出版社,1985:37.
⑥ 列宁.列宁全集:第38卷[M].北京:人民出版社,1986:113.
⑦ 列宁.列宁全集:第30卷[M].北京:人民出版社,1985:426.

列宁指出:"从已经是发达的社会主义社会的角度来看,让资产阶级知识分子获得比工人阶级优秀阶层高得多的劳动报酬,是根本不公平和不正确的。但是,在实际的现实的条件下……我们却必须通过付给资产阶级专家这种高得多的(不公平的)劳动报酬的办法来解决迫切的任务。"①

(2)"完备形式的社会主义"

1918 年 3 月,列宁在俄共(布)七大讨论修改党纲问题时指出:"要论述一下社会主义社会,我们还办不到;达到完备形式的社会主义会是个什么样子——这我们不知道,也无法说。"②

笔者梳理了马克思、列宁关于"社会主义发展阶段"的演变过程,这对于理解我国还处在"社会主义初级阶段"这个科学论断无疑是有益的。

(三) 新中国成立后改革开放前对"社会主义初级阶段理论"的探索

1. 革命胜利后一个相当长的时期内构成新民主主义的经济形态

1948 年 9 月 8—13 日,在中央政治局扩大会议(史称中共中央政治局"九月会议")上,毛泽东指出:"关于完成新民主主义到社会主义的过渡的准备,苏联是会帮助我们的,首先帮助我们发展经济。我国在经济上完成民族独立,还要一二十年时间。我们要努力发展经济,由发展新民主主义经济过渡到社会主义。"

毛泽东在党的七届二中全会的报告中指出:"由于这些,并由于中国经济现在还处在落后状态,在革命胜利以后一个相当长的时期内,还需要尽可能地利用城乡私人资本主义的积极性,以利于国民经济的向前发展。在这个时期内,一切不是于国民经济有害而是于国民经济有利的城乡资本主义成分,都应当容许其存在和发展。这不但是不可避免的,而且是经济上必要的。"③毛泽东对新民主主义的经济形态(由五种经济成分构成)进行了概括:"国营经济是社会主义性质的,合作社经济是半社会主义性质的,加上私人资本主义,加上个体经济,加上国家和私人合作的国家资本主义经济,这些就是人民共和国的几种主要的经济成分,这些就构成新民主主义的经济形态。"④

1953 年春,时任中央统战部部长的李维汉率领一个工作组,到武汉、南京、上海调查后发现新中国成立三年来国家资本主义已经有了相当的发展,提出"国家资本主义是改造资本主义工商业和逐步完成社会主义过渡的必经之路"⑤的科学论断。毛泽东高度重视这个报告,还专门打电话给李维汉,说要提交政治局会议讨

---

① 列宁.列宁全集:第34卷[M].北京:人民出版社,1985:129-130.

② 列宁.列宁全集:第34卷[M].2版.北京:人民出版社,1985:60.

③ 毛泽东.毛泽东选集:第4卷[M].北京:人民出版社,1991:1431.

④ 毛泽东.毛泽东选集:第4卷[M].北京:人民出版社,1991:1433.

⑤ 毛泽东.毛泽东文集:第6卷[M].北京:人民出版社,1999:291.

论。① 7月9日,毛泽东在全国财经会议的领导小组会议纪要第七号上的批语中指出:"这种新式国家资本主义经济是带着很大的社会主义性质的,是对工人和国家有利的。"② 7月29日,毛泽东在政治局会议上从多个角度论证了国家资本主义在社会主义改造中的地位和作用,提出"要有计划、有步骤、有准备地变私人资本主义为国家资本主义"。③ 9月7日,在同民主党派和工商界部分代表谈话中,毛泽东进一步肯定"国家资本主义是改造资本主义工商业和逐步完成社会主义过渡的必经之路"。④ 他还亲自召开工商界人士座谈会,教育"工商业者要掌握自己的命运"。⑤

2. 过渡时期需要18年,是"过渡到"还是"建成"社会主义社会

(1)"过渡到"社会主义社会

1952年9月,毛泽东在中共中央书记处一次会议上说:"我们现在就要开始用十年到十五年的时间基本上完成到社会主义的过渡,而不是十年或者以后才开始过渡。"10月,刘少奇在出访苏联期间给斯大林写信,就此征求斯大林的意见,斯大林表示肯定。

毛泽东在1953年6月15日中央政治局扩大会议上宣布了党在过渡时期的总路线:"从中华人民共和国成立,到社会主义改造基本完成,这是一个过渡时期。党在过渡时期的总路线和总任务,是要在十年到十五年或者更多一些时间内,基本上完成国家工业化和对农业、手工业、资本主义工商业的社会主义改造。"⑥

1953年12月,中共中央批转的中宣部《为动员一切力量把我国建设成为一个伟大的社会主义国家而斗争——关于党在过渡时期总路线的学习和宣传提纲》,设想用三个五年计划,加上国民经济恢复时期的三年,共十八年完成过渡。

1954年2月,党的七届四中全会正式批准了这条总路线。

(2)"建成"社会主义社会

1954年9月20日,第一届全国人民代表大会第一次会议通过的《中华人民共和国宪法》指出:"从中华人民共和国成立到社会主义社会建成,这是一个过渡时期。国家在过渡时期的总任务是逐步实现国家的社会主义工业化,逐步完成对农业、手工业和资本主义工商业的社会主义改造。"

1956年11月15日,毛泽东在中国共产党第八届中央委员会第二次全体会议讲话中指出:"本来的安排是用十八年时间基本完成所有制方面的社会主义改造,

---

① 李维汉. 回忆与研究(下)[M]. 中共党史资料出版社,1986:742.
② 毛泽东. 毛泽东选集:第5卷[M]. 北京:人民出版社,1977:65.
③ 毛泽东. 毛泽东文集:第6卷[M]. 北京:人民出版社,1999:289.
④ 毛泽东. 毛泽东文集:第6卷[M]. 北京:人民出版社,1999:291.
⑤ 毛泽东. 毛泽东文集:第6卷[M]. 北京:人民出版社,1999:488.
⑥ 中共中央文献研究室. 毛泽东传(1949—1976)(上)[M]. 北京:中央文献出版社,2003:253-254.

一促进就很快。"①结果到 1956 年底,基本完成对农业、手工业和资本主义工商业的社会主义改造。仅用四年时间完成了三个五年计划的任务,提前十一年。

(3)"进入"和"完成","建立"和"建成"社会主义是有区别的

1956 年 1 月 14 日至 20 日,毛泽东在中共中央召开的关于知识分子问题的会议上指出:"社会主义社会已经进入,但尚未完成。"这里,毛泽东将社会主义分为"进入"和"完成"两种状态。

1957 年 2 月 27 日,毛泽东在《关于正确处理人民内部矛盾的问题》中指出:"我国的社会主义制度还刚刚建立,还没有完全建成,还不完全巩固。"②这里,毛泽东将"建立"和"建成"社会主义作了严格区别。

3. 建成一个伟大的社会主义国家需要 50~100 年时间

(1)50 年

1954 年 6 月 14 日,毛泽东在中央人民政府委员会第三十次会议上关于《中华人民共和国宪法草案》的讲话中指出:"我们的总目标,是为建设一个伟大的社会主义国家而奋斗。我们是一个六亿人口的大国,要实现社会主义工业化,要实现农业的社会主义化、机械化,要建成一个伟大的社会主义国家,究竟需要多少时间?现在不讲死,大概是三个五年计划,即十五年左右,可以打下一个基础。到那时,是不是就很伟大了呢?不一定。我看,我们要建成一个伟大的社会主义国家,大概经过五十年即十个五年计划,就差不多了,就像个样子了,就同现在大不一样了。"③

1955 年 3 月 21 日,毛泽东在中国共产党全国代表会议的开幕词中指出:"在我们这样一个大国里面,情况是复杂的,国民经济原来又很落后,要建成社会主义社会,并不是轻而易举的事。我们可能经过三个五年计划建成社会主义社会,但要建成为一个强大的高度社会主义工业化的国家,就需要有几十年的艰苦努力,比如说,要有五十年的时间,即本世纪的整个下半世纪。"④

(2)50~75 年

1955 年 10 月 29 日,毛泽东在中共中央召开的关于工商业社会主义改造问题座谈会上明确指出:"我们的目标是要赶上美国,并且要超过美国。"还指出:"不是说赶上美国不要一百年吗?这个看法我也赞成。究竟要几十年,看大家努力,至少是五十年吧,也许七十五年,七十五年就是十五个五年计划。哪一天赶上美国,超过美国,我们才吐一口气。现在我们不像样子嘛,要受人欺负。我们这么大一个国家,吹起来牛皮很大,历史有几千年,地大物博,人口众多,但是一年才生产二百几十万吨钢,现在才开始造汽车,产量还很少,实在不像样子。所以,全国各界,包括

---

① 毛泽东.毛泽东选集:第 5 卷[M].北京:人民出版社,1977:315.

② 毛泽东.毛泽东选集:第 5 卷[M].北京:人民出版社,1977:374

③ 毛泽东.毛泽东文集:第 6 卷[M].北京:人民出版社,1999:329.

④ 毛泽东.毛泽东选集:第 5 卷[M].北京:人民出版社,1977:139.

工商界、各民主党派在内,都要努力,把我国建设成为一个富强的国家。我们在整个世界上应该有这个职责。世界上四个人中间就有我们一个人,这么不争气,那不行,我们一定要争这一口气。"①

1958年12月10日,党的八届六中全会通过的《关于人民公社若干问题的决议》指出:"由社会主义过渡到共产主义是一个相当长相当复杂的发展过程,而在这整个过程中,社会的性质仍然是社会主义的。社会主义社会和共产主义社会是经济上发展程度不同的两个阶段。"

1959年底1960年初,毛泽东指出:"在我们这样的国家,完成社会主义建设是一个艰巨的任务,建成社会主义不要讲得过早了。"

(2) 50～100年

1956年中共八大召开之后,毛泽东在会见列席中共八大的一个代表团时,讲到要使中国变成一个富强的社会主义国家,"需要五十年到一百年的时光"。

1956年9月,在会见前来参加中共八大的南斯拉夫共产主义者联盟代表团时,毛泽东又说:使中国变成富强的国家,需要50年到100年的时间。

1961年9月,毛泽东会见英国元帅蒙哥马利时说:"建设强大的社会主义经济,在中国,五十年不行,会要一百年,或者更多的时间。在你们国家,资本主义的发展,经过了好几百年。16世纪不算,那还是在中世纪。从17世纪到现在,已经有360多年。在我国,要建设起强大的社会主义经济,我估计要花100多年。"

1962年1月30日,毛泽东在扩大的中央工作会议上的讲话中指出:"社会主义和资本主义比较,有许多优越性,我们国家经济的发展,会比资本主义国家快得多。可是,中国的人口多、底子薄,经济落后,要使生产力很大地发展起来,要赶上和超过世界上最先进的资本主义国家,没有一百多年的时间,我看是不行的。也许只要几十年,例如有些人设想的五十年,就能做到。果然这样,谢天谢地,岂不甚好。但是我劝同志们宁肯把困难想得多一点,因而把时间设想得长一点。三百几十年建设了强大的资本主义经济,在我国,五十年内外到一百年内外,建设起强大的社会主义经济,那又有什么不好呢?"②

4. "社会主义初级阶段"的提出

1958年11月,在中共八届六中全会上,毛泽东第一次用了"社会主义初级阶段"的提法。③

1959年底至1960年初,在斯大林的《苏联社会主义经济问题》和苏联《政治经济学教科书》第三版的读书活动中,毛泽东认为:"社会主义这个阶段,又可能分为

① 毛泽东.毛泽东文集:第6卷[M].北京:人民出版社,1999:500.
② 毛泽东.毛泽东文集:第8卷[M].北京:人民出版社,1999:302.
③ 参见《党的文献》1994年第四期,第79页。

两个阶段,第一个阶段是不发达的社会主义,第二个阶段是比较发达的社会主义。后一阶段可能比前一阶段需要更长的时间。"①邓小平指出:"社会主义初级阶段,就是不发达阶段。"②

毛泽东同志在民主革命时期就说过:中国共产党关于社会制度的主张分为现在和将来两部分,"在现在,新民主主义,在将来,社会主义,这是有机构成的两部分,而为整个共产主义思想体系所指导的"。他还说过:"共产主义是无产阶级的整个思想体系,同时又是一种新的社会制度。""中国的民主革命,没有共产主义去指导是决不能成功的,更不必说革命的后一阶段了。"③

(四) 改革开放后对"社会主义初级阶段理论"的贡献

1979 年 9 月 29 日,叶剑英在庆祝中华人民共和国成立三十周年大会上的讲话中就指出:"社会主义制度是人类历史上崭新的社会制度,它同世界上任何其他事物一样,有它发生和发展的过程。同已经有了三四百年历史的资本主义制度相比,社会主义制度还处在幼年时期。……它还不成熟,不完善。……在我国实现现代化,必然要有一个由初级到高级的过程。"④

1980 年 4 月 21 日,邓小平在会见阿尔及利亚民族解放阵线代表团时说:"要充分研究如何搞社会主义建设的问题。现在我们正在总结建国三十年的经验。总起来说,第一,不要离开现实和超越阶段采取一些'左'的办法,这样是搞不成社会主义的。我们过去就是吃'左'的亏。第二,不管你搞什么,一定要有利于发展生产力。"⑤

1981 年 6 月,中共中央通过的《关于建国以来党的若干历史问题的决议》第 24 条指出:"社会主义运动的历史不长,社会主义国家的历史更短,社会主义社会的发展规律有些已经比较清楚,更多的还有待于继续探索。"第 33 条指出:"尽管我们的社会主义制度还是处于初级的阶段,但是毫无疑问,我国已经建立了社会主义制度,进入了社会主义社会,任何否认这个基本事实的观点都是错误的。……我们的社会主义制度由比较不完善到比较完善,必然要经历一个长久的过程。"⑥首次提出的是"社会主义制度"还是处于初级阶段。

1982 年 9 月,党的十二大报告指出"我国的社会主义社会现在还处在初级发展阶段,物质文明还不发达。但是,如同有了一定程度发展的现代经济,有了当代最先进的阶级——工人阶级及其先锋队共产党,社会主义革命就有可能成功一样,

---

① 毛泽东.毛泽东文集:第 8 卷[M].北京:人民出版社,1999:116.
② 邓小平.邓小平文选:第 3 卷[M].北京:人民出版社,1993:252.
③ 毛泽东.毛泽东选集:第 2 卷[M].北京:人民出版社,1991:679-680.
④ 中共中央文献研究室.三中全会以来重要文献选编(上)[M].北京:人民出版社,1982:197,205.
⑤ 邓小平.邓小平文选:第 2 卷[M].北京:人民出版社,1994:312.
⑥ 中共中央文献研究室.三中全会以来重要文献选编(上)[M].北京:人民出版社,1982:784,786.

在建立起了社会主义制度以后,我们就能够在建设物质文明的同时,建立起高度的社会主义精神文明。"①这里提出的是"社会主义社会"现在还处在初级发展阶段,显然,"社会主义制度"与"社会主义社会"有区别的。

1986 年 9 月 28 日,党的十二届六中全会通过的《中共中央关于社会主义精神文明建设指导方针的决议》指出:"我国还处在社会主义的初级阶段,不但必须实行按劳分配,发展社会主义的商品经济和竞争,而且在相当长的历史时期内,还要在公有制主体的前提下发展多种经济成分,在共同富裕的目标下鼓励一部分人先富裕起来。"②这里第一次明确提出了"社会主义的初级阶段"这一科学论断。

1987 年 3 月 21 日,十三大报告起草组把《关于草拟十三大报告大纲的设想》报给邓小平,这个设想说:"十三大报告全篇拟以社会主义初级阶段作为立论的根据,'初级阶段'这个提法,在党的文件中已三次出现,但都没有发挥,十三大报告的起草工作准备循着这个思路加以展开,说明由此而来的经济建设的发展战略,由此而来的发展社会主义商品经济的任务和我国经济体制改革的方向,由此而来的建设社会主义民主政治的任务和我国政治体制改革的原则,由此而来的加强和改善党的领导的任务,由此而来的在理论和思想指导上避免'左'、右两种倾向的必要性。"邓小平 3 月 25 日批示:"这个设计好"。③ 这就为在中共十三大阐述社会主义初级阶段理论奠定了基础。

1987 年 4 月 26 日,邓小平在《社会主义必须摆脱贫穷》的谈话中说:"现在虽说我们也在搞社会主义,但事实上不够格。只有到了下世纪中叶,达到了中等发达国家的水平,才能说真的搞了社会主义。"④

1987 年 8 月 29 日,邓小平会见意大利共产党领导人约蒂和赞盖里指出:"我们党的十三大要阐述中国社会主义是处在一个什么阶段,就是处在初级阶段,是初级阶段的社会主义。社会主义本身是共产主义的初级阶段,而我们中国处在社会主义的初级阶段,就是不发达阶段。一切都要从这个实际出发,根据这个实际来制定规划。"⑤

1987 年 10 月 25 日,党的十三大报告指出:"正确认识我国社会现在所处的历史阶段,是建设有中国特色的社会主义的首要问题,是我们制定和执行正确的路线和政策的根本依据。对这个问题,我们党已经有了明确的回答:我国正处在社会主义的初级阶段。这个论断,包括两层含义。第一,我国社会已经是社会主义社会。我们必须坚持而不能离开社会主义。第二,我国的社会主义社会还处在初级阶段。

---

① 中共中央文献研究室.三中全会以来重要文献选编(上)[M].北京:人民出版社,1982:26.

② 中共中央党校教材审定委员会.中共中央文件选编[M].北京:中共中央党校出版社,1992:349.

③ 邓小平.邓小平文选:第 3 卷[M].北京:人民出版社,1993:注释 95,407.

④ 邓小平.邓小平文选:第 3 卷[M].北京:人民出版社,1993:225.

⑤ 邓小平.邓小平文选:第 3 卷[M].北京:人民出版社,1993:252.

我们必须从这个实际出发,而不能超越这个阶段。在近代中国的具体历史条件下,不承认中国人民可以不经过资本主义充分发展阶段而走上社会主义道路,是革命发展问题上的机械论,是右倾错误的重要认识根源;以为不经过生产力的巨大发展就可以越过社会主义初级阶段,是革命发展问题上的空想论,是"左"倾错误的重要认识根源。……那么,我国社会主义的初级阶段,是一个什么样的历史阶段呢? 它不是泛指任何国家进入社会主义都会经历的起始阶段,而是特指我国在生产力落后、商品经济不发达条件下建设社会主义必然要经历的特定阶段。我国从五十年代生产资料私有制的社会主义改造基本完成,到社会主义现代化的基本实现,至少需要上百年时间,都属于社会主义初级阶段。这个阶段,既不同于社会主义经济基础尚未奠定的过渡时期,又不同于已经实现社会主义现代化的阶段。我们在现阶段所面临的主要矛盾,是人民日益增长的物质文化需要同落后的社会生产之间的矛盾。阶级斗争在一定范围内还会长期存在,但已经不是主要矛盾。为了解决现阶段的主要矛盾,就必须大力发展商品经济,提高劳动生产率,逐步实现工业、农业、国防和科学技术的现代化,并且为此而改革生产关系和上层建筑中不适应生产力发展的部分。总起来说,我国社会主义初级阶段,是逐步摆脱贫穷、摆脱落后的阶段;是由农业人口占多数的手工劳动为基础的农业国,逐步变为非农产业人口占多数的现代化的工业国的阶段;是由自然经济半自然经济占很大比重,变为商品经济高度发达的阶段;是通过改革和探索,建立和发展充满活力的社会主义经济、政治、文化体制的阶段;是全民奋起,艰苦创业,实现中华民族伟大复兴的阶段。"

党的十三大报告第一次对社会主义初级阶段的基本含义、基本特征、主要矛盾以及这一阶段的基本路线等基本理论进行了系统地阐释,内容翔实,论述完整,表明我们党对于现阶段建设有中国特色的社会主义认识已经达到了一个新的理论高度,标志着"社会主义初级阶段"终于由一个命题升华为一种理论。

1988 年 6 月 22 日,邓小平指出:"从一九五七年下半年开始,我们就犯了'左'的错误。总的来说,就是对外封闭,对内以阶级斗争为纲,忽视发展生产力,制定的政策超越了社会主义初级阶段。"

(五) 20 世纪 90 年代对"社会主义初级阶段理论"的继承和发展

1992 年 10 月 12 日,党的十四大报告指出:"一九八七年召开了党的第十三次全国代表大会。这次大会的主要历史功绩,是比较系统地论述了我国社会主义初级阶段的理论,明确概括和全面阐发了党的'一个中心、两个基本点'的基本路线。……在社会主义的发展阶段问题上,作出了我国还处在社会主义初级阶段的科学论断,强调这是一个至少上百年的很长的历史阶段,制定一切方针政策都必须以这个基本国情为依据,不能脱离实际,超越阶段。……在建设有中国特色社会主义理论的指导下,我们党形成了社会主义初级阶段的基本路线,这就是:领导和团结全国各族人民,以经济建设为中心,坚持四项基本原则,坚持改革开放,自力更生,艰苦创业,为把我国建设成为富强、民主、文明的社会主义现代化国家而奋斗。'一个中心、两个基本点',是这条路线的简明概括。"

党的十五大报告指出:"社会主义是共产主义的初级阶段,而中国又处在社会主义的初级阶段,就是不发达的阶段。在我们这样的东方大国,经过新民主主义走上社会主义道路,这是伟大的胜利。但是,我国进入社会主义的时候,就生产力发展水平来说,还远远落后于发达国家。这就决定了必须在社会主义条件下经历一个相当长的初级阶段,去实现工业化和经济的社会化、市场化、现代化。这是不可逾越的历史阶段。在党的纲领中明确提出社会主义初级阶段的科学概念,这在马克思主义历史上是第一次。"

(六) 21 世纪初对"社会主义初级阶段理论"的继承和发展

党的十七大报告指出:"但我国仍处于并将长期处于社会主义初级阶段的基本国情没有变,人民日益增长的物质文化需要同落后的社会生产之间的矛盾这一社会主要矛盾没有变。当前我国发展的阶段性特征,是社会主义初级阶段基本国情在新世纪新阶段的具体表现。强调认清社会主义初级阶段基本国情,不是要妄自菲薄、自甘落后,也不是要脱离实际、急于求成,而是要坚持把它作为推进改革、谋划发展的根本依据。我们必须始终保持清醒头脑,立足社会主义初级阶段这个最大的实际,科学分析我国全面参与经济全球化的新机遇新挑战,全面认识工业化、信息化、城镇化、市场化、国际化深入发展的新形势新任务,深刻把握我国发展面临的新课题新矛盾,更加自觉地走科学发展道路,奋力开拓中国特色社会主义更为广阔的发展前景。"

党的十八大报告指出:"我们必须清醒认识到,我国仍处于并将长期处于社会主义初级阶段的基本国情没有变,人民日益增长的物质文化需要同落后的社会生产之间的矛盾这一社会主要矛盾没有变,我国是世界最大发展中国家的国际地位没有变。在任何情况下都要牢牢把握社会主义初级阶段这个最大国情,推进任何方面的改革发展都要牢牢立足社会主义初级阶段这个最大实际。党的基本路线是党和国家的生命线,必须坚持把以经济建设为中心同四项基本原则、改革开放这两个基本点统一于中国特色社会主义伟大实践,既不妄自菲薄,也不妄自尊大,扎扎实实夺取中国特色社会主义新胜利。"

(七) 新时代对"社会主义初级阶段理论"的继承和发展

党的十九大报告指出:"必须认识到,我国社会主要矛盾的变化,没有改变我们对我国社会主义所处历史阶段的判断,我国仍处于并将长期处于社会主义初级阶段的基本国情没有变,我国是世界最大发展中国家的国际地位没有变。全党要牢牢把握社会主义初级阶段这个基本国情,牢牢立足社会主义初级阶段这个最大实际,牢牢坚持党的基本路线这个党和国家的生命线、人民的幸福线,领导和团结全国各族人民,以经济建设为中心,坚持四项基本原则,坚持改革开放,自力更生,艰苦创业,为把我国建设成为富强民主文明和谐美丽的社会主义现代化强国而奋斗。"

(八)"社会主义初级阶段"载入了《中国共产党章程》和《中华人民共和国宪法》

1992 年 10 月 18 日,中国共产党第十四次全国代表大会修改的《中国共产党章程》指出:"我国正处于社会主义初级阶段。这是在经济文化落后的中国建设社会主义现代化不可逾越的历史阶段,需要上百年的时间。我国的社会主义建设,必须从我国的国情出发,走有中国特色的社会主义道路。"党的十五大、党的十六大、党的十七大、党的十八大通过的《中国共产党章程》都是同样的表述。党的十九大通过的《中国共产党章程》稍有修改,它指出:"我国正处于并将长期处于社会主义初级阶段。这是在原本经济文化落后的中国建设社会主义现代化不可逾越的历史阶段,需要上百年的时间。我国的社会主义建设,必须从我国的国情出发,走中国特色社会主义道路。"

《中华人民共和国宪法》(1993)指出:"我国正处于社会主义初级阶段。国家的根本任务是,根据建设有中国特色社会主义的理论,集中力量进行社会主义现代化建设。"《中华人民共和国宪法》(1999)稍有修改,它指出:"我国将长期处于社会主义初级阶段。国家的根本任务是,沿着建设有中国特色社会主义的道路,集中力量进行社会主义现代化建设。"《中华人民共和国宪法》(2004)和《中华人民共和国宪法》(2018)都与《中华人民共和国宪法》(1999)有同样的表述。

笔者梳理了新中国成立后不同时期关于我国还处在"社会主义初级阶段"这个科学论断的确立和发展历程,这对于理解社会主义初级阶段是"最大国情"和"最大实际"是有益的。

三、实现社会主义初级阶段战略目标(建设社会主义强国)分"几步走" 或"几个阶段"

(一)"四个现代化"

1. 工业化和农业近代化

1945 年 4 月 24 日,毛泽东在中共七大政治报告《论联合政府》中提出:"中国工人阶级的任务,不但是为着建立新民主主义的国家而斗争,而且是为着中国的工业化和农业近代化而斗争。""没有中国共产党的努力,没有中国共产党做中国人的中流砥柱,中国的独立和解放是不可能的,中国的工业和农业近代化也是不可能的。"[①]

---

① 毛泽东.毛泽东选集:第 3 卷[M].北京:人民出版社,1991:1081,1098.

2. 工业化

1949年3月5日，毛泽东在党的七届二中全会上指出："由落后的农业国变成了先进的工业国"才算最后解决了"建立独立的完整的工业体系问题"。①

1954年9月15日，毛泽东在第一届全国人大第一次会议的开幕词里宣布："准备在几个五年计划之内，将我们现在这样一个经济上文化上落后的国家，建设成为一个工业化的具有高度现代文化程度的伟大的国家。"②

1954年9月20日，第一届全国人民代表大会第一次会议通过的《中华人民共和国宪法》在"序言"中规定："从中华人民共和国成立到社会主义社会建成，这是一个过渡时期。国家在过渡时期的总任务是逐步实现国家的社会主义工业化，逐步完成对农业、手工业和资本主义工商业的社会主义改造。"

1955年3月，在中国共产党全国代表会议上毛泽东又提出："我们可能经过三个五年计划建成社会主义社会，但要建成为一个强大的高度社会主义工业化的国家，就需要有几十年的艰苦努力，比如说，要有五十年的时间，即本世纪的整个下半世纪。"③他还宣布："我们进入了这样一个时期，就是我们现在所从事的、所思考的、所钻研的，是钻社会主义工业化，钻社会主义改造，钻现代化的国防，并且开始要钻原子能这样的历史的新时期。"④

3. 现代化的工业、农业、交通运输业和国防

1953年12月，中共中央批准了中央宣传部制发的《为动员一切力量把我国建设成为一个伟大的社会主义国家而斗争——关于党在过渡时期总路线的学习和宣传提纲》指出："在革命胜利后，我们党和全国人民的基本任务就是要改变国家的这种经济状况，在经济上由落后的贫穷的农业国家，变为富强的社会主义的工业国家。这就需要实现国家的社会主义工业化，使我国有强大的重工业可以自己制造各种必要的工业装备，使现代化工业能够完全领导整个国民经济而在工农业生产总值中占据绝对优势，使社会主义工业成为我国唯一的工业。实现国家的社会主义工业化，就可以促进农业和交通运输业的现代化，就可以建立和巩固现代化的国防。"

1954年9月，周恩来在第一届全国人大第一次会议上所做的《政府工作报告》中提出，要建设起"强大的现代化的工业、现代化的农业、现代化的交通运输业和现代化的国防"。⑤

1956年9月，中共八大通过的《中国共产党章程》指出："中国共产党的任务，

---

① 毛泽东.毛泽东选集：第4卷[M].北京：人民出版社，1991：1433.
② 毛泽东.毛泽东文集：第6卷[M].北京：人民出版社，1999：350.
③ 毛泽东.毛泽东文集：第6卷[M].北京：人民出版社，1999：390.
④ 毛泽东.毛泽东文集：第6卷[M].北京：人民出版社，1999：395.
⑤ 周恩来.周恩来选集(下卷)[M].北京：人民出版社，1984：132.

就是有计划地发展国民经济,尽可能迅速地实现国家工业化,有系统、有步骤地进行国民经济的技术改造,使中国具有强大的现代化的工业、现代化的农业、现代化的交通运输业和现代化的国防。"

4. 现代工业、农业和科学文化

1957 年 2 月 27 日,毛泽东在《关于正确处理人民内部矛盾的问题》中指出:"将中国建设成为一个具有现代工业、现代农业和现代科学文化的社会主义国家。"①

1957 年 3 月 12 日,毛泽东在中国共产党全国宣传工作会议上的讲话中指出:"我们一定会建设一个具有现代工业、现代农业和现代科学文化的社会主义国家。"②

1958 年 12 月 10 日,中国共产党第八届中央委员会第六次全体会议通过的《关于人民公社若干问题的决议》中指出:"从现在开始,摆在我国人民面前的任务是:经过人民公社这种社会组织形式,根据党所提出的社会主义建设的总路线,高速度地发展社会生产力,促进国家工业化、公社工业化、农业机械化电气化,逐步地使社会主义的集体所有制过渡到社会主义的全民所有制,从而使我国的社会主义经济全面地实现全民所有制,逐步地把我国建成为一个具有高度发展的现代工业、现代农业和现代科学文化的伟大的社会主义国家。"

5. 现代工业、农业、科学文化和国防

1959 年底至 1960 年 2 月,毛泽东带领部分学者在杭州用一个多月的时间读苏联《政治经济学教科书》,在工作人员整理的《读苏联〈政治经济学教科书〉谈话记录的论点汇编》的第七部分中,毛泽东提出:"建设社会主义,原来要求是工业现代化,农业现代化,科学文化现代化,现在要加上国防现代化。"③

1960 年 3 月 18 日,毛泽东在同尼泊尔首相的谈话中指出:我们的任务"就是要安下心来,使我们可以建设我们国家现代化的工业,现代化的农业,现代化的科学文化和现代化的国防"。④

周恩来曾指示参加过毛泽东主持的学习苏联《政治经济学教科书》的理论家,到国务院传达毛泽东关于学习的谈话和批注。1960 年 2 月中旬,周恩来在读苏联《政治经济学教科书》时,将"科学文化现代化"改为"科学技术现代化"。

1963 年 1 月 28 日,周恩来在中共上海市委召开的各界民主人士春节座谈会上指出:"为实现我国的农业现代化、工业现代化、国防现代化和科学技术现代化的目标而奋斗。"⑤

---

① 毛泽东.毛泽东选集:第 5 卷[M].北京:人民出版社,1977:266.
② 毛泽东.毛泽东选集:第 5 卷[M].北京:人民出版社,1977:404.
③ 毛泽东.毛泽东文集:第 8 卷[M].北京:人民出版社,1999:116.
④ 毛泽东.毛泽东文集:第 8 卷[M].北京:人民出版社,1999:162.
⑤ 中共中央文献研究室.建国以来重要文献选编:第 16 册[M].北京:中央文献出版社,1997:528.

1963 年 1 月 29 日,周恩来在上海市科学技术工作会议上的讲话中提出:"我国过去的科学基础很差。我们要实现农业现代化、工业现代化、国防现代化和科学技术现代化,把我们祖国建设成为一个社会主义强国,关键在于实现科学技术的现代化。"①

毛泽东在审阅周恩来的政府工作报告时,毛泽东加写了一段话,比较系统地概括了关于中国现代化建设实行赶超战略的基本思路:"我们不能走世界各国技术发展的老路,跟在别人后面一步一步地爬行。我们必须打破常规,尽量采用先进技术,在一个不太长的历史时期内,把我国建设成为一个社会主义的现代化的强国。"②

1964 年 12 月,根据毛泽东的提议,周恩来在第三届全国人大做的《政府工作报告》中指出:"今后发展国民经济的主要任务,总的来说,就是要在不太长的历史时期内,把我国建设成为一个具有现代农业、现代工业、现代国防和现代科学技术的社会主义强国,赶上和超过世界先进水平。"

邓小平在一次会见外宾的谈话中曾明确地指出:"我们现在讲的四个现代化,实际上是毛主席提出来的,是周总理在他的政府工作报告中讲出来的。"③

邓小平重视"四个现代化"。1978 年 3 月 18 日,他指出:"四个现代化,关键是科学技术的现代化。"1978 年 5 月 7 日,指出:"实现四化,永不称霸。"④1980 年 1 月 16 日,邓小平就在中共中央召集的干部会议上分析了目前的形势和任务时指出:"我们从八十年代的第一年开始,就必须一天也不耽误,专心致志地、聚精会神地搞四个现代化建设。""加紧经济建设,就是加紧四个现代化建设。四个现代化,集中起来讲就是经济建设。……建设现代化的社会主义强国……就是当前最大的政治。……必须坚定不移地、毫不动摇地始终贯彻执行我们的政治路线。"⑤1980 年 2 月 29 日,邓小平指出:"我们党在现阶段的政治路线,概括地说,就是一心一意地搞四个现代化。"⑥

1982 年 9 月 1 日,胡耀邦在党的十二大做的《全面开创社会主义现代化建设的新局面》报告中明确了党在新时期的总任务:"团结全国各族人民,自力更生,艰苦奋斗,逐步实现工业、农业、国防和科学技术现代化,把我国建设成为高度文明、高度民主的社会主义国家。"⑦

① 周恩来.周恩来选集(下卷)[M].北京:人民出版社,1984:412.
② 毛泽东.毛泽东文集:第 8 卷[M].北京:人民出版社,1999:341.
③ 邓小平.邓小平文选:第 2 卷[M].北京:人民出版社,1994:311-312.
④ 邓小平.邓小平文选:第 2 卷[M].北京:人民出版社,1994:86;111.
⑤ 邓小平.邓小平文选:第 2 卷[M].北京:人民出版社,1994:241-251.
⑥ 邓小平.邓小平文选:第 2 卷[M].北京:人民出版社,1994:276.
⑦ 中共中央文献研究室.中国共产党第十二次全国代表大会文件汇编[M].北京:人民出版社,1982:94.

6. 第五个现代化——国家治理体系和治理能力现代化

2013 年 11 月 12 日,党的十八届三中全会通过的《中共中央关于全面深化改革若干重大问题的决定》指出:"全面深化改革的总目标是完善和发展中国特色社会主义制度,推进国家治理体系和治理能力现代化。"

7. 其他一些"化"的提法

(1) 工业化和生产的商品化、社会化、现代化

党的十三大报告指出:"在社会主义初级阶段,发展社会生产力所要解决的历史课题,是实现工业化和生产的商品化、社会化、现代化。我国的经济建设,肩负着既要着重推进传统产业革命,又要迎头赶上世界新技术革命的双重任务。完成这个任务,必须经过长期的有步骤分阶段的努力奋斗。"

(2) 工业化、信息化、城镇化、市场化、国际化

党的十七大报告指出:"科学分析我国全面参与经济全球化的新机遇新挑战,全面认识工业化、信息化、城镇化、市场化、国际化深入发展的新形势新任务,深刻把握我国发展面临的新课题新矛盾,更加自觉地走科学发展道路,奋力开拓中国特色社会主义更为广阔的发展前景。"

(3) 新型工业化、信息化、城镇化、农业现代化

党的十八大报告指出:"坚持走中国特色新型工业化、信息化、城镇化、农业现代化道路,推动信息化和工业化深度融合、工业化和城镇化良性互动、城镇化和农业现代化相互协调,促进工业化、信息化、城镇化、农业现代化同步发展。"

(二) 现代化的重要目标不仅仅指现代化的四个方面

1979 年 9 月 29 日,叶剑英在庆祝中华人民共和国成立 30 周年上的讲话指出:"我们所说的四个现代化,是实现现代化的四个主要方面,并不是说现代化事业只以这四个方面为限。我们要在改善和完善社会主义经济制度的同时,改革和完善社会主义政治制度,发展高度的社会主义民主和完备的社会主义法制。我们要在建设高度物质文明的同时,提高全民族的教育科学文化水平和健康水平,树立崇高的革命理想和革命道德风尚,发展高尚的丰富多彩的文化生活,建设高度的社会主义精神文明。这些都是我们社会主义现代化的重要目标,也是实现四个现代化的必要条件。"[①]

1983 年 3 月 2 日,邓小平在考察江、浙、沪对达到小康目标提出六条标准:"第一,人民的吃穿用问题解决了,基本生活有了保障;第二,住房问题解决了,人均达到 20 平方米……第三,就业问题解决了,城镇基本上没有待业劳动者;第四,人不再外流了,农村的人总想往大城市跑的情况已经改变;第五,中小学教育普及了,教育、文化、体育和其他公共福利事业有能力自己安排了;第六,人们的精神面貌变

---

① 叶剑英:叶剑英选集[M].北京:人民出版社,1996:540.

化了,犯罪行为大大减少。"①这六条标准不只是经济方面,而且包括政治、教育、文化和社会、法制等各个方面。

(三)"小康水平""小康目标"和"小康社会"

1."小康水平"只是现代化的"最低的目标"

邓小平提出"小康"。1979年3月21日,邓小平在会见英中文化协会会长马尔科姆·麦克唐纳为团长的英中文化协会执行委员会代表团时,第一次提出了"中国式的四个现代化"的概念。他说:"我们定的目标是在本世纪末实现四个现代化。我们的概念与西方不同,我姑且用个新说法,叫作中国式的四个现代化。现在我们的技术水平还是你们50年代的水平。如果本世纪末能达到你们70年代的水平,那就很了不起。就是达到这个水平,也还要做许多努力。由于缺乏经验,实现四个现代化可能比想象的还要困难些。"他在中央政治局会议上又把"中国式的四个现代化"表述为"中国式的现代化"。②

1979年12月6日,邓小平在会见日本首相大平正芳时做了题为《中国本世纪的目标是实现小康》的谈话,他指出:"我们要实现的四个现代化,是中国式的四个现代化。我们的四个现代化的概念,不是像你们那样的现代化的概念,而是'小康之家'。到本世纪末,中国的四个现代化即使达到了某种目标,我们的国民生产总值人均水平也还是很低的。要达到第三世界中比较富裕一点的国家的水平,比如国民生产总值人均一千美元,也还得付出很大的努力。就算达到那样的水平,同西方来比,也还是落后的。所以,我只能说,中国到那时也还是一个小康的状态。"③

邓小平指出:"我们的政治路线,是把四个现代化建设作为重点,坚持发展生产力,始终扭住这个根本环节不放松,除非打起世界战争。即使打世界战争,打完了还搞建设。我们提出四个现代化的最低目标,是到本世纪末达到小康水平。"④邓小平说:"目标放低一点好,可以超过它。""目标定低一点是为了防止产生急躁情绪,避免又回到'左'的错误上去。"⑤

1982年8月,邓小平在会见几位美籍华人科学家时对"小康"目标界定为:"我们提出20年改变面貌,不是胡思乱想、海阔天空的变化,只是达到一个小康社会的变化,这是有把握的。小康是指国民生产总值达到1万亿美元,人均800美元。社会主义制度收入分配是合理的,赤贫的现象可以消灭。到那时,国民收入的1%分配到科学教育事业,情况就会大不同于现在。""搞了一二年,看来小康目标能够实

① 邓小平.邓小平文选:第3卷[M].北京:人民出版社,1993:24-25.
② 中共中央文献研究室.邓小平年谱(1975—1997)(上)[M].北京:中央文献出版社,2004:496-497.
③ 邓小平.邓小平文选:第2卷[M].北京:人民出版社,1994:237.
④ 邓小平.邓小平文选:第2卷[M].北京:人民出版社,1994:416-417.
⑤ 中共中央文献研究室.邓小平年谱(1975—1997)(上)[M].北京:中央文献出版社,2004:586.

现。前 10 年打基础,后 10 年跑得快一点。"①

1982 年 9 月,党的十二大报告正式把邓小平提出的本世纪末实现小康目标的构想确定为今后 20 年中国经济发展的战略目标:"从一九八一年到本世纪末的二十年,力争使全国工农业的年总产值翻两番,即由一九八〇年的七千一百亿元增加到二〇〇〇年的二万八千亿元左右。"报告指出:"实现了这个目标,我国国民收入总额和主要工农业产品的产量将居于世界前列,整个国民经济的现代化过程将取得重大进展,城乡人民的收入将成倍增长,人民的物质文化生活可以达到小康水平。"②

党的十二大报告指出:"从一九八一年到本世纪末的二十年,我国经济建设总的奋斗目标是,在不断提高经济效益的前提下,力争使全国工农业的年总产值翻两番,即由一九八〇年的七千一百亿元增加到二〇〇〇年的二万八千亿元左右。实现了这个目标,我国国民收入总额和主要工农业产品的产量将居于世界前列,整个国民经济的现代化过程将取得重大进展,城乡人民的收入将成倍增长,人民的物质文化生活可以达到小康水平。到那个时候,我国按人口平均的国民收入还比较低,但同现在相比,经济实力和国防实力将大为增强。只要我们积极奋斗,扎扎实实地做好工作,进一步发挥社会主义制度的优越性,这个宏伟的战略目标是能够达到的。"

党的十三大报告指出:"实现第二步奋斗目标,社会经济效益、劳动生产率和产品质量明显提高,国民生产总值和主要工农业产品产量大幅度增长,人均国民生产总值在世界上所占位次明显上升。工业主要领域在技术方面大体接近经济发达国家七十年代或八十年代初的水平,农业和其他产业部门的技术水平也将有较大提高。城镇和绝大部分农村普及初中教育,大城市基本普及高中和相当于高中的职业技术教育。人民群众将能过上比较殷实的小康生活。在我们这样一个人口众多而又基础落后的国家,人民普遍丰衣足食,安居乐业,无疑是一项宏伟壮丽而又十分艰巨的事业。"

党的十四大报告指出:"十一亿人民的温饱问题基本解决,正在向小康迈进。……人民生活由温饱进入小康。"

党的十五大报告指出:"到二〇〇〇年中国在社会主义基础上进入小康,……社会主义现代化应该有繁荣的经济,也应该有繁荣的文化。我国现代化建设的进程,在很大程度上取决于国民素质的提高和人才资源的开发。面对科学技术迅猛发展和综合国力激烈竞争,面对世界范围各种思想文化相互激荡,面对小康社会人民群众日益增长的文化需求,全党必须从社会主义事业兴旺发达和民族振兴的高

---

① 中共中央文献研究室.邓小平年谱(1975—1997)(下)[M].北京:中央文献出版社,2004:837.
② 中共中央文献研究室.十二大以来重要文献选编(上)[M].北京:人民出版社,1986:14.

度,充分认识文化建设的重要性和紧迫性。……现在完全可以有把握地说,我们党在改革开放初期提出的本世纪末达到小康的目标,能够如期实现。在中国这样一个十多亿人口的国度里,进入和建设小康社会,是一件有伟大意义的事情。"

2. 从"小康水平"到"达到或接近发达国家的水平"或"中等发达国家水平"

1982 年 8 月 21 日,邓小平会见联合国秘书长德奎利亚尔时指出:"我们面临发展和摆脱落后的任务。我们摆在第一位的任务是在本世纪末实现现代化的一个初步目标,这就是达到小康的水平。如果能实现这个目标,我们的情况就比较好了。更重要的是我们取得了一个新起点,再花三十年到五十年时间,接近发达国家的水平。我们不是说赶上,更不是说超过,而是接近。"①

1984 年 4 月,邓小平在会见英国外交大臣杰弗里·豪时指出:"我们的第一个目标就是到本世纪末达到小康水平,第二个目标就是要在 30 年至 50 年内达到或接近发达国家的水平。"

1985 年 5 月 19 日,邓小平指出:"我们多次说过,我国的经济,到建国一百周年时,可能接近发达国家的水平。"②

1986 年 6 月,邓小平在同马里总统穆萨·特拉奥雷谈话时指出:"到本世纪末,我们的目标是人均国民生产总值达到 800 美元至 1 000 美元,实现小康社会。不富,但日子好过。更重要的是奠定一个很好的前进的基础。下一个世纪再花 30 年至 50 年的时间,就可以接近发达国家的水平。"在这些谈话中,邓小平将 2030 年或 2050 年中国发展的目标定位一直表述为"达到或接近发达国家的水平"。

1987 年 2 月 18 日,邓小平在与加蓬总统邦戈谈到"用中国的历史教育青年"时指出:"如果我们本世纪内达到了小康水平,那就可以使他们清醒一点;到下世纪中叶我们建成中等发达水平的社会主义国家时,就会大进一步地说服他们,他们中的大多数人才会真正认识到自己错了。现在看,实现我们确定的宏伟目标有希望。"③

3. 小康社会

邓小平指出:"所谓小康社会,就是虽不富裕,但日子好过。……"④

邓小平说:"我们社会主义制度是以公有制为基础的,是共同富裕,那时候我们叫小康社会,是人民生活普遍提高的小康社会。"⑤

从党的十六大起提出"全面建设小康社会"和"全面建设小康社会的奋斗目标"。党的十六大报告指出:"必须看到,我国正处于并将长期处于社会主义初级阶

---

① 邓小平.邓小平文选:第 2 卷[M].北京:人民出版社,1994:417.
② 邓小平.邓小平文选:第 3 卷[M].北京:人民出版社,1993:120.
③ 邓小平.邓小平文选:第 3 卷[M].北京:人民出版社,1993:204.
④ 邓小平.邓小平文选:第 3 卷[M].北京:人民出版社,1993:161.
⑤ 邓小平.邓小平文选:第 3 卷[M].北京:人民出版社,1993:216.

段,现在达到的小康还是低水平的、不全面的、发展很不平衡的小康……巩固和提高目前达到的小康水平,还需要进行长时期的艰苦奋斗。全面建设小康社会的目标是:在优化结构和提高效益的基础上,国内生产总值到二〇二〇年力争比二〇〇〇年翻两番,综合国力和国际竞争力明显增强;社会主义民主更加完善,社会主义法制更加完备,依法治国基本方略得到全面落实,人民的政治、经济和文化权益得到切实尊重和保障;全民族的思想道德素质、科学文化素质和健康素质明显提高,形成比较完善的现代国民教育体系、科技和文化创新体系、全民健身和医疗卫生体系;可持续发展能力不断增强,生态环境得到改善,资源利用效率显著提高,促进人与自然的和谐,推动整个社会走上生产发展、生活富裕、生态良好的文明发展道路。这次大会确立的全面建设小康社会的目标,是中国特色社会主义经济、政治、文化全面发展的目标,是与加快推进现代化相统一的目标,符合我国国情和现代化建设的实际,符合人民的愿望,意义十分重大。为完成党在新世纪新阶段的这个奋斗目标,发展要有新思路,改革要有新突破,开放要有新局面,各项工作要有新举措。各地各部门都要从实际出发,采取切实有效的措施,努力实现这个目标。有条件的地方可以发展得更快一些,在全面建设小康社会的基础上,率先基本实现现代化。可以肯定,实现了全面建设小康社会的目标,我们的祖国必将更加繁荣富强,人民的生活必将更加幸福美好,中国特色社会主义必将进一步显示出巨大的优越性。"

党的十七大报告的标题是《高举中国特色社会主义伟大旗帜,为夺取全面建设小康社会新胜利而奋斗》,报告指出:"我们已经朝着十六大确立的全面建设小康社会的目标迈出了坚实步伐,今后要继续努力奋斗,确保到二〇二〇年实现全面建成小康社会的奋斗目标。到二〇二〇年全面建设小康社会目标实现之时,我们这个历史悠久的文明古国和发展中社会主义大国,将成为工业化基本实现、综合国力显著增强、国内市场总体规模位居世界前列的国家,成为人民富裕程度普遍提高、生活质量明显改善、生态环境良好的国家,成为人民享有更加充分民主权利、具有更高文明素质和精神追求的国家,成为各方面制度更加完善、社会更加充满活力而又安定团结的国家,成为对外更加开放、更加具有亲和力、为人类文明做出更大贡献的国家。今后五年是全面建设小康社会的关键时期。我们要坚定信心,埋头苦干,为全面建成惠及十几亿人口的更高水平的小康社会打下更加牢固的基础。"

党的十八大报告的标题是《坚定不移沿着中国特色社会主义道路前进,为全面建成小康社会而奋斗》,报告指出:"一定能在中国共产党成立一百年时全面建成小康社会,就一定能在新中国成立一百年时建成富强民主文明和谐的社会主义现代化国家。全面建成小康社会和全面深化改革开放的目标。根据我国经济社会发展实际,要在十六大、十七大确立的全面建设小康社会目标的基础上努力实现新的要求。经济持续健康发展;人民民主不断扩大;文化软实力显著增强;人民生活水平全面提高;资源节约型、环境友好型社会建设取得重大进展。"

党的十九大报告的标题是《决胜全面建成小康社会 夺取新时代中国特色社会主义伟大胜利》,报告指出:"我国稳定解决了十几亿人的温饱问题,总体上实现小康,不久将全面建成小康社会……总任务是实现社会主义现代化和中华民族伟大复兴,在全面建成小康社会的基础上,分两步走在本世纪中叶建成富强民主文明和谐美丽的社会主义现代化强国。"

(四)分"两步走"发展战略还是"三步走"发展战略

1. 两步走

(1)新中国成立初期的两步走

1956年,党的八大前夕,毛泽东进一步提出中国社会主义现代化建设分两步走的构想:第一步,用三个五年计划的时间实现初步工业化。第二步,再用几十年的时间接近或赶上世界最发达的资本主义国家。①

1956年9月,在党的八大召开期间,毛泽东把实现第二步目标所用的"几十年的时间"明确为50年到100年(1956年9月24日毛泽东会见南斯拉夫共产主义者联盟代表团时的谈话记录)。

1963年9月6日到27日,中共中央工作会议提出分"两步走",实现四个现代化的发展战略:"第一步,用15年时间,建立一个独立的、比较完整的工业体系和国民经济体系,使我国工业大体接近世界先进水平;第二步,用50年到100年时间,使我国工业走在世界前列,全面实现农业、工业、国防和科学技术现代化。"

1964年12月,周恩来在第三届全国人大做的《政府工作报告》中指出:"第一步,建立一个独立的比较完整的工业体系和国民经济体系;第二步,全面实现农业、工业、国防和科学技术现代化,使我国经济走在世界的前列。"

1975年1月,周恩来在第四届全国人大第一次会议上做《政府工作报告》,重申了1964年在第三届全国人大第一次会议提出的四个现代化建设"两步走"的发展战略:"第一步,用十五年时间,即在一九八〇年以前,建成一个独立的比较完整的工业体系和国民经济体系;第二步,在本世纪内,全面实现农业、工业、国防和科学技术的现代化,使我国国民经济走在世界的前列。"②

(2)改革开放前后的两步走

1975年6月2日,邓小平在会见尤金·帕特森为团长的美国报纸主编协会代表团和美联社董事长保尔·米勒时,这样描述四届人大提出的现代化"两步走"的发展目标和战略:"总的说来,我们发展社会主义经济,建设国家,是按照毛主席的指示分两步走。第一步是用十年左右的时间,把中国的工业、农业、科学技术这些

---

① 中共中央文献研究室.毛泽东传(1949—1976)(上)[M].北京:中央文献出版社,2003:350.
② 周恩来.周恩来选集(下卷)[M].北京:人民出版社,1984:479.

方面建成独立的比较完整的体系,使各方面都有比较好的发展。第二步是在这个世纪的末期达到现代化水平。所谓现代化水平,就是接近或比较接近现在发达国家的水平。当然不是达到同等的水平。在这个时期内还办不到,因为中国有自己的情况,首先是人口比较多。但还有二十五年的时间,我们有信心达到比较接近通常说的西方的水平。"①

1980年12月25日,邓小平指出:"只要全国上下团结一致地、有秩序有步骤地前进,我们就能够更有信心经过二十年的时间,使我国现代化经济建设的发展达到小康水平,然后继续前进,逐步达到更高程度的现代化。"②

党的十二大报告指出:"为了实现二十年的奋斗目标,在战略部署上要分两步走:前十年主要是打好基础,积蓄力量,创造条件,后十年要进入一个新的经济振兴时期。这是党中央全面分析了我国经济情况和发展趋势之后做出的重要决策。"

1984年4月,邓小平在会见英国外交大臣杰弗里·豪时指出:"我们的第一个目标就是到本世纪末达到小康水平,第二个目标就是要在30年至50年内达到或接近发达国家的水平。"这是邓小平关于"两步走"的最初表述。

2. 三步走

(1)改革开放初期的三步走

1987年4月30日,邓小平在同西班牙工人社会党副总书记、政府副首相格拉会谈时,第一次比较完整地概括了从新中国成立到21世纪中叶100年间中华民族百年图强的"三步走"发展战略。他指出:"我们原定的目标是,第一步在八十年代翻一番。以一九八〇年为基数,当时国民生产总值人均只有二百五十美元,翻一番,达到五百美元。第二步是到本世纪末,再翻一番,人均达到一千美元。实现这个目标意味着我们进入小康社会,把贫困的中国变成小康的中国。那时国民生产总值超过一万亿美元,虽然人均数还很低,但是国家的力量有很大增加。我们制定的目标更重要的还是第三步,在下世纪用三十年到五十年再翻两番,大体上达到人均四千美元。做到这一步,中国就达到中等发达的水平。这是我们的雄心壮志。目标不高,但做起来可不容易。"③

1987年8月29日,邓小平会见意大利共产党领导人约蒂和赞盖里时指出:"我国经济发展分三步走,本世纪走两步,达到温饱和小康,下个世纪用三十年到五十年时间再走一步,达到中等发达国家的水平。这就是我们的战略目标,这就是我们的雄心壮志。"④

1987年5月12日,邓小平指出:"我们的目标是到本世纪末,就是再过十三年,

① 中共中央文献研究室.邓小平年谱(1975—1997)(上)[M].北京:中央文献出版社,2004:52-53.
② 邓小平.邓小平文选:第2卷[M].北京:人民出版社,1994:356.
③ 邓小平.邓小平文选:第3卷[M].北京:人民出版社,1993:226.
④ 邓小平.邓小平文选:第3卷[M].北京:人民出版社,1993:252.

达到一个小康社会的水平。我们进一步的目标是下一个世纪的五十年,达到中等发达国家的水平。"①

党的十三大报告指出:"我国经济建设的战略部署大体分三步走。第一步,实现国民生产总值比一九八〇年翻一番,解决人民的温饱问题。第二步,到本世纪末,使国民生产总值再增长一倍,人民生活达到小康水平。第三步,到下个世纪中叶,人均国民生产总值达到中等发达国家水平,人民生活比较富裕,基本实现现代化。"

(2)世纪之交的三步走

1989年6月16日,邓小平对党的第三代中央领导集体建议"组织一个班子,研究下一个世纪前五十年的发展战略和规划"。②

1992年,邓小平在南方谈话中语重心长地说:"如果从建国起,用一百年时间把我国建设成中等水平的发达国家,那就很了不起! 从现在起到下世纪中叶,将是很要紧的时期,我们要埋头苦干。我们肩膀上的担子重,责任大啊!"③

党的十四大报告指出:"在九十年代,我们要初步建立起新的经济体制,实现达到小康水平的第二步发展目标。再经过二十年的努力,到建党一百周年的时候,我们将在各方面形成一整套更加成熟更加定型的制度。在这样的基础上,到下世纪中叶建国一百周年的时候,就能够达到第三步发展目标,基本实现社会主义现代化。"

党的十五大报告指出:"我们的目标是,第一个十年实现国民生产总值比二〇〇〇年翻一番,使人民的小康生活更加宽裕,形成比较完善的社会主义市场经济体制;再经过十年的努力,到建党一百年时,使国民经济更加发展,各项制度更加完善;到世纪中叶建国一百年时,基本实现现代化,建成富强民主文明的社会主义国家。"

(3)新时代的三步走

党的十九大报告指出:从现在到二〇二〇年,是全面建成小康社会决胜期。综合分析国际国内形势和我国发展条件,从二〇二〇年到本世纪中叶可以分两个阶段来安排。第一个阶段,从二〇二〇年到二〇三五年,在全面建成小康社会的基础上,再奋斗十五年,基本实现社会主义现代化;第二个阶段,从二〇三五年到本世纪中叶,在基本实现现代化的基础上,再奋斗十五年,把我国建成富强民主文明和谐美丽的社会主义现代化强国。

---

① 邓小平.邓小平文选:第3卷[M].北京:人民出版社,1993:233.

② 邓小平.邓小平文选:第3卷[M].北京:人民出版社,1993:312.

③ 邓小平.邓小平文选:第3卷[M].北京:人民出版社,1993:383.

（4）"现代化强国"→"现代化国家"→"现代化强国"

① "现代化强国"

1978 年 12 月 22 日，《中国共产党第十一届中央委员会第三次全体会议公报》指出："为在本世纪内把我国建设成为社会主义的现代化强国而进行新的长征。"

1981 年 6 月 27 日《关于建国以来党的若干历史问题的决议》指出："团结起来，为建设社会主义现代化强国而奋斗。"

1984 年 10 月 20 日，《中共中央关于经济体制改革的决定》指出："为建设高度文明、高度民主的社会主义现代化强国而奋斗。"

党的十二大报告指出："重申建设社会主义现代化强国的任务。"

② "现代化国家"

党的十三大报告指出："为把我国建设成为富强、民主、文明的社会主义现代化国家而奋斗。"

党的十四大报告指出："把中国由不发达的社会主义国家变成富强民主文明的社会主义现代化国家。"

党的十五大报告指出："围绕建设富强民主文明的社会主义现代化国家的目标。"

党的十六大报告指出："再继续奋斗几十年，到本世纪中叶基本实现现代化，把我国建成富强民主文明的社会主义国家。"

党的十七大报告指出："建设富强民主文明和谐的社会主义现代化国家。"

党的十八大报告指出："只要我们胸怀理想、坚定信念，不动摇、不懈怠、不折腾，顽强奋斗、艰苦奋斗、不懈奋斗，就一定能在中国共产党成立一百年时全面建成小康社会，就一定能在新中国成立一百年时建成富强民主文明和谐的社会主义现代化国家。"

③ "现代化强国"

党的十九大报告指出："从二〇三五年到本世纪中叶，在基本实现现代化的基础上，再奋斗十五年，把我国建成富强民主文明和谐美丽的社会主义现代化强国。"

四、社会主义初级阶段的理论是高校财务改革和发展的出发点和立足点

（一）高等教育领域内立法应立足社会主义初级阶段基本国情

1995 年 3 月 18 日制定的《中华人民共和国教育法》、2009 年 8 月 27 日第一次修正的《中华人民共和国教育法》、2015 年 12 月 27 日第二次修正的《中华人民共和国教育法》、1998 年 8 月 29 日制定的《中华人民共和国高等教育法》、2015 年 12 月 27 日第一次修正的《中华人民共和国高等教育法》均未提到"社会主义初级阶段"。

《义务教育法》《中国教育改革和发展纲要》(1993) 也未提到"社会主义初级阶段"。

《中国共产党章程》(简称《章程》)从十四大到十九大的每次修正都提到了"社会主义初级阶段";《中华人民共和国宪法》(简称《宪法》)从 1993 年第八届全国人大第一次会议,1999 年第九届全国人大第二次会议,2004 年第十届全国人大第二次会议到 2018 年第十三届全国人大第一次会议共四次修改也都提到了"社会主义初级阶段"。

《国家中长期教育改革和发展规划纲要(2010—2020 年)》第一条提到:"立足社会主义初级阶段基本国情,把握教育发展的阶段性特征……"

从《章程》和《宪法》看,提到"社会主义初级阶段"很有必要。更重要的是在指导教育的法规中要以"社会主义初级阶段理论"为立足点,在教育实践中贯彻"社会主义初级阶段理论"。

在高等教育领域内高等教育的发展目标提前和加速实现与高等教育投入目标滞后和减缓抵达的矛盾突出,是没有将社会主义初级阶段理论作为出发点和立足点。

(二) 高等教育规划应立足社会主义初级阶段基本国情——目标却跨越式实现

1. 教育现代化目标

2010 年 6 月 21 日,中共中央政治局审议并通过的《国家中长期教育改革和发展规划纲要(2010—2020 年)》第三条在"战略目标"中指出:"到 2020 年,基本实现教育现代化,基本形成学习型社会,进入人力资源强国行列。"

2019 年 2 月,中共中央、国务院印发的《中国教育现代化 2035》指出:"推进教育现代化的总体目标是:到 2020 年,全面实现'十三五'发展目标,教育总体实力和国际影响力显著增强,劳动年龄人口平均受教育年限明显增加,教育现代化取得重要进展,为全面建成小康社会做出重要贡献。在此基础上,再经过 15 年努力,到 2035 年,总体实现教育现代化,迈入教育强国行列,推动我国成为学习大国、人力资源强国和人才强国,为到本世纪中叶建成富强民主文明和谐美丽的社会主义现代化强国奠定坚实基础。"

2015 年 10 月 24 日,《国务院关于印发统筹推进世界一流大学和一流学科建设总体方案的通知》(国发〔2015〕64 号)指出:"到本世纪中叶,一流大学和一流学科的数量和实力进入世界前列,基本建成高等教育强国。"

因此,"现代化国家"与"教育现代化","现代化强国"与"高等教育强国"应相适应——2020 年改为 2050 年。

2. 高等教育毛入学率目标与实际比较

(1) 2000 年目标与实际比较

① 2000 年的目标

A. 8%左右

1994年7月3日,《国务院关于〈中国教育改革和发展纲要〉的实施意见》(国发〔1994〕39号)第五条规定:"到2000年全国普通高等学校和成人高等学校本专科在校生达到630万人左右,其中本科生180万人,专科生450万人。18～21岁学龄人口入学率将上升到8%左右。"

1996年4月10日,国家教委关于印发的《全国教育事业"九五"计划和2010年发展规划》(教计〔1996〕45号)指出:"高等教育在校和达到650万人左右,增加约100万人。每10万人口大学生数提高到约500人,18～21周岁学龄人口入学率提高到8%左右。"

B. 11%左右

教育部1998年12月24日制定、国务院1999年1月13日批转的《面向21世纪教育振兴行动计划》规定:"行动计划的主要目标是:到2000年……高等教育入学率达到11%左右。"

C. 规划学校平均规模

1994年7月3日,《国务院关于〈中国教育改革和发展纲要〉的实施意见》(国发〔1994〕39号)第十条第二款规定:"到2000年学校平均规模,本科院校达到3 500人以上,专科学校达到2 000人以上,中专学校达到1 000人以上,技工学校达到500人以上,职业高中达到600人以上,力争到本世纪末在实现我国教育的高效益方面有更大进展。"

② 2000年的实际

A. 2000年毛入学率

2001年7月26日,教育部印发的《全国教育事业第十个五年计划》(教发〔2001〕33号)指出:"毛入学率从80年代初的2%左右提高到11%左右。"实际为11.2%。

B. 本专科在校生人数

《2000年全国教育事业发展统计公报》指出:"高校扩招工作顺利完成,高等教育的招生人数大幅度增加。普通高等学校全日制本专科在校生平均规模由上年的3 815人提高到5 289人。"

(2) 2005年目标与实际比较

① 2005年的目标

2001年7月26日,教育部印发的《全国教育事业第十个五年计划》(教发〔2001〕33号)指出:"2005年主要目标:高等教育毛入学率达到15%左右。"

② 2005年的实际

仅隔1年,2002年高等教育毛入学率就达到15%。

《2005年全国教育事业发展统计公报》指出:"2005年全国各类高等教育总规模超过2300万人,高等教育毛入学率达到21%。"

（3）2010 年目标与实际比较

① 2010 年的目标

A. 接近 15%

教育部 1998 年 12 月 24 日制定、国务院 1999 年 1 月 13 日批转的《面向 21 世纪教育振兴行动计划》规定："行动计划的主要目标是：到 2000 年……高等教育入学率达到 11%左右；到 2010 年……高等教育规模有较大扩展，入学率接近 15%。"

B. 达到 20%

2001 年 7 月 26 日，教育部印发的《全国教育事业第十个五年计划》（教发〔2001〕33 号）指出："2010 年目标：高等教育毛入学率争取达到 20%左右。"

C. 达到 25%

2007 年 5 月 18 日，国务院批转教育部的《国家教育事业发展"十一五"规划纲要》（国发〔2007〕14 号）在"专栏 2 教育事业发展 2010 年主要目标"中显示："2010年毛入学率为 25%。"

② 2010 年的实际

《2010 年全国教育事业发展统计公报》称："2010 年全国各类高等教育总规模达到 3105 万人，高等教育毛入学率达到 26.5%。"

（4）2015 年目标与实际比较

① 2015 年的目标

A. 达到 36%

2012 年 6 月 14 日，教育部印发的《国家教育事业发展第十二个五年规划》（教发〔2012〕9 号）在"专栏 2 我国教育事业发展和人力资源开发'十二五'主要目标"中显示："2015 年毛入学率达到 36%。"

B. 达到 40%

在 2016 年全国教育工作会议上披露：2015 年，我国高等教育毛入学率达到40%，提前实现了国家教育规划纲要提出的"到 2020 年，高等教育毛入学率达到40%"的目标，超过中高收入国家平均水平。

② 2015 年的实际

《2015 年全国教育事业发展统计公报》指出："全国各类高等教育在学总规模达到 3647 万人，高等教育毛入学率达到 40.0%。"

（5）2020 年目标与实际比较

① 2020 年的目标

A. 达到 40%

2010 年，《国家中长期教育改革和发展规划纲要（2010—2020 年）》第三条指出：到 2020 年"高等教育大众化水平进一步提高，毛入学率达到 40%"。

B. 达到50%

2017年1月10日,国务院印发的《国家教育事业发展"十三五"规划》(国发〔2017〕4号)在"专栏2教育事业发展和人力资源开发'十三五'主要目标"中显示:"2020年达到50%。"

② 2020年的实际

《2016年全国教育事业发展统计公报》指出:"全国各类高等教育在学总规模达到3 699万人,高等教育毛入学率达到42.7%。"

《2017年全国教育事业发展统计公报》指出:"全国各类高等教育在学总规模达到3 779万人,高等教育毛入学率达到45.7%。"

《2018年全国教育事业发展统计公报》指出:"2018年高等教育毛入学率达到48.1%。"

《2019年全国教育事业发展统计公报》指出:"2019年高等教育毛入学率达到51.6%。"

3. 高等教育毛入学率40年的发展沿革

1980年8月30日,国务院副总理兼国家计划委员会主任姚依林在第五届全国人民代表大会第三次会议上所做的《关于1980、1981年国民经济计划安排的报告》中指出:"教育,高等学校由于1977年新生入学较晚,要推迟到1981年寒假毕业,校舍腾不出来,1981年招生数仍然安排27万人,保持近两年的水平。"1978—2018年中国高等教育毛入学率见表1-1。

表1-1　中国高等教育毛入学率一览表(1978—2018年)

年份	毛入学率	年份	毛入学率	年份	毛入学率	年份	毛入学率
1978	1.55%	1989	3.67%	2000	11.2%	2011	26.9%
1979	2.07%	1990	3.45%	2001	11.2%	2012	30%
1980	2.22%	1991	3.2%	2002	15%	2013	34.5%
1981	2.16%	1992	3.47%	2003	17%	2014	37.5%
1982	1.96%	1993	4.68%	2004	19%	2015	40%
1983	2.09%	1994	5.7%	2005	21%	2016	42.7%
1984	2.37%	1995	6.86%	2006	22%	2017	45.7%
1985	2.91%	1996	8.03%	2007	23%	2018	48.1%
1986	3.56%	1997	8.84%	2008	23.3%	2019	51.6%
1987	3.6%	1998	9.76%	2009	24.2%		
1988	3.7%	1999	10.5%	2010	26.5%		

资料来源:根据教育部《全国教育事业发展统计公报》及相关资料整理。

从表 1-1 可知,从 1978 年的毛入学率 1.55% 到 1995 年的 6.86%,每年增长 0.5 个左右的百分点;1996 年到 2000 年,每年增长 1~2 个左右的百分点,实现了大众化阶段;从 2000 年到 2019 年的 19 年间,每年增长 2~3 个左右的百分点,实现了普及化阶段。邓小平指出:"智力开发是很重要的。我说的是包括职工教育在内的智力开发,要更好地注意这个问题。大专院校要发展,近期不说发展一倍,也可发展半倍。现在我们是有这个能力的。重点院校增加一倍学生没有多少问题,师资不缺,主要是房子不够。再拿出一点钱建校舍和宿舍,我看也可以拿得出来。这方面用多少钱,要算个帐(账)。"①

4. 总体发展战略的变化

(1)"稳定规模,优化结构,提高质量,注重效益"

1990 年 5 月 10 日,《国家教委关于教育事业"八五"计划和十年规划工作有关问题的通知》(教计〔1990〕047 号)指出:"高等教育规模基本稳定,布局基本合理,结构趋向优化,办学条件有较明显改善,教育质量和办学效益有较大提高,全国高级专门人才的拥有量大体适应经济与社会发展的需要。"

1990 年 12 月 30 日,中国共产党第十三届中央委员会第七次全体会议通过的《中共中央关于制定国民经济和社会发展十年规划和"八五"计划的建议》第 37 条指出:"高等教育要根据社会实际需要,合理调整结构,大力提高质量。'八五'期间研究生教育和本科教育基本上稳定现有规模,进行充实和加强。根据需要和可能,适当发展专科教育。重点抓好普通高等院校的调整,优化高等教育的布局和专业结构,努力提高教学质量和办学效益。"

1991 年 4 月 8 日,国家教委、财政部《高等学校"八五"期间财务工作的若干意见》(教财〔1991〕33 号)指出:"'八五'期间,高等学校将以'坚持方向、稳定规模、调整结构、深化改革、改善条件、提高质量'作为工作重点,促使高等教育事业持续、稳定、协调地发展。"

1996 年 4 月 10 日,国家教委关于印发的《全国教育事业"九五"计划和 2010 年发展规划》(教计〔1996〕45 号)在"政策措施"的第三条指出:"调整高等学校布局,提高办学效益。我国高等学校的数量已经不少,只要适当扩大现有高校的办学规模,就可以实现本世纪末本专科在校生达到 630 万人的规划目标。因此,'九五'期间要通过严格控制中专、大专学升格和另铺摊子增设新校;统筹规划基础上,有计划、有步骤地推动高等学校布局结构调整;通过发展多种形式的联合办学和校际合作,努力提高办学效益。到本世纪末,要使省区内高等学校的总体布局进一步趋于合理,全国高等学校的总校数进一步减少。"

---

① 邓小平.邓小平文选:第 3 卷[M].北京:人民出版社,1993:26.

（2）"适度发展高等教育"

1995 年 9 月 28 日，中国共产党第十四届中央委员会第五次全体会议通过的《中共中央关于制定国民经济和社会发展"九五"计划和二〇一〇年远景目标的建议》第 20 条指出："积极发展职业教育和成人教育，适度发展高等教育，优化教育结构。"

1996 年 3 月 17 日，第八届全国人民代表大会第四次会议批准的《中华人民共和国国民经济和社会发展"九五"计划和 2010 年远景目标纲要》在第五部分"实施科教兴国战略"中指出："改善高等教育结构，提高教育质量。重点提高本科教育质量，适度扩大专科教育规模，调整本、专科专业结构，促进各类高等学校的合理分工。分层次、分期分批、有步骤地实施'211'工程。"

（3）"稳定规模、优化结构、强化特色，走以质量提升为核心的内涵式发展道路"

2012 年 3 月 16 日，《教育部关于全面提高高等教育质量的若干意见》（教高〔2012〕4 号）指出："树立科学的高等教育发展观，坚持稳定规模、优化结构、强化特色、注重创新，走以质量提升为核心的内涵式发展道路。"

2012 年 6 月 14 日，教育部印发的《国家教育事业发展第十二个五年规划》（教发〔2012〕9 号）指出："推进高等学校有特色、高水平发展。坚持稳定规模、优化结构、强化特色，走以质量提升为核心的内涵式发展道路。"

（三）高等教育的投入应立足社会主义初级阶段基本国情——目标不是优先却滞后和减缓实现

1. 国家财政性教育经费占国民生产总值 4% 的目标

（1）20 世纪末达到 4%

1993 年 2 月 13 日，中共中央、国务院印发的《中国教育改革和发展纲要》（中发〔1993〕3 号）第 48 条指出："逐步提高国家财政性教育经费支出占国民生产总值的比例，本世纪末达到百分之四，达到发展中国家八十年代的平均水平。"

教育部 1998 年 12 月 24 日制定、国务院 1999 年 1 月 13 日批转的《面向 21 世纪教育振兴行动计划》第 42 条规定："要按照《教育法》和《中国教育改革和发展纲要》的规定，逐步提高国家财政性教育经费占国民生产总值的比例，努力实现 4% 的目标。"

1999 年 6 月 13 日，《中共中央　国务院关于深化教育改革，全面推进素质教育的决定》第 24 条规定："努力采取有效措施，切实加大教育投入，逐步实现国家财政性教育经费支出占国民生产总值百分之四的目标。"

（2）2005 年达到 4%

2001 年 7 月 26 日，教育部印发的《全国教育事业第十个五年计划》（教发〔2001〕33 号）指出："到 2005 年国家财政性教育经费支出占国内生产总值（GDP）

的比例达到 4%。"

（3）2012 年达到 4%。

2010 年 6 月 21 日，中共中央政治局审议并通过的《国家中长期教育改革和发展规划纲要（2010—2020 年）》第五十六条指出："2012 年达到 4%。"

（4）提高比例

1996 年 4 月 10 日，国家教委关于印发的《全国教育事业"九五"计划和 2010 年发展规划》（教计〔1996〕45 号）在"政策措施"的第七条指出："保证教育投入，提高投资效益。为了适应教育发展需要，在本世纪末要使财政性教育支出达到国民生产总产值的 4%，到 2010 年进一步提高，达到一般中等发达国家水平。这是实现教育发展目标的基本条件。"

2001 年 7 月 26 日，教育部印发的《全国教育事业第十个五年计划》（教发〔2001〕33 号）指出："到 2005 年国家财政性教育经费支出占国内生产总值（GDP）的比例达到 4%，到 2010 年应进一步提高。"

2010 年 6 月 21 日，中共中央政治局审议并通过的《国家中长期教育改革和发展规划纲要（2010—2020 年）》第五十六条指出："提高国家财政性教育经费支出占国内生产总值比例。"

（5）不低于 4%

2017 年 1 月 10 日，国务院印发的《国家教育事业发展"十三五"规划》（国发〔2017〕4 号）指出："优先保障教育投入。坚持把教育作为各级人民政府财政支出重点领域给予优先保障，保证国家财政性教育经费支出占国内生产总值的比例一般不低于 4%。"

2018 年 8 月 17 日，《国务院办公厅关于进一步调整优化结构提高教育经费使用效益的意见》（国办发〔2018〕82 号）第二条规定："保证国家财政性教育经费支出占国内生产总值比例一般不低于 4%。"

2019 年 2 月，中共中央、国务院印发的《中国教育现代化 2035》指出："保证国家财政性教育经费支出占国内生产总值的比例一般不低于 4%。"

《中华人民共和国教育法》第五十五条规定："国家财政性教育经费支出占国民生产总值的比例应当随着国民经济的发展和财政收入的增长逐步提高。"

2. 4% 的执行

（1）"逐步实现"

2007 年 5 月 18 日，国务院批转的《教育部国家教育事业发展"十一五"规划纲要》（国发〔2007〕14 号）还指出："逐步使财政性教育经费占国内生产总值的比例达到 4%。"

（2）1993—2018 年的执行

1993—2018 年国家财政性教育经费支出占 GDP 的比例见表 1-2。

表 1-2　1993—2018 年国家财政性教育经费支出占 GDP 的比例

年份 (年)	GDP (亿元)	国家财政性教育 经费支出(亿元)	国家财政性教育 经费支出占 GDP 的比例	比上年增幅(%)
1993	35 673	867.76	2.54%	−0.22
1994	43 800	1 174.74	2.52%	−0.02
1995	57 277	1 411.52	2.41%	−0.11
1996	68 594	1 671.70	2.44%	0.03
1997	74 772	1 862.54	2.49%	0.05
1998	79 553	2 032.45	2.55%	0.06
1999	81 911	2 287.18	2.79%	0.24
2000	89 404	2 562.61	2.87%	0.08
2001	95 933	3 057.01	3.19%	0.32
2002	105 172	3 491.40	3.32%	0.13
2003	117 252	3 850.62	3.28%	−0.04
2004	159 878	4 465.86	2.79%	−0.47
2005	183 084.80	5 161.08	2.81%	0.03
2006	210 871	6 348.36	3.00%	0.19
2007	249 529.9	8 280.21	3.22%	0.22
2008	300 670	10 449.63	3.33%	0.11
2009	340 507	12 231.09	3.59%	0.26
2010	401 202	14 670.07	3.65%	0.06
2011	472 882	18 586.70	3.93%	0.28
2012	518 942.11	22 236.23	4.28%	0.35
2013	568 845.2	24 488.22	4.16%	−0.12
2014	636 139	26 420.58	4.10%	−0.06
2015	685 505.8	29 221.45	4.15%	0.05
2016	744 127.2	31 396.25	4.22%	0.07
2017	827 122	34 207.75	4.14%	−0.08
2018	919 281	36 995.77	4.02%	−0.12

注:2019 年 11 月 22 日,《国家统计局关于修订 2018 年国内生产总值数据的公告》称:"2018 年国内生产总值为 919 281 亿元,比初步核算数增加 18 972 亿元,增幅为 2.1%。"36 995.77 亿元/919 281 亿元＝4.02%。

1993 年至 2011 年国家财政性教育经费支出占 GDP 比例一直在 4% 以下。2012 年才突然达到4.28%,2012 年比 2011 年增长 0.35%,是 1993 年来增幅最大的一年。

3. 社会主义初级阶段需要上百年的时间,国家财政性教育经费支出占 GDP 的比例应逐步上升

(1) 4% 在发展中国家仍是低水平

记者黄小伟介绍:"财政性教育经费占 GDP 4% 到底是什么样的概念? 一比较就很清楚。据媒体报道,教育经费占 GDP 的比重,世界平均水平为 4.9%,发达国家为 5.1%,欠发达国家为 4.1%。印度、哥伦比亚、巴西等发展中国家都超过 4%。相比较之下,中国的教育投资水平连欠发达国家都不如,这与世界第三大经济体的实力是不相称的。在'金砖四国'中,中国的教育竞争力略落后于俄罗斯,远远高于巴西和印度,但是中国的教育投入却是排在末尾。"[1]20 年后的 2013 年,我国已成为世界第二经济大国,OECD(经济合作与发展组织)国家 2013 年公共教育支出占GDP 比例的均值为4.8%。[2]因此,国家财政性教育经费占国民生产总值的比例应该逐步提高。

张国、樊未晨报道:"中国发展研究基金会副理事长卢迈说,目前,我国财政性教育经费占 GDP 比重已达 4.1%,建议提高到 5%。……全国政协常务委员兼副秘书长、民进中央副主席朱永新对记者说,很多国家的财政性教育经费占 GDP 比例超过 6%。随着社会发展,教育投入占比应该越来越高,4%'绝对不是最高点',他赞成逐步提高比例的建议。"[3]

"穷国办大教育"在官方文件未查到。笔者查到:1999 年 6 月 18 日,朱镕基在全国教育工作会议闭幕会上提到"我国是穷国办大教育"。但是,上述资料表明:"欠发达国家为 4.1%。印度、哥伦比亚、巴西等发展中国家都超过 4%。"

(2) 社会主义初级阶段的国情是否应教育投入不足

两个《纲要》都提到"教育投入不足"。1993 年的《中国教育改革和发展纲要》(中发〔1993〕3 号)第 2 条指出:"必须看到,我国教育在总体上还比较落后,不能适应加快改革开放和现代化建设的需要。教育的战略地位在实际工作中还没有完全落实;教育投入不足……"2010 年的《国家中长期教育改革和发展规划纲要(2010—2020 年)》指出:"教育投入不足,教育优先发展的战略地位尚未得到完全

---

① 黄小伟.4% 不应是个传说[N].经济观察报,2010-03-06.

② UNESCO. Education 2030 Framework for Action—Towards Inclusive and Equitable Quality Education and Lifelong Learning for All(Final draft for adoption)[EB/OL]. http://en. unesco. org/news/education-2030-framework-action-be-for-many-adopted-and-launched.

③ 张国,樊未晨.教育界人士:建议国家财政性教育经费占 GDP 比重提至 5%[N].中国青年报,2019-06-03.

落实。"

1985 年 5 月 27 日,《中共中央关于教育体制改革的决定》指出:"发展教育事业不增加投资是不行的。在今后一定时期内,中央和地方政府的教育拨款的增长要高于财政经常性收入的增长,并使按在校学生人数平均的教育费用逐步增长。现在,各级都有一些领导干部,宁肯把钱花在并非必要的方面,对于各种严重浪费也不感到痛心,唯独不肯为发展教育而花一点钱,这种状况必须改变。"

邓小平早在 1980 年就指出:我们过去长期搞计划,有一个缺点,就是没有安排好各种比例关系,"有一个重要的比例,就是经济发展和教育、科学、文化、卫生、体育的比例失调。教科文卫费用太少,不成比例。甚至有些第三世界的国家,在这方面比我们重视得多。印度在教育方面花的钱比我们多。像埃及这样的国家,人口只有四千万,按人口平均计算,他们在教育方面花的钱,也比我们多几倍。总之,我们非要大力增加教科文卫的经费不可。"①邓小平还指出:"我们要千方百计,在别的方面忍耐一些,甚至于牺牲一点速度,把教育问题解决好。"②

我国经济建设的速度举世瞩目,但对教育的投资不足。2000 年诺贝尔经济学奖得主詹姆斯·海克曼的测算,1995 年中国各级政府现在大约把国民生产总值的 2.5% 用于教育投资,30% 用于物质投资。这两项投资在美国分别是 5.4% 和 17%,在韩国是 3.6% 和 30%。也就是说,物力资本投资与教育资本投资二者的比例,中国是12:1,韩国是 8:1,美国是 3:1。詹姆斯·海克曼认为,这说明"中国对人进行投资的支出,远远低于各国平均数。如果中国过多投资于一种资本,而另一种资本投资不足,那么,财富增长的机会就丧失了"。

（3）十九大的《中国共产党章程》为什么增加"原本"两字

从党的十四大到十八大的《中国共产党章程》中表述为:"我国正处于并将长期处于社会主义初级阶段。这是在经济文化落后的中国建设社会主义现代化不可逾越的历史阶段,需要上百年的时间。"党的十九大的《中国共产党章程》改为:"我国正处于并将长期处于社会主义初级阶段。这是在原本经济文化落后的中国建设社会主义现代化不可逾越的历史阶段,需要上百年的时间。"增加了"原本"两字。

笔者理解,社会主义初级阶段需要上百年的时间,如果整个初级阶段一直是"经济文化落后"那就没有发展、没有变化了,因此,"原本经济文化落后",新中国 70 年了,改革开放 40 年了,我国 GDP 世界排第二了,不能再用"发展中国家八十年代的平均水平"——4%,现在居然提出"不低于 4%",如何体现"优先发展的战略地位"? 2018 年 9 月 10 日,习近平在全国教育大会上指出:"不断使教育同党和国家事业发展要求相适应……同我国综合国力和国际地位相匹配。"党的十九大报

---

① 邓小平.邓小平文选:第 2 卷[M].北京:人民出版社,1994:250.
② 邓小平.邓小平文选:第 3 卷[M].北京:人民出版社,1993:275.

告指出的到 2020 年全面建成小康社会,国家财政性教育经费支出占 GDP 的比例应是多少? 从 2020 年到 2035 年基本实现社会主义现代化时国家财政性教育经费支出占 GDP 的比例应是多少? 从 2035 年到本世纪中叶,建成社会主义现代化强国时国家财政性教育经费支出占 GDP 的比例应是多少?

(4)"优先发展的战略地位""科教兴国战略"和"两个大计""三优先"

① "优先发展的战略地位"和"科教兴国战略"

党的十二大报告指出:"在今后二十年内,一定要牢牢抓住农业、能源和交通、教育和科学这几个根本环节,把它们作为经济发展的战略重点。"

党的十三大报告指出:"把发展科学技术和教育事业放在首要位置……百年大计,教育为本。必须坚持把发展教育事业放在突出的战略位置。"

党的十四大报告指出:"我们必须把教育摆在优先发展的战略地位。"

党的十五大报告指出:"实施科教兴国战略……要切实把教育摆在优先发展的战略地位。"

党的十六大报告指出:"大力实施科教兴国战略……教育是发展科学技术和培养人才的基础,在现代化建设中具有先导性全局性作用,必须摆在优先发展的战略地位。"

党的十七大报告指出:"更好实施科教兴国战略。"

党的十八大报告指出:"深入实施科教兴国战略。"

党的十九大报告指出:"坚定实施科教兴国战略。……优先发展教育事业。建设教育强国是中华民族伟大复兴的基础工程,必须把教育事业放在优先位置,深化教育改革,加快教育现代化,办好人民满意的教育。"

② "两个大计"和"三个优先"

2018 年 9 月 10 日,习近平在全国教育大会上提出"两个大计",他指出:"党的十九大从新时代坚持和发展中国特色社会主义的战略高度,做出了优先发展教育事业、加快教育现代化、建设教育强国的重大部署。教育是民族振兴、社会进步的重要基石,是功在当代、利在千秋的德政工程,对提高人民综合素质、促进人的全面发展、增强中华民族创新创造活力、实现中华民族伟大复兴具有决定性意义。教育是国之大计、党之大计。"

2010 年 6 月 21 日,《国家中长期教育改革和发展规划纲要(2010—2020 年)》提出"三个优先",指出:"各级党委和政府要把优先发展教育作为贯彻落实科学发展观的一项基本要求,切实保证经济社会发展规划优先安排教育发展,财政资金优先保障教育投入,公共资源优先满足教育和人力资源开发需要。"

2012 年 6 月 14 日,教育部印发的《国家教育事业发展第十二个五年规划》(教发〔2012〕9 号)指出:"落实教育'三个优先'的保障制度。推进教育'三个优先'的制度化建设。把优先发展教育作为党和国家全局工作中长期坚持的重大方针,形成保障教育优先发展的领导体制、决策机制和制度规范。把教育'三个优先'(经济社会发展规划优先安排教育发展,财政资金优先保障教育投入,公共资源优先满足教育和人力资源开发需要)落实到政府的规划编制、年度计划、财政预算、公共资源配置、政绩考核等各项工作中。加强区域教育发展规划与经济社会发展规划、城镇化规划、国土开发利用规划、产业振兴规划、科技规划和财政支持政策的有机衔接。"

在 2018 年全国教育大会上,李克强指出:"全面落实教育优先发展战略,在经济社会发展规划上优先安排教育、财政资金投入上优先保障教育、公共资源配置上优先满足教育和人力资源开发需要。"落实"三个优先"是落实教育优先发展战略的具体措施,是贯彻"两个大计"的基本保证。应该把教育在经济社会发展规划、财政资金投入和公共资源配置中的位置作为衡量教育是否得到优先发展的重要指标。

(5) 教育投入是"基础性投资"和"战略性投资"

1994 年 7 月 3 日,国务院《关于〈中国教育改革和发展纲要〉的实施意见》(国发〔1994〕39 号)第二十二条规定:"国家财政对教育的拨款,是教育经费的主渠道,必须予以保证。各级政府要树立教育投资是战略性投资的观念,合理调整投资结构,在安排财政预算时,优先保证教育的需求并切实做到《纲要》提出的'三个增长'。"

教育部 1998 年 12 月 24 日制定、国务院 1999 年 1 月 13 日批转的《面向 21 世纪教育振兴行动计划》第 42 条规定:"落实科教兴国战略,必须转变把教育投资作为消费性投资的观念,要切实把发展教育作为基础设施建设,把教育投资作为一种基础性的投资,千方百计增加教育投入。"

2010 年 6 月 21 日,中共中央政治局审议并通过《国家中长期教育改革和发展规划纲要(2010—2020 年)》第五十六条指出:"教育投入是支撑国家长远发展的基础性、战略性投资,是教育事业的物质基础,是公共财政的重要职能。"

教育投入是"基础性投资"和"战略性投资",在社会主义初级阶段必须依法优先投入。

1984 年 10 月 22 日,邓小平指出:"翻两番的意义很大。这意味着到本世纪末,年国民生产总值达到一万亿美元。从总量说,就居于世界前列了。这一万亿美元,反映到人民生活上,我们就叫小康水平;反映到国力上,就是较强的国家。因为到那时,如果拿国民生产总值的百分之一来搞国防,就是一百亿……一百亿美元能够办很多事情,如果用于科学教育,就可以开办好多大学,普及教育也就可以用更多的力量来办了。智力投资应该绝不止百分之一。"[1]

---

① 邓小平.邓小平文选:第 3 卷[M].北京:人民出版社,1993:88.

五、社会主义初级阶段高等教育理财的基本规律、基本原则和主要任务

（一）社会主义初级阶段高等教育财务领域必须遵循的基本规律

2000 年 6 月 12 日，《教育部、财政部关于高等学校建立经济责任制加强财务管理的几点意见》（教财〔2000〕14 号）提出"掌握学校事业运行规律和财会工作规律"，社会主义初级阶段高校财务领域的基本规律有哪些？

1. 时间节约规律——首要的经济规律甚至可以说是程度极高的规律

马克思在《政治经济学批判大纲（1857—1858 年草稿）》《货币章》中指出："以集体生产为前提，时间规定当然照旧保有其本质的意义。社会为生产小麦、家畜等等所需要的时间越少，它对于其他生产，不论是物质的生产或精神的生产所获得的时间便越多。和单一的个人一样，社会发展、社会享乐以及社会活动的全面性，都决定于时间节约。一切经济最后都归结为时间经济。正像单个的人必须正确分配他的时间，才能按照适当的比例获得知识或满足他的活动上的种种要求；同样，社会必须合乎目的地分配它的时间，才一能达到一种符合其全部目的的生产。因此时间经济以及有计划地分配劳动时间于不同的生产部门，仍然是以集体为基础的社会首要的经济规律。甚至可以说这是程度极高的规律。"①

葛家澍指出："我们说经济核算由时间节约规律的要求所决定，不等于说经济核算就是时间节约规律的要求。作为一个规律，节约是社会主义经济中最一般和最本质的要求之一。只要有经济活动，不论发生在企业、机关或事业单位，都需要节约，这是毫无疑问的。但是在社会主义经济单位（主要是国营企业）中，时间节约规律的要求是通过特定的经济关系表现出来的，而这个经济关系就是经济核算。在社会主义生产领域所以必须形成经济核算关系而在非生产领域就不需要形成经济核算关系，……国营企业同各方面形成经济核算关系不仅由于它们是社会主义社会的分工单位，而且由于它们是社会主义社会的经济单位。所以，经济核算的本质只能理解为以最小为消耗，产生最大经济效果。既然经济核算要求的是最大的经济效果，当然不能把它应用于机关、事业单位和一切非生产性组织中。……那么，为了进行这一核算，企业向其他企业提供的产品就需要或者收回等量劳动的其他产品，或者按等量劳动记账算账。"②

笔者赞成"经济核算由时间节约规律的要求所决定"的观点，却不同意"机关、事业单位和一切非生产性组织"不实行经济核算的观点，这个问题将在第三章第一节中阐述。

---

① 马克思，恩格斯. 马克思恩格斯全集：第 46 卷（上）[M]. 北京：人民出版社，1979：120.
② 葛家澍. 经济核算的客观依据是时间节约规律[J]. 中国经济问题，1961（3）：8-15.

2. 价值规律——商品经济的基本规律

恩格斯在《反杜林论》中指出:"价值规律正是商品生产的基本规律,从而也就是商品生产的最高形式即资本主义生产的基本规律。"①

(1) 成本实质上了费用与效用的关系

恩格斯早在 1844 年指出:"价值是生产费用对效用的关系。价值首先是用来解决某种物品是否应该生产的问题,即这种物品的效用是否能抵偿生产费用的问题。只有在这个问题解决之后,才谈得上运用价值来进行交换的问题。如果两种物品的生产费用相等,那么效用就是确定它们的比较价值的决定因素。"②恩格斯在 1878 年又强调指出:"在决定生产问题时,上述对效用和劳动花费的衡量,正是政治经济学的价值概念在共产主义社会中所能余留的全部东西,这一点我在 1844 年已经说过了。"③中国成本研究会会长许毅授在 1980 年中国成本研究会成立大会上讲话时,第一句话就讲:"恩格斯讲过,我们要研究产品的耗费和效用的关系,这是我们研究成本的任务。"④1985 年,他又强调:"成本实质上反映了费用与效用的关系。"⑤因此,恩格斯讲的"是否应该生产的问题"与"在决定生产问题时",说明成本对于是否生产决策的重要性,它为我们的成本研究指明了方向。

(2) 价值决定起支配作用时簿记将比以前任何时候都要重要

马克思指出:"在资本主义生产方式废止以后,但社会化的生产依然存在的情况下,价值决定仍会在上述意义上起支配作用:劳动时间的调节和社会劳动在各类不同生产之间的支配,最后,与此有关的簿记,将比以前任何时候都要重要。"⑥

1959 年 3 月 30 日,毛泽东在陶鲁笳报送的关于山西省各县五级干部会议情况的报告及附件的批注中指出:"算账才能实行那个客观存在的价值法则。这个法则是一个伟大的学校,只有利用它,才有可能教会我们的几千万干部和几万万人民,才有可能建设我们的社会主义和共产主义。否则一切都不可能。"⑦1959 年,毛泽东又指出:"马克思写《资本论》一百年了。法则不能违反,要学习政治经济学。过去学了就完了,谁也没有注意价值法则,可是违反了它就会碰得头破血流。看起来,经验要自己取得。"⑧

---

① 中共中央马克思恩格斯列宁斯大林著作编译局.马克思恩格斯选集:第 3 卷[M].北京:人民出版社,1972:351.

② 马克思,恩格斯.马克思恩格斯全集:第 1 卷[M].北京:人民出版社,1979:604-605.

③ 中共中央马克思恩格斯列宁斯大林著作编译局.马克思恩格斯选集:第 3 卷[M].北京:人民出版社,1972:348-349 注.

④ 中国成本研究会.成本管理文集:第一辑[M].北京:广播出版社,1981:9.

⑤ 中国成本研究会.成本管理文集:第一辑[M].北京:广播出版社,1981:8.

⑥ 马克思.资本论:第 3 卷[M].北京:人民出版社,1975:963.

⑦ 毛泽东.毛泽东文集:第 8 卷[M].北京:人民出版社,1999:34.

⑧ 中共中央文献研究室,新华通讯社.毛泽东新闻工作文选[M].北京:新华出版社,2014:271.

3. 收支平衡规律

列宁认为"规律就是关系",是事物"本质的关系或本质之间的关系"。[①] 体现供求关系的供求规律与价值规律、竞争规律是市场经济的三大规律。供求规律在财政、财务范围内体现为收支平衡规律。2004 年 7 月 13 日,《教育部 财政部关于进一步完善高等学校经济责任制加强银行贷款管理切实防范财务风险的意见》(教财〔2004〕18 号)规定:"高等教育事业实现了跨越式发展。随着高等教育规模的不断扩大以及广大人民群众对高等教育需求的日益增长,教育投入与教育需求之间的矛盾更加突出。一些高校在资金供给不足的情况下,为适应事业发展的需要,积极利用银行贷款改善办学条件,解决了事业发展过程中的实际困难。"

邓子基指出:"财政收支平衡究竟是原则还是规律? 有的同志只承认财政收支平衡是一条社会主义财政原则,而不认为是一条社会主义财政规律。理由是:财政收支平衡是人们的主观要求,是编制国家基本财政计划的主观愿望。财政收支矛盾是绝对的,财政收支在客观上不一定会平衡。我们认为,社会主义财政收支平衡规律,它指的是财政收支矛盾与平衡转化规律,它包括财政收支矛盾与财政收支平衡这两个方面。这两方面都具有客观必然性,不过前者具有绝对性,后者具有相对性。"[②]

4. 竞争规律

恩格斯指出:"竞争的规律是:供和求力图互相适应,但是正是因为如此,就从来不会互相适应。双方又重新脱节,并转而成为尖锐的对立。供应总是紧跟着需求,然而从来没有刚好满足过需求;供应不是太多,就是太少,它和需求是永远不相适应的。……这个规律永远起着调节作用。"[③]

竞争规律是市场经济的主要规律,但"竞争"不是市场经济的产物。笔者曾在一篇文章中引用过:据《庄子·齐物论》记载:"竞争者,有竞有争也。并逐曰竞,对辩曰争。"[④]中国高校在"竞争"方面存在的主要问题是:在高校入口处竞争(抢生源)而不是在出口上竞争(就业市场)。在高校财务中,竞争性拨款也应用不够。

(二) 社会主义初级阶段高等教育财务领域必须遵循的基本原则

在《高等学校财务制度》的规定中高等学校财务管理的基本原则:

1997 年 6 月 23 日,财政部和国家教育委员会发布的《高等学校财务制度》(财文字〔1997〕280 号)第三条规定:"高等学校财务管理的基本原则是:贯彻执行国家有关法律、法规和财务规章制度;坚持勤俭办学的方针;正确处理事业发展需要和

---

① 列宁. 列宁全集:第 38 卷[M]. 北京:人民出版社,1960:161.

② 邓子基,徐日清. 再论财政收支矛盾与财政收支平衡[J]. 经济研究,1982(1):58-61.

③ 中共中央马克思恩格斯列宁斯大林著作编译局. 马克思恩格斯列宁斯大林论经济危机:文章摘编[M]. 北京:人民出版社,1975:1.

④ 乔春华. 在市场经济条件下高等教育的若干理论问题[J]. 教育与经济,1994(3):18-20.

资金供给的关系,社会效益和经济效益的关系,国家、集体和个人三者利益的关系。"

2012年12月19日,财政部和教育部印发的《高等学校财务制度》(财教〔2012〕488号)第三条规定:"高等学校财务管理的基本原则是:执行国家有关法律、法规和财务规章制度;坚持勤俭办学的方针;正确处理事业发展需要和资金供给的关系,社会效益和经济效益的关系,国家、学校和个人三者利益的关系。"

笔者认为,在社会主义初级阶段高校财务领域应遵循的基本原则如下:

1. 节约是社会主义经济的基本原则之一

早在1934年毛泽东就说过:"节省每一个铜板为着战争和革命事业,为着我们的经济建设,是我们的会计制度的原则。"[①]

毛泽东指出:"勤俭办工厂,勤俭办商店,勤俭办一切国营事业和合作事业,勤俭办一切其他事业,什么事情都应当执行勤俭的原则。这就是节约的原则,节约是社会主义经济的基本原则之一。中国是一个大国,但是现在还很穷,要使中国富起来,需要几十年的时间。几十年以后也需要执行勤俭的原则,但是特别要提倡勤俭,特别要注意节约的,是在目前这几十年内,是在目前这几个五年计划的时期内。"[②]

毛泽东指出:"我们要进行大规模的建设,但是我国还是一个很穷的国家,是一个矛盾。全面地持久地厉行节约,就是解决这个矛盾的一个方法。……要使全体干部和全体人民经常想到我国是一个社会主义的大国,但又是一个经济落后的穷国,这是一个很大的矛盾。要使我国富强起来,需要几十年艰苦奋斗的时间,其中包括执行厉行节约、反对浪费这样一个勤俭建国的方针。"[③]

党的十九大报告指出:必须坚持节约优先的方针。

1982年至2018年的《宪法》第十四条指出:"国家厉行节约,反对浪费。"

2015年12月27日,《中华人民共和国教育法》修订时增加了"国家举办学校及其他教育机构,应当坚持勤俭节约的原则"作为第二十六条。

1993年的《中国教育改革和发展纲要》第50条指出:"各级教育部门和学校必须努力提高教育经费的使用效益。要合理规划教育事业的规模,调整教育结构和布局,避免结构性浪费;要坚持艰苦奋斗、勤俭办学的方针,建立健全财务规章制度,加强财会队伍建设。各级财政和审计部门要加强财务监督和审计,共同把教育经费管好、用好。"

2010年的《国家中长期教育改革和发展规划纲要(2010—2020年)》第五十八

---

① 毛泽东.毛泽东选集:第1卷[M].北京:人民出版社,1991:134.
② 毛泽东.毛泽东选集:第5卷[M].北京:人民出版社,1977:249.
③ 毛泽东.毛泽东选集:第5卷[M].北京:人民出版社,1977:398-400.

条指出:"坚持勤俭办学,严禁铺张浪费,建设节约型学校。"

2."量入为出"与"以支定收"相结合的收支平衡原则

邓子基指出:"有的同志说,财政收支平衡是一条社会主义财政原则。对不对呢? 我们认为,也对也不对。我们知道,规律与原则是两个既有联系又有区别的概念。任何规律都是事物内部的必然的因果联系,规律是客观存在的,是不以人们的意志为转移的。原则是人们根据规律的要求而确定的办事准则。一般地说,原则总是要以规律为依据,总是规律的要求与反映。但由于人们认识往往落后于实际,人们确定的原则不可能完全反映规律的要求。可见,原则又不等于规律。拿财政收支平衡规律来说,它是对财政这一收支矛盾与平衡转化运动的本质概括;而财政收支平衡原则是对财政收支平衡规律的运用与贯彻。从这个意义上说,把财政收支平衡看作是一条原则也是可以的。但如果认为财政收支平衡只是主观愿望,否认它的客观规律性,则是不对的。"[①]

(1)"量入为出、收支平衡"曾是高校预算编制的总原则或原则

《高等学校财务制度》(1997)第十一条规定:"高等学校编制预算必须坚持'量入为出、收支平衡'的总原则。收入预算坚持积极稳妥原则;支出预算坚持统筹兼顾、保证重点、勤俭节约等原则。"

《高等学校财务制度》(2012)第十二条规定:"高等学校预算编制应当遵循'量入为出、收支平衡'的原则。收入预算编制应当积极稳妥;支出预算编制应当统筹兼顾、保证重点、勤俭节约。"

(2)"量入为出、收支平衡、不列赤字"逐步被债务打破

① 地方政府用债务"抹平"财政赤字

《中华人民共和国预算法》(简称《预算法》)未规定中央预算可以"列赤字":《预算法》(1994)第三条规定:"各级预算应当做到收支平衡。"第二十七条规定:"中央政府公共预算不列赤字。"《预算法》(2014)第十二条规定:"各级预算应当遵循统筹兼顾、勤俭节约、量力而行、讲求绩效和收支平衡的原则。"但《预算法》(2014)中却没有"中央政府公共预算不列赤字"的规定。

《预算法》规定地方各级预算不允许"列赤字":《预算法》(1994)第二十八条规定:"地方各级预算按照量入为出、收支平衡的原则编制,不列赤字。"《预算法》(2014)第三十五条规定:"地方各级预算按照量入为出、收支平衡的原则编制,除本法另有规定外,不列赤字。"但实际上用债务"抹平"财政赤字。20世纪80年代末至90年代初,许多地方政府为了筹集资金搞基础设施建设曾经发行过地方债券,但因为国务院对地方政府承付的兑现能力有怀疑而于1993年叫停,1994年颁布的《预算法》第二十八条规定"除法律和国务院另有规定外,地方政府不得发行地方

---

① 邓子基,徐日清.再论财政收支矛盾与财政收支平衡[J].经济研究,1982(1):58-61.

政府债券"。2009年2月17日,第十一届全国人大常委会第十八次委员长会议的《国务院关于安排发行2009年地方政府债券的报告》认为国务院发行地方政府债券,需经过全国人大常委会通过。2014年5月19日,由财政部代理发行的2000亿地方债券分配方案已经基本确定,财政部还印发了《2014年地方政府债券自发自还试点办法》(财库〔2014〕57号)。2014年9月21日,国务院办公厅印发的《国务院关于加强地方政府性债务管理的意见》(国发〔2014〕43号)指出,要修明渠、堵暗道,赋予地方政府依法适度举债融资权限,加快建立规范的地方政府举债融资机制。同时,坚决制止地方政府违法违规举债。并表示安排不列入赤字地方政府专项债券。于是,"由财政部代理发行"的"不列入赤字地方政府专项债券"就在符合《预算法》中产生了。

② 高校用债务"抹平"财政赤字

高校不得搞赤字预算。如1982年1月11日,《教育部部属高等学校财务管理试行办法》(〔1982〕财事字第4号)第十三条规定:"编制和安排年度各项财务计划,必须根据不同的资金渠道,坚持'量力而行、收支平衡、留有后备'的原则,精打细算,厉行节约,合理分配,注重效果。学校的一切财务支出计划,必须严格控制在各项财力允许的范围以内,不得搞赤字预算。"1991年4月8日,国家教委、财政部发布的《高等学校"八五"期间财务工作的若干意见》(教财〔1991〕33号)第二条第二款规定:"坚持先收后支、量入为出、收支平衡的预算原则。预算安排必须坚持紧缩的方针,根据财力可能,周密计划,量力而行,要下决心把超财力可能的预算盘子压缩下来,预算不允许有赤字。"1994年11月17日,国家教委发布的《关于当前国家教委委属高校财经工作中几点意见的通知》(教财〔1994〕64号)规定:"坚持综合平衡,不搞赤字预算。保持事业发展与财力的平衡是保障高等学校改革、建设和稳定的基本前提。学校的发展和建设只能建立在学校财力可以承受的范围之内,切忌脱离实际的盲目发展,不能'寅吃卯粮',不能搞没有归还能力的赤字预算。学校是不以营利为目的的事业单位,有收入才能安排支出。它既不同于企业,可以'负债经营',通过利润还债;也不同于国家财政,可以通过货币发行弥补赤字。因此,高校不存在搞赤字预算的客观基础。委属高校的年度预算应坚持综合、统筹和平衡的观念,做到量入为出,收支平衡,不搞超出学校综合财力能够承受的赤字预算。……学校的各级负责人不能将'负债经营'和赤字预算的思想引入学校的预算编制和执行;对于已经安排赤字的学校,应根据学校情况予以调整,尽快做到综合平衡。"《高等学校财务制度》(1997)第十二条规定:"校级预算和所属各级预算必须各自平衡,不得编制赤字预算。"

高校巨额举债起始于扩招的1999年。开始教育部、财政部以"高等学校预算是国家预算的重要组成部分"为由提出"不得把借款等视为学校自有资金编制预算",2000年6月12日,《教育部、财政部关于高等学校建立经济责任制加强财务管理的几点意见》(教财〔2000〕14号)规定:"高等学校预算是国家预算的重要组成部分。学校预算必须坚持'量入为出,收支平衡'的总原则,不得编制超出学校综合财力能够承受的赤字预算;不得把有专项用途的专款、借款、捐款等视为学校自有资金编制预算。"但就承认了高校自发的攀比的巨额债务,只强调"谁贷款,谁负责",如:2004 年 7 月 13 日,《教育部 财政部关于进一步完善高等学校经济责任制加强银行贷款管理切实防范财务风险的意见》(教财〔2004〕18 号)规定:"但是,高等学校在利用贷款加快事业发展的同时,也出现了一些不容忽视的问题。部分高校对贷款的风险认识不够,还贷的责任意识不强;个别高校贷款论证不充分,贷款规模大大超出高校的经济承受能力;有的高校缺乏勤俭办事业的思想,不切实际地依靠贷款铺摊子、上项目,盲目追求高标准。这些问题必须引起高度重视和认真解决。"2007 年 1 月 15 日,《教育部 财政部关于"十一五"期间进一步加强高等学校财务管理工作的若干意见》(教财〔2007〕1 号)第 19 条规定:"高等学校要切实加强银行贷款管理,强化贷款风险意识,合理控制贷款规模,改善债务结构,规范贷款投向,按照'谁贷款,谁负责'的原则,做好还本付息计划,承担还贷责任。各级教育主管部门要建立高校银行贷款的风险预警系统和银行贷款审批制度,加强对所属高校银行贷款的宏观管理。"

其实最后还是由政府负担,这叫"学校点菜,政府买单"。巨额举债的内容将在第五章第二节中阐述。因此,高校没有严格执行"量入为出、收支平衡、不列赤字"的原则。

3. 统一领导、分级管理、权责结合的原则

1991 年 10 月 21 日,《国务院国家预算管理条例》(国务院令第 90 号)第三条规定:"国家预算管理,实行统一领导、分级管理、权责结合的原则。国家预算应当做到收支平衡。"因此,还有统一领导、分级管理、权责结合的原则。

1994 年 11 月 17 日,国家教委发布的《关于当前国家教委委属高校财经工作中几点意见的通知》(教财〔1994〕64 号)指出:"学校的财经管理工作必须实行'统一领导,分级管理'的原则和体制。"

2000 年 6 月 12 日,《教育部 财政部关于高等学校建立经济责任制加强财务管理的几点意见》(教财〔2000〕14 号)指出:"除按规定建立健全校(院)长经济责任制以外,高等学校必须按照'统一领导,分级管理'的原则……"

2004 年 7 月 13 日,《教育部 财政部关于进一步完善高等学校经济责任制加强银行贷款管理切实防范财务风险的意见》(教财〔2004〕18 号)指出:"建立项目管理责任制。贷款高校要按照'统一领导,分级管理'的原则,按管理层次逐级建立贷款资金项目管理责任制,责任到人,各负其责。"

(三) 社会主义初级阶段高等教育财务领域的主要任务

在《高等学校财务制度》的规定中高等学校财务管理的主要任务是七个方面或五个方面:

《高等学校财务制度》(1997)第四条规定为七条:"高等学校财务管理的主要任务是:依法多渠道筹集事业资金;合理编制学校预算,并对预算执行过程进行控制和管理;科学配置学校资源,努力节约支出,提高资金使用效益;加强资产管理,防止国有资产流失;建立健全财务规章制度,规范校内经济秩序;如实反映学校财务状况;对学校经济活动的合法性、合理性进行监督。"

《高等学校财务制度》(2012)第四条规定为五个方面:"高等学校财务管理的主要任务是:合理编制学校预算,有效控制预算执行,完整、准确编制学校决算,真实反映学校财务状况;依法多渠道筹集资金,努力节约支出;建立健全学校财务制度,加强经济核算,实施绩效评价,提高资金使用效益;加强资产管理,真实完整地反映资产使用状况,合理配置和有效利用资产,防止资产流失;加强对学校经济活动的财务控制和监督,防范财务风险。"

笔者认为,在社会主义初级阶段高等教育理财的主要任务应分两个层次:

1. 国家层面

(1) 制定《教育经费保障法》或《教育投入法》

前已述及,4%是法定指标,但在执行中随意性很大,长达12年未达到4%,这表明政府对"优先发展的战略地位"和"三个优先"原则,"基础性投资"和"战略性投资"的意义重视程度不够。为了规范教育投入行为,在新中国教育财务史上①曾提出制定《教育经费保障法》或《教育投入法》:

2001年7月26日,教育部印发的《全国教育事业第十个五年计划》(教发〔2001〕33号)指出:"建议研究制定《教育经费保障法》,依法做到教育经费的'三个增长',到2005年国家财政性教育经费支出占国内生产总值(GDP)的比例达到4%,到2010年应进一步提高。"教育部2004年2月10日制定,国务院2004年3月3日批转的《2003—2007年教育振兴行动计划》(国发〔2004〕5号)第30条规定:"加强和改善教育立法工作,完善中国特色教育法律法规体系。……适时起草《教育投入法》……"笔者查询,从1993年到2010年,全国人大代表至少有8次(全国政协委员未统计)提交了《教育投入法》的议案。② 1993年的《中国教育改革和发展纲要》第47条规定:"通过立法,保证教育经费的稳定来源和增长。"但从提出《教育经费保障法》的2001年至今近20年,《教育经费保障法》或《教育投入法》仍未出台。

(2) 必须构建与社会主义市场经济体制相适应的、公共财政体制相适应的教育投入体制机制

① 建立与社会主义市场经济体制相适应的教育体制

1993年2月13日,中共中央、国务院印发的《中国教育改革和发展纲要》(中发

---

① 2000年11月,我国台湾地区通过了所谓"教育经费编列与管理法"。

② 乔春华.后4%时代教育经费投入的法规保障机制[J].会计之友,2014(13):108-111.

〔1993〕3 号)第 1 条指出:"建立适应社会主义市场经济体制和政治、科技体制改革需要的教育体制,更好地为社会主义现代化建设服务。"第 15 条规定:"初步建立起与社会主义市场经济体制和政治体制、科技体制改革相适应的教育新体制。"

2010 年 6 月 21 日,中共中央政治局审议并通过的《国家中长期教育改革和发展规划纲要(2010—2020 年)》第三条指出:到 2020 年,"健全充满活力的教育体制。进一步解放思想,更新观念,深化改革,提高教育开放水平,全面形成与社会主义市场经济体制和全面建设小康社会目标相适应的充满活力、富有效率、更加开放、有利于科学发展的教育体制机制,办出具有中国特色、世界水平的现代教育。"

② 建立与社会主义市场经济体制相适应的、公共财政体制相适应的教育投入体制机制

2004 年 3 月 3 日,国务院批转教育部发布的《2003—2007 年教育振兴行动计划》(国发〔2004〕5 号),其中第十二部分标题为"改革和完善教育投入体制",第 40 条规定:"建立与公共财政体制相适应的教育财政制度,保证经费持续稳定增长。……逐步形成与社会主义市场经济体制相适应的、满足公共教育需求的、稳定和可持续增长的教育投入机制。"

但是,"完善"和"健全"教育投入体制机制却规定过多次:

1990 年 12 月 30 日,中国共产党第十三届中央委员会第七次全体会议通过的《中共中央关于制定国民经济和社会发展十年规划和"八五"计划的建议》第 34 条指出:"中央和地方各级政府要逐步增加对教育的投入,并逐步完善多渠道筹措教育资金的体制。"

1993 年 2 月 13 日,中共中央、国务院发布的《中国教育改革和发展纲要》(中发〔1993〕3 号)第 47 条提出:"改革和完善教育投资体制,增加教育经费。……要逐步建立以国家财政拨款为主,辅之以征收用于教育的税费、收取非义务教育阶段学生学杂费、校办产业收入、社会捐资集资和设立教育基金等多种渠道筹措教育经费的体制。"

2003 年 10 月 14 日,十六届三中全会《中共中央关于完善社会主义市场经济体制若干问题的决定》规定:"完善和规范以政府投入为主、多渠道筹措经费的教育投入体制。"

2010 年 6 月 21 日,中共中央政治局审议并通过的《国家中长期教育改革和发展规划纲要(2010—2020 年)》第五十七条指出:"完善投入机制。"

2012 年 6 月 14 日,教育部印发的《国家教育事业发展第十二个五年规划》(教发〔2012〕9 号)在"主要目标"中指出:"建立起较为完善的保障教育优先发展的投入体制。"

2017 年 9 月,中共中央办公厅、国务院办公厅印发的《关于深化教育体制机制改革的意见》指出:"要健全教育投入机制。强调要完善财政投入机制。"

2018 年 8 月 17 日,《国务院办公厅关于进一步调整优化结构提高教育经费使用效益的意见》(国办发〔2018〕82 号)提出"完善教育经费投入机制"。

2019 年 2 月,中共中央办公厅、国务院办公厅印发《加快推进教育现代化实施方案(2018—2022 年)》提出:"完善教育经费投入和管理机制,健全财政教育投入机制,全面实施绩效管理。"

但从提出"多渠道筹措教育资金的体制"的 1990 年至今的 30 年,我国的高等教育投入体制经历了从"建立"至"改革""完善""健全"和"规范"的过程。

《中国教育改革和发展纲要》提出:"财、税、费、产、社、基"等六个渠道,教育部财务司补充了科(科研经费)、贷(教育贷款)、息(利息)变为"财、税、费、产、社、基、科、贷、息"等渠道,笔者提出高等教育投入体制由财(高等教育公共财政)、税(高等教育税)、费(高等教育收费)、产(高校校办产业上缴)、社(社会捐赠)、基(高等教育基金)、科(科研经费)、金(教育金融)、民(民间资本)、其(其他收入)等十个渠道组成的。① 分析多种渠道筹措教育经费的体制,与发达国家相比,我国在"社(社会捐赠与集资)","金(教育股票、教育债券、教育彩票、教育储蓄、教育信托、教育保险、教育贷款等)","民(民办高校)"等方面明显是短板。这些都与社会主义初级阶段的国情分不开:一是我国先富起来的人或在原始积累做大企业或留给子孙,没有将资金捐赠学校或投入民办高校;二是我国的金融还没有拓展到教育等领域。

③ 制定《高等学校收费条例》

1996 年 12 月 16 日,国家教委、国家计委、财政部发布的《高等学校收费管理暂行办法》(教财〔1996〕101 号)第一条规定:"为加强高等学校收费管理,保障学校和受教育者的合法权益,根据《中华人民共和国教育法》第二十九条的规定和国家有关行政事业性收费管理的规定,制定本暂行办法。"但是,《中华人民共和国教育法》第二十九条规定的是"遵照国家有关规定收取费用并公开收费项目"。这让人感到立法依据不足。②

2014 年 4 月 25 日,《教育部财务司 2014 年教育财务工作要点》(教财司函〔2014〕152 号)第 2 条指出:"进一步完善非义务教育成本分担机制。按照属地化管理原则,建立非义务教育阶段学校收费标准动态调整机制。督促各地尽快出台研究生收费管理办法,完善研究生投入机制。研究起草《学校收费条例(草案)》,推进学校收费改革和收费管理制度化、规范化。"

高等学校收费管理既是适应高等教育市场机制的需要,又是完善高等教育投入体制的需要,是高等教育投入供给侧改革法规层面保障的需要,因不仅涉及教育、财政、物价等部门,而且涉及千家万户的民生利益,因此,建议由国务院制定《高

---

① 乔春华. 高等教育投入体制研究[M]. 南京:南京大学出版社,2006:1-2.

② 乔春华."十三五"规划期间高校财务基本思路的建议[J]. 会计之友,2016(1):104-110.

等学校收费条例》。

④ 完善《高等学校财务制度》的立法依据

《企业财务通则》面临消失。早在 1993 年杨纪琬就指出:"从目前工作安排来看,估计《企业财务通则》不再有第 2 个了。"①但 2006 年 12 月 4 日,财政部颁发了第二个《企业财务通则》(财政部令第 41 号)。曲晓辉 2000 年指出:"随着税法的逐步统一和完善以及财务会计实务规范的分类统一和完善,《企业财务通则》和分行业财务制度势必相应废止。"②原来《企业财务通则》由财政部企业司起草,2014 年 8 月底,财政部将改造为主要以国有资产所有者身份履行国有资产管理职责的内设机构,相应更名为资产管理司,财政部将行政政法司的行政资产处和教科文司的事业资产处划入了资产管理司。

《企业会计准则》仍在,《企业财务通则》面临废止;《事业单位会计准则》已废止,《事业单位财务规则》已经跛脚。《高等学校财务制度》(1997)和《高等学校财务制度》(2012)是根据《事业单位财务规则》制定或修订的,《高等学校财务制度》的上位法岌岌可危。2019 年 8 月,财政部开展"《事业单位财务规则》修订征文"活动。会计文化有一种叫对称美,与《事业单位财务规则》呼应的《事业单位会计准则》取消了,《事业单位财务规则》不对称了。

2. 高校层面

(1) 依法筹资

1993 年的《中国教育改革和发展纲要》第 21 条规定:"在国家和地方预算下达的教育经费之外,学校可依法筹集资金。"

《高等学校财务制度》(1997)第四条规定:"高等学校财务管理的主要任务是:依法多渠道筹集事业资金……"

2007 年 1 月 15 日,《教育部 财政部关于"十一五"期间进一步加强高等学校财务管理工作的若干意见》(教财〔2007〕1 号)指出:"高等学校财务工作以支持事业发展为中心,在依法筹集办学资金……"

在社会主义初级阶段高校资金是短缺的,但必须依法筹资。依法筹资就是不可套取财政资金,不可偷漏税,不可乱收费,不可变相筹集教育基金等。

(2) 科学理财

科学理财就是要科学配置学校资源,合理编制学校预算,实行中期财政规划管理,建立跨年度预算平衡机制,有效控制预算执行;努力节约支出,实施绩效评价,提高资金使用效益;加强资产管理,有效利用资产和真实完整地反映资产使用状况,防止国有资产流失;建立健全财务规章制度,规范校内经济秩序;对学校经济活

---

① 杨纪琬.会计核算制度改革的回顾与瞻望[J].财务与会计,1993(6):3-8.
② 冯淑萍,孙铮,陈建文,等.如何理解中国特色的会计[J].会计研究,2000(2):2-8.

动的合法性、合理性进行监督;加强对学校经济活动的财务控制和监督,防范财务风险。

（3）创新会计

加强财务会计核算,完整、准确编制学校决算,真实反映学校财务状况;加强财务信息公开,倡导阳光财务;推动管理会计应用,嵌入业财融合,提高资金使用效益;加速会计信息大数据管理,健全高校财务信息与统计、内部审计等资源共享的平台;推广智能财务,实现账务流程的全链条管理,但是智能财务只对原始凭证的合法性负责,不能对其真实性负责,因为很难识别真票据假业务,当然人工也很难识别真票据假业务。因此,《会计法》第四条规定"单位负责人对本单位的会计工作和会计资料的真实性、完整性负责"不切合实际,会计人员都很难保证"会计资料的真实性",单位负责人怎么能对会计资料的真实性负责?

（4）重视财务队伍建设

高校应建设一支合格的学历结构、职称结构,年龄结构等合理的财务队伍;正确处理社会效益和经济效益的关系,明确高校培养的是社会主义的建设者和接班人,应着力提高高等教育质量,必须将社会效益放在第一位,同时也应讲求经济效益;正确处理国家、集体和个人三者利益的关系,树立大局意识,培养集体主义,也要考虑师生员工的切身利益;要树立社会主义的核心价值观,注重财务人员职业道德和诚信建设,注重财务人员继续教育的质量,注重高端会计人才建设。

第二节　中国特色社会主义会计的研究

党的十九大报告指出:"高举中国特色社会主义伟大旗帜",《中国共产党章程》指出:"以习近平新时代中国特色社会主义思想作为自己的行动指南。"

一、中国特色社会主义理论体系的探索

党的十七大报告第一次提出"中国特色社会主义理论体系",报告指出:"改革开放以来我们取得一切成绩和进步的根本原因,归结起来就是:开辟了中国特色社会主义道路,形成了中国特色社会主义理论体系。高举中国特色社会主义伟大旗帜,最根本的就是要坚持这条道路和这个理论体系。中国特色社会主义理论体系,就是包括邓小平理论、'三个代表'重要思想以及科学发展观等重大战略思想在内的科学理论体系。这个理论体系,坚持和发展了马克思列宁主义、毛泽东思想,凝结了几代中国共产党人带领人民不懈探索实践的智慧和心血,是马克思主义中国化最新成果,是党最可宝贵的政治和精神财富,是全国各族人民团结奋斗的共同思想基础。中国特色社会主义理论体系是不断发展的开放的理论体系。"

(一) 中国特色社会主义理论体系的由来

1. 中国特色社会主义是在改革开放新时期开创的

2013 年 1 月 5 日,习近平在新进中央委员会的委员、候补委员学习贯彻党的十八大精神研讨班上发表重要讲话。他指出:"我们党领导人民进行社会主义建设,有改革开放前和改革开放后两个历史时期,这是两个相互联系又有重大区别的时期,但本质上都是我们党领导人民进行社会主义建设的实践探索。中国特色社会主义是在改革开放历史新时期开创的,但也是在新中国已经建立起社会主义基本制度、并进行了 20 多年建设的基础上开创的。虽然这两个历史时期在进行社会主义建设的思想指导、方针政策、实际工作上有很大差别,但两者绝不是彼此割裂的,更不是根本对立的。不能用改革开放后的历史时期否定改革开放前的历史时期,也不能用改革开放前的历史时期否定改革开放后的历史时期。要坚持实事求是的思想路线,分清主流和支流,坚持真理,修正错误,发扬经验,吸取教训,在这个基础上把党和人民事业继续推向前进。"

1981 年 6 月 27 日,中国共产党第十一届中央委员会第六次全体会议通过的《关于建国以来党的若干历史问题的决议》第 24 条指出:"社会主义运动的历史不长,社会主义国家的历史更短,社会主义社会的发展规律有些已经比较清楚,更多的还有待于继续探索。"第 35 条指出:"三中全会以来,我们党已经逐步确立了一条适合我国情况的社会主义现代化建设的正确道路。这条道路还将在实践中不断充实和发展,但是它的主要点,已经可以从建国以来正反两方面的经验、特别是'文化大革命'的教训中得到基本的总结。"

党的十七大报告指出:"我们要永远铭记,改革开放伟大事业,是在以毛泽东同志为核心的党的第一代中央领导集体创立毛泽东思想,带领全党全国各族人民建立新中国、取得社会主义革命和建设伟大成就以及艰辛探索社会主义建设规律取得宝贵经验的基础上进行的。新民主主义革命的胜利,社会主义基本制度的建立,为当代中国一切发展进步奠定了根本政治前提和制度基础。"

党的十八大报告指出:"完成了新民主主义革命,进行了社会主义改造,确立了社会主义基本制度,成功实现了中国历史上最深刻最伟大的历史变革,为当代中国一切发展进步奠定了根本政治前提和制度基础。在探索过程中,虽然经历了严重曲折,但党在社会主义建设中取得的独创性理论成果和巨大成就,为新的历史时期开创中国特色社会主义提供了宝贵经验、理论准备、物质基础。"

由此可见,中国特色社会主义是在改革开放历史新时期开创的,中国特色社会主义与毛泽东思想是一脉相承的。

2. 中国特色社会主义理论体系是对毛泽东思想的坚持和发展

2012 年 11 月 8 日,党的十八大报告指出:"中国特色社会主义理论体系,就是包括邓小平理论、'三个代表'重要思想、科学发展观在内的科学理论体系,是对马克思列宁主义、毛泽东思想的坚持和发展。"

2017 年 10 月 18 日,党的十九大报告指出:"新时代中国特色社会主义思想,是对马克思列宁主义、毛泽东思想、邓小平理论、'三个代表'重要思想、科学发展观的继承和发展,是马克思主义中国化最新成果,是党和人民实践经验和集体智慧的结晶,是中国特色社会主义理论体系的重要组成部分,是全党全国人民为实现中华民族伟大复兴而奋斗的行动指南,必须长期坚持并不断发展。"

从上可知,中国特色社会主义理论体系是对马克思列宁主义、毛泽东思想的坚持和发展,因此,有必要回顾老一辈革命家对马克思列宁主义中国化的贡献。

(二)马克思列宁主义中国化的探索

1. 马克思主义中国化

2001 年 9 月 26 日,《中共中央关于加强和改进党的作风建设的决定》中要求"不断推进马克思主义的中国化"。

2003 年 12 月 26 日,胡锦涛在纪念毛泽东同志诞辰 110 周年座谈会上的讲话中指出:"在革命和建设的长期实践中,以毛泽东同志为主要代表的中国共产党人,努力推进马克思主义的中国化,形成了具有鲜明中国特点的科学指导思想,这就是毛泽东思想。"

2012 年 6 月 19 日,习近平同志在视察中国人民大学《资本论》教学中心时指出:"马克思主义中国化形成了毛泽东思想和中国特色社会主义理论体系两大理论成果,追本溯源,这两大理论成果都是在马克思主义经典理论指导之下取得的。《资本论》作为最重要的马克思主义经典著作之一,经受了时间和实践的检验,始终闪耀着真理的光芒。加强《资本论》的教学与研究具有重要意义,要学以致用,切实发挥理论的现实指导作用,进一步深化、丰富和发展中国特色社会主义理论体系。"

2. 中国马克思主义

2015 年 11 月 23 日,中共中央政治局就马克思主义政治经济学基本原理和方法论进行第二十八次集体学习。习近平在主持学习时指出:"要立足我国国情和我国发展实践,揭示新特点新规律,提炼和总结我国经济发展实践的规律性成果,把实践经验上升为系统化的经济学说,不断开拓当代中国马克思主义政治经济学新境界。"

3. 毛泽东的探索

在 1938 年党的六届六中全会上,毛泽东正式提出了"马克思主义中国化"的命题。他在《论新阶段》的报告中说:"没有抽象的马克思主义,只有具体的马克思主义。所谓具体的马克思主义,就是通过民族形式的马克思主义,就是把马克思主义应用到中国具体环境的具体斗争中去,而不是抽象地应用它。""离开中国特点来谈马克思主义,只是抽象的空洞的马克思主义。因此,马克思主义的中国化,使之在其每一表现中带着中国的特性,即是说,按照中国的特点去应用它,成为全党亟待了解并亟须解决的问题。"

1930年5月,毛主席第一次在《反对本本主义》一文中指出:"马克思主义的'本本'是要学习的,但是必须同我国的实际情况相结合。"

韩振峰的研究显示:1952年,毛泽东同志在审定《毛泽东选集》第2卷时,亲笔将《中国共产党在民族战争中的地位》(《论新阶段》报告的第七部分)一文中的"马克思主义的中国化",改为"使马克思主义在中国具体化"。这一改动虽然只是字面用语上的变化,但此后大致三十年中,几乎所有著作、文件等,都很少再见到"马克思主义中国化"的字样,而多使用"马克思主义普遍真理与中国具体实际相结合"的提法。……20世纪60年代初,在中苏两党的论战中,苏共中央曾点名对刘少奇在中共七大上关于马克思主义中国化的论述进行指责。面对苏共的攻击,毛泽东曾在1961年1月中共八届九中全会上说:"'马列主义中国化',恐怕不是你(指刘少奇)的专有权,我想我也讲过嘛!文字上有,我记得好像有,六中全会上写了马克思主义中国化,我记得我提过,所以发生这个版权问题。所谓马列主义中国化,就是马克思主义普遍真理跟中国革命具体实践的统一,一个普遍一个具体,两个东西的统一就叫中国化。"[①]

1945年4月20日,中国共产党第六届中央委员会扩大的第七次全体会议通过的《关于若干历史问题的决议》指出:"我们党以毛泽东同志为代表,创造性地把马克思、恩格斯、列宁、斯大林的革命学说应用于中国条件的工作,在这十年内有了很大的发展。"

1956年8月30日,毛主席在党的八大预备会议第一次全体会议上讲话指出:"马克思主义的普遍真理一定要同中国革命的具体实践相结合,如果不结合,那就不行。这就是说,理论与实践要统一。理论与实践的统一,是马克思主义的一个最基本的原则。按照辩证唯物论,思想必须反映客观实际,并且在客观实践中得到检验,证明是真理,这才算是真理,不然就不算。"

4. 张闻天的探索

黄少群、匡胜的研究显示:"'马克思主义中国化',在中共党内领导人中到底是谁最早提出这一科学命题的?很多文章众口一词地认为是毛泽东在1938年10月党的六届六中全会上做《抗日民族战争与抗日民族统一战线的新阶段》(11月在《解放》第57期发表时,题为《论新阶段》)中首先提出来的,'他是中共中央领导集体中提出这一科学概念的第一人'。其实不然,如果说在'中共中央领导集体中提出马克思主义中国化科学概念的第一人',据我们查证资料证明,不是毛泽东,而是张闻天。……从1936年起,他在中央的会议和一些文章及报告中,多次对此做出

---

① 韩振峰."马克思主义中国化"命题来龙去脉[N].光明日报,2011-05-18.

自己的论述。其中一次是 1937 年 9 月 10 日,张闻天主持召开中央政治局常委扩大会议,讨论宣传教育工作。他在做会议总结发言时又一次提出马列主义理论宣传工作'要中国化'。他提出:宣传教育工作目前主要问题是不适合于情况与具体需要,'宣传教育工作就是要向什么人说什么话''主要原则是理论与实际一致,事实上这一点做得很少,理论一定要与实际联系,要中国化'。后来,他又在《解放》周刊上撰文,进一步提出了'文化运动中国化''马列主义具体化、中国化'的主张。"①

5. 瞿秋白的探索

瞿秋白在 1927 年 2 月写的《〈瞿秋白论文集〉自序》中明确提出"革命的理论永不能和革命的实践相离"②,他还指出"革命的理论必须和革命的实践相密切联结起来,否则理论便成空谈"③"先知道'中国是什么?',然后说'怎么样?'"④"应用马克思主义于中国国情的工作,断不可一日或缓"。⑤ 1999 年 1 月 29 日,尉健行代表中共中央在纪念瞿秋白诞辰 100 周年座谈会上的讲话中指出:瞿秋白"致力于马克思主义中国化,对毛泽东思想的形成做出了重要贡献"。

6. 中共其他领导人的阐述

倪德刚的研究显示:"1919 年 8 月李大钊提出:社会主义者'必须要研究怎么可以把他的理想尽量应用于环绕着他的实境'。1920 年李大钊又指出:社会主义理想'因各地、各时之情形不同,务求其适合者行之,遂发生共性与特殊性结合的一种制度(共性是普遍者,特性是随时随地不同者),故中国将来发生时,必与英、德、俄……有异'。1924 年恽代英说:'解决中国的问题,自然要根据中国的情形,以决定中国的办法。'"⑥

1942 年 7 月 1 日,朱德发表在《解放日报》上的《纪念党的二十一周年》的文章中指出:"今天我们党已经积累下了丰富的斗争经验,正确地掌握了马列主义的理论,并且在中国革命的实践中创造了指导中国革命的中国化的马列主义的理论。"

1943 年 8 月,周恩来在中央办公厅举行的从重庆回到延安的欢迎会上指出:"我们党二十二年的历史证明:毛泽东同志的意见,是贯穿着整个党的历史时期,发展成为一条马列主义中国化,也就是中国共产主义的路线! ……毛泽东同志的方向,就是中国共产党的方向!"

1943 年 11 月,邓小平在北方局的一次会议上指出,遵义会议后党的事业即已

---

① 黄少群,匡胜.专家称张闻天最早提出"马克思主义中国化"[N].北京日报,2008-10-27.
② 瞿秋白.瞿秋白选集[M].北京:人民出版社,1985:310.
③ 瞿秋白.瞿秋白文集:政治理论编(第三卷)[M].北京:人民出版社,1989:29.
④ 瞿秋白.瞿秋白文集:文学编(第一卷)[M].北京:人民文学出版社,1985:248.
⑤ 瞿秋白.瞿秋白论文集[M].重庆:重庆出版社,1995:1.
⑥ 倪德刚.马克思主义中国化思想的由来及启示[N].学习时报,2012-02-22.

完全在"中国化的马列主义,即毛泽东思想的指导之下"。

1945 年 5 月,刘少奇在党的七大《关于修改党章的报告》中指出:"毛泽东思想,从他的宇宙观以致他的工作作风,乃是发展着与完善着的中国化的马克思主义,乃是中国人民完整的革命建国理论。……由于中国社会、历史的发展具有极大的特殊性,以及中国的科学还不发达等条件,要使马克思主义系统地中国化,要使马克思主义从欧洲形式变为中国形式……正是我们的毛泽东同志,出色地成功地进行了这件特殊困难的马克思主义中国化的事业。"

7. 学者的阐述

陈亚杰的研究表明:"1936 年,马克思主义者陈唯实在其著作《通俗辩证法讲话》中,率先提出'辩证法之实用化和中国化'的问题。……1937 年,哲学家张申府在推行新启蒙运动过程中提出了'科学中国化'的主张。……1938 年 4 月,艾思奇发表《哲学的现状和任务》一文,明确提出'现在需要来一个哲学研究的中国化、现实化的运动'。"①

(三) 毛泽东思想的提出

1. 毛泽东同志的思想

首次使用"毛泽东同志的思想"这个提法是哲学家和教育家张如心。1941 年 3 月,张如心在《论布尔什维克的教育家》(《共产党》杂志第 16 期)一文中指出:"党教育人才,应该是忠实于列宁、斯大林的思想,忠实于毛泽东同志的思想。""毛泽东的著作是马列主义理论与中国革命实践结合典型的结晶体。"他还说:"我们党,特别是毛泽东同志,根据于中国革命斗争丰富的经验,根据他对中国社会特质及中国革命规律性深邃的认识,在中国革命诸问题的理论和策略上,都有了许多不容否认与不容忽视的创造性与马克思主义的贡献。"

1941 年 6 月,中共中央北方局、八路军野战政治部指示:要宣传"我党领袖毛泽东同志发展马列主义的关于中国革命的各项学说和主张"。

1943 年 7 月,刘少奇在《清算党内的孟什维克思想》一文中,号召全党"用毛泽东的思想来武装自己",把毛泽东同志的指导贯彻到一切工作环节和部门中去,用毛泽东同志的思想体系去清算党内机会主义思想。

2. 毛泽东主义

1942 年 2 月 18 日,张如心在《解放日报》上第一次对"毛泽东主义"做了阐释。"毛泽东主义"的概念一经登报,马上流播开来。

1942 年 7 月 1 日,邓拓在晋察冀分局机关报《晋察冀日报》上发表社论《纪念七一,全党学习掌握毛泽东主义》。

毛泽东不赞同"毛泽东主义"的提法,他于 1943 年 4 月 22 日写信给中宣部代

① 陈亚杰."马克思主义中国化"的由来[N].学习时报,2006-10-19.

部长凯丰,声称自己的思想还未成熟,现在还不是鼓吹的时候,"要鼓吹只宜以某些片断去鼓吹(例如整风文件中的几件)"。由于毛泽东本人的反对,因而"毛泽东主义"的提法并没有广为流传。

3. 毛泽东思想

王稼祥首次提出"毛泽东思想"。1943年7月5日,王稼祥在发表《中国共产党与中国民族解放的道路——纪念共产党廿二周年与抗战六周年》(《解放日报》1943年7月8日)一文中指出:"毛泽东思想就是中国的马克思列宁主义,中国的布尔什维克主义,中国的共产主义。一个政党应有革命的理论,共产党应有马列主义与本国的革命经验、本国现实相结合的革命理论,在中国,它就是毛泽东思想,没有它的领导,革命运动无法胜利。""毛泽东思想与中国共产党的民族解放的正确道路是在与国外国内敌人的斗争中,同时又与共产党内部错误思想的斗争中生长、发展与成熟起来的。"毛泽东思想"是马克思列宁主义与中国革命运动实际经验相结合的结果"。

1945年4月23日至6月11日,中国共产党第七次全国代表大会在延安召开。党的七大通过的《中国共产党党章》指出:"毛泽东思想,就是马克思列宁主义的理论与中国革命的实践之统一的思想,就是中国的共产主义,中国的马克思主义。""中国共产党以马克思列宁主义的理论与中国革命的实践之统一的思想——毛泽东思想,作为自己一切工作的指导方针,反对任何教条主义或经验主义的偏向。"

刘少奇在《关于修改党章的报告》中指出:"毛泽东思想,就是马克思主义在目前时代的殖民地、半殖民地半封建国家民族民主革命中的继续发展,就是马克思主义民族化的优秀典型。……毛泽东思想——中国共产主义的理论与实践,不只是在和国内国外各种敌人进行革命斗争中,同时又是在和党内各种错误的机会主义思想——陈独秀主义,李立三路线,以及后来的'左'倾路线、投降路线、教条主义、经验主义等进行原则斗争中,生长和发展起来的。它是我们党的唯一正确的指导思想,唯一正确的总路线。毛泽东思想的生长、发展与成熟,已经有了二十四年的长期历史,在无数次的千百万人民的剧烈斗争中反复考验过来了,证明它是客观的真理,是唯一正确的救中国的理论与政策。"

《关于建国以来党的若干历史问题的决议》对毛泽东思想确定了一个新的定义,第28条指出:"毛泽东思想是马克思主义在中国的运用和发展,是被实践证明了的关于中国革命的正确的理论原则和经验总结,是中国共产党集体智慧的结晶。我党许多卓越领导人对它的形成和发展都做出了重要贡献,毛泽东同志的科学著作是它的集中概括。"这里强调了"被实践证明了的关于中国革命的正确的……"

综观马克思列宁主义在中国的运用和发展,毛泽东是马克思主义中国化的开创者,是光辉的典范和杰出的代表。毛泽东思想对马克思主义中国化作出了举世瞩目的杰出贡献,是我们事业前进和发展的一个思想基础。

二、中国特色社会主义理论体系的形成

(一) 中国特色社会主义的提出

1982年9月1日,邓小平在党的十二大开幕式第一次提出了"建设有中国特色的社会主义"这一崭新的科学命题,他指出:"把马克思主义的普遍真理同我国的具体实际结合起来,走自己的道路,建设有中国特色的社会主义,这就是我们总结长期历史经验得出的基本结论。"

1984年10月20日,党的十二届三中全会通过的《中共中央关于经济体制改革的决定》指出:"建立起具有中国特色的、充满生机和活力的社会主义经济体制,促进社会生产力的发展,这就是我们这次改革的基本任务。"

1987年,党的十三大报告第一次提出了"中国特色的社会主义伟大旗帜",并指出:"有中国特色的社会主义,是马克思主义基本原理同中国现代化建设相结合的产物,是扎根于当代中国的科学社会主义。它是全党同志和全国人民统一认识、增强团结的思想基础,是指引我们事业前进的伟大旗帜。""保证我们沿着有中国特色的社会主义道路继续前进。"第一次提出了"中国特色的社会主义的基本路线",指出:"我们党的建设有中国特色的社会主义的基本路线是:领导和团结全国各族人民,以经济建设为中心,坚持四项基本原则,坚持改革开放,自力更生,艰苦创业,为把我国建设成为富强、民主、文明的社会主义现代化国家而奋斗。"

(二) 中国特色的社会主义理论的提出

党的十三大报告第一次提出了"建设有中国特色的社会主义理论",指出:"十一届三中全会以来,我们党在对社会主义再认识的过程中,在哲学、政治经济学和科学社会主义等方面,发挥和发展了一系列科学理论观点。……这些观点,构成了建设有中国特色的社会主义理论的轮廓,初步回答了我国社会主义建设的阶段、任务、动力、条件、布局和国际环境等基本问题,规划了我们前进的科学轨道。"

1990年12月30日,《中共中央关于制定国民经济和社会发展十年规划和"八五"计划的建议》第一次对建设有中国特色社会主义的基本理论和基本实践概括了十二条原则,指出:"全党对建设有中国特色社会主义的基本理论和基本实践取得了共同认识。概括起来主要是:①坚持工人阶级领导的以工农联盟为基础的人民民主专政,不断完善人民代表大会制度,不断完善共产党领导的多党合作和政治协商制度,不断巩固和发展最广泛的爱国统一战线,努力加强社会主义民主和社会主义法制建设;②坚持把发展社会生产力作为社会主义的根本任务,专心致志地搞好现代化建设,不断提高人民的物质文化生活水平;③通过改革不断完善社会主义的经济、政治体制和其他领域的管理体制,充分调动中央、地方、企业和广大劳动人民的主动性、积极性和创造性;④采取发展对外经济贸易关系、利用外资和引进先进技术等多种形式,通过举办经济特区、经济开放区和实行必要的特殊政策与灵活措

施,不断扩大对外开放;⑤坚持以社会主义公有制为主体的多种经济成分并存的所有制结构,发挥个体经济,私营经济和其他经济成分对公有制经济的有益的补充作用,并对它们加强正确的管理和引导;⑥积极发展社会主义的有计划商品经济,实行计划经济与市场调节相结合,努力促进国民经济持续、稳定、协调发展;⑦实行以按劳分配为主体、其他分配方式为补充的分配制度,允许和支持一部分人、一部分地区通过诚实劳动和合法经营先富起来,鼓励先富起来的帮助未富起来的,以利于全体人民和各个地区逐步实现共同富裕;⑧坚持以马克思列宁主义、毛泽东思想为指导,继承和发扬祖国优秀文化遗产,借鉴和吸收世界上一切优秀文化成果,不断提高全民族的思想道德和科学文化素质,建设社会主义精神文明;⑨建立和发展平等互助、团结合作、共同繁荣的社会主义民族关系,坚持和完善民族区域自治制度,反对民族歧视、民族压迫和民族分裂;⑩按照'一个国家、两种制度'的构想和实践,促进祖国统一大业的逐步实现;⑪坚持独立自主的和平外交政策,在和平共处五项原则的基础上发展同一切国家的友好关系,反对霸权主义和强权政治,支持被压迫民族和被压迫人民的正义斗争,维护世界和平和促进人类进步;⑫坚持共产党的领导,不断改善党的领导制度、领导作风和领导方法,加强党的政治、思想、理论和组织建设,使党始终成为社会主义事业的坚强领导核心。"

1991年7月1日,江泽民在庆祝中国共产党成立七十周年大会上的讲话中指出:"党的十三届七中全会在总结贯彻执行基本路线经验的基础上,又提出了建设有中国特色社会主义的十二条原则,标志着我们党对社会主义现代化建设规律的认识更加深刻了。党的基本路线和这十二条原则,总起来说,就是要通过社会主义制度的自我完善和发展,建设有中国特色社会主义的经济、政治、文化,以适应和促进社会生产力的不断发展和社会的全面进步,实现社会主义现代化。"

1992年10月12日,党的十四大报告将"建设有中国特色社会主义理论的主要内容"归纳为九个方面:①在社会主义的发展道路问题上,强调建设有中国特色的社会主义;②在社会主义的发展阶段问题上,做出了我国还处在社会主义初级阶段的科学论断;③在社会主义的根本任务问题上,指出社会主义的本质是解放生产力;④在社会主义的发展动力问题上,强调改革也是一场革命;⑤在社会主义建设的外部条件问题上,指出和平与发展是当代世界两大主题;⑥在社会主义建设的政治保证问题上,强调坚持社会主义道路、坚持人民民主专政、坚持中国共产党的领导、坚持马克思列宁主义毛泽东思想;⑦在社会主义建设的战略步骤问题上,提出基本实现现代化分三步走;⑧在社会主义的领导力量和依靠力量问题上,强调作为工人阶级先锋队的共产党是社会主义事业的领导核心;⑨在祖国统一的问题上,提出"一个国家、两种制度"的创造性构想。

1997年9月12日,党的十五大报告指出:"马克思列宁主义同中国实际相结合有两次历史性飞跃,产生了两大理论成果。……第二次飞跃的理论成果是建设有中国特色社会主义理论,它的主要创立者是邓小平,我们党把它称为邓小平理论。邓小平理论之所以能够成为马克思主义在中国发展的新阶段,是因为:第一,邓小平理论坚持解放思想、实事求是,在新的实践基础上继承前人又突破陈规,开拓了马克思主义的新境界。第二,邓小平理论坚持科学社会主义理论和实践的基本成果,抓住'什么是社会主义、怎样建设社会主义'这个根本问题,深刻地揭示社会主义的本质,把对社会主义的认识提高到新的科学水平。第三,邓小平理论坚持用马克思主义的宽广眼界观察世界,对当今时代特征和总体国际形势,对世界上其他社会主义国家的成败,发展中国家谋求发展的得失,发达国家发展的态势和矛盾,进行正确分析,做出了新的科学判断。第四,总起来说,邓小平理论形成了新的建设有中国特色社会主义理论的科学体系。"党的十五大第一次将"建设有中国特色的社会主义理论"命名为"邓小平理论",并把邓小平理论确立为党的指导思想,后来又在《党章》和《宪法》中正式确立和命名。

(三) 中国特色的社会主义理论体系的提出

2002 年 11 月 8 日,党的十六大报告指出:"开创中国特色社会主义事业新局面,必须高举邓小平理论伟大旗帜,坚持贯彻'三个代表'重要思想。'三个代表'重要思想是对马克思列宁主义、毛泽东思想和邓小平理论的继承和发展,反映了当代世界和中国的发展变化对党和国家工作的新要求,是加强和改进党的建设、推进我国社会主义自我完善和发展的强大理论武器,是全党集体智慧的结晶,是党必须长期坚持的指导思想。始终做到'三个代表',是我们党的立党之本、执政之基、力量之源。"

2007 年 10 月 15 日,胡锦涛在党的十七大报告中指出:"中国特色社会主义理论体系,就是包括邓小平理论、'三个代表'重要思想以及科学发展观等重大战略思想在内的科学理论体系。"

2017 年 10 月 24 日,党的十九大修改的《中国共产党章程》指出:"习近平新时代中国特色社会主义思想是对马克思列宁主义、毛泽东思想、邓小平理论、'三个代表'重要思想、科学发展观的继承和发展,是马克思主义中国化最新成果,是党和人民实践经验和集体智慧的结晶,是中国特色社会主义理论体系的重要组成部分,是全党全国人民为实现中华民族伟大复兴而奋斗的行动指南,必须长期坚持并不断发展。"

(四) 新时代中国特色社会主义思想的提出

1. "习近平新时代中国特色社会主义思想"具有"新时代"的现实指导意义

既然"习近平新时代中国特色社会主义思想"是"中国特色社会主义理论体系的重要组成部分",为什么在本节中将"习近平新时代中国特色社会主义思想"单列一个标题? 理由如下:

(1) 习近平新时代中国特色社会主义思想是我国各项工作的行动指南

《中国共产党党章》规定:习近平新时代中国特色社会主义思想"是全党全国人

民为实现中华民族伟大复兴而奋斗的行动指南。"十九大报告中指出:"全党要深刻领会新时代中国特色社会主义思想的精神实质和丰富内涵,在各项工作中全面准确贯彻落实。""在各项工作中全面准确贯彻落实"当然包括高校财务工作中应全面准确贯彻落实习近平新时代中国特色社会主义思想。

思想是时代的先声。新时代催生新理论,新理论引领新实践。新时代中国特色社会主义思想是十九大报告的灵魂主线,深入学习贯彻习近平新时代中国特色社会主义思想必然是学习贯彻党的十九大精神的重中之重。习近平新时代中国特色社会主义思想是引领各项事业进入新时代的旗帜,是高校财务工作的纲。要用习近平新时代中国特色社会主义思想指导高校财务的理论研究、制度设计、实务应用、队伍建设等。

(2)"习近平新时代中国特色社会主义思想"具有"新时代"的特征

党的十九大报告指出:"中国特色社会主义进入新时代,意味着近代以来久经磨难的中华民族迎来了从站起来、富起来到强起来的伟大飞跃,迎来了实现中华民族伟大复兴的光明前景;意味着科学社会主义在二十一世纪的中国焕发出强大生机活力,在世界上高高举起了中国特色社会主义伟大旗帜;意味着中国特色社会主义道路、理论、制度、文化不断发展,拓展了发展中国家走向现代化的途径,给世界上那些既希望加快发展又希望保持自身独立性的国家和民族提供了全新选择,为解决人类问题贡献了中国智慧和中国方案。这个新时代,是承前启后、继往开来、在新的历史条件下继续夺取中国特色社会主义伟大胜利的时代,是决胜全面建成小康社会、进而全面建设社会主义现代化强国的时代,是全国各族人民团结奋斗、不断创造美好生活、逐步实现全体人民共同富裕的时代,是全体中华儿女勠力同心、奋力实现中华民族伟大复兴中国梦的时代,是我国日益走近世界舞台中央、不断为人类做出更大贡献的时代。"

2. 习近平新时代中国特色社会主义思想的基本内容

党的十九大报告指出,习近平新时代中国特色社会主义思想的基本内容包括"八个明确":①明确坚持和发展中国特色社会主义,总任务是实现社会主义现代化和中华民族伟大复兴,在全面建成小康社会的基础上,分两步走在本世纪中叶建成富强民主文明和谐美丽的社会主义现代化强国;②明确新时代我国社会主要矛盾是人民日益增长的美好生活需要和不平衡不充分的发展之间的矛盾,必须坚持以人民为中心的发展思想,不断促进人的全面发展、全体人民共同富裕;③明确中国特色社会主义事业总体布局是"五位一体"、战略布局是"四个全面",强调坚定道路自信、理论自信、制度自信、文化自信;④明确全面深化改革总目标是完善和发展中国特色社会主义制度、推进国家治理体系和治理能力现代化;⑤明确全面推进依法治国总目标是建设中国特色社会主义法治体系、建设社会主义法治国家;⑥明确党在新时代的强军目标是建设一支听党指挥、能打胜仗、作风优良的人民军队,把人民军队建设成为世界一流军队;⑦明确中国特色大国外交要推动构建新型国际关系,推动构建人类命运共同体;⑧明确中国特色社会主义最本质的特征是中国共产党领导,中国特色社会主义制度的最大优势是中国共产党领导,党是最高政治领导力量,提出新时代党的建设总要求,突出政治建设在党的建设中的重要地位。

三、"中国特色社会主义的会计理论方法体系"的提出

(一)中国特色会计的四种提法

1. 建立一套符合我国国情的中国式的会计方法体系

1980年1月,在中国会计学会成立大会上,"代表们认为,会计的作用是通过其特有的一套科学的方法体系来发挥的,其中包括会计核算的指标体系、考核经济效果的指标体系、群众核算体系、会计监督体系、专业公司和大型企业内部的核算体系以及三种核算的统一体系,等等。目前,我国的会计方法体系还没有建立起来,建立一套符合我国国情的中国式的会计方法体系,是会计理论研究中急待解决的一个重大课题。"①

1981年和1982年专题学术讨论会提出建立与我国国情相符合、具有我国特点的会计学科体系,建立中国式的责任会计和形成具有中国特点的、企业内部会计管理的理论方法体系及形成我国自己的审计理论和方法体系。

2. 形成一个具有中国特色的会计理论方法体系

1983年5月5—14日,中国会计学会1983年年会暨专题学术讨论会在烟台市召开。副会长谢明在年会上,第一次明确提出:"我们希望,经过比较系统的调查研究和讨论,能够在不太长的时间内,形成一个具有中国特色的财务会计理论方法体系。"1983年年会的纪要所确定的会计理论研究的总目标是:"创立具有中国特点的以讲求经济效益为中心的会计理论方法体系。"

1985年,中国会计学会秘书处发布的《中国会计学会科研规划选题计划(讨论稿)》指出:"选题计划围绕'创立具有中国特色的、以讲求经济效益为中心的会计理论,方法体系'这个总课题的精神。"②

1987年8月30日,第三届理事会第一次会议通过的《中国会计学会章程》第二条的提法是"努力建设具有中国特色的会计理论、方法体系"。

1991年8月24日,财政部发布的《会计改革纲要(试行)》第7条指出:"会计改革要认真总结建国以来以及现实工作中的基本经验,坚持具有中国特色、有利于强

---

① 通讯员.开展会计理论研究促进会计科学发展:中国财政学会、中国会计学会成立大会,第三次全国财政理论讨论会关于会计理论问题的讨论情况简介[J].会计研究,1980(01):76-79.

② 中国会计学会秘书处.中国会计学会科研规划选题计划(讨论稿)[J].会计研究,1985(04):7.

化会计核算和监督职能、适合于发展有计划商品经济的部分,并不断有所创造和发展;对国际上科学的会计理论方法,则必须结合中国的实际加以借鉴,做到洋为中用。"

1992 年 4 月 13 日,第四次全国会员代表大会通过的《中国会计学会章程》第三条的提法是"创立具有中国特色的以提高经济效益为中心的会计理论、方法体系"。

1992 年,《中国会计学会"八五"时期科研规划纲要》指出:"按照本会'七五'科研规划提出的'创立具有中国特色的、以提高经济效益为中心的会计理论、方法体系'的总体目标……通过研究要从实际上而不是口头上解决'具有中国特色'这一思想如何在会计工作中落实的问题,解决好走自己的路和借鉴国外经验的关系问题,解决好会计发展中继承和扬弃的关系问题,从而确保我国的会计工作和会计改革真正沿着有利于提高生产力和完善社会主义生产关系的方向发展。"

3. 逐步形成并不断完善适应社会主义市场经济要求、具有中国特色的会计理论、方法体系

1995 年 12 月 15 日,财政部印发的《会计改革与发展纲要》(财会字〔1995〕71 号)第 21 条指出:"建立具有中国特色会计理论方法体系。……争取用 5～10 年的时间,基本形成适应社会主义市场经济要求,具有中国特色的会计理论方法体系。"

1996 年 3 月 11 日,财政部发布的《预算会计核算制度改革要点》(财预字〔1996〕26 号)指出:"预算会计改革的总目标是逐步建立适应我国社会主义市场经济体制需要、具有中国特色、科学规范的管理型预算会计模式和运行机制。以利于加强财政预算管理和国家宏观经济管理,加强单位财务管理和促进建立自我发展、自我约束机制,提高资金使用效果,促进社会事业发展。"

1996 年 10 月 7 日,中国会计学会第五次全国会员代表大会通过的《中国会计学会章程》第三条的提法是"逐步形成并不断完善适应社会主义市场经济要求、具有中国特色的会计理论、方法体系"。

2002 年 9 月 28 日,中国会计学会第六次全国会员代表大会通过的《中国会计学会章程》,第三条的提法是"逐步建立适应社会主义市场经济发展要求的会计理论方法体系"。

4. 加快建立具有中国特色、实现重大理论突破并彰显国际影响力的中国会计理论和方法体系

2007 年 6 月 6 日,中国会计学会第七次全国会员代表大会通过的《中国会计学会章程》,第三条的提法是"建立和完善适应社会主义市场经济发展需要的、具有国际影响力的会计理论与方法体系"。

2016 年 10 月 8 日,财政部印发的《会计改革与发展"十三五"规划纲要》(财会〔2016〕19 号)指出:"加快建立具有中国特色、实现重大理论突破并彰显国际影响

力的中国会计理论和方法体系。"

财政部会计司发布的《2017年会计管理工作回顾》指出:"在制定发布《管理会计基本指引》的基础上,对管理会计各项工具方法进行系统梳理,正式印发了战略管理、预算管理、成本管理、营运管理、投融资管理、绩效管理、企业管理会计报告、管理会计信息系统等22项管理会计应用指引,初步形成了具有中国特色的管理会计指引体系。"

(二) 对"中国特色社会主义的会计理论方法体系"目标的分析

1. "中国特色社会主义的会计理论方法体系"目标的演变过程

上述第1种提法"建立一套符合我国国情的中国式的会计方法体系"到第2种提法"形成一个具有中国特色的会计理论方法体系",明确了"中国特色",增加了"理论";1982年9月,党的十二大公开明确提出"建设有中国特色社会主义"之后才明确提出建立有中国特色的会计理论与方法体系。

上述第2种提法"形成一个具有中国特色的会计理论方法体系"到第3种提法"逐步形成并不断完善适应社会主义市场经济要求、具有中国特色的会计理论、方法体系",增加了"适应社会主义市场经济要求"。因为,1992年邓小平南方谈话时提出"社会主义市场经济";1992年10月12日,党的十四大报告《加快改革开放和现代化建设步伐,夺取有中国特色社会主义事业的更大胜利》中阐述了"社会主义市场经济";1993年11月14日,党的十四届三中全会通过了《中共中央关于建立社会主义市场经济体制若干问题的决定》。

上述第3种提法"逐步形成并不断完善适应社会主义市场经济要求、具有中国特色的会计理论、方法体系"到第4种提法"加快建立具有中国特色、实现重大理论突破并彰显国际影响力的中国会计理论和方法体系","中国特色的"后增加了"具有国际影响力的",如《会计改革与发展"十三五"规划纲要》的提法。

2. 达到"中国特色社会主义的会计理论方法体系"目标是长期的

(1) "初步建成了"具有中国特色和国际影响的会计理论体系

① 20世纪末形成一个具有中国特色的财务会计理论方法体系

1983年中国会计学会曾经明确提出,"在本世纪末,中国会计学会组织和开展学术理论研究活动的目标,是创立具有中国特点的以讲求经济效益为中心的会计理论和方法体系",副会长谢明在1983年年会上,第一次明确提出:"我们希望,经过比较系统的调查研究和讨论,能够在不太长的时间内,形成一个具有中国特色的财务会计理论方法体系。"第一次给出了建立中国特色会计理论和方法体系的时间表。

② "十一五"时期"初步建成了"具有中国特色和国际影响的中国会计理论体系

2011年9月9日,《会计改革与发展"十二五"规划纲要》(财会〔2011〕19号)指出:"'十一五'时期……会计理论研究硕果累累,具有中国特色和国际影响的中国会计理论体系初步形成。……'十二五'时期会计改革与发展的总体目标是健全适应社会主义市场经济体制要求的会计体系……六是健全既具中国特色又有国际影响,对会计教育和会计实务具有指导作用的会计理论方法体系。"

2014年1月11日,中国会计学会第八次全国会员代表大会上认为:"初步建成了具有中国特色和国际影响的会计理论体系……七届理事会确立的'建立和完善适应社会主义市场经济发展需要的、具有国际影响力的会计理论和方法体系'的目标取得实质性进展。"①

(2)"中国特色社会主义的会计理论与方法体系"仍将是一项长期任务

娄尔行、石成岳指出:"要逐步地建立起适合我国政治经济特点的会计理论体系。会计理论建设,当然不能期望一蹴而成,而建立会计理论体系,尤非一朝一夕之事。"②

杨时展在《1949—1992年中国会计制度的演进》一书中指出:我们"建立"的具有中国特色的会计体系在哪里? 增减记账法的取消,平衡表结构的改变,销售和管理费用不再列入盘存,无形资产的入账,会计标准的从无到有,等等等等,似乎倒是在一个劲"淡化"中国的特色,而不是在"建立"中国的特色。中国的会计是会有中国的特色的。不但过去有,今天有,甚至以后一个两个世纪,也许还会有。也不只中国如此,世界各国,莫不如此。要指望世界各国的会计都照一个模式来办,短期间看,是不现实的。问题不在于特色的有无,而在于如何看待这一特色。是强调这些特色,欣赏这些特色,死抱着这些特色,乃至要把它"建立"到会计制度中去,让制度坚决地表现出这些特色,坚决让有意和你打交道的人不懂,最后,孤芳自赏,让它成为发展生产力的障碍好? 还是把这些特色只认为是中国目前一时还无法避免,得有一些时日来慢慢加以淡化,因此,逐步地有意识地让它和国际接轨,让它有利于国家生产力的发展好?

杨纪琬指出:"对这一问题的讨论主要是学术性的,而不是什么别的。这是一个涉及面很广,因而需要深思熟虑的问题。对于过去,要用历史观点来进行总结,对于今后,要区分近期的、中期的、远期的趋向来进行研究。"③

陆正飞指出:"但笔者还是认为,建立'中国特色的会计理论与方法体系'是必要的,且仍将是一项长期的任务。"④

---

①　中国会计学会.继往开来共创学会美好明天:中国会计学会第八次全国会员代表大会会议综述[J].会计研究,2014(2):86-90.

②　娄尔行,石成岳.建立我国会计理论体系的设想[J].财经研究,1980,6(4):27-34.

③　杨纪琬.会计核算制度改革的回顾与瞻望[J].财务与会计,1993(6):3-8.

④　陆正飞.建立"中国特色的会计理论与方法体系"仍将是一项长期任务[J].会计研究,2000(2):5-6.

四、关于"中国特色社会主义的会计理论方法体系"的不同观点

(一)"中国特色的会计理论与方法体系"的不同观点

1. 关于"中国特色的会计理论与方法体系"存在分歧

阎达五指出:"由于对会计性质的看法有分歧,'创立具有中国特点的会计理论方法体系'这一提法能否成立,会有不同的看法。主张会计无国界、会计理论成果人类可以共享,就可能认为这个提法是多余的;如果认为会计的社会属性体现着每个社会制度的特点,因此上述提法不仅是指普遍原理要结合中国的实际,而且还包括用我们的世界观和方法论来改造现有的一套理论方法体系这样的意思。作者是从后一种看法出发来探讨这个问题的。"①

刘玉廷指出:"持怀疑态度者认为:会计是一门国际通用商业语言,随着会计国际协调步伐的加快,近年来已在一定程度上消除了各国会计之间的差异,从长远看,会计没有中国特色。……也有些同志认为,不应当将中国会计落后的东西视为中国特色,过分强调特色可能会阻碍会计的国际协调。还有一种观点,认为中国的会计改革只要将美国或其他发达国家的模式照搬即可。"②

2. 赞成"中国特色的会计理论与方法体系"的观点

娄尔行、石成岳是第一个提出"具有我国的特色",他们指出:"要逐步地建立起适合我国政治经济特点的会计理论体系。……而我们的任务是建立我国的会计理论体系。要具有我国的特色,适应我国经济建设的需要。"③

杨纪琬指出:"会计国际化是大势所趋。向国际接轨,不可回避的一个敏感的理论问题就是我国今后建立的会计理论方法体系是否具有中国特色。尽管目前尚有争议,但却是好事……在讨论中应当摆事实,讲道理,以理服人。不要戴'政治帽子'。你同意'有中国特色'吗,那就是'左',这是'封人嘴巴'的做法,降低了讨论水平。江泽民同志在党的十四大报告中指出:'对思想认识问题和工作实践中不同意见以至偏差,要实事求是地具体分析,不要随意说成是政治倾向上的'左'或右。'我想这段话也适用于这个问题的讨论。"④

3. "中国特色的会计理论与方法体系"的不同观点

余绪缨指出:"在现实经济生活中,并不存在因社会主义会计与资本主义两个相互对立的范畴,因而所谓'创立具有中国特色的社会主义的会计理论方法体系',

---

① 阎达五.建立中国式会计理论方法体系之我见[J].会计研究,1984(3):34-36.
② 刘玉廷.关于会计中国特色问题的思考[J].会计研究 2000(8):2-7.
③ 娄尔行,石成岳.建立我国会计理论体系的设想[J].财经研究,1980,6(4):27-34.
④ 杨纪琬.会计核算制度改革的回顾与瞻望[J].财务与会计,1993(6):3-8.

实际上是出于主观臆断,缺乏客观经济根据。"①

杨时展指出:"我认为,强调建立有中国特色会计体系的提法,只是避免了'会计有阶级性'的字样,实质上仍然是只问姓'社'姓'资',而不问:到底对发展中国的社会生产力有利? 不利? 都只问白猫、黑猫,而不问抓得到老鼠,抓不到老鼠。"②

(二)赞成"中国特色的会计理论与方法体系"但在"会计有阶级性"上意见不同

1. 赞成"中国特色的会计理论与方法体系"并主张"会计有阶级性"

唐东海指出:"建立具有我国特色的会计理论方法体系,是目前会计理论研究中迫切需要解决的问题。……会计管理的阶级性和技术性是会计管理所具有的不可分割的两重性质……作为经济管理活动重要组成部分的会计管理来说,具有二重性是符合马克思主义政治经济学原理的。……会计管理的阶级属性决定了资本主义会计和社会主义会计是不相同的,也正是因为会计管理具有这种阶级属性,才决定了建立中国会计理论方法体系的必要性。"③

2. 赞成"中国特色的会计理论与方法体系"但不同意"会计有阶级性"

杨时展指出:"中国的会计有没有中国的特色? 当然有! ……'会计有没有阶级性?'这是我们会计改革中碰到的拦路虎,是我们无法回避的,我们头脑中的不少疙瘩,都和它分不开。……作为工具,会计有没有阶级性? 工具没有阶级性。"④

五、关于"中国会计与财务的社会主义特色"的表述

(一)"特色"的含义

1. 词义解释

特色是一个事物或一种事物显著区别于其他事物的风格和形式,是由事物赖以产生和发展的特定的具体的环境因素所决定的,是其所属事物独有的。

2004年8月12日,教育部颁布的《普通高等学校本科教学工作水平评估方案(试行)》指出:"特色是指在长期办学过程中积淀形成的,本校特有的,优于其他学校的独特优质风貌。特色应当对优化人才培养过程,提高教学质量作用大,效果显著。特色有一定的稳定性并应在社会上有一定影响、得到公认。特色可体现在不同方面:如治学方略、办学观念、办学思路;科学先进的教学管理制度、运行机制;教育模式、人才特点;课程体系、教学方法以及解决教改中的重点问题等

---

① 余绪缨.以社会主义市场经济理论为指导,对几个会计理论问题的重新认识[J].厦门大学学报(哲学社会科学版),1993(1):1-6.
② 杨时展.论我国会计工作者的思想解放问题:兼论会计的阶级性[J].财会通讯,1992(11):3-9.
③ 唐东海.建立我国会计理论方法体系的几点看法[J].会计研究,1984(2):6-9.
④ 杨时展.论我国会计工作者的思想解放问题:兼论会计的阶级性[J].财会通讯,1992(11):3-9.

方面。"

2. 对中国特色的会计理论和方法体系几种观点的质疑

(1)"以讲求经济效益为中心"是中国特色

这种观点似乎说,别的国家的会计理论和方法体系是不讲求经济效益的,因为特色是特有的,区别于他国的。

(2)责任会计是中国特色

据笔者了解,责任会计是具有中国特色的。

(3)会计监督体系的特色

有些人认为,我国的单位内部会计监督(强化内部控制制度),国家监督(政府审计、财政、税务等)和社会监督(社会审计,媒体监督,公众监督)三位一体会计监督体系,似乎不是我国的特色。

(4)从"接轨"到"趋同"

1996 年的《企业会计准则》是"接轨",2006 年的《企业会计准则》是"趋同"。何谓趋同? 向着同样或相同的方向发展的意思。著名会计学家 A. C. Littleton 和 V. K. Zimmerman 在其著作 Accounting Theory：Continue and Change 中指出："会计理论的两个重要来源——继承和发展。"会计理论来自会计实践,各国的会计环境和会计实践不同,会计的社会性要求会计理论在借鉴、继承的基础上有所创新和发展,并形成自己的特色;会计的技术性,也可以在不同国家之间相互借鉴、继承。

(二)"中国特色的会计理论和方法体系"的含义

1."中国特色社会主义"的含义

2013 年 1 月 5 日,习近平在新进中央委员会的委员、候补委员学习贯彻党的十八大精神研讨班开班式上发表重要讲话强调指出："中国特色社会主义,是科学社会主义理论逻辑和中国社会发展历史逻辑的辩证统一,是根植于中国大地、反映中国人民意愿、适应中国和时代发展进步要求的科学社会主义。"

2."中国特色社会主义"的含义

"中国特色的会计理论与方法体系"不能没有"社会主义"!

"中国特色"后面应有"社会主义",笔者查阅,在官方文件中直到 1995 年后才提到"基本形成适应社会主义市场经济要求,具有中国特色的会计理论方法体系"。

江泽民指出："'社会主义'这几个字是不能没有的,这并非多余,并非'画蛇添足',而恰恰相反,这是'画龙点睛'。所谓'点睛',就是点明我们市场经济的性质。"①

习近平指出："在社会主义条件下发展市场经济,是我们党的一个伟大创举。

---

① 江泽民.论社会主义市场经济[M].北京:中央文献出版社,2006:202.

我国经济发展获得巨大成功的一个关键因素,就是我们既发挥了市场经济长处,又发挥了社会主义制度的优越性。我们是在中国共产党领导和社会主义制度的大前提下发展市场经济,什么时候都不能忘了'社会主义'这个定语。之所以说是社会主义市场经济,就是要坚持我们的制度优越性,有效防范资本主义市场经济的弊端。"①

2013年1月5日,习近平在新进中央委员会的委员、候补委员学习贯彻党的十八大精神研讨班开班式上发表重要讲话强调指出:"我们党始终强调,中国特色社会主义,既坚持了科学社会主义基本原则,又根据时代条件赋予其鲜明的中国特色。这就是说,中国特色社会主义是社会主义,不是别的什么主义。"

杨纪琬指出:"所谓的中国特色是指我国会计与国外会计的根本区别,而不仅仅是某些具体的技术方法上差别,确切地说,这种区别是与我国社会主义经济制度相联系的,更深层次上的区别。"②

(三) 中国会计与财务的社会主义特色的含义

1. 借鉴和继承先进的会计与财务按照中国的特点去应用它

毛泽东指出:"使马克思主义在中国具体化,使之在其每一表现中带着必须有的中国特性,即是说,按照中国的特点去应用它。"③

娄尔行、石成岳指出:"特性何在? 第一,我国是社会主义国家。每个社会主义国家的经济建设模式,不尽相同。因此,我国的会计理论体系,应能指引会计实践更好地为中国式的社会主义经济建设服务。第二,我国正在进行四化建设,正在进行经济体制的改革。与此相适应,我国的会计理论体系,应能符合四化建设的需要,应能反映我国经济管理体制的特色。第三,我国有建国三十一年来会计工作的经验和教训,这些经验和教训在我国的会计理论体系中应当有所反映。"④

陆正飞指出:"所谓会计的'中国特色',指的是中国会计体系中不同于别国但确实适合于我国国情需要的那些部分,因此,中国特色的会计理论与方法体系,应该是充分吸收国际先进会计理论成果和切实总结中国会计成功实践经验的综合结果。"⑤

2. 中国会计与财务的社会主义特色内容

杨纪琬认为:"如果把中国特色抽象、概括,可以理出这么几条来说明中国的会计理论方法体系不同于西方国家:第一,以马克思主义哲学、政治经济学的基本原理为理论指导,为公有制基础上的有计划的商品经济服务。第二,以提高经济效益

① 中共中央文献研究室.习近平关于社会主义经济建设论述摘编[M].北京:中央文献出版社,2017:64.
② 杨纪琬.会计核算制度改革的回顾与瞻望[J].财务与会计,1993(6):3-8.
③ 毛泽东.毛泽东选集:第2卷[M].北京:人民出版社,1991:534.
④ 娄尔行,石成岳.建立我国会计理论体系的设想[J].财经研究,1980,6(4):27-34.
⑤ 陆正飞.建立"中国特色的会计理论与方法体系"仍将是一项长期任务[J].会计研究,2000(2):5-6.

为中心,力求宏观效益和微观效益,长远利益和近期利益的统一。不能说西方国家的经济工作就不讲经济效益,但他们是资本主义所有制,他们考虑的是本单位的效益(当然国家也采取了种种手段,使得微观效益和宏观效益不打架)。我们的经济效益根本不同于西方国家的经济效益。第三,以真实的会计核算与严格的会计监督为基本职能。会计核算就是算账。会计监督这个名词是我们独创的,审计监督也是如此。这两个问题全国范围来讲,做得并不很好,现在正逐步好转。我们会计真实性的原则不同于西方国家。西方国家的成本范围受理论约束,我们国家的成本不受理论约束,受国家的财务分配关系的约束,这里有差别。第四,以民主理财为重要手段,发扬民主管理的好传统,且要逐步丰富它的内容,形成制度化、规范化。"[1]

阎达五认为:"体现中国特点的具体内容应该是:①以马列主义、毛泽东思想为指导,以总结我国财会工作的经验为主,有分析、有鉴别地吸收国外成果建立具有创见性的会计理论方法体系。②要摆脱纯技术方法论传统观点的束缚,从会计是一种管理活动、会计工作是一项经济管理工作这个基本观点出发建立新的理论方法体系。③要以自觉地讲求经济效益为主线,建立准确地反映、评价宏观经济效益与微观经济效益相结合的理论方法体系。④要适应我国计划经济制度的要求,建立既为计划管理服务又能促进市场调节顺利开展的会计管理体制。⑤要体现讲求价值和讲求使用价值的统一,通过主要是价值管理的会计工作,即对资金,货币运动的管理,解决在日常经济活动中出现的价值和使用价值之间的种种矛盾,达到无论是在微观范围还是宏观范围内,使两者实现最佳结合。"[2]

笔者认为中国会计与财务的社会主义的特色体现在以下几点:

(1)中国共产党领导——最本质的特色

党的十九大报告指出:"明确中国特色社会主义最本质的特征是中国共产党领导,中国特色社会主义制度的最大优势是中国共产党领导,党是最高政治领导力量。"

2014年5月9日,习近平在参加河南省兰考县委常委班子专题民主生活会时的讲话中指出:"中国最大的国情就是中国共产党的领导。什么是中国特色?这就是中国特色。中国共产党领导的制度是我们自己的,不是从哪里克隆来的,也不是亦步亦趋效仿别人的。"

2016年7月1日,习近平在庆祝中国共产党成立九十五周年大会上的讲话中指出:"中国特色社会主义最本质的特征是中国共产党领导,中国特色社会主义制度的最大优势是中国共产党领导。坚持和完善党的领导,是党和国家的根本所在、

---

[1] 中国会计学会.中国会计研究文献摘编(1979—1999):会计基础理论卷[M].大连:东北财经大学出版社,2002(7):77.

[2] 阎达五.建立中国式会计理论方法体系之我见[J].会计研究,1984(3):34-36.

命脉所在,是全国各族人民的利益所在、幸福所在。"

由此可见,中国共产党的理想信念和价值追求,是中国特色社会主义的逻辑起点。中国共产党的领导直接决定和体现了中国特色社会主义的性质。中国共产党领导是中国特色社会主义"最本质的特征"和中国特色社会主义制度的"最大优势",中国共产党的领导必然体现和落实到党和国家事业各个领域、各个方面。

(2)马克思主义会计理论——理论特色

中国特色社会主义的会计理论是什么? 在"初步建成了""中国特色的会计理论和方法体系"时,笔者查阅了阐述"中国特色的会计理论和方法体系"的论文却鲜有这方面的表述。多年来笔者一直思考这个问题,15年前笔者在给研究生讲"会计理论专题"时讲过这个问题。

中国特色社会主义的会计理论就是使马克思主义在中国会计中具体化,按照中国的特点去应用它。马克思主义包括科学社会主义、政治经济学和哲学。很多年来,学会计的学生不学"政治经济学"而只学"西方经济学"岂非咄咄怪事! 会计学的博士生没有读过《资本论》的并非少数。

① 马克思的资本周转理论是中国会计对象的理论基础

恩格斯指出:"一个民族如果不能从理论上去提出问题和解释问题,这个民族就是没有希望的。"[①]

会计核算对象很重要,从实践上讲,是解决会计核算什么,即记账记什么、算账算什么的问题;从理论上讲,是解决会计学科的边界问题。毛泽东指出:"科学研究的区分,就是根据科学对象所具有的特殊的矛盾性。因此,对于某一现象的领域所特有的某一种矛盾的研究,就构成某一门科学的对象。"[②]因此,会计对象是研究领域特殊矛盾的重要问题。

马克思在《资本论》第二卷的第一篇讲的是"货币资本的循环""生产资本的循环"和"商品资本的循环",第二篇讲的是"资本周转"。马克思用"G—W…P…W′—G′"这个公式表述了企业货币资本运动的过程。1867年马克思出版《资本论》第一版时,用的是德语,上面公式中的G是金的单词(Gold)的第一个字母,代表货币;W是商品的单词(Ware)的第一个字母,代表商品(各种生产要素);P是生产制作的单词(Production)的第一个字母,代表生产、制作;W′表示经过生产制作,变成了增值的新产品,右上角的一小撇代表着W中包含的增值;G′表示W′卖出以后收回的货币,右上角的一小撇表示G′中包含的增值。字母间的连线"—"表示流通及买卖,"…"表示流通的中断,生产要素在企业内部的运动。从上可知,货币资金经过供应过程转变为储备资金;在生产过程中劳动者(货币资金支付工资)借助于劳动

① 　马克思,恩格斯.马克思恩格斯全集:第25卷[M].北京:人民出版社,1975:34.
② 　毛泽东.毛泽东选集:第1卷[M].北京:人民出版社,1991:309.

工具(折旧)对劳动对象加工为产品(成品资金);通过销售过程成品资金转变为更多的货币资金。这是一个资本的循环过程,马克思指出,"资本的循环,不是当作孤立的行为,而是当作周期性的过程时,叫作资本的周转"。① 可见,周而复始的循环就是资本周转。

苏联会计学家阿发那西也夫在《资产负债表结构原理》一书中写道:"每一种经济业务都是看它与资金的预付过程有关,或是与各周转阶段的资金运动方式的改变有关,而在会计上要记两笔账或记入两个账户内:首先,记明资金在某运动中由何处来(记入适当账户的贷方——贷入);第二,记明资金在某项经济业务中用于何处,或这些资金体现为何种形态(记入适当账户的借方——借入)。"②

这里,阿发那西也夫用矛盾两个方面"资金从何处来(贷方)""资金到何处去(借方)"又解释了借贷原理和资产负债表结构原理。

我国第一个探索会计核算对象是社会主义再生产过程中的资金运动和借贷原理的是易庭源③,第二个殷宗鹬。④ 他们为中国特色的社会主义会计理论作出了杰出贡献。可惜现在的教科书淡化了会计对象,用"接轨"或"趋同"来的《企业会计准则》中的"会计要素"替代了"会计对象",不提会计对象的"资金运动"这个会计的基本理论,就导不出"账户设置原理""复式记账原理""平衡原理"以及"报表结构原理"(资金运动静态表现——静态报表——资产负债表;资金运动动态表现——动态报表——利润表)等。

② 成本计算对象"时空观"

马克思主义时空理论中的"时间"和"空间"是运动着的物质的存在形式,时间是物质运动过程的持续性、顺序性,时间的特点是一维性;空间是运动着的物质的伸张性、广延性,空间的特点是三维性。时间和空间同物质运动的不可分离性,表明了时间和空间的客观性。易庭源认为:"成本计算对象由什么空间、什么时间、什么产品三因素组成,要有'时空观',不能只有'产品'观念,现根据生产特点说明三种成本计算对象与方法。"⑤他指出(表1-1):

① 马克思.资本论:第2卷[M].北京:人民出版社,1975:174.
② 《资产负债表结构原理》有两个版本:[苏]阿·阿·阿发那西也夫(А.А.Афанасьев).资产负债表结构原理[M].中国人民大学研究部编译室,译.北京:人民出版社,1951;[苏]阿·阿·阿法那西也夫(А.А.Афанасьев).资产负债表结构原理[M].葛辛,译.上海:立信会计图书用品社,1953.笔者是"文革"期间从北京铁道学院(现名为北京交通大学,在笔者母校中央财政金融学院的南面)殷宗鹬老师处借后手抄。该文为第一个版本第16页.
③ 易庭源.从资金运动的观点来说明借贷原理[J].中南财经政法大学学报,1958(3):38-42;易庭源.社会主义复式记账原理的探讨——要从对象出发按资金运动的规律来说明[J].江汉学报,1963(3):52-57.
④ 殷宗鹬.读"从资金运动的观点来说明借贷原理"[J].中南财经政法大学学报1958(4):28-29;殷宗鹬.依据资金运动的客观规律来探讨会计核算的基本理论[J].中国经济问题,1962(12):25-33.
⑤ 易庭源.论成本计算对象"时空观"与成本要素"经济用途观"[J].财会月刊,1999(2):3-5.

表 1-1　成本计算的三维性

成本计算方法	成本计算对象	成本计算空间	成本计算时间
分批法	批别	整个企业	每批开工到完工
分步法	步骤别	各步骤	每步开工到完工
简单法	品种	整个企业	每产品开工到完工

再如：会计的空间观明确会计主体；会计的时间观明确会计分期、持续经营。

上面已阐述了中国特色的科学社会主义、马克思主义政治经济学和哲学对中国特色的社会主义会计和成本核算的影响，从上可见，中国特色社会主义会计理论是有的，可惜既没有总结和深入研究，也没有很好地推广。

（3）会计与财务环境的特色

郭道扬曾指出："会计环境……决定着会计发展变化的历史动因及时代特质。"[①]刘玉廷也认为："会计环境的差异造就了会计的中国特色，中国特色的会计理论与方法体系的形成和发展，可以认为是本国国情、背景、环境在会计中的体现。特色的存在必须从会计环境的差异中去寻找根源。"[②]笔者曾阐述过会计环境对中国特色会计制度的影响。[③] 会计环境包括政治环境、经济环境、法律环境和人文环境等。

我国的政治环境是工人阶级领导的、以工农联盟为基础的人民民主专政的社会主义国家。党的十九大报告指出："坚持党的领导、人民当家作主、依法治国有机统一是社会主义政治发展的必然要求。……坚持党的领导、人民当家作主、依法治国有机统一。"

我国的经济环境是社会主义市场经济体制。建设有中国特色社会主义的经济，就是在社会主义条件下发展市场经济。坚持和完善以社会主义公有制为主体、多种所有制经济共同发展的基本经济制度；坚持和完善按劳分配为主体的多种分配方式；坚持和完善对外开放，积极参与国际经济合作和竞争。

我国的法律环境是建设中国特色社会主义法治体系，建设社会主义法治国家。社会主义市场经济本质上是法治经济。使市场在资源配置中起决定性作用和更好发挥政府作用，必须完善社会主义市场经济法律制度。

我国的人文环境是发展有中国特色社会主义的文化，建设社会主义文化强国。中国特色社会主义文化，源自中华民族五千多年文明历史所孕育的中华优秀传统文化，拥有中华优秀传统文化和社会主义核心价值观。文化是一个国家、一个民族

---

① 郭道扬.二十一世纪的战争与和平——会计控制、会计教育纵横论[C].第七届国际会计教育会议论文，1992.

② 刘玉廷.关于会计中国特色问题的思考[J].会计研究，2000(8)：2-7.

③ 乔春华.新中国 60 年事业单位会计发展轨迹和经验教训[J].教育财会研究，2010(2)：3-10.

的灵魂,是人民的精神家园。文化自信是一个国家、一个民族发展中更基本、更深沉、更持久的力量。关于中国特色的会计文化将在下一本《高校会计与财务基本理论研究》中阐述。

由于会计环境不同,就产生了美国的会计模式、英国的会计模式、日本的会计模式等,中国理应有中国特色社会主义的会计模式。

(4) 会计与财务制度制定的特色

① 我国会计与财务制度制定是政府主导型的强制性变迁

林毅夫(1994)认为,制度变迁有两种基本类型:诱致性制度变迁和强制性制度变迁。① 笔者曾阐述过我国会计制度制定是政府主导型的强制性变迁。②

从世界各国会计制度供给主体看,会计制度的制定机构有三种模式:一是由政府职能部门直接制定,其代表如法国、日本等;二是由民间机构负责制定,如英国等;三是由民间性职业机构制定,但政府拥有监督管理和最后的决定权,如美国和加拿大等。

我国会计制度供给主体历来是政府,原因在于:其一,中国特色社会主义制度的最大优势是中国共产党领导,"坚持党的领导,首先是坚持党中央的集中统一领导"。2017 年 10 月 27 日,中共中央政治局审议了《中共中央政治局关于加强和维护党中央集中统一领导的若干规定》。2018 年中央经济工作会议公报指出:"做好经济工作,必须加强党中央集中统一领导,提高党领导经济工作能力和水平。"我国会计制度变迁的主体是政府,但又吸收会计理论界、实务界(包括会计职业团体和证券界)的知名专家,组成会计准则委员会,还有由 160 名会计专业人员组成的会计准则咨询专家组。

② 我国会计与财务制度制定通过党和政府的文件形式

如:1993 年的《中国教育改革和发展纲要》规定"国家财政性教育经费支出占国民生产总值的 4%","要逐步建立以国家财政拨款为主,辅之以征收用于教育的税费、收取非义务教育阶段学生学杂费、校办产业收入、社会捐资集资和设立教育基金等多种渠道筹措教育经费的体制"。又如:2014 年 12 月 12 日,国务院批转的《权责发生制政府综合财务报告制度改革方案》(国发〔2014〕63 号)等。

(4) 会计法规体系的特色

目前,存在以规则为基础(美国等)的会计准则与以原则为基础(英国等)的会计准则两种体系。我国的采取两者相结合的方法,《政府会计准则——基本准则》中规定了会计核算的基本原则,但又采取"准则＋指南"的方式。我国目前的会计法规体系:

第一层次:全国人大颁布的法律,如《会计法》《注册会计师法》。

---

① 科斯,等.财产权利与制度变迁[M].上海:上海三联书店出版社,1996:34.

② 乔春华.新中国 60 年事业单位会计发展轨迹和经验教训[J].教育财会研究,2010(2):3-10.

第二层次：国务院颁发的条例，如《总会计师条例》《企业财务会计报告条例》等。

第三层次：财政部制定的准则，如《企业会计准则——基本准则》《企业会计准则——具体准则》《企业会计准则——具体准则——×××应用指南》，《政府会计准则——基本准则》《政府会计准则——具体准则》《政府会计准则——具体准则——×××应用指南》，财政部印发的《政府综合财务报告编制操作指南（试行）》（财库〔2015〕224号）等，《管理会计基本指引》和《管理会计应用指引》等。

第四层次：财政部制定的制度，如2000年制定的《企业会计制度》，2012年制定的《事业单位会计制度》《行政单位会计制度》《民间非营利组织会计制度》等。

第五层次：各单位制定的会计管理制度等。

（5）财务法规体系的特色

财务法规是我国的特色。国外通过《公司法》等规范企业的财务行为，我国依法理财习惯按会计与财务制度办事。我国目前的财务法规体系：

第一层次：财政部制定的通则或规则，如《企业财务通则》《事业单位财务规则》《行政单位财务规则》等。

第二层次：财政部与××部制定的财务制度，如财政部与教育部制定的《高等学校财务制度》等等。

第三层次：××部制定的财务制度，如国务院机关事务管理局制定的《中央国家机关〈行政单位财务规则〉实施细则》（〔1998〕国管财字第266号），教育部《部属高等学校财务管理试行办法》（〔1982〕财事字第4号）等。

第四层次：各单位制定的财务管理制度等。

（6）事业单位会计与财务的特色

国外有非营利组织，我国相应的组织称为事业单位。2011年3月23日，《中共中央 国务院关于分类推进事业单位改革的指导意见》（中发〔2011〕5号，以下简称《指导意见》）第1条指出："事业单位是经济社会发展中提供公益服务的主要载体，是我国社会主义现代化建设的重要力量。"事业单位是改革不是取消，《指导意见》第6条指出："到2020年，建立起功能明确、治理完善、运行高效、监管有力的管理体制和运行机制，形成基本服务优先、供给水平适度、布局结构合理、服务公平公正的中国特色公益服务体系。"

事业单位分为公益服务职能和行政职能、从事生产经营职能三类，后两者逐步转制。《指导意见》第8条指出："划分现有事业单位类别。在清理规范基础上，按照社会功能将现有事业单位划分为承担行政职能、从事生产经营活动和从事公益服务三个类别。对承担行政职能的，逐步将其行政职能划归行政机构或转为行政机构；对从事生产经营活动的，逐步将其转为企业；对从事公益服务的，继续将其保留在事业单位序列、强化其公益属性。今后，不再批准设立承担行政职能的事业单位和从事生产经营活动的事业单位。"

公益服务事业单位分为两类,《指导意见》第 9 条指出:"细分从事公益服务的事业单位。根据职责任务、服务对象和资源配置方式等情况,将从事公益服务的事业单位细分为两类:承担义务教育、基础性科研、公共文化、公共卫生及基层的基本医疗服务等基本公益服务,不能或不宜由市场配置资源的,划入公益一类;承担高等教育、非营利医疗等公益服务,可部分由市场配置资源的,划入公益二类。具体由各地结合实际研究确定。"

不同公益服务事业单位采用不同财政支持方式。《指导意见》第 27 条指出:"改革和完善财政支持方式。按照国家政策和以事定费的原则,结合不同事业单位的具体特点和财力,对不同类型事业单位实行不同的财政支持办法,合理制定标准,实行动态调整,健全监管制度,充分发挥财政资金的效用。对公益一类,根据正常业务需要,财政给予经费保障;对公益二类,根据财务收支状况,财政给予经费补助,并通过政府购买服务等方式予以支持。"

《指导意见》第 15 条指出:"实行政事分开,理顺政府与事业单位的关系。行政主管部门要加快职能转变,创新管理方式,减少对事业单位的微观管理和直接管理,强化制定政策法规、行业规划、标准规范和监督指导等职责,进一步落实事业单位法人自主权。"

第三节　新时代中国特色社会主义经济思想是高校财务的行动指南

一、习近平新时代中国特色社会主义经济思想是中国特色社会主义政治经济学的最新成果

2017 年中央经济工作会议指出:"习近平新时代中国特色社会主义经济思想,是 5 年来推动我国经济发展实践的理论结晶,是中国特色社会主义政治经济学的最新成果,是党和国家十分宝贵的精神财富,必须长期坚持、不断丰富发展。"

(一) 马列主义、毛泽东、邓小平对政治经济学的贡献

1. 政治经济学是最深刻的理论

早在 1844 年马克思就明确宣告,他第一次系统研究政治经济学的目的,就是要"解答"人类发展的"历史之谜"。马克思在《资本论》第一卷序言中明确地指出:"本书的最终目的就是揭示现代社会的经济运动规律。"马克思在《资本论》第四卷中指出:"政治经济学规律最先以怎样的历史路标的形式被揭示出来并得到进一步发展。"[①]

---

① 马克思. 剩余价值理论:第 1 册[M]. 北京:人民出版社,1975:367.

恩格斯指出:无产阶级政党的"全部理论来自对政治经济学的研究"。① 恩格斯在《反杜林论》中还指出:"政治经济学,从最广的意义上说,是研究人类社会中支配物质生活资料的生产和交换的规律的科学。……政治经济学不可能对一切国家和一切历史时代都是一样的。……政治经济学本质上是一门历史的科学。"②

列宁指出:"马克思的经济学说就是马克思主义理论最深刻、最全面、最详尽的证明和运用。"③列宁还指出:"政治经济学的基础是事实,而不是教条。"④

《资本论》不仅仅研究经济学,它是马克思主义的百科全书。马克思明确指出:《资本论》是"把辩证方法应用于政治经济学的第一次尝试"。⑤ 毛泽东也指出,"政治经济学和唯物史观难得分家"。

2. 毛泽东、邓小平对马克思主义政治经济学的继承、创新与发展

早在 20 世纪 50 年代末与 60 年代初,毛泽东和刘少奇、周恩来等联系我国经济建设中的成就和失误,并阅读斯大林《苏联社会主义经济问题》和苏联《政治经济学教科书》(社会主义部分)提出如何构建符合中国实际的社会主义政治经济学的问题。毛泽东认为苏联政治经济学教科书把政治经济学研究对象归结为生产关系是有缺陷的,提出"政治经济学研究的对象主要是生产关系,但是要研究清楚生产关系,就必须一方面联系研究生产力,另一方面联系研究上层建筑对生产关系的积极作用和消极作用"⑥。毛泽东在苏共二十大后指出:"赫鲁晓夫这次揭了盖了,又捅了娄子。他破除了那种认为苏联、苏共和斯大林一切都是正确的迷信,有利于反对教条主义,不要再硬搬苏联的一切了,应该用自己的头脑思索了。应该把马列主义的基本原理同中国社会主义革命和建设的具体实际结合起来,探索在我们国家里建设社会主义的道路了。"⑦一个月后,毛泽东再次指出:"现在是社会主义革命和建设时期,我们要进行第二次结合,找出在中国怎样建设社会主义的道路。"⑧

1984 年,党的十二届三中全会通过的《中共中央关于经济体制改革的决定》明确提出"社会主义经济是公有制基础上的有计划的商品经济",邓小平同志称赞其为:"写出了一个政治经济学的初稿,是马克思主义基本原理和中国社会主义实践

① 中共中央马克思恩格斯列宁斯大林著作编译局.马克思恩格斯选集:第 2 卷[M].3 版.北京:人民出版社,2012:596.

② 中共中央马克思恩格斯列宁斯大林著作编译局.马克思恩格斯选集:第 3 卷[M].北京:人民出版社,1972:186.

③ 中共中央马克思恩格斯列宁斯大林著作编译局.列宁选集:第 2 卷[M].北京:人民出版社,1995:429.

④ 列宁.列宁全集:第 58 卷[M].北京:人民出版社,1990:86.

⑤ 中共中央马克思恩格斯列宁斯大林著作编译局.马克思恩格斯《资本论》书信集[M].北京:人民出版社,1976:239.

⑥ 中华人民共和国国史学会.毛泽东读社会主义政治经济学批注和谈话,1959:422.

⑦ 中共中央文献研究室.毛泽东年谱(1949—1976):第 2 卷[M].北京:中央文献出版社,2013:550.

⑧ 中共中央文献研究室.毛泽东年谱(1949—1976):第 2 卷[M].北京:中央文献出版社,2013:557.

相结合的政治经济学。"①

(二) 习近平对马克思主义政治经济学的继承、创新与发展

1. 习近平主张理论创新

2016年5月17日,习近平在哲学社会科学工作座谈会上的讲话中指出:"理论的生命力在于创新。创新是哲学社会科学发展的永恒主题,也是社会发展、实践深化、历史前进对哲学社会科学的必然要求。……当代中国的伟大社会变革,不是简单延续我国历史文化的母版,不是简单套用马克思主义经典作家设想的模板,不是其他国家社会主义实践的再版,也不是国外现代化发展的翻版,不可能找到现成的教科书。……有人说,马克思主义政治经济学过时了,《资本论》过时了。这个说法是武断的。"习近平强调指出:"还是要讲马克思主义政治经济学,当代中国社会主义政治经济学要大讲特讲,不能被边缘化。"②2018年5月4日,习近平在纪念马克思诞辰200周年大会上的讲话中指出:"理论的生命力在于不断创新,推动马克思主义不断发展是中国共产党人的神圣职责。"

2. 习近平提倡中国特色、中国风格、中国气派的中国马克思主义政治经济学新境界

2015年11月23日,习近平在主持中共中央政治局就马克思主义政治经济学基本原理和方法论进行第二十八次集体学习时强调:"要立足我国国情和我国发展实践,揭示新特点新规律,提炼和总结我国经济发展实践的规律性成果,把实践经验上升为系统化的经济学说,不断开拓当代中国马克思主义政治经济学新境界。……马克思主义政治经济学是马克思主义的重要组成部分,也是我们坚持和发展马克思主义的必修课。我们党历来重视对马克思主义政治经济学的学习、研究、运用。……党的十一届三中全会以来,我们党把马克思主义政治经济学基本原理同改革开放新的实践结合起来,不断丰富和发展马克思主义政治经济学,形成了当代中国马克思主义政治经济学的许多重要理论成果。……这些理论成果,是适应当代中国国情和时代特点的政治经济学,不仅有力指导了我国经济发展实践,而且开拓了马克思主义政治经济学新境界。"

2015年12月召开的中央经济工作会议上习近平同志首次提出中国特色社会主义政治经济学这一重要概念,2015年中央经济工作会议指出:"要坚持中国特色社会主义政治经济学的重大原则。"

2016年7月8日,习近平在主持经济形势专家座谈会时指出:"坚持和发展中国特色社会主义政治经济学,要以马克思主义政治经济学为指导,总结和提炼我国改革开放和社会主义现代化建设的伟大实践经验,同时借鉴西方经济学的有益成

---

① 邓小平.邓小平文选:第3卷[M].北京:人民出版社,1993:83.

② 中共中央文献研究室.十八大以来重要文献选编(下)[M].北京:中央文献出版社,2018:6-7.

分。中国特色社会主义政治经济学只能在实践中丰富和发展,又要经受实践的检验,进而指导实践。要加强研究和探索,加强对规律性认识的总结,不断完善中国特色社会主义政治经济学理论体系,推进充分体现中国特色、中国风格、中国气派的经济学科建设。"

习近平指出:"马克思主义政治经济学认为,生产资料所有制是生产关系的核心,决定着社会的基本性质和发展方向。"[1]

3. 习近平号召运用中国马克思主义政治经济学

2014 年 7 月 8 日,习近平主持召开经济形势专家座谈会强调指出:"发展必须是遵循经济规律的科学发展,必须是遵循自然规律的可持续局长。各级党委和政府要学好用好政治经济学,自觉认识和更好遵循经济发展规律,不断提高推进改革开放、领导经济社会发展、提高经济社会发展质量和效益的能力和水平。"

2015 年 11 月 23 日,习近平在主持中共中央政治局就马克思主义政治经济学基本原理和方法论进行第二十八次集体学习时指出,"面对极其复杂的国内外经济形势,面对纷繁多样的经济现象,学习马克思主义政治经济学基本原理和方法论,有利于我们掌握科学的经济分析方法,认识经济运动过程,把握社会经济发展规律,提高驾驭社会主义市场经济能力,更好回答我国经济发展的理论和实践问题。……学习马克思主义政治经济学,是为了更好指导我国经济发展实践,既要坚持其基本原理和方法论,更要同我国经济发展实际相结合,不断形成新的理论成果。……实践是理论的源泉。我国经济发展进程波澜壮阔、成就举世瞩目,蕴藏着理论创造的巨大动力、活力、潜力,要深入研究世界经济和我国经济面临的新情况新问题,为马克思主义政治经济学创新发展贡献中国智慧。"

时代是思想之母,实践是理论之源。"马克思主义政治经济学要有生命力,就必须与时俱进。"从"政治经济学"(2014)到"当代中国马克思主义政治经济学"(2015)再到"中国特色社会主义政治经济学"(2016),三者之间是一脉相承又与时俱进的关系,共同构成中国特色社会主义经济建设的理论基础,反映了我们党将改革开放以来丰富的经济发展实践创新上升到理论创新,发展了马克思主义政治经济学,开拓当代中国马克思主义政治经济学新境界。

二、习近平新时代中国特色社会主义经济思想的内容

(一) 习近平经济思想的表述

2017 年中央经济工作会议指出:"5 年来,我们坚持观大势、谋全局、干实事,成功驾驭了我国经济发展大局,在实践中形成了以新发展理念为主要内容的习近平新时代中国特色社会主义经济思想。我们坚持加强党对经济工作的集中统一领

---

[1] 中共中央文献研究室.十八大以来重要文献选编(下)[M].北京:中央文献出版社,2018:2.

导,保证我国经济沿着正确方向发展;坚持以人民为中心的发展思想,贯穿到统筹推进'五位一体'总体布局和协调推进'四个全面'战略布局之中;坚持适应把握引领经济发展新常态,立足大局,把握规律;坚持使市场在资源配置中起决定性作用,更好发挥政府作用,坚决扫除经济发展的体制机制障碍;坚持适应我国经济发展主要矛盾变化完善宏观调控,相机抉择,开准药方,把推进供给侧结构性改革作为经济工作的主线;坚持问题导向部署经济发展新战略,对我国经济社会发展变革产生深远影响;坚持正确工作策略和方法,稳中求进,保持战略定力、坚持底线思维,一步一个脚印向前迈进。"

习近平经济思想可概括为"1个新发展理念＋7个坚持"。

1. "1个新发展理念"

邓小平提出"发展才是硬道理",江泽民提出"发展是党执政兴国的第一要务",胡锦涛提出"发展是解决中国一切问题的'总钥匙'",习近平又提出"新发展理念"。

2017年中央经济工作会议指出,在实践中形成了以新发展理念为主要内容的习近平新时代中国特色社会主义经济思想,因此,习近平经济思想的主要内容是"新发展理念"。新发展理念是习近平新时代中国特色社会主义经济思想的"灵魂",是最重要的理论内涵。

(1) 发展理念是发展行动的先导,是管全局、管根本、管方向、管长远的东西

2015年11月3日,习近平在《中共中央关于制定国民经济和社会发展第十三个五年规划的建议》的说明时指出:"发展理念是发展行动的先导,是管全局、管根本、管方向、管长远的东西,是发展思路、发展方向、发展着力点的集中体现。发展理念搞对了,目标任务就好定了,政策举措也就跟着好定了。为此,建议稿提出了创新、协调、绿色、开放、共享的发展理念,并以这五大发展理念为主线对建议稿进行谋篇布局。这五大发展理念,是'十三五'乃至更长时期我国发展思路、发展方向、发展着力点的集中体现,也是改革开放30多年来我国发展经验的集中体现,反映出我们党对我国发展规律的新认识。"

(2) 发展理念是国内外发展的深刻总结

习近平在党的十八届五中全会第二次全体会议上的讲话中指出:"发展理念是否对头,从根本上决定着发展成效乃至成败。创新、协调、绿色、开放、共享这五大发展理念,是我们在深刻总结国内外发展经验教训的基础上形成的,集中反映了我们党对经济社会发展规律认识的深化,也是针对我国发展中的突出矛盾和问题提出来的。"

2015年11月23日,习近平在中共中央政治局就马克思主义政治经济学基本原理和方法论进行第二十八次集体学习时指出:"要坚持新的发展理念,创新、协调、绿色、开放、共享的发展理念是对我们在推动经济发展中获得的感性认识的升华,是对我们推动经济发展实践的理论总结,要坚持用新的发展理念来引领和推动

我国经济发展,不断破解经济发展难题,开创经济发展新局面。"

（3）发展理念是指挥棒、红绿灯

2016年1月29日,习近平在中共中央政治局就"十三五"时期我国经济社会发展的战略重点进行第三十次集体学习时指出:"新发展理念就是指挥棒、红绿灯。全党要把思想和行动统一到新发展理念上来,努力提高统筹贯彻新发展理念的能力和水平,对不适应、不适合甚至违背新发展理念的认识要立即调整,对不适应、不适合甚至违背新发展理念的行为要坚决纠正,对不适应、不适合甚至违背新发展理念的做法要彻底摒弃。"

"新发展理念"是指创新、协调、绿色、开放、共享的发展理念。2016年1月18日,习近平在省部级主要领导干部学习贯彻党的十八届五中全会精神专题研讨班上讲话时专门阐述了"深入理解新发展理念"。党的十九大报告指出:"坚持新发展理念。发展是解决我国一切问题的基础和关键,发展必须是科学发展,必须坚定不移贯彻创新、协调、绿色、开放、共享的发展理念。"习近平在党的十八届五中全会第二次全体会议上的讲话时指出:"创新发展注重的是解决发展动力问题,协调发展注重的是解决发展不平衡问题,绿色发展注重的是解决人与自然和谐问题,开放发展注重的是解决发展内外联动问题,共享发展注重的是解决社会公平正义问题。这五大发展理念相互贯通、相互促进,是具有内在联系的集合体,要统一贯彻,不能顾此失彼,也不能相互替代。哪一个发展理念贯彻不到位,发展进程都会受到影响。全党同志一定要提高统一贯彻五大发展理念的能力和水平,不断开拓发展新境界。"

2. "7个坚持"

（1）坚持加强党对经济工作的集中统一领导,保证我国经济沿着正确方向发展。

（2）坚持以人民为中心的发展思想,贯穿到统筹推进"五位一体"总体布局和协调推进"四个全面"战略布局之中。

（3）坚持适应把握引领经济发展新常态,立足大局,把握规律。

（4）坚持使市场在资源配置中起决定性作用,更好发挥政府作用,坚决扫除经济发展的体制机制障碍。

（5）坚持适应我国经济发展主要矛盾变化完善宏观调控,相机抉择,开准药方,把推进供给侧结构性改革作为经济工作的主线。

（6）坚持问题导向部署经济发展新战略,对我国经济社会发展变革产生深远影响。

（7）坚持正确工作策略和方法,稳中求进,保持战略定力、坚持底线思维,一步一个脚印向前迈进。

(二) 以人民为中心的发展思想与社会主要矛盾

1. 中国共产党历史上共有六次对主要矛盾的表述

(1) 抗日战争时期

1937 年 5 月,毛泽东在党的全国代表会议上指出,当时中日矛盾已成为"主要的矛盾",国内矛盾降到次要和服从的地位。

同年 8 月,毛泽东在《矛盾论》中指出:一是当帝国主义向这种国家举行侵略战争的时候,民族矛盾成为主要矛盾,国内阶级矛盾暂时降到次要和服从地位;二是当帝国主义不是用战争压迫而是用政治、经济、文化等比较温和的形式进行压迫的时候,人民大众往往采取国内战争的形式,去反对帝国主义和封建主义的同盟。

1939 年 12 月,毛泽东在《中国革命和中国共产党》中指出,自 1931 年"九一八"事变后,中国又变成一个殖民地、半殖民地和半封建社会,提出近代中国社会主要矛盾是"帝国主义和中华民族的矛盾,封建主义和人民大众的矛盾"。

(2) 解放战争时期

在新中国建立前即 1949 年 3 月,毛主席在党的七届二中全会上的报告中就明确指出:在无产阶级夺取全国政权之后,国内的主要矛盾是"工人阶级和资产阶级的矛盾"。

(3) 党的八大表述

1956 年 9 月,党的八大第一次明确阐述了社会主义社会主要矛盾。"我们国内的主要矛盾,已经是人民对于建立先进的工业国的要求同落后的农业国的现实之间的矛盾,已经是人民对于经济文化迅速发展的需要同当前经济文化不能满足人民需要的状况之间的矛盾。这一矛盾的实质,在我国社会主义制度已经建立的情况下,也就是先进的社会主义制度同落后的社会生产力之间的矛盾。"

(4) 反右时期

1957 年 10 月,毛泽东在八届三中全会上讲话中正式提出:"无产阶级和资产阶级的矛盾,社会主义道路和资本主义道路的矛盾,毫无疑问,这是当前我国社会的主要矛盾。"

(5) 改革开放时期

1981 年 6 月,党的十一届六中全会通过的《关于建国以来党的若干历史问题的决议》指出在社会主义改造基本完成以后我国所要解决的主要矛盾是"人民日益增长的物质文化需要同落后的社会生产之间的矛盾"。

(6) 十九大的表述

习近平在十九大报告中指出:"中国特色社会主义进入新时代,我国社会主要矛盾已经转化为人民日益增长的美好生活需要和不平衡不充分的发展之间的矛盾。我国稳定解决了十几亿人的温饱问题,总体上实现小康,不久将全面建成小康社会,人民美好生活需要日益广泛,不仅对物质文化生活提出了更高要求,而且在民主、法治、公平、正义、安全、环境等方面的要求日益增长。同时,我国社会生产力水平总体上显著提高,社会生产能力在很多方面进入世界前列,更加突出的问题是发展不平衡不充分,这已经成为满足人民日益增长的美好生活需要的主要制约因素。"

2. 主要矛盾解决的是需要和供给之间的关系

习近平指出:"从政治经济学的角度看,供给侧结构性改革的根本,是使我国供给能力更好满足广大人民日益增长、不断升级和个性化的物质文化和生态环境需要,从而实现社会主义生产目的。……我们讲的供给侧结构性改革,同西方经济学的供给学派不是一回事,不能把供给侧结构性改革看成是西方供给学派的翻版,更要防止有些人用他们的解释来宣扬'新自由主义',借机制造负面舆论。"[①]

社会主要矛盾在根本或本质上,讲的就是需要和供给之间的矛盾关系,就是围绕需要和供给之间的矛盾关系来确定的。如习近平总书记所讲,中国特色社会主义进入新时代,我国社会主要矛盾就是人民日益增长的美好生活需要和不平衡不充分的发展之间的矛盾。"和"之前,讲的是"需要方";"和"之后,则讲的是"供给方"。因此,唯物史观是分析社会主要矛盾的哲学方法论。

我们先来看看党的十八大以来人民的"需要"的总体状况(需要方)。应当说,党的十八大以来,人民群众的物质生活水平得到很大提高,人民的衣食住行或吃喝住穿发生了很大变化,人均收入得到了很大提升;人民群众的文化需要也得到很大改善。到 2020 年,我国要全面建成小康社会。不仅如此,当今,人民群众对经济、政治、文化、社会、生态等方面的需要拓展了、拓宽了,人民的需求在质量上也升级了。这集中体现为人民对美好生活的向往。正如习近平在十九大报告中指出:"我国稳定解决了十几亿人的温饱问题,总体上实现小康,不久将全面建成小康社会,人民美好生活需要日益广泛,不仅对物质文化生活提出了更高要求,而且在民主、法治、公平、正义、安全、环境等方面的要求日益增长。"

我们再来看党的十八大以来整个社会的总体"供给"状况(供给方)。我国已经成为世界第二大经济体。正如习近平在十九大报告中指出:"我国社会生产力水平总体上显著提高,社会生产能力在很多方面进入世界前列。"但是,今天我国发展所存在的主要问题,一是发展不平衡,东西部、南北部、各个行业之间、各个部门之间、人和人之间的发展不平衡现象比较突出,平衡和平衡机制存在较为严重的问题;二是发展不充分,体现在发展质量和效益还不是很高。

3. 需要和供给之间的矛盾是普遍存在的

毛泽东指出:"矛盾的普遍性或绝对性这个问题有两方面的意义。其一是说,

---

① 习近平.在省部级主要领导干部学习贯彻党的十八届五中全会精神专题研讨班上的讲话[N].人民日报,2016-05-10.

矛盾存在于一切事物的发展过程中;其二是说,每一事物的发展过程中存在着自始至终的矛盾运动。"①

恩格斯在《在马克思墓前的讲话》指出:"正像达尔文发现有机界的发展规律一样,马克思发现了人类历史的发展规律,即历来为繁芜丛杂的意识形态所掩盖着的一个简单事实:人们首先必须吃、喝、住、穿,然后才能从事政治、科学、艺术、宗教等等;所以,直接的物质的生活资料的生产,从而一个民族或一个时代的一定的经济发展阶段,便构成基础,人们的国家设施、法的观点、艺术以至宗教观念,就是从这个基础上发展起来的,因而,也必须由这个基础来解释,而不是像过去那样做得相反。"因此,需要和供给之间的矛盾无处不在,无时不有,具有普遍性。

十九大报告高屋建瓴,大气磅礴,博大精深,浩瀚深邃,内涵丰富,是指导一切工作的行动纲领,对高校财务领域同样具有重要的指导意义。本文仅对新时代高校财务若干问题的主要矛盾进行探讨。

三、高校财务领域日益增长的需要和不平衡不充分的发展之间的矛盾

(一) 高校会计与财务制度不平衡不充分的发展之间的矛盾

1. 在"会计准则"与"财务通则"两者之间发展不平衡

《事业单位会计准则》与《事业单位财务规则》不平衡。《事业单位会计准则》和《高等学校会计制度》已经于 2019 年废止,但《事业单位财务规则》和《高等学校财务制度》却还存在,造成事实上的跛脚不平衡状态。

2. 在"财务会计"与"预算会计"两者之间发展不平衡不充分

2015 年 10 月 23 日,财政部公布的《政府会计准则——基本准则》(财政部令第 78 号)已于 2017 年 1 月 1 日起施行。第三条指出:"政府会计由预算会计和财务会计构成。预算会计实行收付实现制;财务会计实行权责发生制。"

2014 年 12 月 12 日,国务院批转了财政部《权责发生制政府综合财务报告制度改革方案》(国发〔2014〕63 号)。财政部的《权责发生制政府综合财务报告制度改革方案》指出:"逐步建立以权责发生制政府会计核算为基础,以编制和报告政府资产负债表、收入费用表等报表为核心的权责发生制政府综合财务报告制度,提升政府财务管理水平,促进政府会计信息公开,推进国家治理体系和治理能力现代化。……预算会计科目应准确完整反映政府预算收入、预算支出和预算结余等预算执行信息,财务会计科目应全面准确反映政府的资产、负债、净资产、收入、费用等财务信息。"

但是,高校一直实行以"收付实现制"为基础的预算会计,而实行"权责发生制"基础的高校财务会计 2019 年才开始,明显是短板。

---

① 毛泽东.毛泽东选集:第 1 卷[M].北京:人民出版社,1991:305.

3. 高校管理会计与高校财务会计相比发展不平衡不充分不能满足高校管理会计日益增长的需要

2014 年 1 月 29 日,财政部颁发了《财政部关于全面推进管理会计体系建设的指导意见(征求意见稿)》(财办会〔2014〕5 号),在基本内容中指出:"管理会计是会计的重要分支,主要服务于单位(包括企业和行政事业单位)内部管理需要,是通过利用相关信息,有机融合财务与业务活动,在单位规划、决策、控制和评价等方面发挥重要作用的管理活动。……同时,党的十八届三中全会对全面深化改革做出了总体部署,推进预算绩效管理、建立事业单位法人治理结构,加强内部管理已经成为行政事业单位一种内在要求。……因此,全面推进管理会计体系建设,是推动事业单位加强治理的重要制度安排,推进行政事业单位预算绩效管理的重要手段。"

但是,由于高校财务管理的目标首先是合规性,其次是效益性,因此,高校管理会计明显是短板。制度与业务的发展不平衡不充分,不能满足高校管理会计日益增长的需要。

(二) 高校内部控制制度日益增长的需要和牵头部门职责不相称之间的矛盾

1. 高校内部控制外延日益拓展和内涵重点突出

(1) 内部控制对象外延发展的三个阶段

① 会计控制阶段

2001 年 6 月 22 日,财政部印发《内部会计控制规范——基本规范(试行)》(财会〔2001〕41 号)。

② 经济活动控制阶段

2012 年 11 月 29 日,财政部印发《行政事业单位内部控制规范(试行)》(财会〔2012〕21 号)第五条指出:"内部控制应当贯穿单位经济活动的决策、执行和监督全过程,实现对经济活动的全面控制。"

2015 年 7 月 16 日,教育部发布《教育部直属高校内部控制制度(试行)(征求意见稿)》(教财司函〔2015〕451 号);2016 年 4 月 26 日,教育部发布《教育部直属高校经济活动内部控制指南(试行)》(教财厅〔2016〕2 号)。

③ 全部业务活动控制阶段

2015 年 12 月 21 日,财政部《关于全面推进行政事业单位内部控制建设的指导意见》(财会〔2015〕24 号)规定:"规范行政事业单位内部经济和业务活动,强化对内部权力运行的制约,防止内部权力滥用。……逐步将控制对象从经济活动层面拓展到全部业务活动和内部权力运行。"

2016 年 10 月 8 日,财政部印发《会计改革与发展"十三五"规划纲要》(财会〔2016〕19 号)第三条第五款指出:"完善内部控制规范体系。研究制定政府内部控制规范和非营利组织内部控制规范,修订《行政事业单位内部控制规范(试行)》,将行政事业单位内部控制对象从经济活动层面拓展到全部业务活动和内部权力运行。"

（2）高校内部控制内涵重点突出为"内部权力运行"

上述两个文件强调了控制"内部权力运行"。

2. 高校内部控制牵头部门职责不相称

（1）会计控制阶段由财务部门牵头是职责所在，理所当然。

（2）经济活动控制阶段由财务部门牵头是小马拉大车，力不从心。

（3）全部业务活动控制和内部权力运行阶段，内部权力是政治学范畴，内部控制是"一把手工程"，财务部门牵头是越俎代庖。

3. 高校总会计师不是内部控制建设的主角

2011 年 4 月 1 日，教育部、财政部印发《高等学校总会计师管理办法》（教人〔2011〕2 号）第十四条第三款指出："学校主管部门对总会计师进行任期经济责任审计和离任审计，对总会计师任职期间的履职情况进行评估。审计事项包括：学校财会内部控制制度的完整性和有效性，学校财务风险控制情况。"第十五条第三款指出："总会计师对下列重大事项负有管理责任或直接责任：学校内部财会控制机制不健全、财会制度执行不力。"

（三）高校预算制度应该规范透明、标准科学、约束有力和不平衡不充分的发展之间的矛盾

习近平同志在十九大报告中指出："建立全面规范透明、标准科学、约束有力的预算制度。"

1. 高校年度预算和中期预算之间的不平衡

目前高校的中期财务规划是中期预算的过渡形态。2015 年 1 月 3 日，《国务院关于实行中期财政规划管理的意见》（国发〔2015〕3 号）指出："中期财政规划是中期预算的过渡形态，是在对总体财政收支情况进行科学预判的基础上，重点研究确定财政收支政策，做到主要财政政策相对稳定，同时根据经济社会发展情况适时研究调整，使中期财政规划渐进过渡到真正的中期预算。"由此可见，高校中期预算和年度预算相比是个短板，还不标准不规范，中期预算发展得不充分，两者之间发展不平衡。

2. 高校年度预算虽已公开但透明度不充分

2014 年 3 月 4 日，《光明日报》刊登"阳光财政，我们刚刚起步"一文；2017 年 11 月 27 日，光明网又刊登"十年了，阳光财政不能还是'刚起步'"一文，该文指出："由全国政协委员、上海财经大学教授蒋洪主导的上海财经大学公共政策研究中心的《2017 中国财政透明度报告》已经发布，从 2008 年起，以政府信息公开条例的施行为依据，该中心开始对全国省级政府财政透明度进行调查跟踪。其数据显示，2009 年我国省级政府的财政透明度为 21.71 分（百分制），2011 年是 23 分左右，2013 年达到了 30 分，始终处于低位。几年前《光明日报》曾用'阳光财政，我们刚刚起步'

对该报告进行过报道,现在看,'刚起步'仍然适用。"①政府预算由人大代表和政协委员监督审议况且如此,高校预算的透明度也算是刚起步。

公开不等于透明,公开是前提,透明是关键,监督是目的。因此,必须透明,一目了然,有了知情权就便于行使监督权。2015年5月22日,《教育部关于直属高校落实财务管理领导责任严肃财经纪律的若干意见》(教财〔2015〕4号)第十二条和第十三条提到了"高校'阳光财务'"。《教育部2015年工作要点》第16条指出:"推进教育财务管理信息化建设。推动学校实行'阳光财务'。"阳光财务必须细化公开的项目,像阳光照进玻璃房一样,真正做到习总书记提到的"全面规范透明"。

3. 高校年度预算约束有力不充分

目前高校的预算约束不够有力,高校预算管理存在"两张皮"的现象:中长期规划与中长期预算编制"两张皮";年度事业计划与年度预算"两张皮";部门预算与高校预算"两张皮";预算编制与预算执行"两张皮";预算执行与预算考评"两张皮";预算管理与资产管理"两张皮";等等。

1980年,科尔奈在其著作《短缺经济学》中分析了20世纪70年代匈牙利计划经济体制下经济改革过程中国有企业行为时首先提出了"软预算约束"这一概念。科尔奈指出:"各种各样的准国有或者预算外机构、大学、中小学、医院或者是全国性的社会保险基金"都存在软预算约束问题。② 目前我国高校还不同程度存在软预算约束问题,必须科学地、精细地编制预算,强化内部控制中的预算控制,将权力关在制度的笼子里,真正做到习总书记提到的"约束有力"。

(四)科研人员薪酬在科研经费制度中体现不匹配不充分,与教师等人员的薪酬不平衡

(1)财政事权和支出责任在科研经费制度中体现不充分。

2016年8月16日,《国务院关于推进中央与地方财政事权和支出责任划分改革的指导意见》(国发〔2016〕49号)指出:"财政事权是一级政府应承担的运用财政资金提供基本公共服务的任务和职责,支出责任是政府履行财政事权的支出义务和保障。……做到支出责任与财政事权相适应。按照'谁的财政事权谁承担支出责任'的原则,确定各级政府支出责任。对属于中央并由中央组织实施的财政事权,原则上由中央承担支出责任;对属于地方并由地方组织实施的财政事权,原则上由地方承担支出责任。"

省属高校中从事国家级课题主要成员的薪酬现由省属高校"按学生人数拨款"的省财政承担支出责任,部属高校中从事省级课题主要成员的薪酬现由部属高校

---

① 颜维琦,刘文嘉.阳光财政,我们刚刚起步[N].光明日报,2014-03-04.
　光明网评论员.十年了,阳光财政不能还是"刚起步".光明网,2017-11-27.
② 科尔奈.后社会主义转轨的思索[M].长春:吉林人民出版社,2003:171.

"按学生人数拨款"的中央财政承担支出责任;省(部)属高校从事本省(部)研究项目的人员经费也用"人才培养"的拨款支付;科学研究的"事权"是科研项目,其"支出责任"理应是科研项目。明显不符合"财政事权和支出责任"相适应的规定。①

(2) 从事重大、重要项目科研人员的薪酬应高于教学人员、行政人员的薪酬。

2007 年 1 月 15 日,《教育部 财政部关于"十一五"期间进一步加强高等学校财务管理工作的若干意见》第 12 条规定:"高等学校应根据财权与事权相结合的原则,探索建立与目标、任务、绩效挂钩的资源分配机制。""财权与事权相结合"是预算原则,"钱随事走"是预算理念,科研项目预算中不包括主持项目专家的薪酬,不仅预算不完整,而且科研项目成本不完整,忽略了主持项目专家的创造性劳动。因此,科研工作的财政事权是项目(或课题),科研经费的支出责任不仅应包括科研人员的薪酬,而且应高于教学人员、行政人员的薪酬,因为,科研工作是极其艰苦的具有探索性和创新性的复杂劳动。

(3) 科研人员的薪酬从教育经费中剔出列入科研经费后,可以相应提高教师等人员的薪酬,从而改变与教师等人员的薪酬不平衡的现象。

(五) 高校财政拨款的不平衡——首先是公平,其次是效率

习近平在十九大报告中指出:"在发展中补齐民生短板、促进社会公平正义。"

1. 基于公平,不论双一流大学还是高职院校,属于"基本支出"的财政生均拨款标准应一视同仁,即一个标准

(1) 目前本科生与高职生的生均拨款标准都是一个标准——不低于 12 000 元

2010 年 11 月 30 日,《财政部、教育部关于进一步提高地方普通本科高校生均拨款水平的意见》(财教〔2010〕567 号)指出:"原则上,2012 年各地方高校生均拨款水平(指政府收支分类科目'2050205 高等教育'中,地方财政通过一般预算安排用于支持地方高校发展的经费,按在校生人数折算的平均水平;包括基本支出和项目支出,不含中央财政安排的专项经费)不低于 12 000 元。"

2014 年 10 月 30 日,《财政部 教育部关于建立完善以改革和绩效为导向的生均拨款制度加快发展现代高等职业教育的意见》(财教〔2014〕352 号)指出:"拨款标准奖补根据各地提高高职院校生均财政拨款水平的具体情况核定。2017 年各地高职院校年生均财政拨款水平应当不低于 12 000 元。包括基本支出和项目支出。中央财政统一以省份为单位考核,不要求对辖区内高职院校平均安排。"

(2) 本科生与高职生的生均拨款标准应是一个标准

笔者认为,"生均拨款标准"正在研究中,但是,"不低于 12 000 元"中包括基本支出和项目支出是不合理的,因为"项目支出"变数很大,不易确定在"生均拨款标

---

① 乔春华.高校经费"调结构、提效益"的理论思考[J].教育财会研究,2019(1):27-33.

准"中。

因此,基于公平,本科生与高职生的生均拨款标准应是一个标准,但这个标准仅指"基本支出",这样可以改变不平衡不充分的发展之间的矛盾。

2. 基于效率,属于"项目支出"的则有所差别

双一流大学有较多的专项资金,较多的科研经费,较多的捐赠资金,较多的校企上交,等等。原"985 工程"的拨款,有的 40 亿,有的 20 多亿,一般都 10 多亿。但也有不充分的问题,教育部与地方通常按 1∶1 的比例划拨配套建设经费,但在兰州大学,这一比例被调整为 1∶0.5,而且,由于地方政府财政困难,实际上有累计5.4 亿元的配套资金一直没有落实。

3. 高校绩效拨款

目前,高等教育的拨款基本上是投入型拨款,即按招生人数这个"入口"拨款;绩效拨款是以结果为导向"出口"的拨款。

笔者建议高校绩效拨款指标主要有以下六个:①毕业率;②就业率;③毕业生第一年就业的单位排名和月薪,如第一年就业的单位排名(公司是全球 500 强或其他等)和月薪(月薪 3 000 元以下,或 3 001～4 000 元,或 4 001～5 000 元,或 5 000元以上等);④研究生升学率(或专升本率),该指标国内算就业率,而国外不算;⑤专业证书通过率,如 ACCA(国际注册会计师)证书,CMA(注册管理会计师)证书,CPA(国内注册会计师)证书;⑥用人单位信息反馈。

(六) 公办高校确定学费标准的不平衡——首先是公平,其次是效率

1. 基于公平,制定全国统一的收费标准

高等学校收费属地化管理涉及两个方面:一是由各省、市、自治区制定高等学校收费标准,二是由各省、市、自治区对高等学校收费进行监管。监管是必要的,但各省、市、自治区制定一个统一的收费标准则不必要。

原国家教委在《关于进一步完善普通高等学校收费制度的通知》中指出:"我国地域辽阔,各地经济发展很不平衡,全国制定统一的普通高等学校收费标准和办法,已不能适应改革开放的新形势。"但是,各省、市、自治区制定一个统一的收费标准也不科学。中国地域辽阔,不仅各省、市、自治区之间经济发展很不平衡,就是同一省、市、自治区内部的各地市、各县区之间经济发展也很不平衡。世界银行的一项研究指出:中国的多样性是异常显著的。它是一个地区之间、城乡之间发展不平衡的大国。

经济发达省份也有欠发达地区,经济欠发达省份也有发达地区。因此,各省、市、自治区制定一个统一的收费标准不公平也不科学。如广东省的某些城市 2016年人均 GDP:深圳市为 171 304.78 元,广州市为 145 254.39 元,而汕尾市为27 418.92 元,梅州市为 24 086.80 元;贵州省排在首位的贵阳市 2016 年人均 GDP为 68 322 元,排在末位的安顺市为 30 316 元。由此可见,安顺市比汕尾市和梅州

市的人均 GDP 还高。

由此可见,以一个省的范围确定学费标准不科学,以一个地级市的范围确定学费标准也不科学,因此,建议制定全国统一的收费标准,然后实行"高学费＋高资助"的模式。

2. 基于效率,高质量学科或专业学费应上浮一定比例

如一流学科,重点学科,优势学科,特色专业等。

3. 实行"高学费＋高资助"的模式

2015 年 11 月 29 日,《中共中央 国务院关于打赢脱贫攻坚战的决定》指出:"鼓励先富帮后富。"

亨利·汉斯曼指出:"哈佛将对他们收取高学费,哈佛用高学费收入给那些相对贫困却有极高天分的学生提供大量的奖学金,这样他们也会到哈佛来学习,这意味着哈佛将得到全部最优学生,而不管他们家庭收入的多少。这同时也意味着哈佛不必为达到班级规模而降低优秀生源的等级范围。"[①]

张维迎认为:"'为什么穷人上不起大学,因为学费太低'。什么意思? 世行的研究、欧洲的研究都发现,我们用低学费的办法实际上补贴的是富人,而不是补给穷人。那我们把学费适当地提高,然后规定学费多少比例必须用于助学金,这些问题就可以很好地解决。"[②]

学校收到学费后可以用更多的资金资助经济困难的学生。

(七) 政府对民办高校财政拨款不充分

政府不给民办高校生均财政拨款体现了民办高校与公办高校相比的不平衡不充分。

1. 对民办高校财政拨款的理由

(1) 法规规定民办高校的"公益性"应享有公共财政资金。

(2) 民办高校培养的是社会主义事业的建设者和接班人。

(3) 民办高校与公办高校共同为经济增长作出贡献。

(4) 民办高校与公办高校共同为社会稳定、科技进步、传承文化等作出贡献。

(5) 举办民办高校节省了大量财政资金。

2. 国外对私立大学财政拨款的比例

(1) 根据 1994 年的统计数据,OECD 国家平均有 10% 的公共资金用于私人管理的学校。[③]

(2) 方芳、王善迈指出:"美国是一个典型的以私有制为基础的市场经济国家,

---

① 汉斯曼.具有连带产品属性的高等教育[J].王菊,译.北京大学教育评论,2004(3):67-73.
② 张维迎.教育这笔账该怎么算 穷人上不起学因学费太低? [N].上海证券报,2006-04-27.
③ 经济合作与发展组织教育研究与革新中心.经济合作与发展组织教育要览(1997)[M].教育部发展规划司,北京教育科学研究院组,译.北京:人民教育出版社,2000:85.

其私立高等教育相对发达,且资金筹措已形成规范的制度。纵观历年美国私立高等教育的经费来源,政府拨款占有相当大的比重,远高于我国。根据美国教育部2008年的统计数据可知,非营利私立高校占12.26%,营利性私立高校占5.69%。2001年在日本私立高校经费来源结构中,学费占58.9%,财政支持占10.9%,政府对于私立高校的资助比例远高于我国。"①

(3)张建忠的研究显示:"日本《私立学校振兴助成法》专条规定政府可以拨款补助私立大学的办学经常费用,补助金额不超过办学经常费用的二分之一。日本政府对私立高校办学经费的补助一直维持在10%以上。"②

(4)1990年,韩国政府对私立大学做出了提供财政资助的承诺,包括对私立高校的资助额在接下来的5年之内要逐步提高到大学运作经费的10%。③

建议对民办高校财政拨款占整个财政对高校拨款的10%。

(八)高校财务队伍日益增长的需要和不平衡不充分的发展之间的矛盾

1. 高校财务业务量日益增长的需要和会计人员数量不平衡不充分之间的矛盾

(1)高校财务业务日益增长需要配置更多的会计人员

① 高校资金量日益增长

随着高校"基本支出"标准的提高和争取到"项目支出"的增加,"双一流"的高校资金达几十亿甚至上百亿,普通高校一般都有几个亿。资金量日益增长势必加重了会计核算和财务管理的业务工作量。

② 高校财务业务日益拓展

除会计核算和财务管理外,中期预算的实施,内部控制的推动,管理会计的运作,税收业务的增多,财务监管的频繁等等,加重了财务部门的业务工作量。

(2)会计人员数量不平衡不充分

① 高校会计人员编制不充分

迄今为止,会计人员定编的文件只有一个,即1979年11月22日教育部发布的《部属高等学校〈会计人员职权条例〉实施细则》。其中第六条规定:"学校专职财会人员的编制比例,一般可按本校教职工总人数的1%到1.5%配备。财会人员的范围:包括财务部门、校办工厂、基建、物资以及膳食等单位专职从事财务会计工作的人员。各校财会人员的编制配备,由学校人事部门和财务部门共同研究提出方案,报经校(院)长批准后执行。"

此外,还有两个省的规定:

陕西省是按照"在校生人数和收支规模"确定。2013年8月12日,陕西省教育

---

① 方芳,王善迈.我国公共财政支持民办高等教育研究[J].北京师范大学学报(社会科学版),2011(5):23-29.

② 张建忠.民办高校政府财政扶持研究:以上海市为例[D].上海:上海师范大学,2016:35.

③ 帕克.韩国政府对私立高校的财政拨款[J].薄云,译.国际高等教育研究,2006(2):39-43.

厅印发的《陕西省高等学校财务管理办法》(陕教财〔2013〕99 号)第十条指出:"高等学校财务机构的人员数量,应当根据在校生人数和收支规模,以及财务工作的需要,足额配置。"

江苏省是按照"教职工人数 1.5%～3% 的比例"确定。2016 年 9 月 30 日,《江苏省教育厅、江苏省财政厅关于加强省属高校财务队伍建设的意见》(苏教财〔2016〕12 号)第五条第一款指出:"原则上按教职工人数 1.5%～3% 的比例,并按照不相容岗位相分离原则配齐配足财会人员。"

虽然《高等教育法》和大学章程明确了"确定内部组织机构的设置和人员配备"的自主权,但上述文件如得到"省机构编制委员会办公室"和"人力资源和社会保障厅"认可共同发文,则能落到实处。

② 性别结构不平衡

会计专业和财务专业的女性多,就业不能性别歧视,因此,高校财务女职工较多。女职工有从事财会工作的很多优势,但是女职工有孕期、产期、哺乳期等,因此,在定编时对财务部门应增加编制。

2. 高校财务队伍质量日益增长的需要和不平衡不充分的发展之间的矛盾

本文仅阐述正高级会计师和总会计师发展不平衡的问题。

(1) 正高级会计师

① 正高级会计师的需求

2010 年 9 月 21 日,财政部印发的《会计行业中长期人才发展规划(2010—2020 年)》(财会〔2010〕19 号)指出:"到 2015 年,实现高级、中级、初级会计人才比例为 5∶35∶60;到 2020 年,使这一比例为 10∶40∶50。……增设正高级会计专业技术资格。"

2013 年 6 月 27 日,《教育财会研究》杂志编辑部主任方同庆同志在江苏省教育会计学会 2013 年高层论坛演讲时指出:"截至 2012 年底,教育系统有财会人员(不含教育系统直属事业单位)299 462 人。从专业技术职称来看,具有高级职称的 8 530 人,占比 2.85%;具有中级职称的 55 204 人,占比 18.43%;具有初级职称的 114 244 人,占比 38.15%;未评聘职称的 121 484 人,占比 40.57%。……统计数据表明,教育系统财务管理干部群体素质有待提升。"

从上可知,截至 2020 年,高校高级会计人才的现状发展不充分,与需求距离较大,因此,发展的空间很大。

② 正高级会计师发展不平衡

A. 地域之间发展不平衡

目前,全国除了河北、江苏、安徽、浙江、河南、辽宁、吉林、黑龙江、内蒙古等省(区)启动了评审高校正高级会计师职称外,大部分省、市、自治区的优秀人才被挡在门外。

B. 高校之间发展不平衡

江苏省高校内的正高级会计师发展也不平衡,至 2017 年江苏省高校正高级会计师共 40 名,其中,"一流大学"2 名,"一流学科的大学"7 名,普通本科院校 18 名,职业技术学院 13 名。有的本科院校 3～4 名,大多数本科院校却没有,一个奇怪的理由是有些高校规定"正高级会计师要具有教授或研究员的科研成果"。如果高校正高级会计师要具有教授或研究员的科研成果,整天做课题、写论文,谁来做财务?而江苏省对正高级会计师的评审条件是强调理财业绩,对论文要求是"在省级以上公开出版发行的专业学术刊物上以第一作者发表会计专业论文 4 篇(其中在北大中文核心期刊上发表 2 篇以上),发表的论文与本专业工作具有高度相关性和一定的创新性"。这是有道理的。

(2) 总会计师

① 总会计师的需求

2011 年 4 月 1 日,教育部、财政部印发的《高等学校总会计师管理办法》(教人〔2011〕2 号)第一条指出:"为加强高等学校财经管理,完善高等学校治理结构,强化经济责任,规范财经行为,防范财务风险,提高财务管理水平,根据《中华人民共和国会计法》《中华人民共和国高等教育法》《中华人民共和国总会计师条例》和国家有关规定,制定本办法。"

2010 年 9 月 21 日,财政部发布的《会计行业中长期人才发展规划(2010 —2020 年)》(财会〔2010〕19 号)第三条指出:"着力培养造就大型企事业单位具有国际业务能力的高级会计人才。大型企事业单位具有国际业务能力的高级会计人才,是指大型企事业单位中精通财会业务、熟悉市场规则,掌握金融、法律、内部控制、信息技术等相关专业知识,具有国际视野和跨文化交流能力,能参与战略经营和管理决策、把握行业发展趋势、解决复杂经济问题的高层次经营管理人才。着眼于提高我国大型企事业单位现代化管理水平,加大高级会计人才建设力度。到2015 年,新增大型企事业单位具有国际业务能力的高级会计人才 30 000 人;到2020 年,在 2015 年的基础上再新增 30 000 人。"

② 总会计师发展不平衡不充分

但是,高校总会计师的配置发展也不平衡不充分。不平衡主要体现在各省、直辖市、自治区所属高校配置不平衡,本科院校和职业技术学院之间发展不平衡;不充分主要体现在各省、直辖市、自治区所属高校配置率不足 10%,职业技术学院基本上没有配置。

2014 年 11 月 17 日,《教育部关于加强直属高校直属单位财务队伍建设的意见》(教人〔2014〕6 号)指出:"充分认识加强教育财务队伍建设的紧迫性。党的十八大以来,新一届党中央坚持从严治党,在转变作风、厉行节约、严肃财经纪律、强化权力制约和监督方面提出了更高的要求。随着 4%目标的实现,直属高校、直属单位经费总量快速增加,经费来源渠道日益广泛,经济活动日趋复杂,财务管理、监督任务越来越重。在当前形势下,进一步加强单位财务队伍建设,是坚决贯彻落实中央要求,强化财经工作管理和监督,完善教育治理体系,提升教育治理能力现代化水平的迫切需要。各单位要把财务队伍建设作为加强财务管理工作的重要任务,认真抓好抓实。"

而目前,高校财会人员的短缺与素质不够高已成为高校日益增长的理财向高质量发展的主要制约因素,政府和高校必须高度重视财务队伍的建设。

四、新时代中国特色社会主义高校财务的基本特征

(一) 坚持党对高校财务的领导

在党的十九大报告中把"坚持党对一切工作的领导"放在坚持和发展新时代中国特色社会主义"十四条坚持"的基本方略之首。2014 年习近平同志在十八届中央政治局第十五次集体学习中提出的"坚持党的领导、发挥党总揽全局、协调各方的领导核心作用,是我国社会主义市场经济体制的一个重要特征"放到习近平新时代中国特色社会主义经济思想的"七个坚持"之首。

党的十九大报告指出:"中国特色社会主义最本质的特征是中国共产党领导,中国特色社会主义制度的最大优势是中国共产党领导,党是最高政治领导力量。……坚持党对一切工作的领导。党政军民学,东西南北中,党是领导一切的。必须增强政治意识、大局意识、核心意识、看齐意识,自觉维护党中央权威和集中统一领导,自觉在思想上政治上行动上同党中央保持高度一致,完善坚持党的领导的体制机制,坚持稳中求进工作总基调,统筹推进'五位一体'总体布局,协调推进'四个全面'战略布局,提高党把方向、谋大局、定政策、促改革的能力和定力,确保党始终总揽全局、协调各方。"

领导我们事业的核心力量是中国共产党。以前提过"党管干部"等,现在又在此基础上强调了"党管经济"。教育部第一次明确高校党政领导理财的主体责任和领导责任。

习近平强调领导干部要懂经济、管经济。习近平在 2013 年中央经济工作会议上指出:"加强党对经济工作的领导,全面提高党领导经济工作水平,是坚持民主集中制的必然要求,也是我们政治制度的优势。"[①]2016 年,习近平在中央经济工作会议上指出:"做好经济工作,要贯彻落实党的十八届六中全会精神,把全面从严治党要求体现在党领导经济工作之中。各级领导干部特别是高级干部要把落实党中央经济决策部署作为政治责任,党中央制定的方针政策必须执行,党中央确定的改革

---

① 习近平. 在中央经济工作会议上的讲话[N]. 人民日报,2013-12-10.

方案必须落实。"①2016 年,习近平指出:"我一直强调领导干部要成为经济社会管理的行家里手,是有针对性的。在市场、产业、科学技术特别是互联网技术快速发展的情况下,领导干部必须有较高的经济专业水平。"②2017 年,习近平指出:"做好经济工作是我们党治国理政的重大任务,要坚持宏观和微观、国内和国外、战略和战术紧密结合,坚持问题导向,及时研究重大战略问题,及早部署关系全局、事关长远的问题,对经济社会发展进行指导,把谋划大事和制定具体政策紧密结合起来,加强责任分工,一锤一锤钉钉子,直到产生实际效果。"③习近平同志在 2018 年中央经济工作会议上指出:"做好经济工作,必须加强党中央集中统一领导,提高党领导经济工作能力和水平,坚持党的基本理论、基本路线、基本方略不动摇。"④

2014 年 11 月 17 日,《教育部关于加强直属高校直属单位财务队伍建设的意见》(教人〔2014〕6 号)第二条指出:"切实落实单位领导班子在财务管理工作中的主体责任。各单位领导班子承担财务管理的主体责任。"2015 年 5 月 22 日,《教育部关于直属高校落实财务管理领导责任严肃财经纪律的若干意见》(教财〔2015〕4 号)第一条指出:"全面落实财务管理领导责任。党委主要负责同志要抓好班子,带好队伍,管好自己,做好廉洁从政的表率。"

(二) 坚持马克思主义及其中国化理论的指导

党的十九大通过的《中国共产党党章》规定:"中国共产党以马克思列宁主义、毛泽东思想、邓小平理论、'三个代表'重要思想、科学发展观、习近平新时代中国特色社会主义思想作为自己的行动指南。"党的十九大报告指出:"我们党坚持以马克思列宁主义、毛泽东思想、邓小平理论、'三个代表'重要思想、科学发展观为指导,坚持解放思想、实事求是、与时俱进、求真务实,坚持辩证唯物主义和历史唯物主义,紧密结合新的时代条件和实践要求,以全新的视野深化对共产党执政规律、社会主义建设规律、人类社会发展规律的认识,进行艰辛理论探索,取得重大理论创新成果,形成了新时代中国特色社会主义思想。"习近平新时代中国特色社会主义思想在理论上做了新概括:"八个明确"的基本内容、"十四条坚持"的基本方略,构成了系统完整的科学理论体系,是 21 世代马克思主义中国化的最新成果。习近平新时代中国特色社会主义思想,是我们的立党之本、执政之基、力量之源,是我们总揽一切工作之"纲",是改革、发展、创新之"魂"。因此,习近平新时代中国特色社会主义思想也是指导高校财务理论和实务的理论基础。2016 年 12 月 7 日,习近平指出:"在历史和人民的选择中,马克思主义成为我们立党立国的根本指导思想,也成

---

① 中央经济工作会议在北京举行[N].人民日报,2016-12-17.
② 习近平.在省部级主要领导干部学习贯彻党的十八届五中全会精神专题研讨班上的讲话[N].人民日报,2016-05-10.
③ 听取关于中央财经领导小组工作报告,研究推动落实经济领域重点工作[N].人民日报,2017-03-01.
④ 中央经济工作会议在北京举行[N].人民日报,2018-12-22.

为我们高校的鲜亮底色。"

(三) 坚持为民理财

习近平新时代中国特色社会主义经济思想的第二条就是"坚持以人民为中心的发展思想"。

1. 坚持以人民为中心的发展思想,这是马克思主义政治经济学的根本立场

2015 年 11 月 23 日,习近平在中共中央政治局就马克思主义政治经济学基本原理和方法论进行第二十八次集体学习时指出:"坚持以人民为中心的发展思想,这是马克思主义政治经济学的根本立场。"

党的十九大报告指出:"新时代我国社会主要矛盾是人民日益增长的美好生活需要和不平衡不充分的发展之间的矛盾,必须坚持以人民为中心的发展思想。"

习近平在纪念马克思诞辰 200 周年的大会上强调指出:"人民性是马克思主义最鲜明的品格。我们要始终把人民立场作为根本立场,把为人民谋幸福作为根本使命。"

习近平认为:"我们党执政,就是要带领全国各族人民持续解放和发展社会生产力,不断改善人民生活。……这就点明了中国特色社会主义政治经济学的核心。"①

2. 民心是最大的政治

延安时期,毛泽东曾问胡耀邦什么叫政治。胡耀邦说了很多,毛泽东说:"没这么复杂,政治就是把支持我们的人搞得多多的,把反对我们的人搞得少少的!"②

2014 年 12 月 31 日,习近平在全国政协新年茶话会上指出:"问题是时代的声音,人心是最大的政治。"

2015 年 6 月,习近平在中央统战工作会议上指出:"人心向背、力量对比是决定党和人民事业成败的关键,是最大的政治。"

2016 年 1 月 12 日,习近平在十八届中央纪委六次全会上发表重要讲话,指出:"民心是最大的政治,正义是最强的力量。"

2018 年 6 月 29 日,习近平在主持中共中央政治局第六次集体学习时又指出:"要紧扣民心这个最大的政治,把赢得民心民意、汇集民智民力作为重要着力点。"

坚持为民理财就是要坚持人民主体地位,坚持以人民为中心。高校的资金基本上来自纳税人的钱,财来之于民就必须用之于民。如何用好钱应该恪守以人为本的信念,应该树立一切为人民群众负责的基本思想,应该虚心向师生员工学习、做到问计于民,应该要情为民所系、权为民所用、利为民所谋,同时,财务信息应该

① 中共中央文献研究室.习近平关于社会主义经济建设论述摘编[M].北京:中央文献出版社,2017:10.
② 徐文秀.人"是不能不政治的"[N].学习时报,2018-02-07.

公开透明,接受校内外人民大众的监督。一句话,应该为人民服务。不允许以权谋私,不允许铺张浪费。

这里需要强调指出,"为民理财"与"民主理财"有联系又有区别:联系是两者的宗旨都是"为民";区别主要是理财主体不同。"为民理财"的主体是理财的相关领导和会计机构以及会计人员,"民主理财"是一种民主管理活动的组织形式,在这种民主理财组织形式中,既有部分财务会计的专业人员,又有较多的师生员工代表。前者强调专业人员为谁理财的问题,后者强调通过什么组织形式的问题。

(四)坚持依法理财

党的十九大报告提出:"全面依法治国是中国特色社会主义的本质要求和重要保障。"高校的资金属于公共资金,理财的目标首先是合法性,其次是效率性。

依法理财是治理和管理公共财政资金的客观要求。这里的"理财"包括"管理"和"治理"两个方面:

1. 坚持依法管财

财政部提出"依法理财";2005 年 5 月 17 日,财政部在《财政部门全面推进依法行政依法理财实施意见》(财法〔2005〕5 号)中第一次提出了"依法理财";2011 年 8 月 24 日,财政部印发《财政部关于加快推进财政部门依法行政依法理财的意见》(财法〔2011〕14 号)。

《国家中长期教育改革和发展规划纲要(2010—2020 年)》第五十八条规定:"加强经费管理。坚持依法理财,严格执行国家财政资金管理法律制度和财经纪律。"《教育部关于直属高校落实财务管理领导责任严肃财经纪律的若干意见》指出:"新形势下,全面落实财务管理领导责任、严肃财经纪律,是直属高校贯彻落实'全面建成小康社会、全面深化改革、全面依法治国、全面从严治党'的必然要求,是严明党的政治纪律和政治规矩、严守国家财经纪律和财经规矩的重要举措。……严格遵守国家财经法律法规,真抓真管,使财经纪律真正成为带电的高压线。"上述的"真抓真管"实际上指的是"依法管财"。公共财政资金必须依法理财,因为公共财政资金属于全体人民,全体人民委托政府及使用公共财政资金的单位代理管理公共财政资金,这种刚性的管理就是保障全体人民的资财不受流失和浪费。现在,高校有的人打着"放管服"的旗帜要求高校对公共财政资金放权松绑,有的人曾写文章提出类似要求,这是不了解公共财政资金的管理权在政府,学校未经政府批准擅自放权,会受到执法部门(监察、审计、财政专员办等)的查处。

2. 坚持依法治财

十九大报告指出:"全面依法治国是中国特色社会主义的本质要求和重要保障。"2014 年 12 月 20 日,习近平在庆祝澳门回归 15 周年大会上的讲话中指出:"人类社会发展的事实证明,依法治理是最可靠、最稳定的治理。要善于运用法治思维和法治方式进行治理,要强化法治意识。"高校的资金属于公共资金,理财的目标首先是合法性,其次是效率性。

《教育部关于直属高校落实财务管理领导责任严肃财经纪律的若干意见》第二条指出:"健全财务治理体制和运行机制。要按照统一领导、集中或分级管理的原则,规范内部财务治理体制和运行机制。……形成决策权、执行权、监督权既相互制约又相互协调的运行机制。"这是官方文件第一次提出高校需要"健全财务治理体制和运行机制"和"规范内部财务治理体制和运行机制"。

（五）坚持科学理财

2011年6月29日,《国务院关于进一步加大财政教育投入的意见》第四条第二款指出:"全面推进教育经费的科学化精细化管理。一是要坚持依法理财、科学理财……"

1. 科学理财就是要实事求是,遵循理财规律办事

1940年,毛泽东在《新民主主义论》中就指出:"科学的态度是'实事求是'。"[1]1941年,毛泽东在《改造我们的学习》中指出:"这种态度,就是实事求是的态度。'实事'就是客观存在着的一切事物,'是'就是客观事物的内部联系,即规律性,'求'就是我们去研究。"[2]1942年,毛泽东在《反对党八股》中指出:"无产阶级的最尖锐最有效的武器只有一个,那就是严肃的战斗的科学态度。共产党不靠吓人吃饭,而是靠马克思列宁主义的真理吃饭,靠实事求是吃饭,靠科学吃饭。"[3]从上可以看出,"科学的态度是'实事求是'""靠实事求是吃饭,靠科学吃饭""实事求是的'是'即规律性"。

实事求是要求真实。《会计法》要求会计信息"真实",即真实地反映经济业务和会计事项,不做假账,不弄虚作假,不移花接木,不搞小金库,会计凭证不搞虚假业务,财务报告不搞虚假陈述。

2. 科学理财必须推进制度化、规范化、程序化建设

2011年7月1日,胡锦涛同志在庆祝中国共产党成立90周年大会上的讲话中指出:"在新的历史条件下提高党的建设科学化水平,必须坚持用制度管权管事管人,健全民主集中制,不断推进党的建设制度化、规范化、程序化。"由此可见,"提高科学化水平需要不断推进制度化、规范化、程序化建设"。

高校的财务管理与会计工作是严格按制度办事的专业工作,科学理财必须推进制度化、规范化、程序化建设。

（六）坚持平安理财

2014年11月17日,《教育部关于加强直属高校直属单位财务队伍建设的意

① 毛泽东.毛泽东选集:第2卷[M].北京:人民出版社,1991:663.
② 毛泽东.毛泽东选集:第3卷[M].北京:人民出版社,1991:801.
③ 毛泽东.毛泽东选集:第3卷[M].北京:人民出版社,1991:836.

见》(教人〔2014〕6号)第二条指出:"切实落实单位领导班子在财务管理工作中的主体责任:①各单位领导班子承担财务管理的主体责任。财务工作是单位工作的重要组成部分。各单位应从事业发展基础和重要支柱的角度定位财务工作,充分认识加强财务工作的必要性和重要性,不断提高单位领导班子为民理财、依法理财、科学理财、平安理财的能力和水平。完善领导班子决策制度和议事规则,凡属重大决策事项、重大项目安排、大额资金使用等重大问题,要加强前期论证,要由单位领导班子集体研究决定,落实分工负责,切实承担财务管理的主体责任。②党政主要领导干部要强化主体责任、主体意识。把财经纪律作为高压线,严格执行八项规定、国务院'约法三章'、各项财经法律法规等。做到对重要财务工作亲自部署、重大财务问题亲自过问、重点环节亲自协调,切实抓好班子、带好队伍、管好自己。③加强单位内部财务管理与监督。各单位主要领导同志应当支持总会计师、财务机构、财务人员依法行使职权。特别是要充分发挥总会计师的专业化管理作用。严格遵守和执行国家财经法规,进一步完善内部控制制度,加强自我约束、自我监督,防范财务风险。大力支持财务队伍建设和信息化建设,全面提高财务人员素质,不断提升业务水平和服务能力。"

高校理财的底线或最低要求是防范财务风险、确保资金安全运行。21世纪高校财务领域内曾发生惊动高层的三大问题:高校巨额举债,高校乱收费和高校科研经费漏洞。政府与高校应未雨绸缪,防患于未然。为此,高校必须加强财会内部控制建设,掌控会计与财务各个流程的风险点,做到会计与财务各个流程不带病运作。

(七) 坚持高校财务可持续发展

1. 发展需要财务改革与创新

"发展是硬道理""发展是人类社会永恒的主题,是解决中国所有问题的关键"。发展必须改革开放,发展必须创新。十九大报告指出:"只有改革开放才能发展中国、发展社会主义、发展马克思主义。"习近平指出:"创新是引领发展的第一动力。""创新是一个民族进步的灵魂,是一个国家兴旺发达的不竭源泉,也是中华民族最鲜明的民族禀赋。""增强改革创新本领。"

2. 高校财务可持续发展

高校财务必须坚持改革开放,必须坚持理论创新、实践创新、制度创新、文化创新以及其他各方面创新。高校财务发展的内容大体如下:

(1) 高校会计模式应由"预算会计(收付实现制)为主"的模式转向"预算会计与财务会计(权责发生制)并重"的发展模式。

(2) 高校会计模式应由"预算会计为主"的模式转向"预算会计与财务会计和管理会计并重"的发展模式。

(3) 高校财务模式应由"财务管理为主"的模式转向"财务管理与财务治理并

重"的发展模式。

（4）高校预算应由"年度预算为主"转向"年度预算与中期预算相结合"，应由"侧重预算管理"转向"预算管理与财务管理和资产管理相结合"。

（5）高校会计信息化应由"单一信息为主"转向"单一信息与大数据以及互联网＋相结合"，应由"公开披露为主"转向"公开披露与透明披露相结合"。

（6）高校会计与财务制度建设应由"文字制度建设为主"转向"文字制度建设与业务流程和流程再造建设相结合"。

（7）高校会计与财务素质建设应由"会计和财务业务建设为主"转向"会计和财务业务建设与会计文化和财务文化建设相结合"。

第二章 高校^①经费结构理论研究

第一节 高校经费结构理论研究的意义

一、高校经费"调结构、提效益"是新时代高校财务工作的主要方向

2018 年 8 月 17 日,《国务院办公厅关于进一步调整优化结构提高教育经费使用效益的意见》(国办发〔2018〕82 号)(以下简称《意见》)是新时代高校"调结构、提效益"的重要文件。2018 年 11 月 23 日,教育部办公厅、国家发展改革委办公厅、财政部办公厅、人力资源和社会保障部办公厅等四部门制定了《教育部办公厅等四部门关于推动落实〈国务院办公厅关于进一步调整优化结构提高教育经费使用效益的意见〉的通知》(教财厅〔2018〕6 号)(以下简称《通知》)。《通知》指出:"要深刻认识到进一步调整优化结构、提高教育经费使用效益是全面贯彻落实党的十九大精神、优先发展教育事业的必然要求,是加快推进教育现代化、建设教育强国的迫切需要,是推进教育公平、办好人民满意教育的重要举措。要把调结构、提效益作为当前和今后一段时期教育财务工作的主要方向,以优先保障为前提,以深化改革为动力,以强化管理为关键,突出抓重点、补短板、强弱项,全面加强教育经费投入使用管理。"

二、高校经费"调结构、提效益"的总体思路是以调整优化结构为主线, 以提高效益为目的

（一）以调整优化结构为主线

《意见》指出:"以调整优化结构为主线。"《通知》指出:"以调整优化结构为主线。"主要调整优化三个结构:"督促各级政府优化财政支出结构""优化教育经费来源结构""优化教育经费使用结构"。

（二）以提高效益为目的

《意见》指出:"着力解决教育发展不平衡不充分问题,切实提高教育资源配置效率和使用效益,促进公平而有质量的教育发展。"

---

① 本章"高校"指公办高校。

《通知》指出:"以提高效益为目的。"

(三) 三个方面下工夫

《通知》指出:"一是在优先保障上下工夫。切实把教育事业放在优先发展地位,在经济社会发展规划上优先安排教育,财政资金投入上优先保障教育,公共资源配置上优先满足教育。同时鼓励扩大社会投入,完善多渠道筹集教育经费的体制。二是在优化结构上下工夫。要科学规划教育经费支出,重点保障义务教育均衡发展,提高教师队伍建设保障水平,着力补齐教育发展短板,助力教育脱贫攻坚,聚焦服务国家重大战略等。三是在强化管理上下工夫。要科学管理使用教育经费,落实责任、强化监管、提高绩效,建立健全教育经费使用管理的责任体系、监管体系、绩效体系、制度体系。"

(四)"调结构、提效益"的目标

《通知》指出:"2019 年,各地相关配套文件全部出台,教育经费保障发展、推动改革、推进公平、提高质量的政策引领作用进一步发挥,确保调结构、提效益取得阶段性成果;2020 年,政府主导、权责清晰、分担合理、更为多元的教育经费筹措体制机制进一步完善,规划科学、标准支撑、结构合理、更可持续的教育经费使用制度体系基本形成,全覆盖、全过程、全方位、更科学的教育经费使用管理体系基本健全;2022 年,教育经费使用效益进一步显现,与教育现代化相适应的教育经费投入使用管理体制机制全面建立。"

三、教育经费结构性政策要强化体制机制建设

(一) 关于教育经费体制机制的规定

2018 年中央经济工作会议公报指出:"结构性政策要强化体制机制建设。"优化教育经费结构就应强化体制机制建设。关于"教育经费体制机制"的规定有两处:

1. 创新学校拨款体制机制

2012 年 6 月 14 日,《国家教育事业发展第十二个五年规划》(教发〔2012〕9 号)第十一条第四款规定:"创新学校拨款体制机制,促进教育财政政策和教育发展政策有机结合。"

2. 健全教育经费投入使用管理体制机制

《通知》指出:"不断深化教育投入使用管理体制机制改革。"

此外,2017 年 9 月 24 日,中共中央办公厅、国务院办公厅印发的《关于深化教育体制机制改革的意见》指出:"要健全教育投入机制。……逐步健全各级各类教育经费投入机制。"

(二) 社会主义市场经济条件下高校多渠道筹资体制机制的规定

1. 规定为体制

《中华人民共和国教育法》第五十四条规定:"国家建立以财政拨款为主、其他

多种渠道筹措教育经费为辅的体制,逐步增加对教育的投入,保证国家举办的学校教育经费的稳定来源。"

《中国教育改革和发展纲要》(中发〔1993〕3 号)第 47 条规定:"要逐步建立以国家财政拨款为主,辅之以征收用于教育的税费、收取非义务教育阶段学生学杂费、校办产业收入、社会捐资集资和设立教育基金等多种渠道筹措教育经费的体制。通过立法,保证教育经费的稳定来源和增长。"

《国家中长期教育改革和发展规划纲要(2010—2020 年)》第五十六条规定:"要健全以政府投入为主、多渠道筹集教育经费的体制,大幅度增加教育投入。"

2. 规定为机制

《中华人民共和国高等教育法》第六十条规定:"高等教育实行以举办者投入为主、受教育者合理分担培养成本、高等学校多种渠道筹措经费的机制。"

(三) 教育经费体制机制需要改革完善

《意见》指出:"但还存在教育经费多渠道筹集的体制不健全等问题。"在"指导思想"中还指出:"改革完善教育经费投入使用管理体制机制"。

在"调结构、提效益"两个方面,本章阐述"调结构",下章阐述"提效益"。

四、高等教育投入结构改革的理论依据

(一) 公共产品理论

1. 公共产品理论的发展沿革

最早提出公共产品的是英国学者托马斯·霍布斯(1588—1679),1651 年他在其著作《利维坦》中指出:"即很多人之间形成契约,且个体对其行为赋予职权,促使其按照对广大居民的和平及共同安全有益的方式,运用整体共同的力量和方法的一个人格。"这成为后来公共产品理论的重要思想渊源。

1740 年,大卫·休谟在《人性论》中认为,两个相邻农夫共同排干草地的积水,可以达成协议共同排干积水,但 1 000 个人则很难达成一致。他指出"他们对于那样一个复杂的计划难以同心一致,至于执行那个计划就更加困难了,因为个人都在找寻借口,要想使自己省却麻烦和开支,而把全部负担加在他人身上",意识到了公共物品"自发提供不足"的问题。[①]

1896 年,被视为现代公共物品理论鼻祖的瑞典经济学家威克塞尔以德文发表《正义税收的新原则》一文,提出公共物品决策过程应当将数量和融资手段一起加以考虑,并主张在公共物品决策中采取"一致同意规则"或"相对一致同意规则"。

有人认为,"公共产品"最早出现在 1936 年。意大利学者马尔科的《公共财政学基本原理》在美国翻译出版时,书中首先使用了"公共产品"一词。但是,也有人

[①] (英)大卫·休谟.人性论[M].关文运,译.北京:商务印书馆,1980:578-579.

认为,"公共物品"这一概念是瑞典经济学家埃里克·R. 林达尔(Erik Robert Lindahl)在其 1919 年的博士论文《公平的赋税》中首先提出的。

1939 年,被公认为正统财政学(Orthodox Public Finance)之父的马斯格雷夫在主编的《经济学季刊》杂志上发表了论文《财政自愿交换论》。他最早对公共物品自身特征的界定提出了非排他性和非竞争性的特征。

1954 年,美国经济学家保罗·萨缪尔森将马斯格雷夫的这一研究成果从实证理论转换成规范理论,并在《经济学与统计学评论》发表的《公共支出的纯理论》一文中首次赋予了公共物品的严格定义。他认为公共产品(他称之为"公共消费产品",即 Collective Consumption Goods)是指增加一个人对该产品的消费,并不会减少任何个人对它的消费的那类产品。私人产品具有两个特征:一是在所有权上的排他性,即能够在财产权上明确该物品只属于自己而不属于他人;二是在消费上的竞争性,即该物品不能公共消费。公共产品的特征则与私人产品相反,即所有权上的非排他性与消费上的非竞争性,非排他性是指在技术上不易于排斥众多的受益性,或技术上虽可实现排他性但由于代价昂贵而经济上的不可行;非竞争性是指当增加一个消费者时其边际成本为零等。保罗·萨缪尔森第一次将公共物品与帕累托效率联系起来,并给出了公共物品有效提供(帕累托效率意义上的)的边际条件。保罗·萨缪尔森因此于 1970 年获得了诺贝尔经济学奖。有人认为马斯格雷夫应该分享诺贝尔经济学奖,称其是被诺贝尔奖委员会"遗忘"的一名伟大学者。

美国经济学家、公共选择学派的创始人詹姆斯·布坎南在公共物品理论的研究中采取了交易范式而非新古典范式,他的公共物品理论可被称为公共选择学派公共物品理论或交易范式公共物品理论。1965 年,布坎南发表《俱乐部的经济学理论》一文。他认为:"有这样的物品和服务,它们的消费包含着某些'公共性',在这里,适度的分享团体多于一个人或一家人,但小于一个无限的数目。'公共'的范围是有限的。"因此,这种介于纯私人物品和纯公共物品之间的产品或服务就是俱乐部物品。1968 年,布坎南在《公共物品的需求与供给》一书中,给出了对公共物品的定义:"人们观察到有些物品和服务是通过市场制度实现需求与供给的,而另一些物品与服务则通过政治制度实现需求与供给,前者被称为私人物品,后者则称为公共物品。"[①]

2. 高等教育服务(产品)定位的不同观点

(1) 高等教育产品是公共产品

巴罗在一篇讨论美国地方学校财政效率的论文中认为,教育是公共产品。[②]

厉以宁将教育服务分为五种类型:①具有纯公共产品性质的教育服务;②基本

---

① (美)布坎南. 公共物品的需求与供给[M]. 马珺,译. 上海:上海人民出版社,2009:1.
② Barlow. Efficiency Aspects of Local School Finance[J]. Journal of Political Economy, 1970,78(5): 1028-1040.

上具有公共产品性质的教育服务;③具有准公共产品性质的教育服务;④具有纯私人产品性质的教育服务;⑤基本上具有私人产品性质的教育服务。他在"纯公共产品"与"准公共产品"之间多了一个"基本上具有公共产品性质"类型,政府投资建立的各类高等学校属于基本上具有公共产品性质的教育产品。①

(2) 高等教育产品是准公共产品

西方大多数经济学家认为教育是准公共产品。如公共选择理论权威布坎南指出:由于绝大多数类型的教育在技术上是可以实现排他的,并且教育还具有"拥挤的公共产品"的特性,因此,教育是准公共产品。②

靳希斌、郑晓鸿指出:"高等教育是非义务教育,且具有准公共产品的性质。"③

王善迈指出:"高等教育服务属于准公共产品。一方面,高等教育服务在消费上具有竞争性,另一方面,高等教育服务在消费上具有一定的排他性。"④王善迈还指出:"从整体来说,教育是一种具有正外部效应的准公共产品。义务教育在一定意义上是一种公共产品,它用法律规定了受教育者家长和政府的权利和义务,从理论上说,它是一种强制的免费教育,基本上应由政府提供。非义务教育中的高等教育,相对义务教育而言,更靠近私人产品,市场机制则具有较大的作用。"⑤

袁连生指出:"应该强调的是,教育的准公共产品属性是其间接消费特征决定的,不会因为其生产方式或政府参与方式的不同而变化。"⑥

(3) 高等教育产品是私人产品

伦敦经济学院的巴尔(N. Barr)教授就认为"教育不是公共物品",其依据是教育的消费可以给消费者带来诸多收益,可以引发形式多样化的外部收益,包括生产收益和文化收益等。⑦

美国经济学家范里安认为:"教育就是私人产品,只不过考虑到其他方面的原因,由政府参与提供罢了。"⑧

美国财政学家哈维·S.罗森指出:"教育产品具有两个特性:①消费上的竞争性,在教育机会有限的条件下,一部分人接受教育就会减少另一部分人相应的机会;②教育的收益主要是私人收益,教育的私人收益具有极大的排他性。……教育

① 厉以宁.关于教育产品的性质和对教育经营的若干思考[J].教育科学研究,1999(3):3-11.
② (美)布坎南.公共财政[M].赵锡年,等,译.北京:中国财政经济出版社,1991:22-40.
③ 靳希斌,郑晓鸿.个人收益——高等教育成本补偿的理论基础[J].辽宁高等教育研究,1999(5):48-51.
④ 王善迈.论高等教育的学费[J].北京师范大学学报(人文社会科学版),2000(6):24-28.
⑤ 王善迈.关于教育产业化的讨论[J].北京师范大学学报(人文社会科学版),2000(1):12-16.
⑥ 袁连生.论教育的产品属性、学校的市场化运作及教育市场化[J].教育与经济,2003(1):11-15.
⑦ Barr N. The Economics of Welfare State [M]. New York: Oxford University Press,1988:328.
⑧ Varian H R. Intermediate Microeconomics [M]. New York: W. W. Norton and Company, Inc. ,2003:415.

主要是一种私人物品,它通过提高学生的'涉世处事'的能力'增加了他们的福利。"①

薛澜指出:"中国的高等教育服务更具有消费的竞争性和排他性,因而是私人产品。"②

邓子基、邱华炳指出:"教育是一种具有私人性质的产品,接受教育的人可以从中得到相应的收益,因而也愿意付出相应的成本,从这点来看,教育可以由微观主体来提供,需要接受教育的人们可以花钱购买这种服务。"③

张曙光指出:"就其性质而言,高等教育是为了满足个人超出平等参与之上的需要,应该是一种不折不扣的私人产品,其生产供给可以由私人进行,其融资筹资也是个人选择。"④

杨明指出:"从基本属性看,教育是私人产品,但是与纯粹的私人产品相比,它又具有正外部性。"⑤

(4) 高等教育产品是准私人产品

伍海泉指出:"高等教育作为准公共产品,对消费者来说,倒不如说是'准私人产品'。"⑥

杨莲娜指出:"高等教育产品兼有私人产品和公共产品的成分,但是更多具有私人产品的特性和更少具有公共产品的特性,即属于准私人产品。"⑦

2. 高等教育产品是准私人产品

(1) 高等教育有明显的私人产品属性

英国的约翰·穆勒是集19世纪上半叶政治经济学成果之大成的经济学家,他指出:"还有另一种使用劳动的方式,同样有助于生产,只是更为间接而已,这就是将人作为对象的劳动。每个人从婴儿到被抚养成人,要花费某个人或数个人大量的劳动。不花费这种劳动或只花费其中一部分,孩子就不会长大成人,代替父母一代而成为劳动者。对于整个社会来说,抚育幼年人口的劳动和花费是支出的一部分,是生产的一个条件,是要从幼年人口未来的劳动产品中加倍偿还的。""社会的技术教育或工业教育,即用于学习或讲授生产技艺的劳动,却实际上而且一般说来仅仅是为了获得更多或更有价值的产品才付出的,为的是学习者可以获得与其劳

① Rosen H S. Public Finance[M]. New York: Mc Graw Hill, Inc. , 1995: 73.

② 薛澜. 高等教育是公共产品吗?——兼论政府在发展高等教育中的作用[J]. 科技导报, 1999(9): 36-38.

③ 邓子基, 邱华炳. 财政学[M]. 北京: 高等教育出版社, 2002: 201.

④ 张曙光. 思想自由与经济自由:一个自由主义经济学家的忧思[M]. 北京: 台海出版社, 2004: 296.

⑤ 杨明. 中国教育产品提供方式的现状分析和政策选择[J]. 浙江大学学报(人文社会科学版), 2007(6): 99-107.

⑥ 伍海泉. 也论高等教育学费——兼与王善迈教授商榷[J]. 湖南社会科学, 2003(6): 144-146.

⑦ 杨莲娜. 高等教育学费的价格属性研究[J]. 价格理论与实践, 2005(5): 33-34.

动价值相等或超过其劳动价值的报酬,并使所雇佣的教师的劳动得到适当的报酬。"①

劳凯声指出:"不久前还被人们看成是一种典型公共物品,并且由国家包办和提供的教育产品,其可分性和竞争性的特点越来越显而易见。由于教育能给学习者带来巨大且明显的回报,原先由政府包办并根据社会的需要来发展的教育,正在出现某种私人消费的倾向。不同的人对教育的不同需求开始成为教育发展中的一个不可忽视的因素,中国教育开始兼有公共消费和私人消费的双重消费特征。"②

（2）高等教育也有一定的公共产品属性

高等教育能提高国民素质,培养的是社会主义事业的建设者和接班人,高等教育这种外部性的属性决定了其公益性。美国经济学家劳埃德·雷诺兹(Lloyd G. Reynolds)指出:"人们普遍地认为,在人口中有更多的大学毕业生除掉对他们本身有好处而外,对别人也有好处。正是这个'公共性质'的成分,说服政府对高等教育资助。……一般说来,个人决定购买任何准公共物品,只是取决于他们对私人利益的感觉如何。对别人的外部的积极的影响,并不为人们所认识。所以,该物品就少买少产。政府既考虑外部影响也考虑私人好处,目的是:把产量提高到从社会观点看来是最佳的水平。"③

此外,还有思想和文化等的外溢性。美国经济学家曼昆指出:"外部性是一个人的行为对旁观者福利的影响。例如,一个受过教育的人会产生一些有关如何最好地生产物品与劳务的新思想。如果这些新的思想进入社会的知识宝库,从而每一个人都可以利用,那么,这种思想就是教育的外部效应。在这种情况下,正规教育的社会收益就远远大于私人收益。这种观点证明了我们看到的以公共教育为形式的大量的人力资本投资补贴的正确性。"④

因此,高等教育有明显的私益性和一定的公益性。美国经济学家理查德·A. 马斯格雷夫(Richard A. Musgrave)指出:"教育支出既有利于各个学生又有利于社会。"⑤阿特金森和斯蒂格利茨从教育被提供的方式来考察。教育如果不是被免费提供,个人须像购买私人物品一样负担教育费用,那么这样的教育就是私人产品,而不管其提供主体是政府还是市场。因此,他们把教育看作是"公共供应的私人产品"。⑥

---

① 穆勒.政治经济学原理及其在社会哲学上的若干应用[M].朱泱,越荣潜,桑炳彦,译.北京:商务印书馆,1991:54-55.

② 劳凯声.教育市场的可能性及其限度[J].北京师范大学学报(社会科学版),2005(1):15-22.

③ 雷诺兹.微观经济学:分析和政策[M].马宾,译.北京:商务印书馆,1982:277.

④ 曼昆.经济学原理[M].梁小民,译.北京:生活·读书·新知三联书店,2001:73.

⑤ 马斯格雷夫.比较财政分析[M].董勤发,译.上海:上海人民出版社,1996:14.

⑥ 阿特金森,斯蒂格利茨.公共经济学[M].上海:上海三联书店,1994:624,637.

3."非排他性和非竞争性"不是划分公共物品的主要特征

罗依·伯尔(Roy Bahl,2011)认为:"不管在中国还是在全世界,对政府提供公共物品职责的划分有点像盲人摸象,根据自己的感觉来描述,分权上细节才是魔鬼。衡量财政分权是否达到帕累托最优,一般要考虑:公共物品提供的边际变动,是否有助于改善地方性公共物品的质量和数量;对经济增长的贡献;对制度创新的激励等。除经济因素外,财政分权还要考虑中央与地方的政治责任。"①如:

(1)以自身性质和制度安排作为标准

胡鞍刚、熊义志指出:"一种物品是公共物品还是私人物品,取决于两种因素,一是自身的性质,二是管理权的制度安排。对于具有正外部性,并对社会公平具有重要意义,因而应当为公民普遍享用的物品,政府通过一定的制度安排,使之在消费上具有非竞争性和非排他性特点,那么这种物品也可以被称为公共物品。……教育是否具有公共物品的性质呢? 从公共物品的定义上,也就是从消费的非竞争性和非排他性的意义上看,教育(包括基础教育)不能被视为纯公共物品,甚至就是典型的纯私人物物品。对于基础教育而言,从自身性质上属于纯私人物品,但是由于一定的制度安排,基础教育就具有了消费上的非竞争性和非排他性这一套制度包括,政府对基础教育提供财政支持,学校对所有儿童开放,以及强制性要求所有儿童必须接受基础教育。这就构成义务教育制度安排的基本框架。由于财政支持和普遍服务的承诺,保证了基础教育的充分供给。由于政府对于基础教育的基础设施投资成为沉没成本,增加一个孩子享受基础教育的可变成本又相对较低,因而,基础教育具有消费上的非竞争性同时由于法律对于普遍服务的强制性规定,基础教育又具有消费上的非排他性,这就确定了基础教育的制度性公共物品性质。也就是说,并非由于基础教育是公共物品而实施义务教育,而是由于实施义务教育使基础教育成为公共物品。因此,义务教育是一种重要的制度安排,实行义务教育制度是一种重要的制度创新。"②

厉以宁认为,费用是否由"税收来支付"是判断公共产品的一个标准,他指出:"这些教育服务(义务教育、特殊教育、广播电视教育等)之所以具有纯公共产品性质,主要是因为它们与前面提到的公共产品的含义完全相符。接受这些教育服务的人,不直接付费,而维持这些教育服务的费用则由政府的财政部门承担,不享用这些教育服务的人也需要为此支付费用(如纳税)。"③

(2)以教育收益率作为标准

廖楚晖指出:"曾满超(2000)、赖德胜(2000)则根据消费教育产品的教育收益

---

① 刘红灿.对政府事权及支出责任的研究——以教育为例[D].北京:财政部财政科学研究所,2014:34.

② 胡鞍刚,熊义志.大国兴衰与人力资本变迁[J].教育研究,2003(4):11-16.

③ 厉以宁.关于教育产品的性质和对教育经营的若干思考[J].教育科学研究,1999(3):3-11.

率来界定教育产品的公共属性,并用于教育经济学分析之中。这种分类方法是根据人力资本理论和发展经济学理论将教育收益率分为教育的个人收益率和教育的社会收益率,认为基础教育的社会收益率较高而个人收益率低,而高等教育的个人收益率较高而社会收益率低,前者应该由政府提供,并具有公共属性;而后者则大多数情况下应该由私人提供,具有私人属性。"①

因此,笔者认为,首先是萨缪尔森的公共产品理论具有重大理论贡献,他不仅提出"受益的非排他性"和"消费的非竞争性"两个基本标准,而且这两个基本标准是广大学者研究的基础。其次,随着理论创新、科技创新、制度创新、文化创新等,公共产品理论不断完善、丰富和发展。如笔者曾在 2006 年指出:"由于高等教育是准公共产品,而不是准私人产品,因此,应采取以政府公共财政拨款为主、以市场调节为辅的资源配置机制,而不是采取以市场调节为主、以政府公共财政拨款为辅的资源配置机制。"②但在 10 年后的 2007 年修正了这个观点,笔者认为,将高等教育产品定位于准私人产品比较合适。③

如果高等教育是准公共产品,应采取以政府公共财政拨款为主、以市场调节为辅的资源配置机制,这对民办高等教育就解释不通;另外,住宿费是私人产品,那么对师范生免收住宿费也解释不通;学前教育是私人产品,对学前教育免费又解释不通。

(二) 财政事权与支出责任相适应理论

财政科研协作课题组认为:"关于事权与支出责任划分的理论有多种,如行政管理理论、交易费用与偏好理论、规模经济理论等,但影响最深入、共识度最广的是'公共产品层次理论',或者说是'财政分权理论'。"④

赵云旗认为:"关于政府间财政支出责任划分理论,西方经济学大致有以下种类:一是公共服务效率论;二是收益范围论;三是支出规模论;四是外部性理论。"⑤

公共产品层次性理论与收益范围理论密切相关,本节主要阐述收益范围理论。公共产品层次性理论(The Theory of the Hierarchy of Public Goods)认为,不同公共产品的受益范围大小不一,依据受益范围的不同,公共产品有全国性公共产品和地方性公共产品之分。公共产品的层次性是划分政府间支出责任的重要依据。

2018 年 1 月 27 日,国务院办公厅印发的《基本公共服务领域中央与地方共同财政事权和支出责任划分改革方案》(国办发〔2018〕6 号)在"划分原则"的第一条

---

①　廖楚晖.教育财政国内研究述评[J].经济学动态,2005(3):65-68.

②　乔春华.高等教育投入体制研究[M].南京:南京大学出版社,2006:26.

③　乔春华.高等教育供给侧改革的财务视角[M].南京:东南大学出版社,2017:52.

④　财政科研协作课题组.加快构建事权与支出责任相适应的财政体制——基于山东、吉林、焦作、龙岩的分析与思考[J].公共财政研究,2015(2):24-52.

⑤　赵云旗.政府间"财政支出责任"划分研究[J].经济研究参考,2015(68):3-14,29.

就是"体现基本公共服务受益范围",即"谁受益谁投资"(或"谁受益谁承担"或"谁受益谁负责")原则。

国外学者重视受益原则,如:马斯格雷夫提出"以公共产品收益范围"划分政府间财政支出,认为大多数公共产品都有受益地区的空间限制,受益归宿的空间范围是公共产品在多级政府之间配置的依据。全国都能受益的公共产品应当由中央政府负责提供,受益范围仅限于某一区域的公共产品和服务由较低一级政府提供。①英国财政学家巴斯特布尔提出的划分政府间财政支出责任的三原则,第一条即为受益原则;美国学者艾克斯坦也提出要按照公共产品的受益范围来对各级政府的职能进行划分;美国财政学家费雪所主张的地方性较强、外溢不明显的公共产品由地方政府提供的观点实际也是强调受益原则。②

越来越多的国内学者也开始强调受益原则,如闫坤和于树一认为:"如果一项具体的公共服务的受益范围具有完全闭合性,就划归受益范围所对应的一级财政承担;如果受益范围是开放性的,那么就要根据受益范围的大小,确定由上级财政一同承担,或者由几级财政共同承担。"③卢洪友和张楠认为:"以公共品的重要性、受益范围特别是基本公共服务大致均等化供给与分享等原则,明确、具体地划分中央和地方政府间的事权范围。单从受益角度看,全国性受益的事权应该由中央政府独立承担,区域性受益的事权应该由地方政府独立承担,跨区域受益的事权应该由中央与地方政府共同承担。"④吕凯波和邓淑莲认为:"公共品的受益范围理论是地方政府间支出责任划分的基本原则。公共品的本质特征是消费的非竞争性和受益的非排他性,但完全满足这两个特征的纯公共品少之又少,大多数情况下各级政府提供的公共品受地理因素的影响只有局部的非竞争性和局部的非排他性,公共品受益范围的闭合性造成了公共品层级性特征。依据公共品的层级性特征,公共品可以分为国际性公共品、全国性公共品、区域性公共品和地方性公共品,某一类公共品由哪一级政府来承担是最有效率的取决于相应公共品的受益范围和供给的规模效应。对于省以下地方政府间支出责任划分而言,主要依据地方性公共品的受益范围以及外溢性程度。"⑤

(三) 教育公平理论

改革开放以来,我国的教育事业走上了快速发展的轨道。

---

① 马斯格雷夫,等. 财政理论与实践[M]. 邓子基,邓力平,译校. 5版. 北京:中国财政经济出版社,2003:472,483.

② 李森. 试论公共产品受益范围多样性与政府级次有限性之间的矛盾及协调——对政府间事权和支出责任划分的再思考[J]. 财政研究,2017(8):2-17.

③ 闫坤,于树一. 论我国政府间财政支出责任的"错配"与"纠错"[J]. 财政研究,2013(8):14-18.

④ 卢洪友,张楠. 政府间事权和支出责任的错配与匹配[J]. 地方财政研究,2015(5):4-10.

⑤ 吕凯波,邓淑莲. 省以下地方政府支出责任划分理论、挑战与政策建议[J]. 地方财政研究,2016(5):47-54.

党的十七大报告指出："教育是民族振兴的基石,教育公平是社会公平的重要基础。要全面贯彻党的教育方针,坚持育人为本、德育为先,实施素质教育,提高教育现代化水平,培养德智体美全面发展的社会主义建设者和接班人,办好人民满意的教育。"

党的十八大报告指出："大力促进教育公平,合理配置教育资源,重点向农村、边远、贫困、民族地区倾斜,支持特殊教育,提高家庭经济困难学生资助水平,积极推动农民工子女平等接受教育,让每个孩子都能成为有用之才。"

党的十九大报告指出："落实立德树人根本任务,发展素质教育,推进教育公平,培养德智体美全面发展的社会主义建设者和接班人。"

《中华人民共和国教育法》第十一条指出："国家采取措施促进教育公平,推动教育均衡发展。"

2010 年 6 月 21 日,《国家中长期教育改革和发展规划纲要(2010—2020 年)》指出："把促进公平作为国家基本教育政策。教育公平是社会公平的重要基础。教育公平的关键是机会公平,基本要求是保障公民依法享有受教育的权利,重点是促进义务教育均衡发展和扶持困难群体,根本措施是合理配置教育资源,向农村地区、边远贫困地区和民族地区倾斜,加快缩小教育差距。教育公平的主要责任在政府,全社会要共同促进教育公平。"

《国民经济和社会发展第十一个五年规划纲要》指出："促进教育公平,公共教育资源要向农村、中西部地区、贫困地区、民族地区以及薄弱学校、贫困家庭学生倾斜。"在《国家教育事业发展第十二个五年规划》"完善教育公平制度"中指出："建立保障教育公平的制度体系和健全保障教育公平的规则程序。"在《国家教育事业发展"十三五"规划》中指出："坚持促进公平。教育的公平性是社会主义本质要求,要发展社会主义,逐步实现人民共同富裕,教育公平是基础。注重有教无类,让全体人民、每个家庭的孩子都有机会接受比较好的教育,让教育改革发展成果更好地惠及最广大人民群众。突出精准扶贫,面向中西部地区特别是边远、贫困地区,加大对家庭经济困难学生帮扶力度。"

1966 年联合国大会通过的《经济、社会和文化权利国际公约》指出："对于公民经济、社会和文化权利的实现,国家负有包括尊重、保护、促进和给付几个方面在内的重要法律义务。"

联合国《世界人权宣言》明确指出："人人都有受教育的权利,教育应当免费,至少在初等和基础教育阶段应如此。基础教育应该属于义务教育。技术和职业教育应普遍设立。高等教育应根据成绩而对一切人平等开放。"教育免费固然是好,但我国处在社会主义初级阶段,因此,高等教育属于非义务教育。教育公平是社会公平的重要基础,是社会公平的延伸,是实现社会公平"最伟大的工具"。但是,在实施中却存在着城乡公平缺失、地区公平缺失、阶层公平缺失、配置公平缺失等现象,我们的责任是尽量实现教育公平。

(四) 效率理论

董辅礽(2002)曾列出一个公式来解释社会主义市场经济:"社会主义市场经济=社会主义+市场经济=社会公平+市场效率"。他说,我们选择社会主义市场经济作为改革目标,正是为了使社会公平与市场效率相结合,在保持高市场效率的同时实现社会公平。在与市场的分工中,政府职能主要在于维护社会公平。

1955 年,美国当代著名经济学家、诺贝尔奖获得者米尔顿·弗里德曼(Milton Friedman)在《政府在教育中的作用》一文中指出,长期建立起来的公共教育制度是一种垄断,由于缺乏必要的市场竞争,导致它效率低下,资源浪费,学校对学生不负责任。要改变这种现状,唯一的出路是走教育市场化的道路。[①]

1976 年,弗里德曼在《自由选择》一书中用一个矩阵说明四种花钱和消费的模式:①花自己的钱,为自己消费,最为经济;②花自己的钱,为别人消费,最有效率;③花别人的钱,为自己消费,最为浪费;④花别人的钱,为别人消费,最不负责任。大学生上学用财政拨款属于上述第三种。

教育部财务司司长郭鹏指出:"调整优化结构要从三个层面入手。一是坚持优先保障、加大投入,合理划分教育领域中央与地方财政事权和支出责任,督促各级政府优化财政支出结构,落实财政教育投入责任,在财政资金投入上优先保障教育。二是坚持'两条腿走路',优化教育经费来源结构,更多通过政策设计、制度设计、标准设计带动投入。三是坚持'保基本、补短板、促公平、提质量',合理配置教育资源,优化教育经费使用结构,着力解决教育发展不平衡不充分问题,促进各级各类教育协调发展、公平而有质量的发展。"[②]本章第二节阐述"优化财政支出结构",第三节阐述"优化教育经费来源结构",第四节阐述"优化教育经费使用结构"。

第二节 高等教育领域财政事权和支出责任的理论研究

2018 年 8 月 17 日,《国务院办公厅关于进一步调整优化结构提高教育经费使用效益的意见》(国办发〔2018〕82 号)第三条指出:"持续保障财政投入。合理划分教育领域政府间财政事权和支出责任。""落实财政教育支出责任。"

2019 年 5 月 24 日,国务院办公厅印发的《教育领域中央与地方财政事权和支出责任划分改革方案》(国办发〔2019〕27 号)指出:"按照党中央、国务院有关决策部署,现就教育领域中央与地方财政事权和支出责任划分改革制定如下方案。"

---

① 朱新涛.新自由主义经济学的高等教育市场化观点评析[J].江苏高教,2004(3):4-7.
② 郭鹏.不断完善教育经费投入使用管理体制机制[N].中国教育报,2018-11-13.

一、从"事权和财权相统一"到"划分财政事权和支出责任"的演变与完善

从 1993 年《国务院关于实行分税制财政管理体制的决定》(国发〔1993〕85 号)提出的"事权与财权相结合"到 2005 年中共十六届五中全会提出的"财力与事权相匹配"到 2013 年中共十八届三中全会提出的"事权与支出责任相适应"再到 2016 年国务院提出的"财政事权和支出责任划分"经历了四次重要变革。

(一)"事权和财权相结合"

1993 年 12 月 15 日,国务院发布《国务院关于实行分税制财政管理体制的决定》(国发〔1993〕85 号)指出"事权与财权相结合原则"。

最早提出"财权与事权是联系在一起"的是许毅、陈宝森,他们指出:"……财权和事权也是联系在一起,我国的社会制度决定国民经济的主体是国营企业与事业。国营企业和事业归哪一级管理,即事权放在哪一级,财权也相应放在哪一级。……地方财权的大小和中央划给地方的事权应当一致起来。……地方财权的大小,表现在事权的划分上,反映在各项支出的支配权上。"[①]

时任财政部副部长楼继伟在中国发展高层论坛 2006 年会上表示,事权与财权要统一是"一个错误的概念"。[②]

还有的作者认为:"事权与财权的不统一是多数国家的通常做法。……在理顺中央与地方的财政关系中,我国一些实际部门和学术界似乎有一种约定俗成的观点,即'事权与财权统一论';有的甚至把它作为理顺中央与地方财政关系的准则,作为财政管理体制改革的方向。这个论点在理论上是否站得住,在实践中是否行得通,很值得进一步探讨。究竟采用哪一种改革思路? 我们主张按照世界多数国家通常的做法,财权适当集中在中央,事权以地方为主。"[③]

李刚认为:"事权和财权的概念为中国财政理论所特有,国际财政分权理论基本上不使用这样的表述。这一理论和概念的形成,与中国计划经济历史密切相关。事权和财权及两者的统一,比较权威的表述,是财权和政权总是联系在一起,有政权就必须有财权,否则无法实现其政治经济任务。"[④]

倪红日的研究显示:"目前我国最流行的一种说法就是应该达到各级政府事权和财权的匹配或者说统一。本文拟对这一观点提出质疑。……根据笔者的了解,国际上对于财政分权理论基本上不使用类似表述。这一概念产生和形成与计划经济有着密切的联系。……从市场经济的要求来看,中央政府应该在全国范围内统

① 许毅,陈宝森.财政学[M].北京:中国财政经济出版社,1984:587.
② 孙雷.楼继伟对话林毅夫:"求解第二次财政改革之道"[N].21 世纪经济报道,2006-03-22.
③ 佚名.论事权与财权的关系[J].经济研究参考,1993(Z5):54-61.
④ 李刚.解读"事权与财权统一"[J].辽宁经济,2006(10):14.

一配置财政资源,协调地区之间由于经济发展状况的差距而形成的公共服务差别,这就需要中央财政集中一部分财政收入进行再分配。……许多人误以为实行事权与财权统一就可以解决这些矛盾和问题,事实上这可能导致体制的倒退和回归。这就需要我们保持清醒认识,并在理论上加以澄清。改变事权与财权统一理念以及对财政体制理论创新的探讨。"①

刘尚希认为,如果"只强调两权匹配的结果,要么是掠夺式开发,要么缩减应承担的事权和支出责任"。②

(二)"财力与事权相匹配"

2005年10月11日,党的十六届五中全会通过的《中共中央关于制定国民经济和社会发展第十一个五年规划的建议》指出:"推进财政税收体制改革。合理界定各级政府的事权,调整和规范中央与地方、地方各级政府间的收支关系,建立健全与事权相匹配的财税体制。"

2006年10月11日,党的十六届六中全会通过的《中共中央关于构建社会主义和谐社会若干重大问题的决定》指出:"进一步明确中央和地方的事权,健全财力与事权相匹配的财税体制。完善中央和地方共享税分成办法,加大财政转移支付力度,促进转移支付规范化,法制化。"

2007年10月15日,党的十七大报告指出:"健全中央和地方财力与事权相匹配的体制,加快形成统一规范透明的财政转移支付制度,增强基层政府提供公共服务能力。"

2010年10月18日,党的十七届五中全会通过的《中共中央关于制定国民经济和社会发展第十二个五年规划的建议》指出:"在合理界定事权基础上,按照财力与事权相匹配的要求,进一步理顺各级政府间财政分配关系。增加一般性转移支付规模和比例,加强县级政府提供基本公共服务财力保障。"

2012年11月8日,党的十八大报告指出:"加快改革财税体制,健全中央和地方财力与事权相匹配的体制,完善促进基本公共服务均等化和主体功能区建设的公共财政体系,构建地方税体系,形成有利于结构优化、社会公平的税收制度。"

这一表述将"财权"改为"财力"。倪红日认为:"财权与财力概念是两个既相互联系又有区别的概念。财权是指在法律允许下各级政府负责筹集和支配收入的财政权力,主要包括税权、收费权以及发债权;财力是指各级政府在一定时期内拥有的以货币表示的财政资源,其来源可以是本级政府的税收、上级政府的转移支付、非税收入以及各种政府债务等。拥有财权的政府,一般来讲拥有相应的财力,但是拥有了财力的政府不一定就有财权。因为上级政府的财权往往大于他最终支配的

① 倪红日.应该更新"事权与财权统一"的理念[J].涉外税务,2006(5):5-8.
② 刘尚希.分钱还是分权——重议分税制[N].南方周末,2013-08-15.

财力。"①

马海涛、郝晓婧认为："财权是指一级政府为履行公共职能而拥有的财政收入权,具体可以包括财政资金的筹集权与支配权;相比之下,财力则是指一级政府为履行公共职能而拥有的全部财政资金,是财政资源初次分配和再分配后的最终结果。"②

李振宇、王骏认为："与财政事权和支出责任密切相关的两个重要概念是财权和财力。财权是指在法律允许下的各级政府筹集和支配财政收入的权力,主要指财政收益权,包括税权、收费权以及发债权。而财力是指各级政府在一定时期内拥有的以货币表示的财政资源,包括本级政府的税收、非税收入和政府债券,以及上级政府的转移支付和税收返还等。二者的差别主要体现在上级政府的转移支付和税收返还。"③

（三）"事权与支出责任相适应"

这一表述将"财力"改为"支出责任"。从"财力"到"支出责任"这一提法的改变,强调了在落实事权时支出责任的重要性,必须以财力为保障,强调了"办事和花钱相统一"。

2013年11月12日,党的十八届三中全会通过的《中共中央关于全面深化改革若干重大问题的决定》第19条提出："建立事权和支出责任相适应的制度。适度加强中央事权和支出责任,国防、外交、国家安全、关系全国统一市场规则和管理等作为中央事权;部分社会保障、跨区域重大项目建设维护等作为中央和地方共同事权,逐步理顺事权关系;区域性公共服务作为地方事权。中央和地方按照事权划分相应承担和分担支出责任。中央可通过安排转移支付将部分事权支出责任委托地方承担。对于跨区域且对其他地区影响较大的公共服务,中央通过转移支付承担一部分地方事权支出责任。"

2014年6月30日,中共中央政治局审议通过的《深化财税体制改革总体方案》指出："调整中央和地方政府间财政关系,在保持中央和地方收入格局大体稳定的前提下,进一步理顺中央和地方收入划分,合理划分政府间事权和支出责任,促进权力和责任、办事和花钱相统一,建立事权和支出责任相适应的制度。"

（四）"支出责任与财政事权相适应"

2016年8月16日,《国务院关于推进中央与地方财政事权和支出责任划分改革的指导意见》(国发〔2016〕49号)明确指出："做到支出责任与财政事权相适应。

---

① 倪红日.应该更新"事权与财权统一"的理念[J].涉外税务,2006(5):5-8.

② 马海涛,郝晓婧.中央和地方财政事权与支出责任划分研究:以公共教育领域为例[J].东岳论丛,2019(3):46-59.

③ 李振宇,王骏.中央与地方教育财政事权与支出责任的划分研究[J].清华大学教育研究,2017(5):35-43.

按照'谁的财政事权谁承担支出责任'的原则,确定各级政府支出责任。对属于中央并由中央组织实施的财政事权,原则上由中央承担支出责任;对属于地方并由地方组织实施的财政事权,原则上由地方承担支出责任;对属于中央与地方共同财政事权,根据基本公共服务的受益范围、影响程度,区分情况确定中央和地方的支出责任以及承担方式。对中央和地方有各自机构承担相应职责的财政事权,如科技研发、高等教育等,中央和地方各自承担相应支出责任。"

2018 年 1 月 27 日,国务院办公厅发布了《基本公共服务领域中央与地方共同财政事权和支出责任划分改革方案》(国办发〔2018〕6 号)。这一表述将"事权"改为"财政事权"。从"事权"到"财政事权"这一提法的改变,突出了"事权"界定在"财政事权",强调了"谁的财政事权谁承担支出责任"。

刘尚希等的研究显示:"通过查阅英美德三国相关文献,我们没有找到与'事权'相对应的概念,凡是涉及政府间职能的划分,英美两国使用的是'责任'(responsibility)或者'职能'(function)一词,德国使用的是'任务'(die Aufgabe)一词"。①

乔欣认为:"'事权'前面突然加了'财政'二字。为何之前的'事权'划分突然变为'财政事权'划分? 两者之间究竟区别何在呢? 政府间事权划分不仅涉及行政权划分,还涉及立法、司法等广义公共服务部门,是'大事权'的概念。我国完善社会主义市场经济制度、加快政府职能转变、推进法治化还需要一个过程,短期内全面推进事权和支出责任划分改革的条件尚不成熟。因此选择了从财政事权入手。其理由:一是从财政事权划分入手推进改革具备一定的基础;二是从财政事权划分入手推进改革可以从根本上破解改革发展面临的诸多紧迫难题;三是从财政事权划分入手推进改革可以为全面推进事权划分改革奠定基础和创造条件。事权划分改革涉及面广难度大,不可能一蹴而就,一些成熟市场国家的事权划分经历了数百年的逐步演进。财政事权是政府事权的重要组成部分,从合理划分财政事权入手破冰中央与地方事权划分改革,先局部后整体,既抓住了提供基本公共服务这一政府核心职责,又能够为全面推进事权划分改革积累经验、趟出路子。"②

2016 年 8 月 16 日,《国务院关于推进中央与地方财政事权和支出责任划分改革的指导意见》(国发〔2016〕49 号)指出:"现行的中央与地方财政事权和支出责任划分还不同程度存在不清晰、不合理、不规范等问题,主要表现在:政府职能定位不清,一些本可由市场调节或社会提供的事务,财政包揽过多,同时一些本应由政府承担的基本公共服务,财政承担不够。"宣晓伟认为:《意见》将此次事权明确为'财政事权',并将其解释为'一级政府应承担的运用财政资金提供基本公共服务的任务和职责'。如上所述,事权是个极其宽泛的概念,包含内容很广,因此笼统地推进

① 刘尚希,马洪范,景婉博,等. 国外支出责任的理论考察与实践经验[J]. 财政科学,2017(9):62-67.
② 乔欣. 从"事权"到"财政事权"[J]. 新理财(政府理财),2016(9):55-56.

· 116 ·

'事权划分改革',牵涉面太广、太复杂而难以真正取得进展。而'财政事权'突出了'财政资金'和'基本公共服务'两个关键词,大大缩小了改革针对的范围,也降低了改革的难度。与此同时,'支出责任'也被限定为'与政府履行财政事权'相关的'支出义务和保障'。"①

白景明等认为:"首先要明确'事权''支出责任''财权''财力'等概念的内涵及相互关系。'事权'是指政府按照法律法规进行行政事务管理的权力,体现政府活动的范围,简单说就是一级政府'该干什么事'。'支出责任'是指政府承担履行事权的支出责任和义务,简单说就是'办事谁掏钱'。'财力'是指政府在一定时期内拥有的货币资源,包括本级税收、非税收入、上级转移支付以及各种债务收入等,简单说就是'拥有多少钱'。'财权'是指政府筹集和获得收入的权力,包括税收权、收费权、发债权等,简单说就是'收钱的权力'。事权和支出责任,两者不能混为一谈。事权是行政范畴,支出责任是财政范畴。事权强调权力的归属和执行的主体,而支出责任强调谁来承担履行事权的成本和花费。同时,事权和支出责任,又是密不可分和相互依赖的。事权是前提,支出责任跟着事权走,拥有怎样的事权,就需要承担怎样的支出责任。"②

马海涛、郝晓婧认为:"'财政事权'与'支出责任'是隶属于财政支出范畴的一对既类似又相互区别的概念。'事权'是指一级政府在基本公共服务和公共产品提供中应承担的供给责任,'财政事权'指政府运用财政资金提供基本公共服务和公共产品的职责以及对相应财政资金进行支配、管理、使用的权利,'支出责任'指政府为履行财政事权从而实际产生的支出义务。我们认为,财政事权是事权在财政上的体现,强调政府如何分配和运用财政资金,以完成它所承担的事权;而支出责任更多的是指对财政资金的具体使用,以及相应产生的管理责任。"③

二、从"支出责任"到"以支定收"

(一)"支出责任"

1. "支出责任"≠事权

(1)有些学者认为"支出责任"=事权

郭佩霞认为:"事权通常指支出责任,即哪些支出应由哪一级政府来承担。"④

---

① 宣晓伟.雄关漫道真如铁　而今迈步从头越——《关于推进中央与地方财政事权和支出责任划分改革的指导意见》解读[J].发展,2016(11):8-12.

② 白景明,朱长才,叶翠青,等.建立事权与支出责任相适应财税制度操作层面研究[J].经济研究参考,2015(43):3-91.

③ 马海涛,郝晓婧.中央和地方财政事权与支出责任划分研究——以公共教育领域为例[J].东岳论丛,2019(3):46-59.

④ 郭佩霞.宪政与经济统合视角:政府间财力与事权匹配的实现路径探析[J].当代财经,2008(10):36-39.

温立洲认为:"支出责任是十分容易和事权相混淆的一个概念,做事必须支出,表现为责任,称为事责。财政上的事责就是支出责任,支出责任是政府承担的运用财政资金履行其事权、满足公共服务需要的财政支出职责。"①

(2)中央认为"事权和支出责任相适应"

把"支出责任"和"事权"相提并论的文件有:

2012年7月11日,国务院印发的《国家基本公共服务体系"十二五"规划》(国发〔2012〕29号)指出:"明确政府间事权和支出责任。综合考虑法律规定、受益范围、成本效率、基层优先等因素,合理界定中央政府与地方政府的基本公共服务事权和支出责任,并逐步通过法律形式予以明确。"

2013年11月12日,党的十八届三中全会通过的《中共中央关于全面深化改革若干重大问题的决定》第19条提出:"建立事权和支出责任相适应的制度。适度加强中央事权和支出责任。"如果照上述学者"事权指支出责任"的观点,即成为"事权和事权相适应"或"支出责任和支出责任相适应"。此外,"财政上的事责就是支出责任"也不妥,财政上的事责应是"财政事权"。

上面我们分析了"支出责任"是从"财权"到"财力"的演变过程,下面重点阐述"支出责任"。

2. 支出责任的内涵

(1)支出责任的定义

2016年8月16日,《国务院关于推进中央与地方财政事权和支出责任划分改革的指导意见》(国发〔2016〕49号)指出:"财政事权是一级政府应承担的运用财政资金提供基本公共服务的任务和职责,支出责任是政府履行财政事权的支出义务和保障。"

政府职能落实到具体领域就是事权,属于哪一级政府的事权就由哪一级政府的支出责任承担(以财力为保障)。因此,支出责任就可以理解为这些公共服务付费问题。

(2)支出责任的最早提法

刘尚希等的研究显示:"美国和英国宪法及财政制度在谈及政府间财政关系时,都没用'支出责任'这个词语,而是使用'支出'(expenditure/spending)一词。"②

2003年十六届三中全会通过的《中共中央关于完善社会主义市场经济体制若干问题的决定》中,明确提出"健全公共财政体制,明确各级政府的财政支出责任"。这是第一次提出"财政支出责任"。

2006年10月,十六届六中全会通过的《中共中央关于构建社会主义和谐社会

---

① 温立洲.政府间事权与支出责任制度研究[D].天津:天津财经大学,2018:21.

② 刘尚希,马洪范,景婉博,等.国外支出责任的理论考察与实践经验[J].财政科学,2017(9):62-67.

若干重大问题的决定》提出,"健全公共财政体制,明确各级政府的财政支出责任",这是又一次提出"财政支出责任"的概念。

（3）明确事权是合理划分支出责任的前提

明确事权是合理划分支出责任的前提。刘尚希等的研究表明:"国外支出责任划分的主要表现形式为我国提供五方面的借鉴和启示:一是明确事权是合理划分支出责任的前提;二是不同国家的支出责任划分遵循不同的办法,并无统一模式;三是发达国家的事权与支出责任划分经历了长期逐步演进的过程,规范化法治化是大趋势;四是政府间转移支付为低层级政府匹配财力,而非替代支出责任;五是中央政府支出责任在逐步加大与强化。"[1]

因此,事权划分是处理好政府间财政关系的逻辑前提,也是政府间财政体制设计的起点与基石,事权如"请客",支出责任似为请客"埋单";事权与支出责任模糊,易产生请客的不埋单现象。国务院正式印发《国家基本公共服务体系"十二五"规划》,首次明确了我国基本公共服务的范围和项目有:教育、就业、医疗、住房等9大领域44类80个基本公共服务项目,规划还明确了每一项基本公共服务的国家基本标准和支出责任。

（二）"量入为出"与"量出为入"

1. "量入为出"

"量入为出"的"量"是"计量""度量""衡量"的意思,如"量入制出""量体裁衣""量才录用""量力而行"等。古代就提出过"量入为出"的理财理念,如:《礼记·王制》记载:"冢宰制国用,必于岁之杪,五谷皆入,然后制国用;用地小大,视年之丰耗,以三十年之通制国用,量入以为出。"《三国志·魏书·卫觊传》记载:"当今之务,宜君臣上下,并用筹策,计校府库,量入为出。"《旧唐书·食货志》记载:"先王之制,度地以居人,均其沃瘠,差其贡赋,盖敛之必以道也。量入而为出,节用而爱人,度财省费,盖用之必有度也,是故既庶且富,而教化行焉。"《宋书·武帝纪中》记载:"夫量入为出,邦有恒典。"《明史·孙原贞传》记载:"宜量入为出,汰冗食浮费。"《元史》记载:"是以古之善治国者,不能无取于民,亦未尝过取于民,其大要在乎量入为出而已。"万历内阁首辅张居正曾指出:"夫古者王制,以岁终制国用,量入以为出,计三年所入,必积有一年之余,而后可以待非常之事,无匮乏之虞。乃今一岁所出,反多于所入,如此,年复一年,旧积者日渐消磨,新收者日渐短少,目前支持已觉费力,脱(倘)一旦有四方水旱之灾,疆场意外之变,何以给之? 此皆事之不可知,而势之所必至者也。"(《张文忠文集·看详户部进呈揭帖疏》)由此可见,"量入为出"是我国奴隶社会和封建社会早就采用的理财思想和财政原则。"量入为出"原则主要有四个要素:①要以可靠的收入为前提和基础,如"五谷皆入,然后制国用";②收入

---

[1] 刘尚希,马洪范,景婉博,等.国外支出责任的理论考察与实践经验[J].财政科学,2017(9):62-67.

要有节制,不可"竭泽而渔",要取财有道,如"取于民有度,用之有止,国虽小必安";③支出要力求节约,讲求效果,如:"取于民无度,用之不止,国虽大必危";④要留有后备,如"计三年所入,必积有一年之余,而后可以待非常之事,无匮乏之虞",《礼记·王制》称:"三年耕必有一年之食,九年耕必有三年之食。以三十年之通,虽有凶旱、水溢,民无菜色。"

当代使用"量入为出",如《高等学校财务制度》(2012)第十二条规定:"高等学校预算编制应当遵循'量入为出、收支平衡'的原则。"1991年4月8日,国家教委和财政部发布《高等学校"八五"期间财务工作的若干意见》(教财〔1991〕33号)第二条第二款规定:"坚持先收后支、量入为出、收支平衡的预算原则。"2007年1月15日,《教育部 财政部关于"十一五"期间进一步加强高等学校财务管理工作的若干意见》(教财〔2007〕1号)第13条规定:"高等学校要根据'量入为出,收支平衡,积极稳妥,统筹兼顾,保证重点,勤俭节约'的原则编制年度财务预算。"

2."量出为入"

与"量入为出"相反的是"量出为入"或"量出制入",古代如唐朝德宗年间宰相杨炎提出"凡百役之费,一钱之敛,先度其数而赋于人,量出以制入"(《旧唐书·杨炎传》)。杨炎认为应根据国家支出的需要,来确定财政收入,并进行税制改革。之后,著名文学家元稹出任宰相时对杨炎的"量出为入"思想做了进一步发挥,提出"自国家置两税以来,天下之财限为三品,一曰上供,二曰留使,三曰留州,皆量出以为入,定额以给资"。清末王韬在考察英国财政制度时说,英国"所征田赋之外,商税为重。其所抽虽若繁琐,而每岁量出以为入,一切善堂经费以及桥梁道路,悉皆拨自官库,借以养民而便民,故取诸民而民不怨,奉诸君而君无私焉"。奕劻认为:"各国预算之法不同,一则量入为出,于节流之意为多,而政策常偏于保守;一则量出为入,于开源之道为重,而政策常主于进行。所谓积极与消极,既有不同办法,遂以各别。大抵国家文明程度愈进,则其经费愈繁。历观往史,中外皆然。"徐世昌指出:"古之制国用者,量入以为出;今之制国用者,量出以为入。盖以财限事则庶政坐困,因事理财则百废兴举。""量出为入"的财政原则有一定的积极意义,但必须"量出",不可盲目上项目,铺摊子;如不切实际地"量出为入"或"量出制入",其"入"不可为,如滥收税费、借债、印发钞票等。

3."量入为出"与"量出为入"结合

梁启超在《为筹制宣统四年算案事敬告部臣及疆吏》中指出:"无论采'量出为入'主义,采'量入为出'主义,皆须度而后支。"邓小平《太行区的经济建设》指出:"我们实行的是钱多多出,钱少少出的原则,是量入为出与量出为入的配合,既照顾人民的负担能力,又照顾抗战的需要。"①

① 邓小平.邓小平文选:第1卷[M].北京:人民出版社,1989:82.

(三) 量入为出、量出为入与以支定收

1. "量入为出"遭到质疑

高培勇认为:"作为一种传统的财政观(或称理财观),'量入为出'的贯彻虽然并非总是一帆风顺,但在计划经济的体制环境中,确有其生存和运转的土壤。笔者曾在不少场合论及……随着市场在资源配置中的基础作用越来越大,我们发现,'量入为出'同现实生活之间出现了诸多的不和谐之处,在有些场合,甚至出现了激烈的碰撞。"[1]

吴平认为:"'量入为出'原则是传统体制下的理财观念,'量入为出'是一种低层次的理财方式,'量入为出'本身有很多缺陷。"[2]

钱海燕认为:"在计划经济时代奉行量入为出思想,在实践中组织财政收支平衡是有效的。而在市场经济时期,量入为出思想却显得无能为力。"[3]

冯俏彬认为:"迄今为止,我国政府在公开的文件与法律中,仍坚持了量入为出的理财观。但随着社会主义市场经济的逐步建立与完善,这一理财观已暴露出诸多与现实矛盾的方面:①量入为出原则与改革开放以来连年财政赤字的矛盾;②量入为出原则与政府调动社会资源能力不断下降之间的矛盾;③量入为出原则所导出的政府收入行为不规范的问题;④量入为出原则下的政府职能的缺位与越位问题。"[4]

2. "量入为出"发展的五个趋势

(1) 坚持"量入为出"

《中华人民共和国预算法》(2014)第三十五条规定:"地方各级预算按照量入为出、收支平衡的原则编制,除本法另有规定外,不列赤字。"

(2) "量出为入"是公共财政制度下理财思想的选择

吴平认为:"'量出为入'才是社会主义市场经济体制下正确的理财观念,'量出为入'是一种高层次的理财方式。"[5]

钱海燕认为:"在公共财政制度下,理财思想应选择量出为入。其意义在于克服传统的、单一的量入为出思想所带来的负面效应,实现政府职能的真正转轨。促进财政运行步入良性的轨道,实现财政收支平衡。……单一的量入为出思想最终违背了其初衷。与此相对应,选择量出为入的思想正好与公共财政制度的建立相

---

[1] 高培勇."量入为出"与"以支定收"——关于当前财政收入增长态势的讨论[J].财贸经济,2001(3):11-16.

[2] 吴平."量出为入"是社会主义市场经济条件下新的理财观念[J].财金贸易,1998(4):11-12.

[3] 钱海燕.公共财政制度下理财思想的选择:量出为入[J].安徽农业大学学报(社会科学版),2001(2):26-28.

[4] 冯俏彬.量入为出与量出为入:论政府理财观[J].财政研究,2003(7):6-9.

[5] 吴平."量出为入"是社会主义市场经济条件下新的理财观念[J].财金贸易,1998(4):11-12.

匹配。公共财政制度强调的是政府退出竞争性领域,是在以弥补市场失败的基础上所建立起来的一项分配及管理制度。"①

冯俏彬认为:"前瞻地看,政府职能范围将主要锁定在弥补市场缺陷和市场失灵的界限之内,相应地,财政支出的范围和数量有条件得到明确,量出为入首先在技术上可行;其次,随着企业、家庭、个人等市场主体的角色到位,企业所得税和个人所得税在整个税收中所占的比重越来越大,他们对政府财政行为的关注与监督程度也呈上升之势,量出为入将拥有广泛的社会基础;与此同时,正在深入推进的以公共财政为导向的各项改革,也将从强化管理的角度使财政收支在一个规范的、受到严格监督和约束的框架内运行,结合本文的主要观点,即日益丰富多彩、波澜壮阔的经济与财政实践最终会推动政府理财观实现从量入为出向量出为入的转变,这是不以人的意志为转移的历史规律。"②

徐阳光认为:"传统的'量入为出'理财观受到了普遍的质疑,开始转向基于'以支定收'的预算平衡原则。"③

(3)"量入为出"与"量出为入"相结合

张丽红认为:"量入为出是紧缩的原则,单纯的量入为出是一种消极的理财思想;量出为入则是扩张的原则,单纯的量出为入必然会导致入不敷出。量入为出与量出为入相结合是处理整个财政收支关系的指导思想。"④

(4)"量入为出"与"以支定收"相结合

关于政府间财政收支划分的顺序,财政联邦主义理论认为,财政支出划分应该先于财政收入划分,政府间收入划分一般要以支出划分为依据,在支出划分未确定前无法合理划分收入。⑤ 财政联邦主义的这种理论不仅适用于联邦制国家,也同样适用于单一制国家。

王强、叶姗认为:"美国的'量入为出'其出发点是'以支定收','量入为出'是在'以支定收'的基础上为适应现代财政所采取的政府理财观的修正。预算支出是预算收入的目的,最佳的支出规模决定了最佳收入规模,所以'以支定收'是预算平衡的出发点。'以支定收'原则将'收'限定在'支'的范围内,能够科学界定适度的收入规模以客观反映政府对收入的实际需求,从而节省资金、提高支出效率。这有利于配合当前的部门预算制度改革,可以大大减少政府部门对企业的行政干预。但

---

① 钱海燕.公共财政制度下理财思想的选择:量出为入[J].安徽农业大学学报(社会科学版),2001(2):26-28.

② 冯俏彬.量入为出与量出为入:论政府理财观[J].财政研究,2003(7):6-9.

③ 徐阳光.如何实现"以支定收"——新《预算法》理财观解读[J].税务研究,2015(1):66-72.

④ 张丽红.量入为出与量出为入相结合是处理整个财政收支关系的指导思想[J].山西财经学院学报,1992(4):79-81.

⑤ Shah. Perspectives on the Design of Inter-governmental Fiscal Relations[M]. Washington, D. C. World Bank,1991:2-3.

是支出规模的无限扩张性又同社会经济的发展速度产生矛盾,这种矛盾日益激化,财政赤字大量出现,因此必须加以限制,这就是要'量入为出'。因此在目前条件下,适用'以支定收'原则对'量入为出'原则加以限定,颇为迫切。"①

(5)"以支定收"(具体见下一个问题)

3."以支定收"的两种观点

(1)"以支定收"实质是公共财政框架的灵魂

与"量出为入"相关的是"以支定收"。在改革开放前,我国既无内债,又无外债,影响了当时的经济社会发展。市场经济是竞争经济,在市场经济条件下,如囿于自己的财力而"量入为出"势必失去机遇,影响事业的发展,因此允许赤字。赤字率是"财政预算赤字与 GDP 的比率"。根据国际上通行的《马斯特里赫特条约》标准,一般设为国际安全线的赤字率为 3%。公共财政认为,在市场经济条件下,政府职能就是满足社会公共需要,预算支出是预算收入的目的,因此,在西欧和美国等市场经济国家,将"以支定收"原则作为预算编制制度乃至整个财政制度改革的另一个基本原则。市场经济又是法制经济,财政支出的规模应经过严格的法律程序和流程界定与约束;财政收入规模也应经过严格的法律程序和制度进行规范。

张馨认为:"客观上已要求划分好政府与企业间的职责、权限和财力,要求财政相应地转变理财思路而转到'以支定收'原则上来。但这一变化并没真正发生,我国所努力要遵循的仍是实行几十年的'以收定支'原则,尽管十余年来这一原则并未得到真正贯彻。而这十余年来我国财政日益陷于困难境地,是很难说不与理财观念的落后相联系的。因此,转向'以支定收'原则并不等同于一味地要求限制和减少我国政府及其财政的活动范围、程度和规模,我国财政在这一原则下将会是大有作为的。"②

高培勇认为:"'以支定收'实质是公共财政框架的灵魂。"③

徐阳光认为:"市场经济条件下要求的新理财观即'以支定收'基础上的预算平衡原则之所以被接受,也是因为政府职能发生了转变,而该原则的实现,必须建立在政府职能的合理界定和政府规模的有效控制之上,否则,新理财观的实现将会带来国民税负的增加。而政府职能的界定和规模的控制,需要我们厘定政府与市场的边界。"④

---

① 王强,叶姗.政府理财观的抉择:"量入为出"与"以支定收"——源于美国 1985 年《平衡预算和紧急赤字控制法》第 252 条之启示[J].法学杂志,2006(2):73-75.

② 张馨.论我国预算的"以支定收"原则[J].财经论丛(浙江财经学院学报),1993(6):18-22.

③ 高培勇."量入为出"与"以支定收"——关于当前财政收入增长态势的讨论[J].财贸经济,2001(3):11-16.

④ 徐阳光.如何实现"以支定收"——新《预算法》理财观解读[J].税务研究,2015(1):66-72.

（2）"以支定收"遭到质疑

邓子基认为："有的同志却否定'以收定支'，不顾国情，照搬'以支定收'；认为'以收定支'只与计划经济相联系，而'以支定收'才是与市场经济相适应的，因而主张在我国应当确立'以支定收'的财政观。我认为，这种观点值得商榷。我认为，从我国国情出发，我国仍须主要坚持'以收定支'的原则，同时也应适当借鉴'以支定收'的精神，实行'以收定支'为主，'以支定收'为辅的预算原则。"①

（3）"量出为入"与"以支定收"的区别

高培勇认为："易于看出，'以支定收'并非是'量入为出'的简单倒置——'量出为入'。'以支定收'中的'支'，系指按照社会公共需要标准科学地界定了政府职能之后，并且纳入立法机关和社会成员监督视野的规范性的支出，而非根据政府部门本身的偏好或由政府部门自身确定的随意性的支出。'以支定收'中的'收'，系指按照规范性的政府支出需要，并且通过财政收入制度严格界定了的规范性的收入，而非由政府部门自身随意把握或可跨越财政收入制度的规范性和非规范性并存的收入。按照这样的财政观安排的财政收支，显然可控制在'适度'的水平上——既可满足政府履行其职能的需要，又不至于超出企业和居民可容忍的界限。"②

（4）"支出责任"要求"以支定收"

于树一认为："从理论上讲，公共财政的收支原则是'以支定收'。因为支出体现了对财政资金的需求，而收入则反映着财政资金的筹集，有效率的财政收支原则应该首先确定资金需求，然后才去考虑如何筹集资金的问题。正因如此，分级财政体制的核心要求才确定为：以事权为基础划分各级财政的收支范围以及管理权限，事权划分与支出范围相一致并和财力相适应。"③

从上可知，明确事权是合理划分政府间支出责任的前提，明确政府间支出责任才能以支定收，即明确事权和支出责任后，再明确财政收益权、立法权、征收权、预算权等在中央与地方各级政府之间的划分，在此基础上确定地方收入或通过转移支付调剂。十八届三中全会通过的《中共中央关于全面深化改革若干重大问题的决定》第 17 条指出："建立跨年度预算平衡机制。"所谓跨年度预算平衡机制是指当年预算收入大于支出预算时，不强求当年全部安排支出，而是将收入结转下年使用；当预算收入小于预算支出时，也就是预算出现赤字的情况下，不硬性削减当年支出，而是在科学预测、精准分析前提下，跨年度来对预算赤字进行弥补。预算平衡状态是长期动态平衡，不强求短期静态平衡。因此，预算的重点由平衡状态、赤字规模向支出预算和政策拓展，并建立跨年度预算动态平衡机制。因此，需要"以

---

① 邓子基. 以收定支还是以支定收[J]. 财政研究，2002(3)：2-5.

② 高培勇. "量入为出"与"以支定收"——关于当前财政收入增长态势的讨论[J]. 财贸经济，2001(3)：11-16.

③ 于树一. 对财政体制"事权与支出责任相适应"原则的几点思考[J]. 财政监督，2014(21)：8-10.

支定收"这个重要的收支平衡原则,两者结合才是有效的收支平衡原则,才能正确处理事业发展需要和资金供给的关系。

三、高等教育财政事权与支出责任

(一) 教育领域规定的演变与完善

1. "事权与财权的统一"

1994 年 7 月 3 日,国务院颁布的《国务院关于〈中国教育改革和发展纲要〉的实施意见》(国发〔1994〕39 号)第二十二条规定:"为实现事权与财权的统一,要进一步改革教育经费管理体制。"

1994 年 11 月 17 日,国家教委发布了《关于当前国家教委委属高校财经工作中几点意见的通知》,其中第二条规定:"委属高校日常财经工作原则上坚持实行校(院)长领导下的总会计师经济责任制,没有设置总会计师的,必须建立以校(院)长为首的经济责任制。学校内部应建立和完善各级经济责任制,按照财权和事权统一的原则,明确学校领导、校级财务部门和二级财务部门及有关管理人员的经济权限和应承担的职责,进行定期检查和考核,要把有效组织和管理财经工作,作为学校综合考核评估的一个不可缺少的内容,要坚持行之有效的'一支笔'审批制度,确保财权财力的合理集中和经济责任制的顺利实施。学校各级经济责任人的变动,要建立工作报告和离任审计制度,对在任期间,不负责任,给学校财经工作造成重大损失的应追究其责任,触犯法律的应追究其法律责任。"

2007 年 1 月 15 日,教育部、财政部发布的《教育部　财政部关于"十一五"期间进一步加强高等学校财务管理工作的若干意见》(教财〔2007〕1 号)第 12 条规定:"高等学校应根据财权与事权相结合的原则,探索建立与目标、任务、绩效挂钩的资源分配机制。"

1995 年 3 月 18 日颁布的《中华人民共和国教育法》第五十六条为"各级人民政府的教育经费支出,按照事权和财权相统一的原则"。2013 年 11 月 12 日,党的十八届三中全会已提出"事权与支出责任相适应",但 2015 年 12 月 27 日修订后颁布的《中华人民共和国教育法》第五十六条仍为"各级人民政府的教育经费支出,按照事权和财权相统一的原则"。建议《中华人民共和国教育法》将第五十六条的"按照事权和财权相统一的原则"修改为"合理划分中央与地方财政事权和支出责任"。

2. "财政事权和支出责任"

《教育部 2018 年工作重点》第一次提出:"按照教育领域财政事权与支出责任划分改革要求,督促落实各级政府教育支出责任。"

2018 年 8 月 17 日,国务院办公厅发布的《国务院办公厅关于进一步调整优化结构提高教育经费使用效益的意见》(国办发〔2018〕82 号)指出:"推进教育领域中央与地方财政事权和支出责任划分改革,巩固完善以政府投入为主、多渠道筹集教育经费的体制。……合理划分教育领域政府间财政事权和支出责任,进一步完善教育转移支付制度。"但 2018 年 11 月 23 日,教育部办公厅、国家发展改革委办公厅、财政部办公厅、人力资源社会保障部办公厅发布的《关于推动落实〈国务院办公厅关于进一步调整优化结构提高教育经费使用效益的意见〉的通知》(教财厅〔2018〕6 号)却没有提到"财政事权和支出责任"。

(二) 高等教育的财政事权

1986 年 10 月 15 日,国家教委、财政部发布的《高等学校财务管理改革实施办法》(〔1986〕教计字 162 号)第二条指出:"高等学校财务管理改革是高等教育管理体制改革的重要组成部分,应按照教育规律和经济规律办事,讲求社会效益和经济效益。"因此,研究高等学校财政事权必定涉及高等教育管理体制。

2016 年 8 月 16 日,《国务院关于推进中央与地方财政事权和支出责任划分改革的指导意见》(国发〔2016〕49 号)指出:"做到支出责任与财政事权相适应。按照'谁的财政事权谁承担支出责任'的原则,确定各级政府支出责任。"我国公办高校的高等教育财政事权决定于高等教育体制和办学体制,即"谁的财政事权谁承担支出责任"。1995 年 7 月 19 日,国务院办公厅转发了国家教委 1995 年 5 月 29 日的《关于深化高等教育体制改革的若干意见》(国办发〔1995〕43 号),指出:"特别是高等教育体制改革的各项工作都有赖于投资和财务管理体制改革的深化,有关方面应加强调查研究,积极进行试点,加强投资和财务管理体制改革的力度,促进高等教育管理体制的改革。在体制改革和转轨过程中,原主管部门不能削弱对学校的领导或减少对学校的投资,而应加强领导和增加投入,大力支持地方政府把学校办得更好。"

1. 高等教育体制由"集中统一"向"集中统一领导、两级管理"转变

(1) 1949—1957 年实行集中统一的高等教育体制

1950 年 7 月 28 日,中央人民政府政务院发布《关于高等学校领导关系的决定》强调指出:"凡中央教育部所颁布的关于全国高等教育方针、政策与制度……以及对于高等学校的设置变更或停办,大学校长、专门学院院长及专科学校校长的任免,教师学生的待遇,经费开支的标准等决定,全国高等学校均应执行。""只与某一业务部门有关或主要与某一业务部门有关的高等学校,其日常行政、教师调整配备、经费管理、设备及参观实习等事宜,得由中央和各大行政区人民政府或军政委员会有关部门直接领导。"

1953 年 10 月 11 日,政务院发布的《关于修订高等学校领导关系的决定》规定:"中央人民政府高等教育部必须与中央人民政府各有关业务部门密切配合,有步骤地对全国高等学校实行统一与集中的领导。"以上两个法规明确了新中国高等教育管理体制的中央集权。高等学校大规模的院系调整中,私立高校或并入他校,或改变校名由国家接办,从而使在我国历史上存在了半个世纪之久的私立高等学校消

亡了,形成了以单科性专门院校为主、单一的公有制社会主义高等教育体制。1953年,在全国高等学校院系调整后,在政府直接领导之下,又衍生出以业务主管单位直属领导的高等教育体制。

(2) 1958 年—1966 年 5 月实行集中统一的领导、分级管理的高等教育体制

1958 年 4 月,中共中央颁发的《关于高等学校和中等技术学校下放问题的意见》指出:"为了切实加强党对高等学校和中等技术学校的领导,培养更加适合当地社会主义建设发展需要的人才,除少数综合大学、某些专业学院和某些中等技术学校仍由中央教育部或中央有关部门直接领导以外,其他高等学校和中等技术学校都可以下放,归各省、市、自治区领导。"

1961 年 9 月,中共中央批准试行《教育部直属高等学校暂行工作条例(草案)》,共分 10 章 60 条,简称"高校六十条"。1963 年,全国试行这个条例的高等学校共 222 所,其中教育部直属的 24 所,中央各部委领导的 71 所,省、市、自治区领导的 127 所。其余高等学校也大都参照这个条例的精神改进工作。"高校六十条"的颁发实施,对建设有中国特色的社会主义高等教育体系具有重要作用和深远意义。

1963 年 5 月 21 日,中共中央、国务院颁布《中共中央　国务院关于加强高等学校统一领导、分级管理的决定(试行草案)》指出:"为了加强对高等学校的领导和管理,中共中央和国务院决定,对高等学校实行中央统一领导,中央和省、市、自治区两级管理的制度。在中共中央和国务院的统一领导下,中华人民共和国教育部(简称中央教育部),国务院其他各部、委(简称中央各业务部门)和省、市、自治区人民委员会,对高等学校的管理工作进行适当的分工合作,共同办好高等学校。"

(3) 1966 年 6 月—1976 年 9 月,"文革"对高等教育体制破坏时期

1969 年 10 月 26 日,中共中央发布的《关于高等院校下放问题的通知》指出:"为了认真搞好斗、批、改,加强对中央各部门所属高等院校的无产阶级'文化大革命'和教育革命的领导,决定国务院各部门所属的高等院校,凡设在外地或迁往外地的,交由当地省、市、自治区领导;与厂矿结合办校的,交由厂矿领导。教育部所属的高等院校,全部交给所在省、市、自治区领导。"

1971 年 1 月 31 日,国务院科教组、国家计委向国务院提出《关于高等院校调整问题的报告》(简称《报告》)。8 月 13 日,中共中央同意《报告》提出的调整方案。根据此《报告》方案,规定高等院校的管理体制是:在中央统一计划下,实行以"块块为主"(多数院校由地方领导);部分院校由地方和中央部门双重领导,以地方为主;少数院校由中央部门直接领导。

(4) 1976 年 10 月—1992 年 9 月,统一领导、相对集中和分级管理的高等教育体制

1978 年 2 月 17 日,国务院转发的《教育部关于恢复和办好全国重点高等学校

的报告的通知》指出："为了加强各部委对面向全国和面向地区的全国重点高等学校和非重点高等学校的领导，需要对这些院校的领导体制进行必要的调整。少数院校由有关部委直接领导，多数院校由有关部委和省、市、自治区双重领导，以部委为主。"

1979年9月18日，中共中央批转教育部党组《关于建议重新颁发〈关于加强高等学校统一领导、分级管理的决定〉的报告》，同意对高等院校实行统一领导，归口管理，恢复了"中央统一领导，中央和省、市、自治区两级管理"的教育管理体制。

1985年5月27日，《中共中央关于教育体制改革的决定》指出："为了调动各级政府办学的积极性，实行中央、省（自治区、直辖市）、中心城市三级办学的体制。中央部门和地方办的高等学校，要优先满足主办部门和地方培养人才的需要，同时要发挥潜力，接受委托，为其他部门和单位培养学生，积极倡导部门、地方之间的联合办学。"

（5）1992年10月至今，集中统一领导、分级管理的高等教育体制

1993年1月12日，国务院批转的《国家教委关于加快改革和积极发展普通高等教育意见》第六条指出："高等教育管理体制的改革方向是，逐步实行中央与省（自治区、直辖市）两级管理、两级负责为主的管理体制。国务院各部门重点管理好直接关系国家经济、社会发展全局并在高等教育中起示范作用的骨干学校和行业性强、地方不便管理的学校。……随着国务院各部门职能的转变和直属企业的下放，对部门所属高等学校的办学体制和管理体制，要区别不同情况，采取继续由中央部门办、中央部门与地方政府联合办、下放给地方办、企业集团参与管理等办法，进行改革试点。"

1993年2月8日，国家教委、国务院学位委员会联合发出的《关于中央部门所属普通高等学校深化领导管理体制改革的若干意见》指出："从长远的改革目标看，中央部门（包括国家教育委员会和中央业务部门）应管理好少数直接关系国家经济、社会发展全局和长远需要并在高等教育中起示范作用的骨干学校和行业性强、地方不便管理的学校。……在有条件的地区，要下决心把一部分适宜由地方管理的部属高等学校交给地方。学校的大部分专业首先满足本地区需要，少部分行业特点强或者地方需求较少的专业，继续面向全国。"

《中华人民共和国高等教育法》（1998）第十三条规定："国务院统一领导和管理全国高等教育事业。省、自治区、直辖市人民政府统筹协调本行政区域内的高等教育事业，管理主要为地方培养人才和国务院授权管理的高等学校。"

1995年7月19日，国务院办公厅转发国家教委的《关于深化高等教育体制改革的若干意见》（国办发〔1995〕43号）规定："要通过深化改革，逐步把一部分中央部门所属的学校转由省、自治区、直辖市人民政府管理或由中央部门与地方政府共同建设和共同管理。"

教育部 1998 年 12 月 24 日制定、国务院 1999 年 1 月 13 日批转的《面向 21 世纪教育振兴行动计划》第 31 条规定:"加快高等教育体制改革步伐,深化高等教育改革。继续实行'共建、调整、合作、合并'的方针,今后 3～5 年,基本形成中央和省级政府两级管理、分工负责,在国家宏观政策指导下,以省级政府统筹为主的条块有机结合的新体制。除少数关系国家发展全局以及行业性很强需由国家有关部门直接管理的高等学校外,其他绝大多数高等学校由省级政府管理或者以地方为主与国家共建。"

2. 现行高等教育财政事权为"中央和省级人民政府两级管理、以省为主"

1999 年 6 月 13 日,《中共中央 国务院关于深化教育改革,全面推进素质教育的决定》第 11 条规定:"进一步简政放权,加大省级人民政府发展和管理本地区教育的权力以及统筹力度,促进教育与当地经济社会发展紧密结合。今后 3 年,继续按照'共建、调整、合作、合并'的方式,基本完成高等教育管理体制和布局结构的调整,形成中央和省级人民政府两级管理、以省级人民政府管理为主的新体制,合理配置教育资源,提高教育质量和办学效益。经国务院授权,把发展高等职业教育和大部分高等专科教育的权力以及责任交给省级人民政府,省级人民政府依法管理职业技术学院(或职业学院)和高等专科学校。"

2000 年 2 月 12 日,国务院办公厅转发的教育部、国家计委、财政部《关于调整国务院部门(单位)所属学校管理体制和布局结构实施意见》(国办发〔2000〕11 号)指出:"除教育部以及外交部、国防科工委、国家民委、公安部、安全部、海关总署、民航总局、体育总局、侨办、中科院、地震局等部门和单位继续管理其所属学校外,国务院其他部门和单位原则上不再直接管理学校。……中央与地方共建、以地方管理为主的普通高等学校,其国有资产、人员编制、劳动工资管理等均由省级人民政府负责。"

(三) 高等教育的支出责任

2011 年 3 月 23 日,《中共中央 国务院关于分类推进事业单位改革的指导意见》(中发〔2011〕5 号)第 9 条规定:"细分从事公益服务的事业单位。根据职责任务、服务对象和资源配置方式等情况,将从事公益服务的事业单位细分为两类:承担义务教育、基础性科研、公共文化、公共卫生及基层的基本医疗服务等基本公益服务,不能或不宜由市场配置资源的,划入公益一类;承担高等教育、非营利医疗等公益服务,可部分由市场配置资源的,划入公益二类。具体由各地结合实际研究确定。"

2012 年 7 月 11 日,国务院印发的《国家基本公共服务体系"十二五"规划》(国发〔2012〕29 号)第三章规定:"'十二五'时期,政府提供如下基本公共教育服务:①为适龄儿童、少年提供免费九年义务教育,为农村义务教育阶段寄宿生提供免费住宿,并为家庭经济困难寄宿生提供生活补助;②为贫困地区农村义务教育学生实施营养改善计划;③为农村学生、城镇家庭经济困难学生和涉农专业学生提供免费中等职业教育;④为家庭经济困难学生接受普通高中教育提供资助;⑤为家庭经济困难儿童、孤儿和残疾儿童接受学前教育提供资助。"未对高等教育作规定。

2013 年,教育部发布《教育部关于 2013 年深化教育领域综合改革的意见》,明确指出要健全各级政府教育经费分担机制,进一步明晰中央和地方政府教育事权和财政支出责任。

2016 年 8 月 16 日,国务院发布的《关于推进中央与地方财政事权和支出责任划分改革的指导意见》(国发〔2016〕49 号)第 3 条规定:"对中央和地方有各自机构承担相应职责的财政事权,如科技研发、高等教育等,中央和地方各自承担相应支出责任;对中央承担监督管理、出台规划、制定标准等职责,地方承担具体执行等职责的财政事权,中央与地方各自承担相应支出责任。"

2017 年 1 月 23 日,国务院印发的《关于"十三五"推进基本公共服务均等化规划》(国发〔2017〕9 号)第四章"基本公共教育"规定:"国家完善基本公共教育制度,加快义务教育均衡发展,保障所有适龄儿童、青少年平等接受教育,不断提高国民基本文化素质。本领域服务项目共 8 项,具体包括:免费义务教育、农村义务教育学生营养改善、寄宿生生活补助、普惠性学前教育资助、中等职业教育国家助学金、中等职业教育免除学杂费、普通高中国家助学金、免除普通高中建档立卡等家庭经济困难学生学杂费。"未对高等教育作规定。

2018 年 1 月 27 日,国务院办公厅印发的《基本公共服务领域中央与地方共同财政事权和支出责任划分改革方案》(国办发〔2018〕6 号)未对高等教育作规定。

2019 年 5 月 24 日,国务院办公厅印发的《教育领域中央与地方财政事权和支出责任划分改革方案》(国办发〔2019〕27 号)第三条"其他教育"规定:"学前教育、普通高中教育、职业教育、高等教育等其他教育,实行以政府投入为主、受教育者合理分担、其他多种渠道筹措经费的投入机制,总体为中央与地方共同财政事权,所需财政补助经费主要按照隶属关系等由中央与地方财政分别承担,中央财政通过转移支付对地方统筹给予支持。"

(四) 高等教育财政事权和支出责任划分的原则

1. 中央政府规定

2016 年 8 月 16 日,国务院发布的《关于推进中央与地方财政事权和支出责任划分改革的指导意见》(国发〔2016〕49 号)规定:①坚持中国特色社会主义道路和党的领导;②坚持财政事权由中央决定;③坚持有利于健全社会主义市场经济体制;④坚持法治化规范化道路;⑤坚持积极稳妥统筹推进。

2018 年 1 月 27 日,国务院办公厅印发的《基本公共服务领域中央与地方共同财政事权和支出责任划分改革方案》(国办发〔2018〕6 号)在"基本原则"中规定:①坚持以人民为中心;②坚持财政事权划分由中央决定;③坚持保障标准合理适度;④坚持差别化分担;⑤坚持积极稳妥推进。

2. 学者观点

1892 年, Baslable 就提出划分的三个原则:"一是受益原则, 如果公共物品的受益对象为整个国家的居民, 则由中央政府负责提供, 否则由地方政府负责;二是行动原则, 如果必须在整个国家的范围内做规划才能提供的公共物品, 则由中央政府负责, 其余的由地方政府负责;三是技术原则, 如果提供某一些公共物品要求较高的技术水平才能实现, 则由中央政府负责, 否则由地方政府负责。"①

财政部部长楼继伟在《建立现代财政制度》一文中提出了配置事权的三大原则, 即外部性、信息处理复杂性和激励相容。②

财政科研协作课题组认为:"根据公共产品分层次理论, 政府间事权与支出责任划分需遵循以下原则:①外部性;②信息复杂性;③统一完整性;④法治规范性。"③

何振一认为:"从传统的承认事实的划分事权方法, 转向以受益、效率、便民三原则为依据的划分事权的方法上来。"④

赵云旗认为:"①事权范围原则;②外部性原则;③受益范围原则;④效率原则。"⑤

李振宇、王骏认为:"①受益范围原则;②效率原则;③公平原则;④中央控制原则;⑤法治原则;⑥动态调整原则。"⑥

刘红灿认为:"政府间事权和支出责任安排中需要遵循一些基本原则:①受益原则;②效率原则;③成本—收益原则;④激励相容原则;⑤区域均等化原则;⑥政治原则。此外, 财政分权还要考虑一国历史、文化、社会等因素的影响。"⑦

综合以上的观点, 高等教育财政事权和支出责任划分的原则有:

(1) 坚持中国特色社会主义理论和党的领导。坚持中国特色社会主义理论是一切工作的指导思想, 党是领导一切的。合理划分中央与地方的财政事权和支出责任必须坚持中国特色社会主义理论和党的领导, 才能维护社会公平正义和促进共同富裕。

(2) 坚持以人民为中心。"以民为本"是我们一切工作的出发点和归宿,"办好人民满意的高等教育"是我们的初心和使命。合理划分中央与地方的财政事权和

① 于树一, 周俊铭.我国政府间财政事权与支出责任划分:一个理论综述[J].财政监督, 2018(5):68-74.
② 楼继伟.建立现代财政制度[J].中国财政, 2014(1):10-12.
③ 财政科研协作课题组.加快构建事权与支出责任相适应的财政体制——基于山东、吉林、焦作、龙岩的分析与思考[J].公共财政研究, 2015(2):24-52.
④ 何振一.财力与事权匹配:完善财税体制的关键[J].中国财政, 2007(6):25-27.
⑤ 赵云旗.政府间"财政支出责任"划分研究[J].经济研究参考, 2015(68):3-14.
⑥ 李振宇, 王骏.中央与地方教育财政事权与支出责任的划分研究[J].清华大学教育研究, 2017(5):35-43.
⑦ 刘红灿.对政府事权及支出责任的研究——以教育为例[D].北京:财政部财政科学研究所, 2014:34.

支出责任必须坚持以人民为中心。

（3）坚持财政事权划分由中央决定。"划分中央与地方的财政事权和支出责任"是大事，大事必须由中央决定。要增强"两个维护"的思想自觉、政治自觉和行动自觉，切忌分散主义、本位主义和狭隘地方主义，明确中央在财政事权确认和划分上的决定权。

（4）坚持有利于健全社会主义市场经济体制。要正确处理政府与市场、政府与社会的关系，合理划分中央与地方的财政事权和支出责任，确定高等教育财政事权和支出责任的范围和方式，将应由市场或社会承担的事务，交由市场主体或社会力量承担，使市场在资源配置中的决定性作用得到充分发挥；对应由政府提供高等教育的服务，要明确承担财政事权和支出责任的相应政府层级，规范政府在社会主义市场经济体制中的行为。

（5）坚持法治化规范化道路。按照党的十九届四中全会通过《中共中央关于坚持和完善中国特色社会主义制度、推进国家治理体系和治理能力现代化若干重大问题的决定》提出的"必须坚定不移走中国特色社会主义法治道路，全面推进依法治国，坚持依法治国、依法执政、依法行政共同推进，坚持法治国家、法治政府、法治社会一体建设"精神，逐步实现政府间财政事权和支出责任划分法治化、规范化，依法治国、依法行政，依法治财。

（6）坚持保障标准合理适度与坚持差别化分担。我国各地经济社会发展不平衡造成了高等教育财政事权和支出责任的差异，需要中央承担的支出责任要有所区别，实行差别化分担；但必须坚持保障标准合理适度，既要尽力而为，又要量力而行，适时调整国家基础标准，兼顾各级财政承受能力。

（7）坚持积极稳妥统筹推进。高等教育财政事权和支出责任的划分是一个动态调整、不断完善的过程，既要加强顶层设计，又要统筹兼顾，要积极稳妥推进，协同合作，务求实效。

（8）受益原则即外部性原则。根据公共产品的溢出效应确定政府间的支出责任，公共物品溢出的范围如果一项活动的外部性只有一个地方得益，则这项事务应交给这个地方来管理；如果溢出的范围是跨区域的，则应由更高级别的政府管理。

（9）激励相容原则。政府间事权与支出责任的划分，要尽可能使地方追求自身利益最大化的同时，也达到整体利益最大化的目标，既简化各个层级的政府之间的委托代理关系，又达到公共产品供给的帕累托最优。同时，信息处理复杂性高，事权和支出责任归中央；信息处理复杂性低，事权和支出责任属于地方。

（10）效率原则。由中央政府提供效率更高的支出责任归中央，由地方政府处理效率更高的支出责任归地方。

(五)厘清市场和政府的边界是合理划分财政事权和支出责任的基础

财政事权的基础首先要明确政府与市场、社会的边界,然后明确中央和地方政府之间划分公共物品供给的职能,中央和地方按照财政事权承担相应的支出责任。在发达国家探讨政府间财政关系时是"以支定收"这个公共财政的问题。

1. 厘清在高等教育中市场与政府和社会的边界

(1)厘清在高等教育中市场与政府的边界

《国务院关于深化预算管理制度改革的决定》(国发〔2014〕45 号)将"划清市场和政府的边界"作为深化预算管理制度改革的四项原则之一,强调"凡属市场能发挥作用的,财税等优惠政策要逐步退出;凡属市场不能有效发挥作用的,政府包括公共财政等要主动补位"。

《中华人民共和国教育法》(2015)第五十四条规定:"国家建立以财政拨款为主、其他多种渠道筹措教育经费为辅的体制,逐步增加对教育的投入,保证国家举办的学校教育经费的稳定来源。"这表明高等教育需要政府与市场共同发力。公共产品的非排他性和非竞争性,决定了政府与市场的边界。即明确哪些是政府该干的、哪些是市场、社会组织该干的。

2011 年 3 月 23 日,《中共中央 国务院关于分类推进事业单位改革的指导意见》(中发〔2011〕5 号)第 9 条规定:"细分从事公益服务的事业单位。根据职责任务、服务对象和资源配置方式等情况,将从事公益服务的事业单位细分为两类:承担义务教育、基础性科研、公共文化、公共卫生及基层的基本医疗服务等基本公益服务,不能或不宜由市场配置资源的,划入公益一类;承担高等教育、非营利医疗等公益服务,可部分由市场配置资源的,划入公益二类。具体由各地结合实际研究确定。"

楼继伟指出:"现代国家治理要求科学界定国家公共权力边界,并实现国家公共权力的合理配置和规范运行。"[①]

白景明等认为,省属院校高等教育,市场为主;中直院校高等教育,政府为主。白景明等在"附件 3:四川省成都市分报告"中指出:"教育事务同时具备排他性和竞争性,应充分引入市场竞争。⋯⋯高等教育按高校隶属关系划分事权事责,鼓励民间办学。⋯⋯附录:政府间事权事责划分清单(按政府收支分类科目):支出功能科目 205:教育。'05-1 省属院校高等教育,市场为主,省事权事责,逐步推向市场''05-2 中直院校高等教育,政府为主,中央事权事责'。"[②]

---

① 楼继伟.推进各级政府事权规范化法律化[N].人民日报,2014-12-01.
② 白景明,朱长才,叶翠青,等.建立事权与支出责任相适应财税制度操作层面研究[J].经济研究参考,2015(43):3-91.

（2）厘清在高等教育中市场与社会的边界

2016 年 11 月 30 日,财政部、中央编办《关于做好事业单位政府购买服务改革工作的意见》(财综〔2016〕53 号)规定:"承担高等教育、非营利医疗等公益服务,可部分由市场配置资源的公益二类事业单位,可以作为政府购买服务的承接主体。现由公益二类事业单位承担并且适宜由社会力量提供的服务事项,应当纳入政府购买服务指导性目录,并根据条件逐步转为通过政府购买服务方式提供。有关行政主管部门应当创造条件积极支持公益二类事业单位与其他社会力量公平竞争参与承接政府购买服务,激发事业单位活力,增强提供公共服务能力。"

20 世纪 80 年代有一句"人民教育人民办"是典型模糊教育中市场与政府和社会的边界的口号。人民是相对敌人而言的(如人民内部矛盾),人民是众多的集合体,而公民是个体。"人民教育人民办",政府干什么? 社会干什么? 市场干什么?

2. 合理划分中央与地方的财政事权和支出责任

2016 年 8 月 16 日,《国务院关于推进中央与地方财政事权和支出责任划分改革的指导意见》(国发〔2016〕49 号)指出:"体现基本公共服务受益范围。体现国家主权、维护统一市场以及受益范围覆盖全国的基本公共服务由中央负责,地区性基本公共服务由地方负责,跨省(区、市)的基本公共服务由中央与地方共同负责。做到支出责任与财政事权相适应。按照'谁的财政事权谁承担支出责任'的原则,确定各级政府支出责任。对属于中央并由中央组织实施的财政事权,原则上由中央承担支出责任;对属于地方并由地方组织实施的财政事权,原则上由地方承担支出责任;对属于中央与地方共同财政事权,根据基本公共服务的受益范围、影响程度,区分情况确定中央和地方的支出责任以及承担方式。对中央和地方有各自机构承担相应职责的财政事权,如科技研发、高等教育等,中央和地方各自承担相应支出责任。"

（1）中央政府要厘清在高等教育中的财政事权和支出责任

① 高等教育的财政事权与支出责任分属于不同的部门管辖

发展规划部门掌握着高等教育的大部分财政事权(制定招生计划)与少数支出责任;财政部门掌握着高等教育的支出责任;教育部(工信部、民委等)等掌握着高等教育少数财政事权(高等教育政策与规划制定、专业设置与调整等)和少数支出责任(教育部、工信部、民委等)。

② 教育部(工信部、民委等)只负责少数部属高校,地方政府还要承担中央高校的配套资金

乔春华认为:"中央财政应当是面向全国性公共物品的财政,而不是少数重点大学的'财务管家'。"[①]

地方政府还要承担"985"等高校的配套资金。

---

① 乔春华.高等教育投入体制研究[M].南京:南京大学出版社,2006.42.

③ 制定高等教育"财政事权和支出责任"的清单

地方政府为什么愿多投入市政工程而少投入教育？傅勇认为："财政分权反映地方政府财政自主性的大小，财政越分权，地方政府的自由度就越大，就越有可能按激励方向改变行为模式。因而反腐败力度的加强可能会降低寻租动机驱动的某些公共物品供给。反腐败力度的加强有助于改善基础教育的质量，但对城市公用设施供给的影响为负。分析政府行为时应该考虑其动机。政府（官员）有激励把财政的更大比重用在腐败机会较多的领域。"①因为公共物品投资城市公用设施既有政绩又有利益输送，而钱花在教育上政绩小利益少，需要制定高等教育"财政事权和支出责任"的清单。

同时，为了防止高等教育财政事权和支出责任划分不明晰导致中央与地方政府在履行职能时出现"越位""缺位""错位"现象，就有必要制定高等教育"财政事权和支出责任"的清单。

第三节　优化高等教育经费来源结构研究

一、社会主义市场经济条件下高校经费的来源结构

联合国教科文组织在 1994 年发表的《高等教育的发展变化：指导文件》中指出，应将教育费用的回收与充分开发现有人力、物力的努力齐头并进。国家和社会"不应把高校看成一种预算上的负担，而应看成加强经济竞争力、发展文化和加强民族的社会凝聚力的长期投资"。各国为解决高等教育经费困难，切实发挥高等教育公共财政的职能作用。

瑞士日内瓦大学前任校长路丝·E. 韦伯提出，大学要在激烈的竞争中保持优势，必须拓宽资金来源渠道，积极寻找政府投入和学费收入之外的其他财政来源，如建立捐赠基金、密切与企业合作以获取研究经费等，同时把握好学校的支出预算，有效地分配资金。高等教育资源危机，这不仅需要政府和高等教育机构的强有力的参与，而且需要所有受益者，包括学生、他们的家庭、老师、专业协会和社会舆论等全力参与。因此，高等教育财政要采用多种控制模式。

高校经费的来源结构（或收入结构）即高校多渠道筹资体制或高校投入体制。戴建兵的研究显示："当前，高校对国家财政资金依赖程度还较高。教育经费年鉴统计显示，2013 年至 2017 年，我国高等教育总投入中财政性教育经费占比平均在60% 以上，社会捐赠占比仅约为 0.5%。据了解，美国部分公办州立大学财政拨款占比已由原来的约 50% 逐步下降至目前的 10% 左右。其中捐赠贡献率占比已达

---

① 傅勇. 财政分权、政府治理与非经济性公共物品供给[J]. 经济研究，2010(8)：4-15.

30%左右,极大减少了大学对财政资金的依赖,资金多元化办学特征日益明显。"①因此,高等教育必须是多渠道投入体制。

(一)高等教育投入体制的不同观点

1. 一渠道说

即在计划经济体制下只有单一的财政拨款渠道,所以,当时的教育投入体制又可称为教育拨款体制。

2. 三渠道说

闵维方等认为:"中国普通高等院校的经费渠道主要有三个。一是国家财政拨款,这是中国高教经费的主要来源,占高校总投资的80%以上。二是学校自己创收的收入。近年来,由于国家给予高等院校越来越多的自主权,高等院校可以通过同政府有关部门、基金会和工业部门签订科研合同、开展技术咨询、委托培养,以及各种各样的社会服务和校办产业获得一定的经济收入,用于改善办学条件和提高教职员工的福利待遇等。三是通过贯彻实施成本分担和成本补偿政策而收取学杂费的收入。"②

3. 六渠道说

即"财、税、费、产、社、基"。

4. 九渠道说

杨周复、施建军等认为:"在这几年高校财务工作的实践中,基本上形成了以政府拨款为主,多渠道筹措教育经费的新机制。这些渠道可以概括为'财、税、费、产、社、基、科、贷、息'等九个方面。"③

5. 十渠道说

笔者曾提出"财、税、费、产、社、基、科、金、民、其"十个渠道,④即"财政拨款""教育费附加""非义务教育学杂费""校办产业收入""社会捐资集资""教育基金""科研经费""教育金融""民间资金""其他资金(利息收入、财产变价收入等)"十个高校筹资渠道。

2013年11月12日,十八届三中通过的《中共中央关于全面深化改革若干重大问题的决定》指出:"推进公共资源配置市场化。"笔者提出构建财政主导、市场引导的教育经费投入体制,在本节重点阐述"财政拨款""非义务教育学杂费"两个渠道。

① 戴建兵.大学基金会须勇担社会责任[N].光明日报,2019-10-23.
② 闵维方,陈晓宇.中国高等教育经费需求与投资体制改革[J].教育研究,1994(12):30-38.
③ 杨周复,施建军.大学财务综合评价研究[M].北京:中国人民大学出版社,2002:24.
④ 乔春华.高等教育投入体制研究[M].南京:南京大学出版社,2006:21.

(二) 教育投资体制需要"改革""完善"和"规范"

1. 改革和完善

1993 年中央提的是"改革和完善"。1993 年 2 月 13 日,中共中央、国务院发布的《中国教育改革和发展纲要》提出:"改革和完善教育投资体制,增加教育经费。……要逐步建立以国家财政拨款为主,辅之以征收用于教育的税费、收取非义务教育阶段学生学杂费、校办产业收入、社会捐资集资和设立教育基金等多种渠道筹措教育经费的体制。"

2. 完善和规范

10 年后,2003 年中央提的是"完善和规范"。2003 年 10 月 14 日,十六届三中全会《关于完善社会主义市场经济体制若干问题的决定》规定:"完善和规范以政府投入为主、多渠道筹措经费的教育投入体制。"2004 年 3 月,国务院批转的《2003—2007 年教育振兴行动计划》规定:"非义务教育的办学经费,以政府为主渠道,由政府、受教育者和社会共同分担。逐步形成与社会主义市场经济体制相适应的、满足公共教育需求的、稳定和可持续增长的教育投入机制。"

3. 改革和完善

又过了 15 年,2018 年国务院提的是"改革完善"。《国务院办公厅关于进一步调整优化结构提高教育经费使用效益的意见》(简称《意见》)指出:"但还存在教育经费多渠道筹集的体制不健全等问题。"在"指导思想"中还指出"改革完善教育经费投入使用管理体制机制"。

4. 从"加大"到"扩大"投资渠道

一般都将注意力放在"加大投入上",但中央既强调加大财政投入,又强调了"加大"与"扩大"并重的投资渠道。2013 年 9 月 25 日,习近平在联合国"教育第一"全球倡议行动一周年纪念活动上发表的贺词中指出:"中国将坚定实施科教兴国战略,始终把教育摆在优先发展的战略位置,不断扩大投入,努力发展全民教育、终身教育,建设学习型社会。"由过去的"加大"变成"扩大",一字之差,所强调的内涵是寻找新财源,扩大教育投入的渠道。2017 年 1 月 13 日,教育部部长陈宝生在 2017 年全国教育工作会议上指出:"坚持'一个为主、两条腿走路',不断扩大社会投入。"2013 年 12 月 19 日,教育部副部长杜玉波在教育部直属高校财务工作会议上指出:"保持经费投入强度,完善成本分担机制、健全社会投入机制、拓宽收入来源渠道。"[1]《意见》中提到"鼓励扩大社会投入"。因此,高校应寻找新财源,如捐赠、合作办学、民间资本、混合所有制等。

5. 改革教育投资体制机制应推进公共资源配置市场化

2013 年 11 月 12 日,《中共中央关于全面深化改革若干重大问题的决定》第 2

---

[1] 高靓.杜玉波:充分认识做好直属高校财务工作重要性[N].中国教育报,2013-12-18.

条指出："紧紧围绕使市场在资源配置中起决定性作用深化经济体制改革。"第 3 条指出："市场在资源配置中起决定性作用和更好发挥政府作用。市场决定资源配置是市场经济的一般规律。必须积极稳妥从广度和深度上推进市场化改革，大幅度减少政府对资源的直接配置，推动资源配置依据市场规则、市场价格、市场竞争实现效益最大化和效率最优化。政府的职责和作用主要是保持宏观经济稳定，加强和优化公共服务，保障公平竞争，加强市场监管，维护市场秩序，推动可持续发展，促进共同富裕，弥补市场失灵。"第 7 条指出："推进公共资源配置市场化。进一步破除各种形式的行政垄断。"第 13 条指出："打破行政主导和部门分割，建立主要由市场决定技术创新项目和经费分配、评价成果的机制。"十八届三中全会的《决定》对教育投入最突出的创新是"大幅度减少政府对资源的直接配置""推进公共资源配置市场化"。这是高等教育投入供给侧改革的主题和新课题。

(三) 高校拨款体制机制的改革

1. 高校拨款体制的改革

2017 年 1 月 24 日，教育部、财政部、国家发展改革委印发的《统筹推进世界一流大学和一流学科建设实施办法(暂行)》(教研〔2017〕2 号)第三条指出："面向国家重大战略需求，面向经济社会主战场，面向世界科技发展前沿，突出建设的质量效益、社会贡献度和国际影响力，突出学科交叉融合和协同创新，突出与产业发展、社会需求、科技前沿紧密衔接，深化产教融合，全面提升我国高等教育在人才培养、科学研究、社会服务、文化传承创新和国际交流合作中的综合实力。"

中共中央、国务院发布的《关于加强和改进新形势下高校思想政治工作的意见》(中发〔2016〕31 号)指出："高校肩负着人才培养、科学研究、社会服务、文化传承创新、国际交流合作的重要使命。"但是，目前"基本支出"按学生人数拨款，"项目支出"也没有完全体现"人才培养"以外的其他功能。虽然五项功能之间互相渗透，如"人才培养"也有"文化传承创新"的功能，但总的看五项功能的相应拨款体现不明显、不匹配。

2015 年 11 月 17 日，财政部、教育部发布的《关于改革完善中央高校预算拨款制度的通知》(财教〔2015〕467 号)指出："完善基本支出体系。""重构项目支出体系"。新的项目支出体系包括以下六项内容：①中央高校改善基本办学条件专项资金；②中央高校教育教学改革专项资金；③中央高校基本科研业务费；④中央高校建设世界一流大学(学科)和特色发展引导专项资金；⑤中央高校捐赠配比专项资金；⑥中央高校管理改革等绩效拨款。从"人才培养、科学研究、社会服务、文化传承创新和国际交流"五大功能逐项拨款，但也应该认识到，这五大功能是相互联系、互为影响的，每一项功能都单列预算会造成重复拨款。

2. 高校经费投入机制的改革

2017 年 9 月，中共中央办公厅、国务院办公厅印发的《关于深化教育体制机制改革的意见》指出："要健全教育投入机制。强调要完善财政投入机制。合理划分教育领域财政事权和支出责任,明确支出责任分担方式……逐步健全各级各类教育经费投入机制。"《国务院办公厅关于进一步调整优化结构提高教育经费使用效益的意见》第二部分的标题为"完善教育经费投入机制"。

改革和完善高校拨款的"机制"就应将"投入型"的拨款机制改为"绩效型"的拨款机制。简单地说,高校拨款机制的转变不是从"入口"而是应从"出口"入手。当然,"产出型"不一定有"成果",可能是次品。应为"成果"(合格品和优质品)为导向的"绩效型"的拨款机制。目前,高校的绩效拨款仅在"项目支出"中进行。下面介绍高校经费投入改革的8个机制。

(1)推动绩效拨款机制

2008年10月8日,《财政部　教育部关于完善中央高校预算拨款制度的通知》(财教〔2008〕232号)第二条第3款指出:"引入绩效拨款机制。为进一步提高财政资金使用效益,按照'目标明确、分类考核、先易后难、稳步实施'的原则,建立与公共财政相适应、科学规范的高校绩效评价体系,引入以绩效为导向的资源配置方式。"

2011年3月23日,《财政部关于实行中央级普通高校绩效拨款与项目支出预算执行挂钩办法的通知》(财教〔2011〕39号)第二条指出:"中央高校预算执行绩效奖励采取分段叠加的办法。具体如下:截至每年6月30日项目支出预算执行率不低于50%的中央高校,获得预算执行绩效奖励额度的20%;截至每年9月30日项目支出预算执行率不低于75%的中央高校,获得预算执行绩效奖励额度的30%;截至每年12月31日,项目支出预算执行率不低于中央本级预算执行平均水平的中央高校,获得预算执行绩效奖励额度的50%。"第三条指出:"截至每年12月31日,项目支出预算执行率低于中央本级预算执行平均水平3个百分点的中央高校,取消当年预算执行绩效全部奖励资格。"第七条指出:"预算执行绩效奖励资金应主要用于学校发展,优先用于加强财务管理基础和基层建设、提高财务管理信息化水平等方面,不得用于发放人员工资、奖金、津补贴和福利支出,不得支付罚款、捐赠、赞助、投资等。"必须指出,这里的"绩效=项目支出预算执行率=花钱进度",不是真正意义上的"绩效"。绩效拨款是以"结果"或"成果"为导向的拨款。经费投入应与就业率紧密挂钩。党的十八大报告指出:"推动实现更高质量的就业。"党的十九大报告指出:"要坚持就业优先战略和积极就业政策,实现更高质量和更充分就业。"国务院批转教育部《2003—2007年教育振兴行动计划》第24条指出:"切实将高等学校布局、发展规划、学科专业结构、办学评估、经费投入等方面工作与毕业生就业状况紧密挂钩。把就业率和就业质量作为衡量高等学校办学水平的重要指标之一。"人才培养的绩效拨款比较难。高等教育具有迟效性的特征,培养周期较长,不像大多数物质产品当年投入当年见效,或当月投入当月见效,或当日投入当日见效。笔者曾提出用毕业率、就业率、毕业生第一年就业的单位排名和月薪、研究生升学率(专升本率)、专业证书通过率、用人单位信息反馈等指标,①但这些指标不完整,如毕业生到贫困地区去支教、扶贫以及从事公益事业的志愿者等都应列入绩效拨款指标,因此,应建立中国特色的绩效拨款指标体系。

2014年10月30日,《财政部 教育部关于建立完善以改革和绩效为导向的生均拨款制度加快发展现代高等职业教育的意见》(财教〔2014〕352号)指出:"发挥导向作用。各地在建立完善高职院校生均拨款制度过程中,在注重公平的同时,要切实体现改革和绩效导向,以学生规模存量调整为重点,促进高职院校加强内涵建设。防止出现吃'大锅饭'和盲目扩招的问题。要向改革力度大、办学效益好、就业质量高、校企合作紧密的学校倾斜,向管理水平高的学校倾斜,向当地产业转型升级亟须的专业以及农林水地矿油等艰苦行业专业倾斜,引导高职院校合理定位,办出特色和水平。"

2015年10月24日,《国务院关于印发统筹推进世界一流大学和一流学科建设总体方案的通知》(国发〔2015〕64号)第十五条指出:"强化绩效,动态支持。创新财政支持方式,更加突出绩效导向,形成激励约束机制。资金分配更多考虑办学质量特别是学科水平、办学特色等因素,重点向办学水平高、特色鲜明的学校倾斜,在公平竞争中体现扶优扶强扶特。完善管理方式,进一步增强高校财务自主权和统筹安排经费的能力,充分激发高校争创一流、办出特色的动力和活力。"

2015年11月17日,财政部、教育部《关于改革完善中央高校预算拨款制度的通知》(财教〔2015〕467号)指出:"总体目标。服务国家发展战略,面向经济社会发展需要,立足高等教育发展实际,适应建立现代财政制度和提高教育质量的要求,牢固树立现代国家治理理念、公平正义观念和绩效观念,坚持问题导向,着力改革创新,强化顶层设计,积极构建科学规范、公平公正、导向清晰、讲求绩效的中央高校预算拨款制度,支持世界一流大学和一流学科建设,引导中央高校提高质量、优化结构、办出特色,加快内涵式发展,更好地为全面建成小康社会服务。"

罗瑞垚、盛梦露报道:"按绩效拨款导向起步。相对于中国的高校经费使用现状,发达国家的公立大学拨款体系中,更多地体现了对学校绩效,即教育质量的考察,'如该校学生毕业生的就业率、平均起薪,乃至毕业后2年、5年的就业率,平均薪水等'。'按绩效拨款'这一改革方向,在此次文件中也有所体现。在合并后的6个专项中,有一项即为'中央高校管理改革等绩效拨款',主要便是根据学校管理改革等相关因素分配,由中央高校按照规定统筹使用。……绩效拨款指标体系的建立,是绩效拨款的关键问题,应以'客观事实'为依据,以'效果'为导向,在人才培养、科学研究等五个方面分别建立绩效指标。"②

---

① 乔春华.高等教育供给侧改革的财务视角[M].南京:东南大学出版社,2017:232.
② 罗瑞垚,盛梦露.中央高校拨款项目大整并强化绩效导向[Z].财新网,2015-11-28.

（2）购买服务机制

购买服务肯定是购买"成果"，它不属于"投入型"而是"绩效型"的拨款机制。在"人才培养、科学研究、社会服务、文化传承创新和国际交流"五大功能中有不少事项列不进"基本支出"和"项目支出"的预算中，即可通过购买服务的方式解决。

① 购买服务的主体——谁购买——政府财政拨款

2014 年 12 月 15 日，财政部、民政部、国家工商总局印发的《政府购买服务管理办法(暂行)》(财综〔2014〕96 号)第四条指出："政府购买服务的主体是各级行政机关和具有行政管理职能的事业单位。"

② 承接主体——买谁的——公益二类事业单位——包括高校

《政府购买服务管理办法(暂行)》第六条指出："承接政府购买服务的主体包括在登记管理部门登记或经国务院批准免予登记的社会组织、按事业单位分类改革应划入公益二类或转为企业的事业单位，依法在工商管理或行业主管部门登记成立的企业、机构等社会力量。"

2016 年 11 月 30 日，财政部、中央编办发布的《关于做好事业单位政府购买服务改革工作的意见》(财综〔2016〕53 号)指出："承担高等教育、非营利医疗等公益服务，可部分由市场配置资源的公益二类事业单位，可以作为政府购买服务的承接主体。现由公益二类事业单位承担并且适宜由社会力量提供的服务事项，应当纳入政府购买服务指导性目录，并根据条件逐步转为通过政府购买服务方式提供。有关行政主管部门应当创造条件积极支持公益二类事业单位与其他社会力量公平竞争参与承接政府购买服务，激发事业单位活力，增强提供公共服务能力。"

③ 购买服务的内容——购买什么——服务

《政府购买服务管理办法(暂行)》第十四条指出："除法律法规另有规定外，下列服务应当纳入政府购买服务指导性目录：A. 基本公共服务。公共教育、公共文化、公共体育等领域适宜由社会力量承担的服务事项。B. 社会管理性服务。社会组织建设与管理、法律援助、公共公益宣传等领域适宜由社会力量承担的服务事项。C. 行业管理与协调性服务。行业职业资格和水平测试管理等领域适宜由社会力量承担的服务事项。D. 技术性服务。科研和技术推广、行业规划、行业调查、行业统计分析、检验检疫检测、监测服务等领域适宜由社会力量承担的服务事项。E. 政府履职所需辅助性事项。法律服务、课题研究、政策(立法)调研草拟论证、战略和政策研究、综合性规划编制、标准评价指标制定、社会调查、评估、绩效评价、工程服务、项目评审、财务审计、咨询、技术业务培训、信息化建设与管理等领域中适宜由社会力量承担的服务事项。"

（3）成本分担机制

1999 年 6 月 13 日，《中共中央 国务院关于深化教育改革，全面推进素质教育的决定》第 24 条规定："在非义务教育阶段，要适当增加学费在培养成本中的比例，逐步建立符合社会主义市场经济体制以及政府公共财政体制的财政教育拨款政策和成本分担机制。"

教育部 2004 年 2 月 10 日制定、国务院 2004 年 3 月 3 日批转的《2003—2007 年教育振兴行动计划》(国发〔2004〕5 号)第 9 条规定:"推进培养成本分担制度改革。"

2010 年 6 月 21 日,中共中央政治局审议并通过《国家中长期教育改革和发展规划纲要(2010—2020 年)》第五十六条规定:"完善非义务教育培养成本分担机制,根据经济发展状况、培养成本和群众承受能力,调整学费标准。"

高等教育学费拟在本节第四部分具体阐述。

(4) 运用金融机制

《中华人民共和国教育法》第六十二条指出:"国家鼓励运用金融、信贷手段,支持教育事业的发展。"

1993 年 2 月 13 日,中共中央、国务院印发的《中国教育改革和发展纲要》(中发〔1993〕3 号)第 48 条指出:"运用金融、信贷手段,融通教育资金。"

笔者曾在 14 年前探索并创建"教育金融"的概念和体系,该体系由教育股票、教育债券、教育彩票、教育储蓄、教育信托、教育保险、教育贷款等组成,提出了教育金融是高等教育的重要筹资渠道。文中介绍了美国 1995 年发行债券的高等院校已经达到 160 所,1996 年发行债券的学校又增加到 189 所。到 1996 年底美国高校发行的债券总额已达到 550 亿美元;耶鲁大学还发行了 100 年才到期的"跨世纪"债券;美国著名的营利性大学凤凰大学又是上市教育公司,而且还发行股票;从 1790 年到南北战争时期,美国利用博彩收入建立了 50 所大学、300 所中小学和 200 所教堂。美国一流大学中的哈佛大学、耶鲁大学、普林斯顿大学和哥伦比亚大学等都曾得益于彩票收入等。[1]

为了保障高等教育支出,一些州从非税收入中划拨一部分用于高等教育部门,形成非税专项基金。这些非税收入来自彩票和博彩收入、烟草协议收入和其他非税收入。如佛罗里达州把彩票收益全部用于 K-12 教育和高等教育,在 2008 年彩票收益的 60% 用于高等教育。密苏里州也广泛使用彩票收益资助学院和大学,在州政府为四年制公立大学提供的拨款中,彩票收益金占到 8% 至 9%;在州政府为社区学院提供的拨款中,彩票收益金占到 5%。公共土地信托收入是州政府资助高等教育的另一种非税收入。公共土地信托收入用于高等教育的资金在州高等教育资助总额中所占的比例很小,目前只有 9 个州把其作为专项基金用于高等教育,在其中 6 个州中其占州高等教育资助总额的比例不到 1%。[2]

---

[1] 乔春华.教育金融刍议[J].江苏高教,2004(6):43-45.

[2] Russell A. Dedicated Funding for Higher Education: Alternatives for Tough Economic Times [EB/OL]. http://www. aascu. org/ uploadedFiles/AASCU/Content/Root/ PolicyAndAdvocacy/PolicyPublications/08. decpm(2). pdf.

（5）根据对研究方案质量的判断来决定拨款的机制

中国科技大学是招生少科研多的高校，"按学生人数拨款"明显不利于一流大学的建设。美国大学联合会常务副主席约翰·冯先生认为："多年来在欧洲，例如德国及其他一些国家，政府以学生数量为基础对大学制定拨款公式。过去我们经常和西德的校长们进行交流。……他们从以学生数量为基础的拨款方式转变到根据对研究方案质量的判断来决定拨款。他们说这样对研究质量的影响显而易见。我想这是一种很重要的机制，我希望我们能继续保持。"①

（6）高校财政拨款改为贷款机制

"拨改贷"是将财政与高校两者的关系变为高校与银行和财政三者的关系。财政拨款是政府行为，银行贷款是市场行为。高校与银行之间的业务往来按合同办事，互相承担经济责任和法律责任。"拨改贷"的第一年，高校可向银行申请原财政拨款额度的无息（财政贴息）贷款一年，第一学年贷款到期，根据毕业生和就业人数报财政部门，经财政部门审核后拨款给银行。科研经费的拨款也可以由科研人员向银行贷款，结题经第三方鉴定后拨款归还或市场认可通过购买服务方式归还，这样可提高教育和科研财政拨款的使用效益。

（7）教育捐赠激励机制

2010 年 6 月 21 日，中共中央政治局审议并通过的《国家中长期教育改革和发展规划纲要（2010—2020 年）》第五十六条规定："完善捐赠教育激励机制。"

（8）增设社会服务补偿经费

2008 年 10 月 8 日，《财政部 教育部关于完善中央高校预算拨款制度的通知》（财教〔2008〕232 号）第二条第 4 款指出："增设社会服务补偿经费。为支持高校积极开展社会服务工作，促进区域发展和社会进步，在中央高校预算拨款体系内增设社会服务补偿经费，用于补偿学校社会服务活动部分成本开支。首先启动对中央高校医科类学生实习补偿方案。"

二、发展中国家（或省份）财政投入培养人才流向富国（或富省）的反思

（一）发展中国家财政投入培养人才流向富国的反思

1. 人才流向富国

《教育：财富蕴藏其中》指出："人才流向富国。发展中国家每年损失专家、工程师、医生、科学家、技术人员数千人。他们对原籍国给的工资低和提供的机会少而感到失望，便移居富国，在那里他们可以更好地发挥自己的才干，得到较高的薪酬。造成这个问题的部分原因是人才培养过剩。发展中国家的教育系统往往是根据与

---

① 王晓阳，刘宝存，李婧. 世界一流大学的定义、评价与研究——美国大学联合会常务副主席约翰·冯（John Vaugh）访谈录[J]. 比较教育研究，2010,32(1):13-19.

新时代高校财务理论研究

工业化国家相符的需要加以组织的,因而培养出过多的高水平毕业生。索马里培养出的大学毕业生约为它所能雇佣的五倍,科特迪瓦毕业生的失业率高达50%。工业化国家从这些移民发挥的才能中得到了好处。1960年至1990年,美国和加拿大接受了100多万来自发展中国家的专业人才和技术人员。美国的教育在很大程度上依靠他们:1985年,工程院校里35岁以下的助教估计有一半是外国人。日本和澳大利亚也在努力吸引高度专业化的移民。这种专业化劳动力的损失是严重的资本流失。美国国会研究部门认为,1971—1972年,发展中国家因为每一个专业化移民而损失20 000美元的投资,即损失总额达6.46亿美元。这一损失由于移民劳动者的汇款而得到部分补偿,但是仅此而已。有些国家受过教育的人有可能供大于求,但是另外一些国家却在失去它们非常需要的专业人员。加纳20世纪80年代培养的医生目前有60%在国外行医,由此造成本国医务部门人员奇缺。1985年至1990年,整个非洲损失的中、高级干部估计有6万人。发展中国家应首先负责制止这种现象。它们应使教育系统更适应自己的实际需要,并应改进对自己经济的管理。但是为了达到这一目的,它们还应进一步打入国际市场。"①

2. 中国博士毕业生留美率79.4%

《美国博士学位调查》(Survey of Earned Doctorates)发布,其中一个数据引起了笔者的注意。"2018年在美国的亚裔有14 815人获得博士学位,其中中国籍博士有6 182名,而且有79.4%打算留在美国。"

据《美国国家科学基金会》下属的科学工程、医学卫生、人文基金等权威机构的调研,这些毕业生读博毕业后却有79.4%的人选择留在美国继续发展。全球材料科学影响力最高的十大科学家,有6名是在美的华人,更有5名本科毕业于中国科学技术大学。

媒体报道,79.4%的博士宁愿选择去美国,北大清华成了外国人才基地。

3. 发展中国家财政投入培养人才流向富国

胡侃教育在网上披露:"超86%的清华毕业生在美国完成深造后,选择在美定居,相当于每年有685名清华毕业生被美国一纸硕博学位'挖走',接近清华每年培养人才数量的10%!看看国家在这685名毕业生身上投入的资源有多少:根据各大高校公布的官方数据,清华2019年总预算经费为297.21亿元,对照清华官网公布的在学学生人数48 739人,简单换算下来的生均年度预算高达60.98万元,也就是说国家每年花在这685名留美毕业生的总经费为4.177亿元!4年下来就是16.71亿人民币!(这还不算9年义务教育、高中阶段国家的投入)"②施一公指出:

---

① 联合国教科文组织总部.教育:财富蕴藏其中[M].联合国教科文组织总部中文科,译.北京:教育科学出版社,1996:1258-1259.

② 胡侃教育.清华留美学生86%学成不归,国家在他们身上投的16.71亿打了水漂?[Z].搜狐网,2019-08-04.

"从清华大学毕业的学生,有三分之一都去了美国继续深造。"这一点就让他很痛心,祖国培养了这些学生这么多年,最后都为别人做了嫁衣。如果这些学生在美国真的能够做出成绩,那也罢了,问题是这些学生在美国中真正能够脱颖而出的却少之又少。其实清华大学最好的生源大多数都去了国外,而且很大一部分都会选择继续留在国外。[①] 记者徐倩、储召生报道:"2017 年,我国出国留学人数首次突破 60 万,达 60.84 万人,同比增长 11.74%,持续保持世界最大留学生生源国地位。"[②]出国留学无可厚非,但我国在本科前或硕士前政府财政投入不少资金培养的学生能学成回国服务更好。这些学生,学成不归留在了美国就业,拿了绿卡对个人不仅没有损失什么,且大有好处。清华也成为美国培养人才的摇篮。

(二) 发展中省份财政投入培养人才流向富省的反思

1. 人才东南飞

2005 年 3 月 7 日,全国人大代表、西北师范大学校长王利民代表甘肃代表团发言:"陕西省 2002 年毕业的 4 600 多名硕士学位以上的研究生,有 80%择业到了东部。甘肃省每年在外省(区、市)高校培养的非师范类毕业生的回归率只有 40%,甘肃农业大学培养的 27 名畜牧业硕士研究生现已全部调走。长期以来,西部大多数省属高校资金普遍紧张,教育投入严重不足,目前与部属院校的投入差距更是越来越大。"他以 1998 年教育事业费用支出为例,西北五省(区)仅为 82.4 亿元,而江苏一省就达 89.7 亿元。2009 年 3 月 5 日,全国人大代表、兰州大学校长周绪红在甘肃代表团驻地接受记者采访时指出:"把西部的学生稳定在西部。"

近几年《C9 高校毕业生就业质量报告》称:"绝大多数毕业生流向东部发达地区。"

2. 教育第三大省——山东省成为人才输出大省

邢婷报道:"来自山东省本土求职招聘网站齐鲁人才网发布的《2018 山东秋季人才流动报告》,则用翔实数据展现了目前山东人才流失的现实。上述报告以 2 万名山东 2019 届毕业生为调查样本,调查显示,2019 届毕业生中选择留在山东的人数仅占 17.7%,不足 2 成;江苏省已成第一流向地区,其占比高达 19.1%;浙江省和'北上广'同样对人才吸附能力较强。该报告称'山东省已成为人才输出大省'。"[③]

3. 教育第四大省——河南省成为人才输血基地

从梧桐果主编的《2019 届中国校园招聘报告》中 2019 届河南高校毕业生意向

① 宇文解读.清华副校长清华 80%的高考状元都去哪儿了一般人猜不到[EB/OL].[2019-10-22].https://www.360kuai.com/pc/9d34ff12cb9d6d081?.
② 徐倩,储召生.昂首阔步迈向高等教育强国——党的十八大以来我国教育改革发展述评·高等教育篇[N].中国教育报,2018-09-06.
③ 邢婷.人口大省如何破解人才困境[N].中国青年报,2019-09-10.

流动区域可见,河南省已沦为"人才输血基地"。2019 届毕业生中意向留在本省就业的人数仅占 32.98%,而意向前往省外工作的占比高达 67.02%。就其意向流出省份来看,江苏省已成第一流向地区,其占比高达 8.5%;"北上广"作为传统优势地区,人才吸附能力依然较强,其占比分别为 8.22%(上海)、8.01%(广东)和7.7%(北京),浙江省占比也相对较高,为 6.83%,位列第五。

(三) 发展中地区财政投入培养人才流向富裕地区的反思

1. 合理划分教育领域政府间财政事权和支出责任

十八届三中全会通过的《中共中央关于全面深化改革若干重大问题的决定》第19 条强调了:"建立事权和支出责任相适应的制度。"2018 年 8 月 17 日,《国务院办公厅关于进一步调整优化结构提高教育经费使用效益的意见》(国办发〔2018〕82号)在"基本原则"中指出:"推进教育领域中央与地方财政事权和支出责任划分改革。"第三条指出:"持续保障财政投入。合理划分教育领域政府间财政事权和支出责任,进一步完善教育转移支付制度。"第二条指出:"推进教育领域中央与地方财政事权和支出责任划分改革。"第三条指出:"合理划分教育领域政府间财政事权和支出责任。"

2. 按照"谁的财政事权谁承担支出责任"的原则,确定各级政府支出责任

人才输出受益者是谁? 首先是输入的发达国家(或输入的发达省、直辖市),其次是输出的人才,《2019 中国海归就业创业调查报告》显示,海归回国就业存在不小的优势,企业招聘海归的平均薪酬比全国招聘的平均薪酬高 2 500 元左右。培养人才者是谁? 是输出的发展中国家(或输入的欠发达省、自治区)。受益者理应是"财政事权"与"支出责任"的承担者,但现在"财政事权"和"支出责任"的承担者是发展中国家(或输入的欠发达省、自治区),受益者却是"发达国家(或输入的发达省、直辖市)"。

上述本国(或本省)政府财政拨款为他国(或他省)人才服务的毕业生是以该国(或该省)财政拨款为主培养的学生,却服务于经济较发达的他国(或他省、市),在国内,这种经济欠发达的省份的毕业生服务于经济较发达的省份是普遍现象,这对经济欠发达地区是不公平的。如何处理"政府间财政事权和支出责任"? 显然,要服务于经济较发达的省份承担经济欠发达的省份的财政拨款是不可能的,只能由离开培养自己故乡的学生承担,因为这些学生或为了较高的薪酬,或为了自己及子女有更好的环境。这种属于准私人产品的东西在具体操作上应提高学生的学费。这对于在大城市的务工人员也是公平的。笔者不反对人才流动,是主张提高学生的学费,补贴给"高校选调生"和"留在本地的学生"。出国留学值不值? 留学投入产出一直是热门话题,能收回留学成本吗? 启德教育《2019 海归就业调查报告》调研数据显示:多数海归 5 年内"回本"留学费用。

2020 年为了减轻就业压力,我国扩招 18.9 万硕士生。陈鹏认为:"扩招将向

中西部地区和东北地区高校倾斜。"①这些硕士生培养费用由中西部地区和东北地区支付,能回中西部地区和东北地区的又有多少?

顺便说一句,现在不少学者研究国家(或省)高等教育投入收益率,却忽视了上述人才流失的因素,如广西投入广东收益,安徽投入江苏收益等。同时,各省财政投入高校绩效评价指标应加上"高校毕业生留存率(或流失率)"。

此外,教育部《新一轮"985 工程"重点共建签约工作情况介绍》指出:"在签约的 16 个省市中,11 个省市达到或超过 1∶1 配套。西部地区支持重点共建的积极性显著提高。受区域经济发展差异以及灾后重建等因素影响,四川、陕西、甘肃等省配套资金没有达到 1∶1。"这种由于地区经济发达程度造成的公平缺失,"985 工程"配套资金不应由经济欠发达省份承担,应通过"教育财政转移支付制度"由教育部或财政部负责。

三、高等教育财政拨款的改革

(一) 关于 4%

1. 一般不低于 4%

自 2017 年以来,国务院曾三次提出"一般不低于 4%"。《教育:财富蕴藏其中》指出:"通过取消其他开支来增加公共教育经费,这应该被看作是所有国家,特别是发展中国家必须做的一件事,因为这是对未来至关重要的一项投资。大体上说,在国民生产总值用于教育的比例尚未达到 6% 的国家,教育经费无论如何不应低于这个百分比。其他可能性包括以下一点,即从人的发展角度出发,应考虑将一部分军事预算转移到教育事业上。事实上,教育的发展有助于与所有不安全因素做斗争:失业、社会排斥、国与国发展不均等、种族冲突或宗教冲突等。"②这在 1996 年就提到"发展中国家教育经费无论如何不应低于这个百分比——6%"。两个都是"不低于",一个"一般不低于 4%",另一个却是"无论如何不应低于 6%",《教育:财富蕴藏其中》另一处还指出:"学生总数相当于世界 1/4 以上的人口,公共教育经费约占世界国民生产总值的 5%。不过,我们注意到差距是很大的。这种差距反映了世界财富分配不均这一现实,但它也是因为发达国家(1992 年占国民生产总值的5.3%)在财政上相对地比发展中国家(占国民生产总值的 4.2%)做出了较大的努力而产生的。"③

怎么"不低于 4%"? 4.001% 也"不低于 4%",《中华人民共和国教育法》第五

---

① 陈鹏.硕士扩招 18.9 万人:怎么扩,如何招[N].光明日报,2020-03-11.

② 联合国教科文组织总部.教育:财富蕴藏其中[M].联合国教科文组织总部中文科,译.北京:教育科学出版社,1996(12):161.

③ 联合国教科文组织总部.教育:财富蕴藏其中[M].联合国教科文组织总部中文科,译.北京:教育科学出版社 1996(12):157.

十五条规定:"国家财政性教育经费支出占国民生产总值的比例应当随着国民经济的发展和财政收入的增长逐步提高。"2019 年 11 月 22 日,《国家统计局关于修订 2018 年国内生产总值数据的公告》称:"2018 年国内生产总值为 919 281 亿元,比初步核算数增加 18 972 亿元,增幅为 2.1%。"2019 年仅为 4.02%,比 2017 年的 4.14%下降 0.12%,成为 2012 年以来的最低点,当然 4.02%也"不低于 4%"。这就是说,不仅在"十三五""一般不低于 4%",到 2035 年也"一般不低于 4%"。

记者张国、樊未晨报道:"6 月 1 日,中国发展研究基金会副理事长卢迈说,目前我国财政性教育经费占 GDP 比重已达 4.1%,建议提高到 5%。全国政协常务委员兼副秘书长、民进中央副主席朱永新对记者说,很多国家的财政性教育经费占 GDP 比例超过 6%。随着社会发展,教育投入占比应该越来越高,4%'绝对不是最高点',他赞成逐步提高比例的建议。"[1]

2. 世界占国民生产总值的比例

联合国教科文组织引用的另一个数据见表 2-1。[2]

表 2-1　1980—1992 年公共教育经费占国民生产总值的比例(%)

项　　目	1980	1985	1990	1992
世界总计	4.9	4.9	4.9	5.1
发展中国家	3.8	4.0	4.0	4.2
其中:撒哈拉以南地区	5.1	4.8	5.3	5.7
阿拉伯国家	4.1	5.8	5.2	5.6
拉丁美洲及加勒比海地区	3.9	4.0	4.1	4.4
东亚/大洋洲	2.8	3.2	3.0	3.1
其中:中国	2.5	2.6	2.3	2.0
南亚	4.1	3.3	3.9	4.4
其中:印度	2.8	3.4	4.0	3.7
最不发达国家	2.7	2.8	2.9	2.8
发达国家*	5.2	5.1	5.1	5.3
其中:北美洲	5.2	5.1	5.4	5.7
亚洲/大洋洲	5.8	5.1	4.8	4.8
欧洲*	5.1	5.1	5.0	5.2

* 不包括苏联

资料来源:《1995 年世界教育报告》,第 139 页,巴黎,教科文组织,1995 年。

[1] 张国,樊未晨.教育界人士:建议国家财政性教育经费占 GDP 比重提至 5%[N].中国青年报,2019-06-03.

[2] 联合国教科文组织总部.教育:财富蕴藏其中[M].联合国教科文组织总部中文科,译.北京:教育科学出版社,1996:157-158.

从表 2-1 可以看出,"中国"栏数据是最低的。

3. 肯尼亚占国民生产总值的比例

记者郭倩报道:"据肯尼亚《民族日报》日前报道,肯尼亚长期以来积极发展教育事业,目前教育经费占国内生产总值 7%,这一比例已达到国际平均水平。专家指出,国家财政性教育经费占国内生产总值 4% 的投入指标是世界衡量教育水平的基础线。据统计,在国家财政性教育投入上,目前世界平均水平为 7% 左右,其中发达国家达到 9% 左右,经济欠发达国家投入比例约为 4%。肯尼亚自 2003 年免除小学学费以来,全国小学生数量已增加近 200 万人,辍学率也有所下降。据统计,肯尼亚国民平均入学就读年数近年来已延长了 4 年,全国范围内适龄儿童入学率去年达到 100%,78% 的平均识字率在整个非洲也是首屈一指。2008 年,肯尼亚政府斥资 4 200 万美元推出免费中等教育新政,肯尼亚成为继乌干达之后撒哈拉以南非洲第二个实行免费中等教育的国家。"[①]

肯尼亚 2010 年达到 7%,小学免费中学免费后仍得到希望工程资助。2009 年 8 月 18 日,世界杰出华商协会主席卢俊卿与副主席李建华在钓鱼台国宾馆向联合国副秘书长甘巴里汇报建立中非希望工程构想,得到高度评价。2009 年 10 月 30 日,李建华等组委会领导与肯尼亚、纳米比亚、津巴布韦、赞比亚四国驻华大使商讨工程筹备事宜,同时与南非、坦桑尼亚、尼日利亚等国大使进行电话或书面沟通,均得到积极反馈与大力支持。

肯尼亚国土面积 582 646 平方千米(相当于我国的四川省),2013 年人口 4 180 万人,人均 GDP 1 020 美元(2013 年)。

4. 1991 年一些国家公共经费与私人经费所占结构的百分比

联合国教科文组织提供的资料见表 2-2。[②]

表 2-2　1991 年一些国家各级*教育经费来源所占百分比

高收入国家	公共经费/%	私人经费/%
德国	72.9	27.1
澳大利亚	85.0	15.0
加拿大	90.1	9.9
丹麦	99.4	0.6
西班牙	80.1	19.9
美国	78.6	21.4

①　郭倩.肯尼亚教育经费占国内生产总值 7% 达世界平均[Z].新华网,2010-12-06.
②　联合国教科文组织总部.教育:财富蕴藏其中[M].联合国教科文组织总部中文科,译. 北京:教育科学出版社,1996:162.

（续表）

高收入国家	公共经费/%	私人经费/%
芬兰	92.3	7.7
法国	89.7	10.3
爱尔兰	93.4	6.6
日本	73.9	26.1
荷兰	98.0	2.0
中、低收入国家	公共经费/%	私人经费/%
海地	20.0	80.0
匈牙利	93.1	6.9
印度	89.0	11.0
印度尼西亚(a)	62.8	37.2
肯尼亚(b)(1992/1993)	62.2	37.8
乌干达(1989/1990)	40.0	57.0
委内瑞拉(1987)	73.0	27.0

＊大、中、小学正规教育。

(a) 仅指公共教育。私人经费来源仅包括家庭。

(b) 仅指初等和中等教育。私人经费来源仅包括家庭。

资料来源：《教育的优先事项与战略》，第 54 页，华盛顿，世界银行，1995 年。

（二）高等教育拨款咨询委员会

1. 关于"高等教育拨款咨询委员会"的规定

《国家中长期教育改革和发展规划纲要（2010—2020 年）》第五十八条规定："设立高等教育拨款咨询委员会，增强经费分配的科学性。"

教育部发布的《深化教育体制改革工作重点》"管理体制改革"第 3 条规定："设立高等教育拨款咨询委员会。"

教育部 2010 年工作要点第 27 条规定："研究制定设立高等教育拨款咨询委员会方案。"

教育部 2011 年工作要点第 25 条规定："研究设立高等教育拨款咨询委员会。"

可惜，2020 年已经到了，但高等教育拨款咨询委员会尚未成立。

教育部 2012 年工作要点第 6 条规定："加强高等教育拨款咨询委员会工作。"

2. "高等教育拨款委员会"的作用

目前高等教育拨款的体制机制是"政府→高校"这种政府直接向高等学校拨款的模式，改为"政府→高等教育拨款委员会→高校"这种高等教育拨款委员会负责拨款的间接拨款的模式。

"高等教育拨款咨询委员会"成员由政府人员、教育专家、财经专家等组成,是一个事业性中介机构,起"缓冲器(buffer)"作用。其主要职能是为政府制定宏观的高等教育财政规划,对高等教育经费进行评估、分配、管理、监督等,确保经费使用的效益和效率。在业务上,高等学校拨款委员会接受政府的指导,但具有相对的独立性的运作。与国外不同的是,我国的"高等教育拨款咨询委员会"突出了"咨询"功能。

在国外,如英国成立了英格兰高等教育拨款委员会、苏格兰高等教育拨款委员会和威尔士高等教育拨款委员会,印度成立了大学拨款委员会(UGC)。

3. 高校项目支出竞争性拨款机制

高校竞争性拨款应在下列四类中推动:①"双一流"高校(如以前的"985"工程、"211"工程、"2011"工程等);②"双一流"学科(如以前的优势学科、特色重点学科、重点实验室等);③科研基金项目(如自然科学研究基金项目、哲学与社会科学研究基金项目等);④杰出人才资助(奖励)计划(如高等学校骨干教师或优秀青年教师资助计划、高等教育国家级教学成果奖或高等学校教学名师奖等)。

国外项目支出对竞争性拨款的启示:①依法拨款,即制定竞争性拨款的政策或办法;②公开招标,即符合条件者均可申报;③第三方评价,即由第三方依法评审;④契约约束,即中标者签订合同,双方履约。

(三)绩效拨款应是激励节约的机制

1. 预算执行效率≠预算执行率

(1)预算执行效率

2010年6月21日,中共中央政治局审议并通过的《国家中长期教育改革和发展规划纲要(2010—2020年)》第五十八条规定:"建立科学化、精细化预算管理机制,科学编制预算,提高预算执行效率。"2011年6月29日,《国务院关于进一步加大财政教育投入的意见》(国发〔2011〕22号)第四条第二款规定:"要强化预算管理。提高预算编制的科学性、准确性,提高预算执行效率,推进预算公开。"

(2)预算执行率

2011年4月23日,《教育部办公厅关于实行部属高校预算与预算执行挂钩办法的通知》(教财厅〔2011〕1号)指出:"'预算执行率'用来考核学校国库财政拨款,是指截至统计月份已执行预算占全年预算总额的比率,用百分比表示,按月计算,反映预算执行进度。"

在"预算执行"的文件中,还规定了预算执行的支出月报制度、预算执行进度按月通报制度、约谈制度以及预算执行与当年预算调整和下年预算安排挂钩制度等一系列加快预算执行进度的措施。由此可见,"预算执行率"实际上是预算执行进度,实质上是突击花钱的速度。

2. 绩效拨款不应只考核花钱进度不问花钱效率的激励机制

2011 年 3 月 23 日,《财政部关于实行中央级普通高校绩效拨款与项目支出预算执行挂钩办法的通知》(财教〔2011〕39 号)指出:"自 2011 年 1 月 1 日起,为加强预算管理,增强预算执行的时效性和均衡性,中央财政将中央高校项目支出预算执行情况作为绩效拨款的重要因素,实行挂钩奖励办法。本《通知》所称'项目支出',是指由中央财政当年拨付的纳入部门预算的列'205 教育'科目的所有一般预算财政拨款项目支出。所称'项目支出预算执行率',是指截至考核时间点'项目支出'实际支出数占'项目支出'已下达预算指标数的比率,用百分比表示。"

什么是效率?萨缪尔森和诺德豪斯指出:"效率是经济学所要研究的一个中心问题(也许是唯一的一个中心问题)。效率意味着不存在浪费。"[①]

2018 年 8 月 17 日,《国务院办公厅关于进一步调整优化结构提高教育经费使用效益的意见》(国办发〔2018〕82 号)第十三条指出:"全面提高使用绩效。各级教育部门和学校要牢固树立'花钱必问效、无效必问责'的理念,逐步将绩效管理范围覆盖所有财政教育资金,并深度融入预算编制、执行、监督全过程,完善细化可操作可检查的绩效管理措施办法,建立健全体现教育行业特点的绩效管理体系。……将绩效目标执行情况和绩效评价结果作为完善政策、编制预算、优化结构、改进管理的重要依据,作为领导干部考核的重要内容。"

四、改革科研经费等中不符合"财政事权和支出责任"的事项

(一) 省属高校承担国家级课题成员的薪酬不应由省属高校承担,部属高校承担省级课题成员的薪酬不应由部属高校承担

《国务院办公厅关于进一步调整优化结构提高教育经费使用效益的意见》第二条指出:"完善教育经费投入机制。……持续保障财政投入。合理划分教育领域政府间财政事权和支出责任,进一步完善教育转移支付制度。"2016 年 8 月 16 日,国务院发布的《关于推进中央与地方财政事权和支出责任划分改革的指导意见》(国发〔2016〕49 号)指出:"按照'谁的财政事权谁承担支出责任'的原则,做到支出责任与财政事权相适应。"

省属高校中从事国家级课题主要成员的薪酬现由省属高校"按学生人数拨款"的省财政的"基本支出"中承担支出责任,部属高校中从事省级课题主要成员的薪酬现由部属高校"按学生人数拨款"的中央财政的"基本支出"中承担支出责任,省(部)属高校从事本省(部)的研究项目的人员经费也用"人才培养"的拨款支付。科学研究的"财政事权"是科研项目,其"支出责任"理应是科研项目,明显不符合"财政事权和支出责任"的规定。很多著名高校科研经费几十亿元,选择科研岗的学者

---

① 萨缪尔森,诺德豪斯. 经济学[M]. 12 版. 高鸿业,等译. 北京:中国发展出版社,1992:45.

很少上课,却占据了教师编制,其薪酬由"人才培养"的经费列支而不能在高校科研经费中承担"支出责任",这在制度顶层设计上出了偏差。

(二)"科研人员的工资不得在科研经费中列支"于理不通

高校科研主创人员的劳动不是"直接费用"而是"间接费用"于理不通。

上述文件解释"直接费用是指在项目研究过程中发生的与之直接相关的费用",科研项目的主创人员立项、总体设计、攻克难点、结题的全过程是科研成果创新的灵魂和主力,其智力劳动的付出肯定是"在项目研究过程中发生的与之直接相关的费用"。在一个重大或重点课题的研制成本中,只有研究生等人这么一点点津贴或补贴,给人的感觉是重大或重点课题只需很少的非高端人才的智力付出。恰恰相反的是,从事复杂脑力劳动的成果应比从事简单体力劳动的成果在成本中应占更大的份额。因此,科研人员的工资应是科研经费的直接费用。

马克思在《资本论》第三卷中指出:"按照资本主义生产方式生产的每一个商品 W 的价值,用公式表示是 $W=c+v+m$。如果我们从这个产品价值中减去剩余价值 m,那么,在商品中剩下的,只是一个在生产要素上耗费的资本价值 $c+v$ 的等价物或补偿价值。……我们把成本价格叫作 k,$W=c+v+m$ 这个公式就转化成了 $W=k+m$ 这个公式。"[1]马克思的成本理论为 $k=c+v$。c 表示物质消耗支出(物化劳动消耗),v 表示劳动报酬支出(活劳动报酬)。一个产品或一项服务的成本必须是为该产品或服务的生成付出的全部代价,包括物化劳动消耗和活劳动报酬。

黄永林、李茂峰的研究表明:"国家对高校科研人员劳务报酬政策进行改革,建立和完善纵向课题组劳务付出的补偿机制。建议一:参照国外通行做法,实行项目经费包干制,只要项目研究质量达到预期要求,课题组可以自由支配和使用经费,或者在总经费中明确规定一定比例用于科研课题组人员劳动补偿支出,避免过多依赖发票报销现象的发生。建议二:提高纵向科研项目经费间接费用中用于绩效支出的比例,保障高校教师在开展科研项目研究中的劳动付出能获得一定补偿,提高经济待遇,使得高校教师能安心从事教学和基础性科学研究工作。"[2]

(三)从事重大、重要项目科研人员的薪酬应高于教学人员、行政人员的薪酬

科研项目的主要成员薪酬不按生均拨款列支而列入科研经费后,从事重大、重要项目科研人员的薪酬应高于教学人员、行政人员的薪酬。理由如下:一是从事重大、重要项目的科研人员付出比教学人员、行政人员更多的艰苦的具有探索性和创新性的复杂劳动,二是这些科研人员承担科研的不确定性带来的科研风险,三是争

① 马克思,恩格斯.马克思恩格斯全集:第25卷[M].北京:人民出版社,1974:30.
② 黄永林,李茂峰.我国高校科研经费管理政策与制度存在的主要问题及其对策建议[J].教育与经济,2013(3):3-8.

取到重大、重要科研项目不容易。

由于从事重大、重要项目科研人员还承担部分培养人才的教学任务(如指导研究生等),因此,从事重大、重要项目科研人员的薪酬不应在科研项目经费中全额承担,但薪酬的主体部分应由科研项目承担。至于课题大小与教学任务多少应占多少比例,仍应根据"财权与事权相统一"的原则划分。

(四)承担社会服务、文化传承创新和国际交流等功能的薪酬列支问题

从事社会服务、文化传承创新和国际交流等功能的人员,他们可以立项,也可以被购买服务,又可以获得资助或奖励等,取得相应的服务收入。这些人员既从事这些服务,又可能有一定的教学工作量,其薪酬在"服务收入"列支多少,在"按学生人数拨款"的经费列支多少,各占多少比例,也应按照"谁的财政事权谁承担支出责任"的原则分流采用成本分担机制。

(五)从科研等项目分流出上述人员的薪酬后可相应提高教学人员和行政人员的薪酬

通过上述的成本分担机制,可以从"按学生人数拨款"的经费分流出不少资金,可相应提高教学人员和行政人员的薪酬。这样,可用于创新教学内容与方法,提高高等教育质量的绩效奖励。

五、高等教育学费渠道

笔者曾指出:"制定全国统一的收费标准。"[1]笔者还曾指出:"应提高学生的收费标准。"[2]但没有展开深入研究。关于高等教育的外溢性对经济增长和社会进步的贡献是肯定的。1996年11月,21世纪教育委员会向联合国教科文组织提交的报告认为:"随着'智力革命'产生的影响,人们看到所说的非物质投资(如教育)日益重要。""但是,应该牢记教育不仅仅是一种社会开支,还是一种会产生长期效益的经济和政治投资。""教育是一种长期的经济、社会和人力投资。"[3]这些观点对各国教育决策和实践具有指导意义。

(一)高等教育投资的私人收益性质

马克思曾经说过:"如果我自己购买,或者别人为我购买一个教师的服务,其目的不是发展我的才智,而是让我学会赚钱的本领,而我又真的学到了一些东西(这件事就它本身来说,完全同对于教师的服务支付报酬无关),那末(么),这笔学费同我的生活费完全一样,应归入我的劳动能力的生产费用。"[4]受教育者要花钱,在市

---

① 乔春华.高校学费的供给侧改革——高校财务领域供给侧改革之二[J].会计之友,2018(7):120-125.
② 乔春华.高校经费"调结构、提效益"的理论思考[J].教育财会研究,2019(1):27-33.
③ 联合国教科文组织总部.教育:财富蕴藏其中[M].联合国教科文组织总部中文科,译.北京:教育科学出版社,1996:57,161,179.
④ 马克思,恩格斯.马克思恩格斯全集:第26卷(第一册)[M].北京:人民出版社,1972:437.

场经济条件下主要是为了能赚钱。这就要把个人和家庭的"投资性消费"相联系,成为一种特殊的社会经济发展环节,也就由此适当引入竞争机制,应明确办学机构之间的竞争关系。马克思认为,复杂劳动力"比简单劳动力需要较高的教育费用,它的生产要花费较多的劳动时间。因此,它具有较高的价值。既然这种劳动力的价值较高,它也就表现为较高级的劳动,也就在同样长的时间内物化为较多的价值"。①

马歇尔明确认为"用于人的教育的投资,是最有效的投资""在所有资本之中,最有价值的就是对人投资而形成的资本"。②

英国教育经济学家布劳格指出:"不管能否精确地测量教育是消费与否,我们都应该肯定教育是一种私人和社会的投资。"③

英国著名的教育经济学家马克·布劳格曾对人力资本理论的核心做过精辟的概括:人是有前瞻性(Forward Looking)的,他做出使用自己种种资源(金钱和时间等)的决定,不是为了今天的享用,而是为了将来在金钱上或非金钱上的收益。用通俗的话表达即:人是有远见的,他在自己身上投下种种资源(金钱和时间等),不是为了今天的享用,是为了将来在金钱上或非金钱上的收益。由此可见,教育特别是高等教育具有私人产品的特征④。

英国的约翰·穆勒是集19世纪上半叶政治经济学成果之大成的经济学家,他指出:"还有另一种使用劳动的方式,同样有助于生产,只是更为间接而已,这就是将人作为对象的劳动。每个人从婴儿到被抚养成人,要花费某个人或数个人大量的劳动。不花费这种劳动或只花费其中一部分,孩子就不会长大成人,代替父母一代而成为劳动者。对于整个社会来说,抚育幼年人口的劳动和花费是支出的一部分,是生产的一个条件,是要从幼年人口未来的劳动产品中加倍偿还的。""社会的技术教育或工业教育,即用于学习或讲授生产技艺的劳动,却实际上而且一般说来仅仅是为了获得更多或更有价值的产品才付出的,为的是学习者可以获得与其劳动价值相等或超过其劳动价值的报酬,并使所雇佣的教师的劳动得到适当的报酬。"⑤

伦敦经济学院的巴尔(N. Barr)教授就认为"教育不是公共物品",其依据是教育的消费可以给消费者带来诸多收益,可以引发形式多样化的外部收益,包括生产收益和文化收益等。⑥

① 马克思,恩格斯.马克思恩格斯全集:第23卷[M].北京:人民出版社,1972:223.
② Harbison F, Myers. C A. Education,Manpower and Economic Growth[M]. New York:McGraw-Hill, 1964:3-4.
③ Blaug M. An Introduction to the Economics of Education[M]. London:Penguin Press,1970:16-22.
④ 西方教育经济学流派[M].曹满超,等,译.北京:北京师范大学出版社,1999:179.
⑤ 穆勒.政治经济学原理及其在社会哲学上的若干应用[M].朱泱,赵荣潜,桑炳彦,译.北京:商务印书馆, 1991:54-55.
⑥ Barr N. The Economics of Welfare State [M]. New York:Oxford University Press,1988:328.

Bluestone(1993)修正了早先基于传统经济的研究,提出劳动者的教育对区域影响的新领域。他认为,教育对区域的影响除了对经济增长的直接效应外,还包括通过高等教育可以培养出熟练的劳动者,他们比没受过高等教育的人能获得更多工资报酬,对区域的税收贡献更大。

前已述及,高等教育提供准私人产品,接受高等教育是个人的一种投资。许毅、苌景州指出:"人力资本理论是由美国经济学家舒尔茨完整提出的,他认为教育投资是形成人力资本的主要部分。教育是提高人口质量的投资,不仅使个人、家庭获得收益,而且能够提高劳动生产率,对国民经济增长的作用都超过物力资本。"[①]董辅礽认为"从经济学角度看,教育是一种劳务,它既是消费的教育又是投资的教育"。[②] 美国经济学家曼昆在其著作《经济学原理》中指出:"人力资本是对人的投资的积累。最重要的人力资本是教育。与所有资本形式一样,教育代表着为了提高未来生产率而在某一时点的资源支出。"[③]因此,接受高等教育与收入水平存在正相关的关系。

邓子基、邱炳华指出:"教育是一种具有私人性质的产品,接受教育的人可以从中得到相应的收益,因而也愿意付出相应的成本,从这点来看,教育是可以由微观主体来提供的,需要接受教育的人们可以花钱购买这种服务。"[④]

邱渊指出:教育投资是"有形的消费,潜在的生产;必要的消费,扩大的生产;今天的消费,明天的生产"。[⑤]

劳凯声指出:"不久前还被人们看成是一种典型公共物品,并且由国家包办和提供的教育产品,其可分性和竞争性的特点越来越显而易见。由于教育能给学习者带来巨大且明显的回报,原先由政府包办并根据社会的需要来发展的教育,正在出现某种私人消费的倾向。不同的人对教育的不同需求开始成为教育发展中的一个不可忽视的因素,中国教育开始兼有公共消费和私人消费的双重消费特征。"[⑥]

(二) 高等教育投资的私人收益大于社会收益率

从私人收益来看,教育是一个人在其生命周期中所获得的人力资本。作为一种投资,它通常以受教育的年限来衡量[⑦],以工资的形式作为回报。与初等教育相比,高等教育的投资回报率急剧上升。马斯格雷夫认为,高等教育的预期收益包

① 许毅,苌景州.西方教育经济价值理论评述[J].高校理论战线,1994(6):28-33.
② 董辅礽.发展教育产业能拉动消费需求和投资需求[J].教育发展研究,1999(7).
③ 曼昆.经济学原理(下)[M].3版.梁小民,译.北京:机械工业出版社,2003:23.
④ 邓子基,邱华炳.财政学[M].北京:高等教育出版社,2002:201.
⑤ 邱渊.教育经济学导论[M].北京:人民教育出版社,1989:2-29.
⑥ 劳凯声.教育市场的可能性及其限度[J].北京师范大学学报(社会科学版),2005(1):15-22.
⑦ 经济合作与发展组织.2012年全球发展展望:变迁世界中的社会和谐[M].张菁,译.北京:国家行政学院出版社,2012:99.

括:学生收入的提高;学生从受教育中获得的满足感;社会外部性收益。教育作为以服务形式呈现的无形产品,不仅要投入资金,还需要有因材施教的方法,并与受教育者的资质、努力程度相关,因此,其收益很难量化。马斯格雷夫提出的三项收益中只有第一项能衡量,目前仍无法对教育产业哪怕是可能的总产出进行估算。

在 OECD 国家,男性高等教育私人净现值,即考虑成本后个人在其职业生涯内获得的经济收益是 14.6 万美元,高中教育等非高等教育的净现值为 6.8 万美元。2008—2010 年,OECD 国家未接受高中教育人口的平均失业率从 8.8% 上升到 12.5%,接受过高中教育人口失业率从 4.9% 上升到 7.6%,接受过高等教育人口的失业率从 3.3% 上升到 4.7%,受教育程度不同带来的收入差距更大。[①] 这表明,受教育程度高不仅意味着更高的收入,也意味着更多的工作机会。高私人收益表明,要通过提供更多教育机会或让个人更容易获得助学贷款来完成学业,而不仅仅是降低教育成本。

对中国教育与人力资源的研究不仅要关注教育系统本身,也要关注劳动力市场建设,以更好地体现教育的正外部性。

亨利·汉斯曼在谈到"对大学提供公共资助的根本原因"时指出:"有人指出,由于大学教育是公共产品,所以应该获得公共资助。但是这个说法缺乏说服力。当然在民主社会中,受过良好教育的公民能够选举更有能力的领导者、制定更有效的政策,所以其他人能够从发展教育中获益。不过其他人获益的大小是值得怀疑的,事实上大学教育所产生的公共收益远远小于个人收益。如果一个国家的公民受过更好的教育,有更高的生产率,那么国家作为一个整体也会变得更加繁荣,因为个人通常无法完全占有自己所创造的财富。但是投资于实物资本和其他生产资本也会产生同样的结果,因此这不能构成国家资助人力资本开发的特殊原因。此外,即使大学教育普遍存在正外部性,但潜在的雇主为了获得学生的工作能力而展开竞争,使得绝大部分回报事实上被学生个人所占有。综上所述,高等教育主要是一种私人产品。也经常有人认为,由于高等教育是社会再分配的有效形式,所以应该获得公共资助。但是因为这个论点将再分配限制在特殊产品和服务的消费上,因此也常常遭到反驳。首先,这种资助是无效率的。如果想让一个穷人致富,在他生产力最高的那几年把他送进大学学习并不一定是最好的办法。在很多情况下,给他买辆卡车或开家饮食店,对他的前途来说可能会更好。第二,在通常情况下,资助高等教育会加剧两极分化。尤其是在对富人和穷人都实行无差别的学费减免时更是如此,原因在于能够进入大学学习的学生通常来自富有人家,这就使得富人从学费减免中获益更多。目前欧洲绝大多数国家就是这样做的。即使只给那些相

---

① 经济合作与发展组织.政府概览(2011)[M].黄宗晞,译.北京:国家行政学院出版社,2011.

对较穷的学生提供受教育资助,从长远来看对再分配也没有太大的影响,因为申请资助的学生通常是那些将来一定会成功的人。而那些由于缺乏学习背景、天赋而无法接受高等教育的年轻人将仍然留在原来所处的社会底层,资助高等教育并不能给他们提供任何帮助。"①

《教育:财富蕴藏其中》指出:"个人受益和社会收益之间的差距在高等教育中比在基础教育一级要大,因而有充分的理由认为,大学生及其家长愿意承担部分学习费用。""要求个人分担费用,这种分担对于他们来说不仅是使自己有希望获得更高薪酬的个人投资,而且是使自己得到充分发展的一种手段。"②

经济合作与发展组织的研究显示:"从私人收益来看,教育是一个人在其生命周期中所获得的人力资本。作为一种投资,它通常以受教育的年限来衡量。"③

闵维方的研究表明:"2004 年我国城镇劳动力教育明瑟收益率为 11.71%,即平均多受一年教育,收入可提高 11.71%。总体的趋势是受教育程度越高,教育的边际收益率越高。以本科四年学制计算,大学本科毕业生较同龄高中毕业生平均工薪收入高 75.4%。20 世纪 90 年代以来,我国本科教育的收益率从 1991 年的不到 4%提高到 2004 年的 18.9%。随着时间的推移,我国教育的明瑟收益率将进一步提高。"④

各国教育的投资收益率远高于物质资本投资收益率,且教育投资的个人收益率通常高于其社会收益率以及不同学历的教育投资回报率,详见表 2-3、表 2-4。

表 2-3 高等教育的社会与个人收益率

	社会收益率/%	个人收益率/%
非洲	13	32
亚洲	13	18
拉美	16	23
中等发达国家	8	13
发达国家	9	12

资料来源:西方教育经济学流派.曹满超,等,译.北京师范大学出版社,1990:59-160.

---

① 汉斯曼.高等教育中国家与市场的关系[J].黄丽,译.北京大学教育评论,2005(3):32-40.
② 联合国教科文组织总部.教育:财富蕴藏其中[M].联合国教科文组织总部中文科,译.北京:教育科学出版社,1996:163,165.
③ 经济合作与发展组织.2012 年全球发展展望:变迁世界中的社会和谐[M].张菁,译.北京:国家行政学院出版社,2012:99.
④ 闵维方.教育投入、资源配置与人力资本收益[M].北京:经济科学出版社,2009:399.

表 2-4　教育的投资回报率

国家分类	社会回报率/%			个人回报率/%		
	初等	中等	高等	初等	中等	高等
低收入国家(<610 美元)	23.4	15.2	10.6	35.2	19.3	23.5
中低收入国家(<2 450 美元)	18.2	13.4	11.4	29.9	18.7	18.9
中高收入国家(<7 620 美元)	14.3	10.6	9.5	21.3	12.7	13.8
高收入国家(>7620 美元)	...	10.3	8.2	...	12.8	7.7

资料来源:薛澜.高等教育是公共产品吗?——兼论政府在发展高等教育中的作用[J].科技导报,1999(9):36-38.

从表 2-3、表 2-4 可以看出,教育投资的个人收益率大于社会收益率,高等教育亦是如此。

(三) 高等教育免费和少收学费的不足

1. 免费和少收学费对不受高等教育的人不公平

马克思在《哥达纲领批判》中指出:"如果说,在美国的几个州里,高等学校也是'免费的',那么,事实上这不过是从总税收中替上层阶级支付了教育费用而已。"[1]因此,如果高等教育的经费全部由政府财政负担,等于所有纳税人支付高等教育成本,只有部分人受益,有失高等教育的公平。

高等教育不公平的资助在通常情况下不是帮穷人而是帮富人。Hansen 和Weisbrod 的研究表明:公共资助的高等教育其实质是"将穷人的收入向富人转移的一种不公平的机制"[2]。以后一些学者的实证研究也得到了与上述两位相同的结果,如:Rogers(1971),Jallade(1973),以及 Fields(1975)等。1979 年,弗里德曼在《自由选择:个人声明》一书的"学校的问题在哪里"一章中指出:"没有任何理由让那些没有享受到高等教育的人,为享受高等教育的人掏腰包。"哈耶克在其著作《自由秩序原理》一书中认为:"主张对高等教育进行补贴的理由在于,这种教育或研究能够为整个社会带来某种益处,而非这种补贴能给接收者带去何种利益。"[3]哈耶克还反对把高等教育机会作为一种福利在社会成员之间进行平等的分配。此外,来自美国的一些研究报告也显示:"政府的高等教育经费开始从低收入阶层转向了高收入阶层。"因此,政府的补贴实际上是阻挠而非促进教育机会均等目标的实现。这样一来,基于教育机会均等,而主张使用税收来资助高等教育的理由是不

---

[1]　中共中央马克思恩格斯列宁斯大林著作编译局.马克思恩格斯选集:第 3 卷[M].北京:人民出版社,1972:23.

[2]　Hansen W L, Weisbrod B A. The Distribution of Costs and Benefits of Public Higher Education: The Case of California[J]. The Journal of Human Resources,1969(2):167-191.

[3]　哈耶克.自由秩序原理[M].生活·读书·新知三联书店,2003:159.

成立的。孙玲的研究表明:"根据萨卡若普洛斯 1985 年的研究成果,政府对高等教育实施高补贴的政策时,受益最大的反而是最高收入阶层的家庭,这一点也已被许多发展中国家的实践所证明。"[1]

Ziderman 和 Albrecht(1995)的报告结果表明,尽管中高收入人群在社会总人口中的比重很小,但他们的子女却享受了高等教育机会中的较大比例,进而占用了公共高等教育经费中的大多数。[2] 如果公立高校提供的高等教育产品在通过政府仅免费提供给部分人员时就失去其公平性。Hansen 和 Weisbrad 运用"纯收益方法"对 20 世纪 60 年代美国加州公共资助下的高等教育公平性问题进行了研究,结果表明:公共资助下的教育系统明显导致穷人的收入向富人转移,反而加剧了教育的不平等。Hansen 和 Weisbrad 的研究结果之后被广泛引用,也证明了公共资助的高等教育产品是将穷人的收入向富人转移的一种不公平的机制。

一些学者认为高等教育成本分担是远远不够的,在非义务教育阶段应该按照全部成本收取学费,而政府也不应再对非义务教育进行财政资助。弗里德曼是教育券的首创者,因此,他提出了全成本学费理论。1962 年,弗里德曼在《资本主义与自由》(Capitalism and Freedom)一书中阐述了政府在教育中的作用,提出了全成本学费理论(Full-cost Fees Theory),他指出:所有公立高校"应该能收取偿付其成本的学费"。[3]

20 世纪 80 年代到 90 年代初,世界银行关于高等教育财政的研究显示:以公共财政支持的免费高等教育,预示着穷人向富人的逆向转移支付,即:穷人子女与富人子女相比获得了较少的高等教育机会。Winkler(1990)的一份研究报告指出,"免费或过低学费的高等教育体制存在以下弊端:①过低的私人成本会带来对高等教育的过度需求;②资源使用的低效率和过高的生均成本;③收入分配公平性的下降;④高等教育较少的入学机会"。[4] Ziderman 和 Albrecht(1995)的研究结果也表明,尽管中高收入人群在社会总人口中的比重很小,但他们的子女却享受了高等教育机会中的较大比例,进而占用了公共高等教育经费中的大多数。由此可知,主张使用税收来资助高等教育的教育机会均等论就很难令人信服了。

在获取社会收益的同时,教育也增加了个人的劳动价值,对高收入的期望推动人们将更多资源投资教育,这在高等教育中表现最为明显。正是基于此,近年在财政压力下,英国、澳大利亚等国对高等教育开始由完全免费改为向个人收缴部分费

---

① 孙玲.高等教育的成本补偿政策与社会公平性问题研究[J].教育研究,2000(7):22-24.
② 李文利.高等教育财政政策对入学机会和资源分配公平的促进[J].北京大学教育评论,2006,4(2):34-46.
③ 弗里德曼.资本主义与自由[M].张瑞玉,译.北京:商务印书馆,2004:108.
④ 李文利.高等教育财政政策对入学机会和资源分配公平的促进[J].北京大学教育评论,2006,4(2):34-46.

用,以筹集资金。

闵维方指出:"为了理解大学收费对社会公平的影响,我们必须首先分析这一政策对社会公共教育资源在全体社会成员中的分布状况的影响。由于每个大学生的培养费用是很昂贵的,在不收学费而国家财力又是有限的条件下,我们只能为很少的人提供上大学的机会。也就是说,很小的一部分能够上大学的社会成员要消耗掉相对较大的一部分公共教育资源;而没有上大学的社会成员则只能分享相对较少的公共教育资源。"[1]喜多村和之的研究显示:"为了实现高等教育公平的发展,同时也使高等教育获得更好的发展,有一个时期,美国高等教育实行几乎免费的政策,但是后来证明,这并没有实现教育机会均等,相反,最大的受益者是那些中高收入家庭的子女。之后开始收取学费,而且学费的比例大约占到近 60%,政府财政占大约 30%的比例。"[2]

刘学岚的研究表明:"美国多年实践的结果表明,几乎免费的高等教育并没有实现教育机会均等,最大的受益者是那些有高收入的家庭。而且,不收学费或学费过低,使部分大学生不珍惜接受高等教育的机会,导致高等教育资源的巨大浪费,不利于高等教育的良性发展。因此,美国社会对公立大学大幅度提高学费持较宽容的态度。"[3]高等教育是家庭或受教育者为了取得回报或收益的一种投资。由此可见,教育特别是高等教育具有私人产品的特征。

2. 免费和少收学费对受高等教育的人有低效率的"免费搭车"现象

1955 年,美国当代著名经济学家、诺贝尔奖获得者米尔顿·弗里德曼(Milton Friedman)在《政府在教育中的作用》一文中指出,长期建立起来的公共教育制度是一种垄断,由于缺乏必要的市场竞争,导致它效率低下,资源浪费,学校对学生不负责任。要改变这种现状,唯一的出路是走教育市场化的道路。[4]

1976 年,弗里德曼在《自由选择》一书中用一个矩阵说明四种花钱和消费的模式:①花自己的钱,为自己消费,最为经济;②花自己的钱,为别人消费,最有效率;③花别人的钱,为自己消费,最为浪费;④花别人的钱,为别人消费,最不负责任。大学生上学用财政拨款属于上述第三种。

姚晓丹、晋浩天报道:"取消'清考'前,大学生的日子是怎样的?'躺'也许是其中一个关键字。青年教师刘伟曾长年担任教学秘书,对此深有感触。他曾带过四年出勤率是个位数的学生,反正最后能不能通过考试都会给予形式上的认证。'同学们普遍学习压力不大,'刘伟告诉记者,'还有学生大四上半学期挂科数十门,下半学期如期照常毕业的例子。'吴岩表示,必须要改变让所有学生进了学校就等于

①　闵维方.高等教育成本补偿政策的决策依据[J].科学决策,1997(6):3-7.
②　喜多村和之.学费应该由谁来承担[J].现代高等教育,1996(3).
③　刘学岚.我国高等教育经费支出结构分析[J].武汉大学学报(哲学社会科学版),2009(4):574-578.
④　朱新涛.新自由主义经济学的高等教育市场化观点评析[J].江苏高教,2004(3):4-7.

进了安全箱、就必须毕业的情况。'现在有学生不对自己负责,不对家长负责,不对社会负责,他就应该付出应有的代价。'"①

部分学生在取消"清考"前是怎么混日子的?

(1) 逃课,宅宿舍

记者杨晓明报道:"高校替人上课明码标价,学生称课程无聊浪费时间。替课可谓明码标价:普通课 20 元,如果有实验课、体育课,价格可能比普通文化课要高一些。因为,体育课的难度大、实验课的时间长。如果是赶上体育课跑 800 米,替课的费用可能要 80~100 元。有人一天能赚 100 元左右。"②马宇平等报道:"雷达点名、拍照签到、电脑摇号、扫码上课……点名手段随技术进步而不断翻新。但在赵茜和同学们眼中,师生关系正在慢慢变成'兵'与'贼',课堂上不断上演着'拴'与'逃'。老师讲老师的,下面该玩手机的玩手机,刷英语四六级试题的继续刷题,课堂效率依然很低。"③"60 分万岁,多一分浪费"是不少大学生的信条,"选修课必逃,必修课选逃"是他们的口号。

(2) 玩游戏,谈恋爱

"上课睡觉,下课打游戏""上课刷手机,下课谈恋爱"。见习记者魏其濛、记者张茜报道:"一节课,三分之一的学生在睡觉;三分之一的学生在看手机;三分之一的学生在交头接耳。"④合肥工业大学因其在学校规定的最长学习年限内未完成学业,或超过学校规定期限未注册而又无正当理由,且未经请假离校连续两周未参加学校的教学活动对 46 名硕士研究生予以退学处理;广州大学因其在学校规定的最长学习年限(博士 7 年、硕士 5 年)内未完成学业决定对这 72 名研究生做退学处理。⑤ 2019 年 10 月 31 日,在教育部举办的新闻通气会上,针对"河北体育学院 40 名大学生旷课多被直接退学"等事件,教育部高等教育司司长吴岩表示,如果学校是依据相关规定做出的处理,这是一个好信号。吴岩还提道:"我们去年也说过,要让一部分学生天天打游戏、天天睡大觉、谈恋爱这样的日子一去不复返。""现在有学生不对自己负责,不对家长负责,不对社会负责,他就应该付出自己应有的代价。"

(3) 实习造假

周世祥指出:"学院会检查一下实习证明,家里有亲戚在一家公司做人事工作,请他盖个章就可以了,好多学长这么做。曾经在浙江某高校就读的小郑也回忆,自己本科毕业那年学院也要求实习,得知班里有位同学家长在一家工厂工作,当时我

① 姚晓丹,晋浩天. 大学"混日子"难了[N]. 光明日报,2019-11-01.
② 杨晓明. 沈高校有人靠"替课"月赚 800 元[N]. 华商晨报,2016-05-20.
③ 马宇平. 师生变成"兵"与"贼"?[N]. 中国青年报,2015-12-07.
④ 魏其濛,张茜."混教""混学"困扰高职教育[N]. 中国青年报,2018-10-16.
⑤ 参见中国青年报微信号 2019 年 3 月 14 日推文.

们就把证明写好,他替我们把单位公章一个个盖了,就是应付学校检查嘛。"①2019
年 6 月 14 日,柯高阳在《新华每日电讯》撰文:虚报就业、论文"放水"、简历"注
水"……高校毕业生"造假"何时休?

(4)混论文

2014 年 5 月 16 日,《半月谈》综合中国青年报、劳动报、证券时报、中国广播网、
首都师范大学学报、重庆晨网、上海侨报等相关报道撰文:"超过 90%的本科生用
不到一个月的时间就能完成毕业论文,有的甚至只用了不到 10 天!"记者谈洁报
道:"学校各个学院的二次答辩率基本都在 10%~15%,'学生很紧张,老师也很紧
张'。"②记者赵丽报道:"4 月 2 日,教育部在官网公布《教育部 2019 年部门预算》
称,2019 年教育部拟抽检博士学位论文约 6 000 篇(不含军队系统),抽检比例为上
一学年度授予博士学位数的 10%左右。2019 年学位论文抽检预算为 800
万元。"③

(5)就业简历造假

刘旭报道:"'入职后怕简历造假被发现,一见到人事部同事手心就出汗……'
拿出一套'包装'过的简历、证书、证明及复印件,于秋怀久久不愿讲起自己的经历。
于秋怀是辽宁工业大学市场营销专业 2018 届毕业生,年初收到一封广告邮件,声
称可以'包装'简历,赢得大企业面试机会。多份简历石沉大海后,于秋怀心动交了
2.6 万元,得到了一份加入助理营销师证书、大企业实习证明及销售冠军荣誉证书
的'全新'简历。面试通知接踵而至,7 月,他进入一家大型民营企业做销售专员,
月薪 8 000 元。8 月底,因申报岗位工资时其证书编号查不到,东窗事发后被
辞退。"④

针对这种情况,2018 年 6 月 21 日,教育部部长陈宝生在成都召开的新时代全
国高等学校本科教育工作会议指出:"有人说,现在是'玩命的中学、快乐的大学',
这种现象应该扭转,青春是用来奋斗的,对大学生要合理'增负',提升大学生的学
业挑战度。"

"混日子""躺"曾是大学生活关键字,不仅浪费青春,更是浪费国家财政资金!
因此,从市场经济原则提高高等教育学费有利于学生珍惜学习机会,防止浪费纳税
人的财政资金。

在计划经济时期,高等教育的"产品"——学生的所有权归国家,自身没有择业
的权利;学生学优学差也没有竞争性,由国家决定其就业去向按国家需要进行分
配,因此,大学毕业生是准公共产品。财政的本质属性是"公共性",所以,其培养费

---

① 周世祥.实习证明造假坑了谁[N].光明日报,2019-03-18.
② 谈洁.本科生进入二次答辩率超过 10%,论文质量要求提高难住不少学生[N].南京日报,2019-06-27.
③ 赵丽.严查论文抄袭　教育部拟拨款 800 万元抽检博士论文[N].法制日报,2019-06-10.
④ 刘旭.高价造假"混"进企业,谁来承担失信成本[N].工人日报,2018-11-02.

用应主要由国家财政拨款。在市场经济时期,学生的所有权归自己,自身有择业的权利;学生学优学差有竞争性,大学毕业生根据自己能力和需求自主决定其择业去向,大学生是准私人产品①,受高等教育者学到知识后,提高了劳动能力,增强了获取收入和物质与精神享受的本领,又具有明显地在收益上的排他性和消费上的竞争性。试看今日相当多大学生的择业观,在"到祖国最需要的地方去"与"到自己最需要的地方去"之间选择后者,他们挑选到大中城市和薪酬丰厚的岗位,对政府提倡"到基层去"视而不见,宁肯空岗而待业,等等。因此,应提高高等教育学费。

(四) 提高高等教育学费不应受 25%的限制

1. "高校学费占年生均教育培养成本的比例最高不得超过 25%"没依据

伊万·韦特曼认为:"考察小组建议,中国高等教育学费应大幅度地增加,应该改变政府拨款的比例,补充因扩大学生贷款计划而提高的主要成本。……基于这个理由,考察小组建议,学费计划的目标应该定在涵盖实际成本的 50%~60%的幅度上。适当的人头拨款应该继续拨给有关院校,补偿学费不能覆盖全部成本的部分。"②

1996 年 12 月 16 日,国家教委、国家计委、财政部颁发的《高等学校收费管理暂行办法》(教财〔1996〕101 号)第五条指出:"在现阶段,高等学校学费占年生均教育培养成本的比例最高不得超过 25%。"

王善迈指出:"学费作为教育成本的分担,应占有多大比重难以确定,即使确定也无充足的理由。例如,政府有关机构规定大学学费的上限是生均培养费的 1/4,那么人们要问为什么是 1/4? 为什么不是 1/5? 为什么不是 1/2? 难以给出令人信服的回答。通过国际比较,找出学费在生均教育成本中比重的参照系,也只具有参考价值,因为国情不同。"③

2. 政府也提出提高学费在培养成本中的比例

《高等学校收费管理暂行办法》颁发前的 1993 年 2 月 13 日,中共中央、国务院印发的《中国教育改革和发展纲要》(中发〔1993〕3 号)第 48 条指出:"提高非义务教育阶段学生学费标准,同时按不同情况确定义务教育阶段学校杂费收费标准。学费和杂费收取标准和办法,由省、自治区、直辖市政府和直接管理学校的中央业务部门考虑群众承受能力确定。"

《高等学校收费管理暂行办法》颁发后的 1999 年 6 月 13 日,《中共中央国务院关于深化教育改革,全面推进素质教育的决定》第 24 条指出:"在非义务教育阶段,要适当增加学费在培养成本中的比例。"

① 乔春华.高等教育供给侧改革的财务视角[M].南京:东南大学出版社,2017:52.
② 韦特曼.OECD:给中国高等教育的政策建议[N].中国教育报,2004-10-15.
③ 王善迈.论高等教育的学费[J].北京师范大学学报(人文社会科学版),2000(6):24-28.

3. 学者也提出提高学费

闵维方指出:"高等教育从其本质上来看,不仅是一种成本很高的产业,而且是一种成本递增的产业。"①

张维迎认为:"'为什么穷人上不起大学,因为学费太低'。什么意思?世行的研究、欧洲的研究都发现,我们用低学费的办法实际上补贴的是富人,而不是补给穷人。那我们把学费适当地提高,然后规定学费多少比例必须用于助学金,这些问题就可以很好地解决。"②

世界银行在《教育的优先事项与战略》(1995 年第 10 页)中区分了三种情况:"实行免费基础教育""在高中阶段有选择地征收学费""在公立高等教育中普遍征收学费"。③

伊万·韦特曼指出:"想要在一流大学上学的学生支付的学费只是略高一些。从这样的大学得到一个有声望的学位,略高一点的学费是可接受的,因为毕业生得到高薪工作的可能性很大。即使得不到高薪,所建议的这种偿还计划将确保毕业生不会导致财政后果。根据前面谈到的学费标准,一流大学从学费中只有较低比例的成本补偿,专项拨款会继续弥补这种'不足'。为了取得比较满意的实施方案,政府不得不与所有的院校达成一致意见,每年定期检查,根据每类院校的教学成本确定能够接受的学费标准。之后,通过设定可接受的学费标准,政府将会同意对'不足'部分给予补偿。"④

沈百福指出:"显然,高等教育可以给受教育者个人带来比较近期的效益,而且是收益较高的教育类型,因此,个人在高等教育的价格中,所占的比例应当逐步提高。出钱让自己的子女进入比较好的高等学校学习,已成为城市居民能够接受的观念,由此也催生了教育市场优质优价,将从社会获得的更多的教育经费返回利用到学生身上的良性循环态势。花费数十万元送子女去国外读书的家庭越来越多。为了子女读书,许多家长已在银行设立专门账户储备教育资金,为孩子购买了教育保险。面对中国巨大的高等教育市场,精明的外国商人和教育人士已经有所动作。欧美等国每年向海外发出大量的招生广告,试图通过吸收大批的留学生发展经济。"⑤

赵春明等指出:"随着高等教育人力资本产权私人性质的增强,高等教育服务产权的价值也不断地增强,学费的水平也相应地得到了提高。"⑥

① 闵维方.论高等教育成本补偿政策的理论基础[J].北京大学学报(哲学社会科学版),1998(2):179-183.
② 张维迎.教育这笔账该怎么算![N].上海证券报,2006-04-27.
③ 联合国教科文组织总部.教育:财富蕴藏其中[M].联合国教科文组织总部史文科,译.北京:教育科学出版社,1996.163.
④ 韦特曼.OECD:给中国高等教育的政策建议[N].中国教育报,2004-10-15.
⑤ 沈百福.浅议高等教育的学费、价格与市场[J].交通高教研究,2003(5):15-18.
⑥ 赵春明,史纪明,崔世泉.大学学费是高等教育服务产权的价格[J].现代教育管理,2011(4):1-4.

基于此,应提高高等教育学费标准,关键在于高价能否优质。

六、完善教育投入法规

(一) 建议制定《教育投入法》

2001 年 7 月 26 日,教育部印发的《全国教育事业第十个五年计划》(教发〔2001〕33 号)第四条第一款指出:"建议研究制定《教育经费保障法》,依法做到教育经费的'三个增长',到 2005 年国家财政性教育经费支出占国内生产总值(GDP)的比例达到 4%,到 2010 年应进一步提高。"

2004 年 1 月 5 日,《中国教育报》公布的"教育部 2004 年工作要点"第 43 条规定:"开展起草《学校法》《终身学习法》《教育投入法》和《教育考试法》的可行性研究。积极推动各地制定配套性的教育法规和规章。"

2004 年 3 月 3 日,国务院批转的教育部《2003—2007 年教育振兴行动计划》(国发〔2004〕5 号)第 30 条规定:"适时起草《学校法》《教育考试法》《教育投入法》和《终身学习法》。"

笔者曾建议制定《教育投入法》。[①]

(二) 建议制定《高等学校收费条例》

2014 年 4 月 25 日,《教育部财务司 2014 年教育财务工作要点》(教财司函〔2014〕152 号)第 2 条指出:"进一步完善非义务教育成本分担机制。按照属地化管理原则,建立非义务教育阶段学校收费标准动态调整机制。督促各地尽快出台研究生收费管理办法,完善研究生投入机制。研究起草《学校收费条例(草案)》,推进学校收费改革和收费管理制度化、规范化。"

笔者曾建议制定《高等学校收费条例》[②],并建议制定《学校收费条例》时修改《高等学校收费管理暂行办法》中的"属地性原则""经济承受能力"和"高校学费占年生均教育培养成本的比例最高不得超过 25%"等内容。

此外,我国高等教育经费来源渠道中,附属单位上交收入、捐赠收入、投资收益等所占的比例,明显低于国外著名高校。

第四节　优化高等校教育经费使用结构研究

2012 年 3 月 16 日,《教育部关于全面提高高等教育质量的若干意见》(教高〔2012〕4 号)第三十条指出:"优化经费支出结构。"

2018 年 1 月 23 日,教育部部长陈宝生在全国教育工作会议上的讲话中指出:

---

① 乔春华."十三五"规划期间高校财务基本思路的建议[J].会计之友,2016(1):104-110.

② 乔春华.高校学费的供给侧改革——高校财务领域供给侧改革之二[J].会计之友,2018(7):120-125.

"要调整优化支出结构。"

一、教育经费支出的分类

(一) 国际组织的规定

在国际上,如联合国教科文组织、经合组织等机构,通常把教育经费的支出分为资本性支出(Capital Expenditure)和经常性支出(Current Expenditure)两大块。其中,资本性支出主要包括为期一年以上的资产性支出,还有用于建筑的开支、建筑物的更新和大修开支;而经常性支出则包括学校每年用于学校运作所需资金的财务支出。

对于公共教育支出的范围,联合国教科文组织将其界定为:政府对于公立和私立在内的教育机构、院校,教育行政部门的资金支出,以及对学生、家庭等其他个体的补贴。世界银行则将公共教育支出的范围划定为政府对于公立及私立的公共教育的公共支出。[①]

(二) 中国的规定

1. 预算支出中按"功能"与"经济性质"的分类

2014年8月31日,《中华人民共和国预算法》第二十七条规定:"一般公共预算支出按照其功能分类,包括一般公共服务支出,外交、公共安全、国防支出,农业、环境保护支出,教育、科技、文化、卫生、体育支出,社会保障及就业支出和其他支出。一般公共预算支出按照其经济性质分类,包括工资福利支出、商品和服务支出、资本性支出和其他支出。"

政府支出按经济性质进行分类,主要反映政府各项支出的具体用途,包括类和款两级,仍以"教育"为例,"类"主要包括工资福利、商品和服务支出、基本建设支出等;"款"是对"类"的细化,如房屋建筑物构建、大型修缮等。

预算公开越细化,意味着财政公开的力度越大。公开力度更大,就能更好地接受社会监督,推进政府简政放权。

2. 政府收支分类科目的分类

《中华人民共和国预算法》第三十二条规定:"政府收支分类科目,收入分为类、款、项、目;支出按其功能分类分为类、款、项,按其经济性质分类分为类、款。"

所谓政府支出按功能分类,主要反映政府的各项职能活动,以"教育"为例,类、款、项三级结构对应为"教育"——"普通教育"——"小学教育",反映出政府为完成教育职能在"普通教育"中用于"小学教育"这个具体方面的支出费用多少。

---

① 公共教育支出是"对公共教育的公共支出加上对于初级、中级及第三级私立教育的补贴"。见世界银行.
2000/2001年世界发展报告:与贫困作斗争[M].北京:中国财政经济出版社,2001:325.

二、教育经费支出的第一种分类

(一) 教育经费支出按"功能"分类

资本性支出经费是指教育基本建设经费支出,即用于学校房屋建设、危房改造等方面的费用支出。我国的"资本性支出"在每年指标与国外不可比,呈现忽高忽低的不均衡状态:一是国家财力影响;二是在扩招影响下贷款建新校区。优化高等学校教育经费使用结构,应使"资本性支出"均衡。

(二) 经常性支出按"经济性质"分类

我国通常把教育支出分为教育基建支出和教育事业性经费两个部分,教育基建支出相当于国际组织划分的资本性支出部分,教育事业性经费相当于其经常性支出部分。其中,教育基建经费支出属于基本建设投资额度范围内的,并列入各级计划部门基建计划,由各高校经批准用教育基建拨款和其他自筹资金安排的基本建设,并专存银行基建专户的支出。高等教育事业性经费支出包括高校每年用于学校运作所需资金的财务支出。[①]

我国的高等教育经费在支出上一般分为事业性经费支出和基建支出两部分。事业性经费支出包括个人部分和公用部分。个人部分指用于人员经费方面的支出,包括基本工资及其他工资、职工福利费、社会保障费、奖贷助学金等;公用部分包括公务费、业务费、设备购置费、修缮费、业务招待费以及其他费用等。基建支出指属于基本建设投资额度范围内的,并列入各级计划部门的基建计划,由学校经批准用于教育基建拨款和其他自筹资金安排的基本建设,并专存银行基建专户的支出,一般包括国家预算内基建支出和自筹基建支出。[②]

由此可见,经常性支出按"经济性质"分为人员经费和公用经费。《中国教育改革和发展纲要》(1993)规定:"生均公用经费逐年有所增长",《中华人民共和国教育法》规定:"人均公用经费逐步增长"。

刘学岚对 OECD 国家(经济合作和发展组织国家)和 WEI 国家(世界教育指标项目国)的人员经费与公用经费研究表明(表2-5):[③]

高等教育事业性经费支出分为人员经费支出和公用经费支出。人员经费是保证高校教师队伍和其他工资人员的劳动报酬,主要用于支付教师的工资、补助和福利保障以及学生的奖贷助学金。公用经费包括公务费、设备费、业务费与维修费。公用经费的多少,直接影响着办学条件的改善,影响着教育质量的提高。至于各种

---

① 教育部财务司,国家统计局人口和社会科技统计司.中国教育经费统计年鉴(2002)[M].北京:中国统计出版社,2003:594.

② 教育部财务司,国家统计局人口和社会科技统计司.中国教育经费统计年鉴(2007)[M].北京:中国统计出版社,2008.

③ 刘学岚.我国高等教育经费支出结构分析[J].武汉大学学报(哲学社会科学版),2009(4):574-578.

开支的比例多少为宜,理论上既没有统一的规定,各国在实践中的做法也不一致,但目前的运行情况是:一般处于市场经济国家的高等教育部门,要维持教育系统正常运行,不同类型的支出具有不同的弹性,其中人员经费最具刚性。因此可以认为,在其他条件相同的情况下,事业性经费支出中人员支出比重较高者可以表明经费更加紧张,公用经费比重较高者表明经费相对充足。

表 2-5 1997—2000 年 OECD 和 WEI 国家人员经费与公用经费比例的平均值

年份	OECD 国家平均		WEI 国家平均	
	高等教育	中小学	高等教育	中小学
1997	67∶33	80∶20	70∶30	86∶14
1998	70∶30	80∶20	75∶25	80∶20
1999	69∶31	80∶20	76∶24	83∶17
2000	69∶31	80∶20	81∶19	79∶21
2002	66.1∶33.9	81∶19	—	—
2003	65.5∶34.5	80.2∶19.8	—	—
2004	66.2∶33.8	81.1∶18.9	—	—
2005	68∶32	79.9∶20.1	—	—
算术平均值	67.6∶32.4	80.3∶19.7	75.5∶24.5	82∶18

资料来源:根据 OECD 教育概览(2000—2008 年)资料计算。

从上可知,OECD 和 WEI 国家的人员经费与公用经费比例中,人员经费占 2/3 左右,而我国人员经费占 1/2 略多一点。因此,优化高等校教育经费使用结构,应增大"人员经费"的份额。

三、教育经费支出的第二种分类

(一)"基本支出"
"基本支出"实际上是生均拨款部分,即经常性支出。

(二)"项目支出"
项目支出是指财政部门或上级教育部门下达给高校有着特定用途的资金,并由本单位负责实施的支出,如"高校改善基本办学条件专项资金""高校教育教学改革专项资金""高校基本科研业务费""建设世界一流大学(学科)和特色发展引导专项资金""高校捐赠配比专项资金""高校管理改革等绩效拨款"等。项目支出的问题如下:

1. 行政化

金、斯旺森、斯威特兰指出:教育拨款制度"专项拨款项目带来了巨大的决策集权化以及更复杂的各级行政机关关系"。①

周飞舟指出:"如果说,在本世纪初'项目治理'还只是政府行为的一个方面,那么,近年来,它已经成为各地政府行为的主要模式。我国目前的政府间转移支付制度却呈现出了'项目制'与'专项化'的特征,成为中央政府'项目治国'的工具,严重抑制了政府间转移支付的功能。"②

2. 占的比例大

财政部、教育部有关负责人在解读改革完善中央高校预算拨款制度相关问题时指出:"现行中央高校预算拨款体系包括基本支出和项目支出两部分,占比约为6∶4。基本支出主要用于高校的正常运转和完成日常工作任务,以生均定额拨款为主,还包括离退休补助经费等政策性经费。项目支出主要用于高校完成特定的工作任务或事业发展目标,主要包括用于改善办学条件、教学科研、重点建设等方面的13个项目。"③邓敏指出:"我国公立高校收入结构中政府拨款收入占50%～70%,由于最近几年的部门预算改革和国库集中支付改革,部属高校和一些地方院校拨款收入中专项拨款(项目经费)大大高于正常经费拨款。"④

罗瑞垚、盛梦露报道:"北京大学教育学院教育财政学教授陈晓宇说,中央高校的预算拨款主要分为两个部分,即基本支出和项目支出,占比约为6∶4。基本支出主要用于高校的正常运转和完成日常工作任务。项目支出则主要用于改善办学条件、教学科研、重点建设等方面。陈晓宇表示,类似的基本架构于1985年便已建立,如今已运行了30年。基本支出的数额主要和高校的学生人数挂钩。此前,这一设计起到了引导高校扩张规模的作用,但也造成高校扩张过快,出现'重数量轻质量'等问题。在项目支出方面,此前高校的项目拨款名目繁多,且管理分散,从而造成资金用途受限和资金闲置、浪费等弊端,实际上'肢解了高校的经费支配权'。同时,陈晓宇表示,对繁多的项目进行管理,也增加了学校乃至学术人员的负担。"⑤

3. 不透明

无论是"科研经费"还是"改善基本办学条件专项资金"或"教育教学改革专项资金"都不公开透明。

(三) 应增大"基本支出"拨款,减少"项目支出"拨款

笔者曾建议:"减少'项目支出'的各种专项资金,提高'生均拨款标准'。'项目

---

① 金,斯旺森,斯威特兰.教育财政——效率、公平与绩效[M].3 版.北京:中国人民大学出版社,2010:168.

② 周飞舟.财政资金的专项化及其问题——兼论"项目治国"[J].社会,2012(1):1-37.

③ 财政部、教育部有关负责人解读改革完善中央高校预算拨款制度相关问题[Z].财政部网站,2015-11-25.

④ 邓敏.高等学校财务治理模式研究——以权力配置为研究视角[J].南京理工大学学报(社会科学版),2010(6):37-41.

⑤ 罗瑞垚,盛梦露.中央高校拨款项目大整并强化绩效导向[Z].财新网,2015-11-28.

支出'中的各种专项资金是财政部门、教育部门考核预算进度的重要项目。'项目支出'的主要问题一是'锦上添花'不是'雪中送炭';二是重预算进度考核轻预算绩效考核;三是易造成'跑部钱进'诱发的权力寻租。记者双瑞报道:申请专项资金要搞好关系。……河南省教育厅原主管专项资金分配的处长冯哲拥有 9 套房产、银行存款、保险理财和证券产品等家庭总资产 19 996 846.74 元,合法收入和能够说明来源的财产共计 9 679 319.95 元,受贿犯罪所得为 2 334 000 元,还有近 800 万元不能说明合法来源。"①

笔者还建议:"项目支出"拨款应公开透明和设置竞争性拨款。财政部曾要求,将进一步细化部门预决算公开内容,除公开到功能分类的项级科目外,还要逐步将部门预决算公开到基本支出和项目支出,积极研究将部门决算按经济分类公开。

四、教育经费支出的第三种分类

教育经费支出还可分为"教育事业支出""科研事业支出""行政管理支出""后勤保障支出"等。要正确处理好以上支出的结构,优化高等校教育经费使用结构,应加大"教育事业支出"特别是本科生的教学支出。

综上所述,在优化"人员经费和公用经费"的结构中,应加大"人员经费"的份额;在优化"基本支出和项目支出"的结构中应加大"基本支出"即生均拨款的份额;在优化"教育事业支出""科研事业支出""行政管理支出""后勤保障支出"等的结构中,应加大"教育事业支出"特别是本科生的教学支出的份额。

五、教育部直属高校经费的收支结构

(一) 教育部直属高校预算拨款的结构——1+6

2008 年,财政部、教育部进一步建立了以"生均综合定额+专项资金"为主体的中央高校预算拨款制度,即"1+6","1"为"生均综合定额拨款","6"为"拨款专项资金",具体为:

(1) 重点引导类,比如,以前有"211 工程"专项经费、"985 工程"专项经费,后来有了"2011"协同创新计划专项经费、"双一流"建设经费等。

(2) 改善办学条件类,如中央高校改善基本办学条件专项经费。

(3) 绩效引导类,如绩效拨款、捐赠配比专项经费。

(4) 学生资助类,如国家奖助学金、国家励志奖学金。

(5) 国际交流类,如留学生经费、孔子学院拨款。

(6) 其他类,如本科教学工程专项经费、中央高校基本科研业务费、基础学科拔尖创新人才专项经费等。

---

① 乔春华."教育经费管理年"的回顾与展望[J].教育财会研究,2014(1):3-7.

(二) 教育部直属高校预算拨款支出的结构——1+6

2015 年 11 月 17 日,财政部、教育部印发的《关于改革完善中央高校预算拨款制度的通知》将改革为"1+6"模式。"1"是指"基本支出体系","6"是指"项目支出体系",具体为:

(1) 中央高校改善基本办学条件专项资金。

(2) 中央高校教育教学改革专项资金。

(3) 中央高校基本科研业务费。

(4) 中央高校建设世界一流大学(学科)和特色发展引导专项资金。

(5) 中央高校捐赠配比专项资金。

(6) 中央高校管理改革等绩效拨款。

关于我国高校经费收支结构存在的问题及其分析将在第四章第三节进一步阐述。

第三章　高校经费绩效评价理论研究

第一节　高校经费绩效评价的发展沿革

一、行政事业单位不适用考核经济效益的观点

1. 考核经济效果不能应用于机关、事业单位和一切非生产性组织中的观点

葛家澍指出："只要有经济活动,不论发生在企业、机关或事业单位,都需要节约,这是毫无疑问的。……所以,经济核算的本质只能理解为以最小为消耗,产生最大经济效果。既然经济核算要求的是最大的经济效果,当然不能把它应用于机关、事业单位和一切非生产性组织中。"[①]

2. 基金管理的目标仅仅只是"追求社会效益目标"

郭复初认为"行政事业财务"的提法已不恰当,它所拥有的"基金管理的目标是以一定的基金支出履行更多的社会责任,即一般所说的少花钱多办事,可概括为追求社会效益目标。例如,以一定量的教育基金兴办更多更好的国办大学,以一定量的国防基金兴办更多的国防事业等等"。[②]

二、20世纪80年代对高校经济效益考核的探索

(一)高等学校应重视经济效益

娄尔行指出:"搞会计学的人经常提到会计,总是把眼睛看着企业会计,而对事业会计,大学会计,是很少研究的,所以这方面的文章和专著也很少,国外也是这种情况,都重视研究企业会计。"[③]

焦纪才报道:"教育部于1982年10月在上海召开了'高等学校经济效益问题座谈会'。与会同志指出,胡耀邦同志在十二大报告中关于'把全部经济工作转移到以提高经济效益为中心的轨道上来'的指示,也完全适用于高等学校。教育部门不是单纯的消费部门,高等学校是出人才、出知识的地方,国家拨给的教育经费是

---

① 葛家澍.经济核算的客观依据是时间节约规律[J].中国经济问题,1961(3):8-15.
② 郭复初.资本基金分流与财务理论发展新思考[J].会计研究,2001(3):39-42.
③ 高等学校经济效益问题研究会(筹备组).高等学校经济效益问题文集.北京:教育部计划财务司,1983:8.

一种智力开发投资,因此,教育部门同其他经济部门一样都有一个经济效益问题。……当前高等学校的财务管理工作还远远不能适应新形势的需要,因此应及时地将高等学校财务管理工作的重点转移到以提高经济效益为中心的轨道上来。……娄尔行教授提出了以讲求经济效益为中心的'新型大学会计'的设想,以区别于过去那种以经费收支为中心的会计。"①

潘懋元认为:"教育是培养人的社会活动,就其本质说,不属于经济领域的活动,但高校具有经济功能,能够带来巨大的社会经济效益,尤其是职业技术教育与高等教育的大部分科类所培养的学生要输送到人才劳务市场去,参加市场竞争,它的办学规模、效益、质量、管理方式就必然要受到市场的无情检验,它的经费、师资、设备等办学资源的配置,也必然要受市场经济资源配置方式的影响而做出相应的改革。"②

潘懋元、胡赤弟认为:"虽然教育不同于经济,学校不是企业,但教育的发展需要资源,也存在资源的合理配置问题和提高资源的利用效率问题。有效的经济组织是经济增长的关键,同样,一个有效的教育资源配置制度也是当前我国教育发展的关键。"③

(二)考核事业单位的经济效果——1982 年前

1981 年 6 月 27 日,中国共产党第十一届中央委员会第六次全体会议通过的《关于建国以来党的若干历史问题的决议》第 13 条指出:"从一九五三年到一九五六年,全国工业总产值平均每年递增百分之十九点六,农业总产值平均每年递增百分之四点八。经济发展比较快,经济效果比较好。"

通讯员报道:"在社会主义制度下,只是企业实行经济核算制不行,所有事业单位,直至行政管理部门都应该考核经济效果,关于建立考核经济效果的指标体系问题,代表们认为这是一个难度较大但又非常重要的课题,应该花大力气进行研究。"④

(三)考核教育经济效益——1982 年后

1982 年 9 月 1 日,党的十二大报告指出:"把全部经济工作转到以提高经济效益为中心的轨道上来。"

据记者高靓报道:据王善迈回忆,1983 年中央政治局下达任务,要研究政府教育经费在国内生产总值中占多大比例比较合适。随即,一个由他和厉以宁等十多

---

① 焦纪才.以提高经济效益为中心,开创高等学校财务管理新局面——教育部召开高等学校经济效益座谈会[J].会计研究,1983(2):45-46.

② 潘懋元.高等教育学(上)[M].北京:人民教育出版社,1984:11.

③ 潘懋元,胡赤弟.民办高校产权制度改革的若干问题[J].教育研究,2002(1):27-31.

④ 通讯员.开展会计理论研究 促进会计科学发展——中国财政学会、中国会计学会成立大会,第三次全国财政理论讨论会关于会计理论问题的讨论情况简介[J].会计研究,1980(1):76-79.

位资深教育经济专家组成的课题组成立了。① 岳昌君指出："上世纪 80 年代初,北京大学高教所汪永铨所长(时任教育部全国教育科研规划领导小组成员)找到厉以宁教授,建议开展教育经济学方面的研究。汪永铨和厉以宁组织申请国家'六五'社科重点项目'我国教育经费在国民收入中的合理比例和教育投资的经济效益'。"②

娄尔行、汤云为指出："哪里有经济活动,哪里就存在经济效益。"③

三、经济效益审计中的若干个"E"

(一)"3E"

1972 年,美国颁布了《政府的机构、计划项目、活动和职责的审计标准》(俗称"黄皮书")明确规定应实施 3E 审计,即经济性(Economy)、效率性(Efficiency)和效果性(Effectiveness)审计,得到国际审计界的普遍认可和采用。之后在 1981 年、1988 年和 1994 年修改,使美国绩效审计规范得以进一步完善,形成了以"3E"为核心的绩效审计概念。

刘家义认为:"国外学者、机构大多强调的是"3E"即经济性、效率性和效果性,我国学者大多强调的是'经济效益'即资金使用效益。绩者,成果业绩也;效者,功能效应也。绩效者,成果业绩、功能效应之综合体现也。所以,不同领域,绩效的内涵、范畴是不同的。就政府及其公共部门而言,绩效是指履行公共责任的情况,对经济与社会公共资源配置的合理性、保护的有效性、利用的科学性,最终目的是实现经济社会全面协调、持续高效发展。"④

1. 经济性、效率性和效果性有区别

2004 年 7 月,《最高审计机关国际组织绩效审计实施准则》第一章第 5 节指出:"什么是经济性、效率性和效果性审计? ①经济性——保持低成本;②效率性——使资源得到最大程度的利用;③效果性——实现既定的目标和结果。"⑤

2013 年 8 月 20 日,中国内审协会发布《中国内部审计准则》,其中《第 2202 号内部审计具体准则——绩效审计》第二条指出:"经济性,是指组织经营管理过程中获得一定数量和质量的产品或者服务及其他成果时所耗费的资源最少;效率性,是指组织经营管理过程中投入资源与产出成果之间的对比关系;效果性,是指组织经营管理目标的实现程度。"

---

① 高靓.4%:教育事业科学发展的重要保障[N].中国教育报,2010-09-21.
② 岳昌君.期待财政性教育经费占 GDP 百分之四目标的实现[J].西部论丛,2010(8):39-41.
③ 娄尔行,汤云为.试论经济效益审计[J].财经研究,1985(2):48-53.
④ 刘家义.关于绩效审计的初步思考[J].审计研究,2004(6):3-9.
⑤ 最高审计机关国际组织绩效审计实施准则[J].李月贤,李学柔,译.广东审计,2005(2):31-38.

2. 经济性、效率性和效果性没有明显的区分

刘力云指出:"应该指出的是,经济性、效率性和效果性都不是一个简单的算术比。绩效审计评价的经济性、效率性和效果性是要把计算出的算术比或实际的结果与一定的标准或预期进行比较,然后得出结论。经济性、效率性和效果性三要素之间,通常也没有明显的区分,实际业务中更难把三者完全割裂开来。尤其是经济性和效率性,单独来检查和评价其中的某一项,有时候显得意义不大。"①

(二)"4E"

安德鲁·钱伯斯等指出:"管理审计提供了一个适合于目前这种经济衰退时期的标志,对此,内部审计师有时称之为对节约、效率和效果进行审计,即'3E'审计。后面,我们将建议实际是'4E',第 4 个 E 是'公平',其基本设想是审计范围已经扩大,以致:①它包括对企业行为(程序)的适当性进行评价,而不是仅仅检查确定这些程序被遵循的程度;②被审计人员检查的程序包括非会计、非财务甚至非行政管理的程序——换句话说即控制着技术操作的程序,以及会计、财务和管理程序。"②

(三)"5E"

1989 年,加拿大的丹尼斯·普瑞斯波尔就综合审计仅包括"3E"的观点提出了质疑。他认为,除综合审计的"3E"审计外,还应审计由于降低成本、追逐利润引起的自然资源和生态环境的损害及维护情况,以及由于利润分配不均引起的不公平和社会的不稳定,这就需要环保性审计(Enviroment Audits)和公平性审计(Equity Audits)。这样,综合审计从"3E"发展到"5E"。

魏乾梅认为:"应根据科学发展观和循环经济学原理,将高校财务绩效评价的内容拓展为'5E',即经济性(Economy)、效率性(Efficiency)、效果性(Effectivenss)、公平性(Equity)和环保性(Environmental Protection)。"③

关于"5E"的内容,刘家义认为:"经济性是指少索取、少投入;效率性是指少索取、少投入、多收入、多产出;效果性是指少索取、少投入、多收入、多产出、收入好、产出好;公平性是指兼顾各阶层、各领域、各地区;环保性是指保护资源环境。"④

2016 年 4 月 6 日,中注协印发的《会计师事务所财政支出绩效评价业务指引》中指出:"财政支出的经济性、效率性和效益性。(1)经济性。经济性是成本与投入的关系,是指以最低费用取得一定数量和质量的资源,即预算支出是否节约。在评价经济性时,可能考虑的因素举例如下:①选择的方式或者取得的设备(即投入)是否是对公共资金最经济的使用;②人力、物力和财力是否已被经济使用;③管理

① 刘力云.关于绩效审计的几点思考[J].审计研究,2001(3):21-25.
② 钱伯斯,等.内部审计[M].陈华,等,译.北京:中国财政经济出版社,1995:102-103.
③ 魏乾梅.高校财务绩效评价指标体系探讨[J].财会通讯(理财版),2008(1):64-65.
④ 刘家义.关于绩效审计的初步思考[J].审计研究,2004(6):3-9.

活动是否符合良好的管理原则和管理政策。（2）效率性。效率性是投入和产出的关系，包括是否以最小的投入取得一定的产出或者以一定的投入取得最大的产出。通过与类似活动、其他期间或已采纳的标准进行比较，可以形成效率性方面的结论。有时也可能以最佳实践等作为比较标准。如果无法通过与标准的对比得出结论，评价人员可能依据所能获取的信息、观点以及在评价过程中的分析进行评价。在评价效率性时，可能考虑的因素举例如下：①人力、财力和其他资源是否得到有效运用；②项目、实体和活动是否得到有效管理、组织、执行、监控和评价；③财政预算资金支出活动是否符合规定的目标和要求；④公共服务是否以服务对象为导向并及时提供；⑤是否有效实现项目目标。（3）效益性。效益性是产出与目标的关系，是指达到政策目标、运营目标和其他预期结果的程度。在评价效益性时，可能考虑的因素举例如下：①经济效益；②社会效益；③生态效益；④可持续影响；⑤社会公众或服务对象满意度；⑥确认哪些因素阻碍令人满意的绩效目标的实现；⑦识别公共服务项目更为合理的途径，对结果和原因进行分析。"

四、财政部从 20 世纪 90 年代初开始对行政事业单位项目支出进行"效益考核"

笔者曾考察过，2007 年前的提法是"经济效益审计"，2007 年后的提法改为"绩效审计"。① 那么，我国何时从"效益考核"改为"绩效评价"？

我国的企业虽然也提倡"绩效评价"，但仍强调"经济效益评价"，如：1995 年 1 月 9 日，财政部印发了《财政部企业经济效益评价指标体系（试行）》（财工字〔1995〕7 号）；2017 年 11 月 16 日，财政部印发了《财政部关于做好 2018 年企业经济效益月度快报工作的通知》（财资〔2017〕74 号）。

行政事业单位在 20 世纪 90 年代的基本支出仍采用"效益考核"。如：1995 年初，财政部召开了全国部分地区文教行政经费使用效益考核工作座谈会；1998 年 12 月 1 日，财政部印发了《文教行政财务管理和经费使用效益考核办法》。

从 20 世纪 90 年代初开始重视对行政事业单位进行项目验收、项目后评价及效益考核等类似于绩效评价的工作。2000 年，财政部成立课题组，对先进国家的绩效评价制度进行调研；2002 年，财政部在教科文部门进行绩效评价试点；从 2003 年起，财政部一些司局开始制定各行业绩效评价管理办法，组织部分中央部门开展预算支出绩效评价试点工作，并选择了一些重大项目进行试点。

五、财政部对"预算绩效评价"的主要规定

2003 年 10 月 14 日，中国共产党第十六届中央委员会第三次全体会议通过的

---

① 乔春华. 高校管理审计研究[M]. 南京：东南大学出版社,2016：237-239.

《中共中央关于完善社会主义市场经济体制若干问题的决定》第 21 条规定："凡能纳入预算的都要纳入预算管理。改革预算编制制度,完善预算编制、执行的制衡机制,加强审计监督。建立预算绩效评价体系。"

2003 年 12 月,财政部在全国财政工作会议上提出:要"研究科学的绩效预算评价体系,促进财政支出效益的最大化"。此后,财政部预算司将推进绩效预算改革列入一项重要的工作计划。[①]

2004 年 12 月 23 日,财政部发布《财政部中央政府投资项目预算绩效评价工作的指导意见》(财建〔2004〕729 号)。

2005 年 5 月 25 日,财政部制定出台了《中央部门预算支出绩效考评管理办法(试行)》(简称《办法》),使我国绩效评价工作向前迈进了一大步。《办法》确定了我国建立公共支出绩效评价制度的基本思路,规定了绩效评价的组织程序、结果应用等内容,对绩效评价和绩效预算工作的顺利开展起到了重要的推动作用。在中央部门试点建立预算绩效评价体系,试点以社会效益明显、部门自主决策程度大的项目为主,先易后难,稳步推进。

2005 年 9 月 9 日,财政部颁布了《中央级教科文部门项目绩效考评管理办法》(财教〔2005〕149 号),第二条规定:"教科文部门项目绩效考评(以下简称项目考评),是指运用一定的考核方法、量化指标及评价标准,对纳入中央部门预算管理的教科文部门专项资金项目的实施过程及其完成结果进行综合性考核与评价。"第三条规定:"教科文部门项目考评范围主要包括:专项计划项目(即指国家批准设立的教科文事业发展专项计划、工程、基金项目),专项业务项目以及大型修缮、大型购置等项目。具体项目由教科文部门商财政部确定。"

2008 年 3 月 3 日,在党的十七届二中全会通过的,中共中央、国务院印发的《关于深化行政管理体制改革的意见》提出"推行政府绩效管理和行政问责制度。建立科学合理的政府绩效评估指标体系和评估机制"。

2009 年 6 月 22 日,财政部印发的《财政支出绩效评价管理暂行办法》(财预〔2009〕76 号)第二条规定:"财政支出绩效评价(以下简称绩效评价)是财政部门和预算部门(单位)根据设定的绩效目标,运用科学、合理的评价方法、指标体系和评价标准,对财政支出产出和效果进行客观、公正的评价。"之前全国各地在绩效评价探索中由于工作基础不同,各种制度不统一,全国绩效评价工作进展很不平衡。《财政支出绩效评价管理暂行办法》的出台,统一指导了全国绩效评价管理工作,地方财政部门根据文件要求,也加大了绩效评价的推动力度,绩效评价工作取得了新进展。

2009 年 10 月 26 日,财政部印发《财政部关于进一步推进中央部门预算项目支

---

① 吕小艇,俞元鹃.建立绩效预算评价体系的研究[J].预算管理与会计,2004(5):14-16.

出绩效评价试点工作的通知》(财预〔2009〕390 号)。

2010 年 10 月 18 日,在党的十七届五中全会通过的《中共中央关于制定国民经济和社会发展第十二个五年规划的建议》指出"完善政府绩效评估制度"。

2011 年 3 月,国务院成立政府绩效管理工作部际联席会议,指导和推动政府绩效管理工作。

2011 年 4 月 2 日,财政部印发《财政支出绩效评价管理暂行办法》(财预〔2011〕285 号)指出:"为积极推进预算绩效管理工作,规范财政支出绩效评价行为,建立科学、合理的绩效评价管理体系,提高财政资金使用效益,我们重新修订了《财政支出绩效评价管理暂行办法》,现予印发,请遵照执行。"

2011 年 7 月 5 日,财政部发布《关于推进预算绩效管理的指导意见》(财预〔2011〕416 号),第三条指出:"预算绩效管理是一个由绩效目标管理、绩效运行跟踪监控管理、绩效评价实施管理、绩效评价结果反馈和应用管理共同组成的综合系统。推进预算绩效管理,要将绩效理念融入预算管理全过程,使之与预算编制、预算执行、预算监督一起成为预算管理的有机组成部分,逐步建立'预算编制有目标、预算执行有监控、预算完成有评价、评价结果有反馈、反馈结果有应用'的预算绩效管理机制。……预算绩效管理的主要内容:①绩效目标管理;②绩效运行跟踪监控管理;③绩效评价实施管理;④绩效评价结果反馈和应用管理。"

2012 年 9 月 21 日,财政部印发《预算绩效管理工作规划(2012—2015 年)》的通知(财预〔2012〕396 号)。

2013 年 4 月 21 日,财政部印发《预算绩效评价共性指标体系框架》的通知(财预〔2013〕53 号)。

2014 年 8 月 31 日,第十二届全国人民代表大会常务委员会第十次会议修改通过的《中华人民共和国预算法》第五十七条规定:"各级政府、各部门、各单位应当对预算支出情况开展绩效评价。"

2014 年 9 月 26 日,《国务院关于深化预算管理制度改革的决定》(国发〔2014〕45 号)第三条第五款规定:"加强预算执行管理,提高财政支出绩效。"

2016 年 4 月 6 日,中注协印发《会计师事务所财政支出绩效评价业务指引》。

六、全面实施预算绩效管理

2017 年 10 月 18 日,习近平在党的十九大报告中明确提出:"建立全面规范透明、标准科学、约束有力的预算制度,全面实施绩效管理。"

李克强在《2018 年政府工作报告》中指出:"全面实施绩效管理,使财政资金花得其所、用得安全。"

2018 年 9 月 1 日,中共中央、国务院颁布《中共中央 国务院关于全面实施预算绩效管理的意见》指出:"全面实施预算绩效管理是推进国家治理体系和治理能力现代化的内在要求,是深化财税体制改革、建立现代财政制度的重要内容,是优化财政资源配置、提升公共服务质量的关键举措。为解决当前预算绩效管理存在的突出问题,加快建成全方位、全过程、全覆盖的预算绩效管理体系。""力争用3～5年时间基本建成全方位、全过程、全覆盖的预算绩效管理体系,实现预算和绩效管理一体化,着力提高财政资源配置效率和使用效益,改变预算资金分配的固化格局,提高预算管理水平和政策实施效果,为经济社会发展提供有力保障。""全方位、全过程、全覆盖"三个维度推动绩效管理全面实施,即"构建全方位预算绩效管理格局""建立全过程预算绩效管理链条""完善全覆盖预算绩效管理体系",还指出"切实做到花钱必问效、无效必问责"。

2018年11月8日,财政部《关于贯彻落实〈中共中央 国务院关于全面实施预算绩效管理的意见〉的通知》(财预〔2018〕167号)指出:"到2020年底中央部门和省级层面要基本建成全方位、全过程、全覆盖的预算绩效管理体系,既要提高本级财政资源配置效率和使用效益,又要加强对下转移支付的绩效管理,防止财政资金损失浪费;到2022年底市县层面要基本建成全方位、全过程、全覆盖的预算绩效管理体系,做到'花钱必问效、无效必问责',大幅提升预算管理水平和政策实施效果。"

七、高校"提高教育经费的使用效益"的主要规定

1986年10月15日,国家教委、财政部制定第一个高校财务制度——《高等学校财务管理改革实施办法》(〔86〕教计字162号)第二条指出:"高等学校财务管理改革是高等教育管理体制改革的重要组成部分,应按照教育规律和经济规律办事,讲求社会效益和经济效益。"因此,研究高等学校财务管理必定涉及高等教育的社会效益和经济效益。

1991年4月8日,国家教委、财政部印发《高等学校"八五"期间财务工作的若干意见》(教财〔1991〕33号)指出:"'八五'期间高等学校财务工作的指导思想是:继续贯彻'治理整顿、深化改革'的方针,开源节流,艰苦奋斗,勤俭办学,强化管理,提高资金使用效益,支持和促进学校内部各项事业的持续、稳定、协调发展。"

1993年2月8日,国家教委、国务院学位委员会联合发布的《关于中央部门所属普通高等学校深化领导管理体制改革的若干意见》第10条指出:"高等学校要加强资金管理,杜绝浪费现象;要精减机构和行政管理人员,减少开支;严格控制教师编制,提高生师比例;要建立健全财务制度和审计制度,切实把教育经费管好用好,提高资金的使用效益。"

1993年2月13日,中共中央、国务院颁布的《中国教育改革和发展纲要》(中发〔1993〕3号)第50条指出:"各级教育部门和学校必须努力提高教育经费的使用效益。要合理规划教育事业的规模,调整教育结构和布局,避免结构性浪费;要坚持

艰苦奋斗、勤俭办学的方针,建立健全财务规章制度,加强财会队伍建设。各级财政和审计部门要加强财务监督和审计,共同把教育经费管好用好。"

《中华人民共和国高等教育法》(2015)第十二条指出:"国家鼓励高等学校之间、高等学校与科学研究机构以及企业事业组织之间开展协作,实行优势互补,提高教育资源的使用效益。"第六十五条规定:"高等学校应当依法建立、健全财务管理制度,合理使用、严格管理教育经费,提高教育投资效益。"

教育部 1998 年 12 月 24 日制定、国务院 1999 年 1 月 13 日批转的《面向 21 世纪教育振兴行动计划》第 17 条指出:"'211 工程'二期计划建设资金仍采取国家、部门、地方和高等学校共同筹集的方式。其中,中央专项投入部分的力度至少与首期计划持平,主要用于加大已立项的重点学科建设力度。同时加强项目管理,提高资金使用效益。"第 45 条指出:"各级教育部门必须采取各种措施深化教育改革,完善拨款制度,精简机构和冗员,提高经费使用效益。同时,加强对教育经费的审计与监督。"

2004 年 3 月 3 日,国务院批转教育部的《2003—2007 年教育振兴行动计划》(国发〔2004〕5 号)第 43 条指出:"严格管理,不断提高教育经费的使用效益。牢固树立勤俭办教育事业的思想。建立科学、规范的教育经费管理制度,进一步完善、规范各级各类学校收费政策,加强对教育经费的审计与监督,提高使用效益。"

2019 年 2 月,中共中央办公厅、国务院办公厅印发《中国教育现代化 2035》提出:"完善多渠道教育经费筹措体制,完善国家、社会和受教育者合理分担非义务教育培养成本的机制,支持和规范社会力量兴办教育。优化教育经费使用结构,全面实施绩效管理,建立健全全覆盖全过程全方位的教育经费监管体系,全面提高经费使用效益。"

1997 年 6 月 23 日,财政部、国家教委印发《高等学校财务制度》(财文字〔1997〕280 号)第四条规定:"高等学校财务管理的主要任务是:……科学配置学校资源,努力节约支出,提高资金使用效益……"

1999 年 6 月 13 日,《中共中央 国务院关于深化教育改革,全面推进素质教育的决定》第 24 条指出:"进一步完善教育经费拨款办法,充分发挥教育拨款在宏观调控中的作用,不断提高教育经费的使用效益。"

2000 年 6 月 12 日,《教育部 财政部关于高等学校建立经济责任制加强财务管理的几点意见》(教财〔2000〕14 号)第三条指出:"必须充分发挥内审机构的作用。高等学校内审机构是学校内部监督经费合理有效使用、帮助提高经费使用效益、保障学校经济活动健康有序开展的不可替代部门。"

2004 年 3 月 3 日,国务院批转教育部的《2003—2007 年教育振兴行动计划的通知》(国发〔2004〕5 号)第 43 条指出:"严格管理,不断提高教育经费的使用效益。牢固树立勤俭办教育事业的思想。建立科学、规范的教育经费管理制度,进一步完善、规范各级各类学校收费政策,加强对教育经费的审计与监督,提高使用效益。"

2004年7月13日,《教育部 财政部关于进一步完善高等学校经济责任制加强银行贷款管理切实防范财务风险的意见》(教财〔2004〕18号)第4条指出:"应始终坚持效益第一的思想,切不可把利用贷款作为融通资金的主要方式,要在切实加强管理、提高资金使用效益上动脑筋、想办法,充分挖掘内部潜力,整合现有资源,合理调度资金,通过自有资金的有效运作,减少贷款额度,降低贷款成本。"

2007年1月15日,《教育部 财政部关于"十一五"期间进一步加强高等学校财务管理工作的若干意见》(教财〔2007〕1号)第12条指出:"高等学校应建立绩效考核和追踪问效制度,提高资金的使用效益。"

2012年12月19日,财政部、教育部印发的《高等学校财务制度》(财教〔2012〕488号)第一条指出:"为了进一步规范高等学校财务行为,加强财务管理和监督,提高资金使用效益,促进高等教育事业健康发展,根据《事业单位财务规则》(财政部令第68号)和国家有关法律制度,结合高等学校特点,制定本制度。"第四条指出:"高等学校财务管理的主要任务是:合理编制学校预算,有效控制预算执行,完整、准确编制学校决算,真实反映学校财务状况;依法多渠道筹集资金,努力节约支出;建立健全学校财务制度,加强经济核算,实施绩效评价,提高资金使用效益;加强资产管理,真实完整地反映资产使用状况,合理配置和有效利用资产,防止资产流失;加强对学校经济活动的财务控制和监督,防范财务风险。"

2014年4月5日,教育部、财政部印发的《2011协同创新中心建设发展规划》(教技〔2014〕2号)在"六、保障措施"第三条中指出:"落实专项经费支持,提高经费使用效益。2011协同创新中心的经费支持来源于中央财政专项资金、地方财政资金、行业部门和企业投入资金以及高校自筹资金等,高校和中心应统筹规划各项经费,科学、合理地安排使用。"

2014年7月8日,国家教育体制改革领导小组办公室发布的《关于进一步落实和扩大高校办学自主权,完善高校内部治理结构的意见》(教改办〔2014〕2号)第二条指出:"支持高校自主管理使用学校财产经费,提高经费使用效益。"

2014年10月30日,《财政部 教育部关于建立完善以改革和绩效为导向的生均拨款制度加快发展现代高等职业教育的意见》(财教〔2014〕352号)在"原则"第4条中指出:"注重绩效。切实提高财政资金使用效益,建立完善高职院校生均拨款制度要与强化绩效管理相结合,将绩效理念和绩效要求贯穿于高职教育经费分配使用的全过程,体现目标和结果导向,加快发展现代高等职业教育。"

2015年5月22日,《教育部关于直属高校落实财务管理领导责任,严肃财经纪律的若干意见》(教财〔2015〕4号)第十条指出:"加强对采购需求、采购效果的管理,提高资金使用效益。"

2018年9月4日,教育部印发的《高校思想政治工作专项资金管理暂行办法》

在第三条"思政专项资金的使用和管理遵循以下原则"中指出："注重绩效。项目依托单位应强化绩效理念,加强可行性和科学性论证,合理确定预算需求,科学设定绩效目标,全面实施绩效管理,提高资金使用效益。"第二十条指出："项目依托单位应当加强思政专项资金管理,自觉接受审计、纪检监察等有关部门对项目预算执行、资金使用效益和财务管理等情况的监督检查。对于截留、挤占、挪用资金的行为,以及因管理不善导致资金浪费、资产毁损、效益低下的,视情节轻重,分别采取通报批评、停止拨款、撤销项目、追回已拨资金、取消项目承担者一定期限内项目申报资格等处理措施,涉嫌违法的移交司法机关处理。"

八、教育全面实施预算绩效管理

(一)教育经费绩效评价

2010 年 6 月 21 日,中共中央政治局审议并通过的《国家中长期教育改革和发展规划纲要(2010—2020 年)》第五十八条的标题为"加强经费管理"。其中规定："建立经费使用绩效评价制度。"

2011 年 6 月 29 日,《国务院关于进一步加大财政教育投入的意见》第四条第二款指出："全面推进教育经费的科学化精细化管理。……建立健全教育经费绩效评价制度。"

(二)精简对高校经费使用的考核评估

2017 年 1 月 10 日,国务院印发的《国家教育事业发展"十三五"规划》(国发〔2017〕4 号)第三条第三款指出："精简对高校经费使用的考核评估,扩大项目资金统筹使用权,落实高校经费使用管理自主权。"

(三)逐步扩大项目支出预算评审范围

2018 年 8 月 17 日,《国务院办公厅关于进一步调整优化结构提高教育经费使用效益的意见》(国办发〔2018〕82 号)第十二条指出："全面改进管理方式。以监审、监控、监督为着力点,建立全覆盖、全过程、全方位的教育经费监管体系。健全预算审核机制,加强预算安排事前绩效评估。逐步扩大项目支出预算评审范围。加强预算执行事中监控,硬化预算执行约束,从严控制预算调剂事项,健全经济活动内部控制体系,实施大额资金流动全过程监控,有效防控经济风险。加强预决算事后监督。"第十三条指出："全面提高使用绩效。各级教育部门和学校要牢固树立'花钱必问效、无效必问责'的理念,逐步将绩效管理范围覆盖所有财政教育资金,并深度融入预算编制、执行、监督全过程,完善细化可操作可检查的绩效管理措施办法,建立健全体现教育行业特点的绩效管理体系。强化预算绩效目标管理,紧密结合教育事业发展,优化绩效目标设置,完善绩效目标随同预算批复下达机制。开展绩效目标执行监控,及时纠正偏差。坚持财政教育资金用到哪里、绩效评价就跟踪到哪里,加强动态绩效评价,及时削减低效无效资金。强化绩效评价结果应用,加大绩效信息公开力度,将绩效目标执行情况和绩效评价结果作为完善政策、编制预算、优化结构、改进管理的重要依据,作为领导干部考核的重要内容。坚持厉行勤俭节约办教育,严禁形象工程、政绩工程,严禁超标准建设豪华学校,每一笔教育经费都要用到关键处。"第十五条指出:"认真落实完善教育经费投入机制、优化教育经费使用结构、科学管理使用教育经费等各项任务,切实提高教育经费使用效益……"

2018 年 11 月 23 日,教育部办公厅、国家发展改革委办公厅、财政部办公厅、人力资源和社会保障部办公厅四部门制定的《关于推动落实〈国务院办公厅关于进一步调整优化结构提高教育经费使用效益的意见〉的通知》(教财厅〔2018〕6 号)指出:"以调整优化结构为主线,以提高效益为目的。"

(四) 基本建成全面预算绩效管理制度体系

2019 年 12 月 10 日,教育部发布的《教育部关于全面实施预算绩效管理的意见》(教财〔2019〕6 号)指出:"到 2020 年底,基本建成覆盖部门预算和转移支付的全面预算绩效管理制度体系。在此基础上,不断总结和推广实践经验,逐步推动形成体系完备、务实高效的教育预算绩效管理模式。原则上每五年为一周期开展单位整体绩效评价。"

九、提高预算绩效管理重要的是"倡节省反浪费"

(一) 中央强调高校"倡节省反浪费"

1961 年 9 月 15 日,中共中央批准试行的《教育部直属高等学校暂行工作条例(草案)》第四十二条规定:"财务工作必须精打细算,厉行节约。一切开支都必须严格遵守财务制度。采购物资必须遵守国家的规定和市场管理。要定期清查帐(账)目,杜绝浪费和贪污现象。"

1985 年 5 月 27 日,《中共中央关于教育体制改革的决定》规定:"发展教育事业不增加投资是不行的。在今后一定时期内,中央和地方政府的教育拨款的增长要高于财政经常性收入的增长,并使按在校学生人数平均的教育费用逐步增长。现在,各级都有一些领导干部,宁肯把钱花在并非必要的方面,对于各种严重浪费也不感到痛心,唯独不肯为发展教育而花一点钱,这种状况必须改变。"

2010 年 6 月 21 日,中共中央政治局审议并通过的《国家中长期教育改革和发展规划纲要(2010—2020 年)》第五十八条规定:"坚持勤俭办学,严禁铺张浪费,建设节约型学校。"

(二) 宏观绩效管理

1. 规划科学是最大的效益

2014 年,习近平指出:"规划科学是最大的效益,规划失误是最大的浪费,规划折腾是最大的忌讳。"2006 年 9 月 28 日,教育部印发《普通本科学校设置暂行规定》

（教发〔2006〕18 号）规定："土地：普通本科学校生均占地面积应达到 60 平方米以上。学院建校初期的校园占地面积应达到 500 亩以上。建筑面积：普通本科学校的生均校舍建筑面积应达到 30 平方米以上。"但高校的占地面积和建筑面积如何？

（1）土地

10 000 名学生应达到 60 万平方米（900 亩）以上。除农业大学、林业大学等需要多占一些土地以外，现在占地 3 000 亩、5 000 亩的高校有多少，国土管理部门是否清查过高校闲置土地？

（2）建筑面积

建筑面积中已清查过的是超标配置办公用房。

别的暂不论，上述两项都与"规划"有关。当然上述文件也有关，它只规定了"以上"，"以上"多少？越多越好？这里就涉及"规划科学是最大的效益，规划失误是最大的浪费"。目前正在进行的高校绩效评价，应该将"土地利用率"和"建筑面积利用率"纳入评价指标体系中。

此外，"全国教育事业五年规划"中高等教育毛入学率从 2010 年以后都超前、超额达到"规划"指标，规划赶不上变化。"五年规划"是否科学也涉及经济效益，培养的学生是否符合经济和社会需要，将在下一节"高等教育质量研究"的"被撤销学位点"中阐述。

2. 避免结构性浪费

1993 年 2 月 13 日，中共中央、国务院印发《中国教育改革和发展纲要》（中发〔1993〕3 号）第 50 条指出："各级教育部门和学校必须努力提高教育经费的使用效益。要合理规划教育事业的规模，调整教育结构和布局，避免结构性浪费；要坚持艰苦奋斗、勤俭办学的方针，建立健全财务规章制度，加强财会队伍建设。各级财政和审计部门要加强财务监督和审计，共同把教育经费管好用好。"

菲利浦·H.库姆斯指出："高等教育发展的速度和规模在经过适度性补偿增长之后应保持适应性发展的趋势，认为规模扩大与经济发展之间不仅仅是正相关，它可能造成教育系统内部发展不平衡，需求超过供给能力，结构失调造成失业和人才外流以及学用错位，造成效率低下和形成社会不安定因素等不适应问题。"[①]

上面述及，"培养的学生是否符合经济和社会需要"，这就要"调整教育结构和布局，避免结构性浪费"，专业结构调整需要"高等教育供给侧结构性改革"，高校供给侧结构性改革首先要改革低端供给和无效供给的专业。扩招后规模大了，拨款和收费多了，又因为学生毕业即离校，于是不管有没有培养能力盲目扩张专业，于是就业率低就应运而生了。由于下一节"高等教育质量研究"在"被撤销学位点"中

---

① 张凤林.人力资本理论及其应用研究[M].北京：商务印书馆,2006：57-88.

还要阐述,这里不再赘述。

3. 校际资源共享优势互补

《中华人民共和国高等教育法》第十二条规定:"国家鼓励高等学校之间、高等学校与科学研究机构以及企业事业组织之间开展协作,实行优势互补,提高教育资源的使用效益。"现在各省基本上都有大学城,在"城"里有若干大学,本来可以在师资、实验设备、图书资料、体育运动场馆以及信息等方面实行优势互补,资源共享,便于提高教育资源的使用效益,但仍存在各自为政,资源不能充分利用的现象。

(三) 微观绩效管理

1. 培养高质量人才是节省人力、财力、物力的重要途径

高校不出"废品"、少出"次品"是节省人力、财力、物力的重要途径,当然前提是严出。具体将在下节中阐述。

2. 人力浪费

高校应是"英雄有用武之地",但文人相轻、嫉贤妒能等现象仍然存在;高校行政化导致教授"竞聘"处长屡见不鲜;行政岗位的教授"给本科生上课"做表面文章;任人唯亲、搞团团伙伙的"小圈子"严重影响教学科研人员的积极性。此外,"出工不出力",关系安排的冗员等现象并不少见。

3. 财力浪费

高校财力浪费方面,仅举两例:

目前的"预算执行率"实际上是预算执行进度,实质上是突击花钱的速度,而不是预算执行效率,现在提倡"花钱必问效、无效必问责"就要改一下"预算执行率"。

高校大量资金是公共资金,因此,合法性第一,效率性第二,但第二不是不要效率,突出问题是与国外著名大学相比没有投资收益,高校大量资金基本上是闲置的。该问题将在第四章第三节"双一流高校经费来源结构"中阐述。

4. 设备浪费

我国投入教育领域的物力浪费严重。我国高校普遍存在着仪器设备和教室、实验室等设施使用效率低甚至闲置的现象,世界银行曾对我国部分高校的教学设备和实验室的利用率做过统计,其比例约在 60% 以下。据国家教委统计,全国高校仪器设备有 20% 以上处于闲置状态,价格昂贵的大型科研装备的利用率最高不过 15%。而在日本,大型先进设备整个国家也没有几台,科研人员排着队使用,设备的利用率很高。[①] 另据有关部门对北京中关村地区部分高校 5 万元以上的 3 690 种大型仪器使用率进行调查后发现,每年平均开机不到 400 小时,而不开机率达到 40%。[②] 可以看出,高校里普遍存在设备的高占有率和低使用率等现象,甚至有些

---

① 卿芒.政府资源离市场化有多远?[J].中国青年报,2002-12-20.

② 孙福广.高等教育浪费问题研究[J].沈阳教育学院学报,2000(2):21-23.

高校实验室虽建好,却因没有实验仪器设备或是实验材料不足而空置。

刘垠报道:"12月27日,科技部网站公开发布《中央级高校和科研院所等单位重大科研基础设施和大型科研仪器开放共享评价考核结果的通知》。值得注意的是,中国矿业大学(北京)、哈尔滨工业大学等26个单位的考核结果较差,不仅是开放共享情况较差,存在重视不够、统筹管理不力、通用仪器利用效率低等不足,个别单位还存在闲置浪费严重、提交数据严重不实等问题。《通知》指出,哈尔滨工业大学的单晶衍射仪等3台(套),中国医学科学院药用植物研究所的单分子实时遗传分析系统等8台(套),中国科学院深圳先进技术研究院的小动物光声成像系统等3台(套)近5年内购置的科研仪器,闲置浪费比较严重,相应主管部门要按照相关规定,督促3个单位对这些仪器实施无偿划拨。科技部基础司条件平台处负责人任家荣说:'部分高校和科研院所虽然建立了公共仪器平台和仪器管理信息系统,但仍有不少科研仪器还分散在个别课题组或个人手中,单位对其缺乏约束。本次考核中还有不少近三年新购置的通用仪器,全年使用机时少于200小时。某实验室有近千万元的仪器,其中有些仪器样品室里落满灰尘,明显长期没有使用,还有一些崭新的科研仪器设备尚未开封。'评价考核工作调研发现,某单位一位实验技术人员同时负责60台科研仪器,只能做到开关机管理。还有些单位由于缺少专职实验技术人员,造成仪器故障率高,有的仪器使用2到3年就处于损坏闲置状态。"①

第二节　高等教育质量研究

一、质量和效益总是连在一起的,且效益以质量合格为前提

(一) 效益以质量合格为前提

教育经济学家邱渊指出:"效益以质量合格为前提,以节约社会劳动为实体。教育之所以能够节约社会劳动是因为它能缩短人类掌握已知的科学文化知识和技能的时间。"②"在质量保障的框架中,质量也会被当作'绩效'(performance)的同义词。它提倡用诸如绩效指标这样的技术性工具来测量教育和资源的投入与产出。质量的这种技术视角使得对毕业生数量、研究生数量、科研收入等绩效指标进行数量化测量得以合法化。"③质量若是废品、次品就谈不上效益。因此,高等教育质量是高校经费绩效评价第一个要素。

---

① 刘垠.科技部对科研设施与仪器闲置浪费出重拳——二十六家单位开放共享较差 哈工大等三家被点名[N].科技日报,2018-12-27.

② 邱渊.教育经济学导论[M].北京:人民教育出版社,1989:5.

③ Sachs J. Strange Yet Compatible Bedfellows: Quality Assurance and Quality Improvement [J]. Australian Universities, Review, 1994, 37(1): 22-25.

（二）质量第一、效益优先

1. 质量和效益总是连在一起的

党的十八大提出："把推动发展的立足点转到提高质量和效益上来……"

党的十八届五中全会把"以提高发展质量和效益为中心"写进"十三五"时期我国发展的指导思想。

党的十九大报告指出："必须坚持质量第一、效益优先，以供给侧结构性改革为主线……"

《2018 年政府工作报告》指出："坚持质量第一、效益优先……"

《2019 年政府工作报告》指出："按照质量第一、效益优先的原则……"

2. 高等教育法规也重视质量和效益

《中华人民共和国高等教育法》（2015）第七条规定："国家按照社会主义现代化建设和发展社会主义市场经济的需要，根据不同类型、不同层次高等学校的实际，推进高等教育体制改革和高等教育教学改革，优化高等教育结构和资源配置，提高高等教育的质量和效益。"

1993 年 2 月 8 日，国家教委、国务院学位委员会联合发出《关于中央部门所属普通高等学校深化领导管理体制改革的若干意见》第三部分指出："合理布局，优化结构，提高教育质量和办学效益。"

1993 年 2 月 13 日，中共中央、国务院印发《中国教育改革和发展纲要》（中发〔1993〕3 号）第 3 条指出："必须全面贯彻党和国家的教育方针，遵循教育规律，全面提高教育质量和办学效益。"第 6 条指出："在教育事业发展上，不仅教育的规模要有较大发展，而且要把教育质量和办学效益提高到一个新的水平。"第 9 条指出："90 年代，高等教育要适应加快改革开放和现代化建设的需要，积极探索发展的新路子，使规模有较大发展，结构更加合理，质量和效益明显提高。"

1994 年 7 月 3 日，国务院发布《关于〈中国教育改革和发展纲要〉的实施意见》（国发〔1994〕39 号）第十条指出："我国教育事业的发展还要着眼于大力提高质量和效益。"

教育部 1998 年 12 月 24 日制定、国务院 1999 年 1 月 13 日批转的《面向 21 世纪教育振兴行动计划》第八条指出："贯彻《高等教育法》，积极稳步发展高等教育，加快高等教育改革步伐，提高教育质量和办学效益。"

2007 年 1 月 15 日，《教育部 财政部关于"十一五"期间进一步加强高等学校财务管理工作的若干意见》（教财〔2007〕1 号）指出："高等学校领导尤其是党政一把手一定要树立科学的发展观和正确的政绩观，统筹协调好规模、结构、质量、效益之间的关系，全面履行财务工作的组织领导责任和经济责任，严格遵守和落实各项规章制度，切实重视并支持财务工作，确保学校各项事业持续健康发展。"

高等教育质量保障体系之中除了评估之外，还有审计、绩效指标、基标法等，如：英国高等教育质量保障署(QAA)就曾经因为院校对于评估的质疑,而将学科评估和院校评估合为院校审计,即不直接对质量进行评估,而是注重审核院校内部质量保障体系的完善情况。与此类似,我国正在进行的新一轮本科教学评估的主要形式也从直接评估改为审核评估。此外,"在质量保障的框架中,质量也会被当作'绩效'(performance)的同义词。它提倡用诸如绩效指标这样的技术性工具来测量教育和资源的投入与产出。质量的这种技术视角使得对毕业生数量、研究生数量、科研收入等绩效指标进行数量化测量得以合法化"。① 从某种意义上讲,如果没有这些量化的绩效指标,对于质量的问责将会变成一件没有意义的事情,当然,我们必须做的是以判断来调和这些统计数字。②

二、高等教育质量标准与评价

(一) 高等教育质量含义

对"高等教育质量"这个专业术语的含义有不同的理解:

国际标准化组织认为,"质量是实体满足明确或隐含需要能力的特性的总和"。③ 其中实体是指"有形或无形的可以单独进行描述和研究的事物,它可以是活动或过程,可以是产品或服务,可以是一个组织、一个体系、一个人或者是他们的某些组合"。④ 这一界定从内在属性和外在属性两个方面揭示了质量范畴,不仅强调了质量是作为客观事物的"实体"本身所具有的属性,也突出了质量范畴里客观性"实体"适应于"能动性"主体的能力。有鉴于此,人们一般认为,高等教育质量就是高等教育组织、高等教育体系或高等教育活动及过程满足受教育者发展需要并实现特定社会目的的能力和属性。

1998 年,联合国教科文组织(UNESCO)在巴黎召开的首届世界高等教育会议所通过的《21 世纪的高等教育:展望和行动世界宣言》就指出:"高等教育的质量是一个多层面的概念,应包括高等教育功能和活动:各种教学与学术计划、研究与学术成就、教学人员、学生、校舍、设施、设备、社区服务和学术环境等。"要"考虑多样性和避免用一个统一的尺度来衡量高等教育质量"。⑤ 所谓"多层面",包括博士、硕士、本科、专科等纵向层面,也包括研究型、理论型、应用型、技能型等横向层面。

---

① Sachs J. Strange Yet Compatible Bedfellows: Quality Assurance and Quality Improvement [J]. Australian Universities' Review, 1994, 37(1): 22-25.

② Elton L. Accountability in Higher Education: The Danger of Unintended Consequences[J]. Higher Education, 1988(4): 377-390.

③ 刘广第. 质量管理学[M]. 北京:清华大学出版社,1996: 44.

④ 顾明远,石中英.《国家中长期教育改革和发展规划纲要(2010—2020 年)》解读[M]. 北京:北京师范大学出版社,2010: 36.

⑤ 赵中建.全球教育发展的研究热点——90 年代来自联合国教科文组织的报告(修订版)[M]. 北京:教育科学出版社,2003: 120.

而横向层面的质量标准往往被学校所忽视，比如教学的方法、论文的要求等。

亚历山大·奥斯汀（Alexander W. Astin）认为，高等学校的质量是一个复杂的概念，至少有四种不同的含义：大学的声望等级、可得到的资助、学生成果以及学生天赋的发展和增值。①

根据《教育大辞典》的解释，"教育质量是对教育水平高低和效果优劣的评价。影响它的因素主要是：教育制度、教学计划、教学内容、教学方法、教学组织形式和教学过程等的合理程度；教师的素养，学生的基础以及师生参与教育活动的积极程度。最终体现在培养对象的质量上"。②

李福华认为："高等教育质量是一个'三维'概念，至少包含三个重要组成部分，即教学和人才培养质量、科学研究质量、社会服务质量。"③

余小波认为："高等教育质量可以被看作是一个具有多层面、多内容、多指向的体系。譬如，从过程来看，有投入质量、过程质量与产出质量之分；从活动来看，有教学质量、管理质量与服务质量之别。"④

(二) 提高质量是高等教育的生命线

1. 提高质量是教育改革发展的核心任务

2010 年 6 月 21 日，中共中央政治局审议并通过《国家中长期教育改革和发展规划纲要（2010—2020 年）》第二条指出："把提高质量作为教育改革发展的核心任务。"

2. 提高质量是高等教育的生命线

2011 年 4 月 24 日，胡锦涛在庆祝清华大学建校 100 周年大会上的讲话中指出："不断提高质量，是高等教育的生命线。"

3. 全面提高教育质量是主题

2017 年 1 月 10 日，国务院印发《国家教育事业发展"十三五"规划》（国发〔2017〕4 号）指出："贯彻落实新发展理念，全面实现'十三五'时期教育改革发展目标，必须紧紧围绕全面提高教育质量这个主题。……必须把教育的结构性改革作为主线。"

4. 历届党的代表大会都强调提高教育质量

党的十三大报告指出："提高教育质量。"

党的十四大报告指出："全面提高教育质量。"

党的十五大报告指出："提高教学质量和办学效益。"

党的十六大报告指出："提高教育质量和管理水平。"

① 张安富，靳敏，施佳璐. 高等教育质量与水平及相关概念辨析[J]. 高等教育研究，2009(11)：68-74.
② 顾明远. 教育大辞典：第一卷[M]. 上海：上海教育出版社，1990：24.
③ 李福华. 高等教育质量：内涵、属性和评价[J]. 现代大学教育，2003(2)：17-20.
④ 余小波. 高等教育质量概念：内涵与外延[J]. 高教发展与评估，2005，21(6)：46-49.

党的十七大报告指出："提高高等教育质量。"

党的十八大报告指出："着力提高教育质量。"

5. 法规历来强调提高教育质量

1953 年 7 月,高等教育部在北京召开全国高等工业学校行政会议,会议通过了《稳步进行教育改革提高教学质量的决定》。

1961 年 9 月 15 日,教育部发布的《教育部直属高等学校暂行工作条例(草案)》("高教六十条")第二条指出："高等学校必须以教学为主,努力提高教学质量。"

1978 年 2 月 17 日,国务院转发教育部的《关于恢复和办好全国重点高等学校的报告》指出："要努力提高教育质量,为社会主义革命和社会主义建设有计划地培养又红又专的高质量的各种人才。"

《中华人民共和国高等教育法》(2015)第三十一条规定："高等学校应当以培养人才为中心,开展教学、科学研究和社会服务,保证教育教学质量达到国家规定的标准。"

1993 年 1 月 12 日国务院批转国家教委的《关于加快改革和积极发展普通高等教育的意见》第四条指出："发展高等教育必须把提高教育质量放在突出的地位。"

1993 年 2 月 13 日,中共中央、国务院印发的《中国教育改革和发展纲要》(中发〔1993〕3 号)第四部分指出："全面贯彻教育方针,全面提高教育质量。"

1994 年 7 月 3 日,国务院发布的《国务院关于〈中国教育改革和发展纲要〉的实施意见》(国发〔1994〕39 号)第十八条指出："认真贯彻教育方针,深入进行教学改革,努力提高教育质量。"

教育部 2004 年 2 月 10 日制定、国务院 2004 年 3 月 3 日批转的《2003—2007年教育振兴行动计划》(国发〔2004〕5 号)第 21 条指出："以提高高等教育人才培养质量为目的,进一步深化高等学校的培养模式。"

《中华人民共和国教育法》(2015)第十一条规定："国家支持、鼓励和组织教育科学研究,推广教育科学研究成果,促进教育质量提高。"第三十条第二款规定："贯彻国家的教育方针,执行国家教育教学标准,保证教育教学质量。"

1995 年 5 月 29 日,国务院办公厅转发国家教委的《关于深化高等教育体制改革的若干意见》(国办发〔1995〕43 号)第四条指出："高等教育管理体制改革,要有利于高等学校增强办学活力,不断提高教育质量和学术水平,提高办学效益。"

1998 年 8 月 29 日,第九届全国人民代表大会常务委员会第四次会议通过的《中华人民共和国高等教育法》第三十一条规定："高等学校应当以培养人才为中心,开展教学、科学研究和社会服务,保证教育教学质量达到国家规定的标准。"第一次将教学质量问题写入国家法律。2010 年 6 月 21 日,中共中央政治局审议并通过《国家中长期教育改革和发展规划纲要(2010—2020 年)》第十八条指出："全面提高高等教育质量。高等教育承担着培养高级专门人才、发展科学技术文化、促进社会主义现代化建设的重大任务。提高质量是高等教育发展的核心任务,是建设高等教育强国的基本要求。"

(三) 教育质量的标准

1. 教育质量的标准——教育方针

1978 年 4 月 22 日,邓小平在全国教育工作会议上指出:"培养人才有没有质量标准呢? 有的。这就是毛泽东同志说的,应该使受教育者在德育、智育、体育几方面都得到发展,成为有社会主义觉悟的有文化的劳动者。"

(1) 教育方针的发展沿革

1934 年 1 月,毛泽东同志在中华苏维埃共和国第二次全国代表大会上指出:"苏维埃文化教育的总方针在什么地方呢? 在于以共产主义的精神来教育广大的劳苦民众,在于使文化教育为革命战争与阶级斗争服务,在于使教育与劳动联系起来,在于使广大中国民众都成为享受文明幸福的人。"①

1949 年 9 月,中国人民政治协商会议第一届全体会议通过的《共同纲领》第四十一条规定:"中华人民共和国的文化教育为新民主主义的,即民族的、科学的、大众的文化教育。人民政府的文化教育工作,应以提高人民的文化水平,培养国家建设人才,肃清封建的、买办的、法西斯主义的思想,发展为人民服务的思想为主要任务。"

为了贯彻这一方针,1949 年 12 月,教育部召开第一次全国教育工作会议,明确新中国教育工作的目的,即"为人民服务,首先为工农服务,为当前的革命斗争与建设服务"。

1951 年 3 月,第一次全国中等教育会议提出:"普通中学的宗旨和培养目标是使青年一代在智育、德育、体育、美育各方面获得全面发展,使之成为新民主主义社会自觉的积极的成员。"

1952 年 3 月 18 日教育部颁布《中学暂行规程(草案)》和《小学暂行规程(草案)》,提出"实施智育、德育、体育、美育等全面发展的教育"。

1954 年 2 月,周恩来在政务会议上提出:"我们向社会主义、共产主义前进,每个人要在德、智、体、美等方面均衡发展。"

《1954 年文化教育工作的方针和任务》中提出:"中等教育和初等教育,应贯彻全面发展的教育方针……为培养社会主义社会的建设者而奋斗。"

1957 年 2 月,毛泽东在《关于正确处理人民内部矛盾的问题》的报告中指出:"我们的教育方针,应该使受教育者在德育、智育、体育几方面都得到发展,成为有社会主义觉悟的有文化的劳动者。"

1958 年 9 月 19 日,中共中央、国务院《关于教育工作的指示》中提道:"为实现

---

① 江西档案馆,中央江西省委党校党史教研室.中央革命根据地史料选编(下)[M].南昌:江西人民出版社,1982:331.

这个方针,教育工作必须由党来领导。""党的教育工作方针,是教育为无产阶级的政治服务,教育与生产劳动相结合;共产主义社会的全面发展的新人,就是既有政治觉悟又有文化的、既能从事脑力劳动又能从事体力劳动的人。"

1961 年 9 月 15 日,《教育部直属高等学校暂行工作条例(草案)》("高教六十条")第一条指出:"高等学校的基本任务,是贯彻执行教育为无产阶级的政治服务、教育与生产劳动相结合的方针,培养为社会主义建设所需要的各种专门人才。根据毛泽东同志提出的'我们的教育方针,应该使受教育者在德育、智育、体育几方面都得到发展,成为有社会主义觉悟的有文化的劳动者'。"

1966 年 8 月 8 日,中共八届十一中全会通过《中国共产党中央委员会关于无产阶级"文化大革命"的决定》,提出:"在这场'文化大革命'中,必须彻底改变资产阶级知识分子统治我们学校的现象。在各类学校中,必须贯彻执行毛泽东同志提出的教育为无产阶级政治服务、教育与生产劳动相结合的方针,使受教育者在德育、智育、体育几方面都得到发展,成为有社会主义觉悟的有文化的劳动者。"

1978 年 9 月 22 日,邓小平在全国教育工作大会上讲话指出:要"把毛泽东同志提出的培养德智体全面发展、有社会主义觉悟的有文化的劳动者的方针贯彻到底,贯彻到整个社会的各个方面"。"为了培养社会主义建设需要的合格的人才,我们必须认真研究在新的条件下,如何更好地贯彻教育与生产劳动相结合的方针"。

《中华人民共和国宪法》(1975)第十二条指出:"无产阶级必须在上层建筑其中包括各个文化领域对资产阶级实行全面的专政。文化教育、文学艺术、体育卫生、科学研究都必须为无产阶级政治服务,为工农兵服务,与生产劳动相结合。"

1981 年 6 月 27 日,《关于建国以来党的若干历史问题的决议》提出:"用马克思主义世界观和共产主义道德教育人民和青年,坚持德智体全面发展、又红又专、知识分子与工人农民相结合、脑力劳动与体力劳动相结合的教育方针。"

自 1982 年至 2018 年的《中华人民共和国宪法》中,第四十六条都规定:"中华人民共和国公民有受教育的权利和义务。国家培养青年、少年、儿童在品德、智力、体质等方面全面发展。"

1986 年 4 月 12 日,六届人大第四次会议通过的《中华人民共和国义务教育法》第三条规定:"义务教育必须贯彻国家的教育方针,努力提高教育质量,使儿童、少年在品德、智力、体质等方面全面发展,为提高全民族的素质,培养有理想、有道德、有文化、有纪律的社会主义建设人才奠定基础。"

1989 年 10 月,在少先队建队 40 周年之际,邓小平为之题词:"培养有理想、有道德、有文化、有纪律的无产阶级革命事业接班人。"[①]简称为"四有"人才。

1990 年 12 月 30 日,党的十三届七中全会通过的《中共中央关于制定国民经济

---

① 邓小平.邓小平文选:第 3 卷[M].北京:人民出版社,1993:28.

和社会发展十年规划和"八五"计划的建议》提出："继续贯彻教育必须为社会主义现代化建设服务,必须同生产劳动相结合,培养德、智、体全面发展的建设者和接班人的方针,进一步端正办学指导思想,把坚定正确的政治方向放在首位,全面提高教育者和被教育者思想政治水平和业务素质。"

1993 年 2 月,中共中央、国务院印发的《中国教育改革和发展纲要》第 27 条规定："教育改革和发展的根本目的是提高民族素质,多出人才,出好人才。各级各类学校要认真贯彻'教育必须为社会主义现代化建设服务,必须与生产劳动相结合,培养德、智、体全面发展的建设者和接班人'的方针,努力使教育质量在九十年代上一个新台阶。""培养有理想、有道德、有文化、有纪律的社会主义新人。"

1995 年 3 月 18 日,第八届全国人民代表大会第三次会议通过的《中华人民共和国教育法》第五条规定："教育必须为社会主义现代化建设服务,必须与生产劳动相结合,培养德、智、体等方面全面发展的社会主义事业的建设者和接班人。"

1998 年 8 月 29 日,第九届全国人民代表大会常务委员会第四次会议通过的《中华人民共和国高等教育法》第四条指出："高等教育必须贯彻国家的教育方针,为社会主义现代化建设服务,与生产劳动相结合,使受教育者成为德、智、体等方面全面发展的社会主义事业的建设者和接班人。"

1999 年 6 月 13 日,《中共中央 国务院关于深化教育改革,全面推进素质教育的决定》指出："实施素质教育,就是全面贯彻党的教育方针,以提高国民素质为根本宗旨,以培养学生的创新精神和实践能力为重点,造就'有理想、有道德、有文化、有纪律'的、德智体美等全面发展的社会主义事业建设者和接班人。"

2010 年 6 月 21 日,中共中央政治局审议并通过的《国家中长期教育改革和发展规划纲要(2010—2020 年)》第四条指出："坚持全面发展。全面加强和改进德育、智育、体育、美育。坚持文化知识学习与思想品德修养的统一、理论学习与社会实践的统一、全面发展与个性发展的统一。加强体育,牢固树立健康第一的思想,确保学生体育课程和课余活动时间,提高体育教学质量,加强心理健康教育,促进学生身心健康、体魄强健、意志坚强;加强美育,培养学生良好的审美情趣和人文素养。加强劳动教育,培养学生热爱劳动、热爱劳动人民的情感。重视安全教育、生命教育、国防教育、可持续发展教育。促进德育、智育、体育、美育有机融合,提高学生综合素质,使学生成为德智体美全面发展的社会主义建设者和接班人。"

党的十五大报告指出："认真贯彻党的教育方针,重视受教育者素质的提高,培养德智体等全面发展的社会主义事业的建设者和接班人。"

党的十六大报告提出："全面贯彻党的教育方针,坚持教育为社会主义现代化建设服务,为人民服务,与生产劳动和社会实践相结合,培养德智体美全面发展的社会主义建设者和接班人。"

党的十七大报告提出："要全面贯彻党的教育方针,坚持育人为本、德育为先,实施素质教育,提高教育现代化水平,培养德智体美全面发展的社会主义建设者和接班人,办好人民满意的教育。"

党的十八大报告提出:"全面贯彻党的教育方针,坚持教育为社会主义现代化建设服务、为人民服务,把立德树人作为教育的根本任务,培养德智体美全面发展的社会主义建设者和接班人。"

党的十九大报告提出:"要全面贯彻党的教育方针,落实立德树人根本任务,发展素质教育,推进教育公平,培养德智体美全面发展的社会主义建设者和接班人。"

2016年9月9日,习近平在北京市八一学校考察时指出:"素质教育是教育的核心,教育要注重以人为本、因材施教,注重学用相长、知行合一,着力培养学生的创新精神和实践能力,促进学生德智体美全面发展。"

2018年09月10日,习近平在全国教育大会上强调指出:"要努力构建德智体美劳全面培养的教育体系,形成更高水平的人才培养体系。"

2019年2月26日,《教育部办公厅关于进一步规范和加强研究生培养管理的通知》(教研厅〔2019〕1号)指出:"培养单位要切实加强研究生思想政治教育,促进研究生德智体美劳全面发展。"

(2) 教育方针的执行情况

对31所中管高校党委开展的专项巡视,"全面贯彻党的教育方针"是一个重要内容。相当多的高校存在"贯彻党的教育方针不到位""党委落实党的教育方针有偏差""落实党的教育方针有差距""贯彻党的教育方针差距明显""落实党的教育方针不全面""落实党的教育方针不够全面""贯彻党的教育方针不够有力"等问题。其他部属高校和省、市属高校也普遍存在这类问题。

2. 教育质量的标准——促进人的全面发展、适应社会需要

2010年6月21日,中共中央政治局审议并通过的《国家中长期教育改革和发展规划纲要(2010—2020年)》第二条指出:"树立科学的质量观,把促进人的全面发展、适应社会需要作为衡量教育质量的根本标准。"

2012年3月16日,《教育部关于全面提高高等教育质量的若干意见》(教高〔2012〕4号)第三条指出:"完善人才培养质量标准体系。全面实施素质教育,把促进人的全面发展和适应社会需要作为衡量人才培养水平的根本标准。"

在上文阐述"教育方针"时提到了"德智体美劳全面发展",本部分重点阐述"适应社会需要"。

(1) 法规认为"适应社会需要"存在问题

在阐述"教育方针"时提到"教育必须为社会主义建设服务"或"教育必须为社会主义现代化建设服务",就是"适应社会需要"的问题。

1985年5月27日,《中共中央关于教育体制改革的决定》指出:"教育工作不适应社会主义现代化建设需要的局面还没有根本扭转。……要改革同社会主义现代

化不相适应的教育思想、教育内容、教育方法。……各级各类教育能够主动适应经济和社会发展的多方面需要。……加强高等学校同生产、科研和社会其他各方面的联系,使高等学校具有主动适应经济和社会发展需要的积极性和能力。"

《中国教育改革和发展纲要》(中发〔1993〕3 号)第 2 条指出:"我国教育在总体上还比较落后,不能适应加快改革开放和现代化建设的需要。"第 8 条指出:"发展职业技术教育要与当地经济发展的需要相适应。"第 9 条指出:"高等教育担负着培养高级专门人才、发展科学技术文化和促进现代化建设的重大任务。90 年代,高等教育要适应加快改革开放和现代化建设的需要,积极探索发展的新路子,使规模有较大发展,结构更加合理,质量和效益明显提高。"

1994 年 7 月 3 日,《国务院关于〈中国教育改革和发展纲要〉的实施意见》(国发〔1994〕39 号)第十八条指出:"认真贯彻教育方针,深入进行教学改革,努力提高教育质量。要进一步转变教育思想,改革教学内容和教学方法,克服学校教育不同程度存在的脱离经济建设和社会发展需要的现象。……注重素质和能力的培养,增强学生对社会需要的适应性。"

《国家中长期教育改革和发展规划纲要(2010—2020 年)》指出:"必须清醒认识到,我国教育还不完全适应国家经济社会发展和人民群众接受良好教育的要求。教育观念相对落后,内容方法比较陈旧……学生适应社会和就业创业能力不强,创新型、实用型、复合型人才紧缺。"

教育部 1998 年 12 月 24 日制定、国务院 1999 年 1 月 13 日批转的《面向 21 世纪教育振兴行动计划》指出:"但是,我国教育发展水平仍然偏低,教育结构和体制、教育观念和方法以及人才培养模式尚不能适应现代化建设的需要。"

1999 年 6 月 13 日,《中共中央 国务院关于深化教育改革,全面推进素质教育的决定》指出:"但面对新的形势,由于主观和客观等方面的原因,我们的教育观念、教育体制、教育结构、人才培养模式、教育内容和教学方法相对滞后,影响了青少年的全面发展,不能适应提高国民素质的需要。"

2007 年 1 月 22 日,《教育部、财政部关于实施高等学校本科教学质量与教学改革工程的意见》(教高〔2007〕1 号)指出:"但是,高等教育质量还不能完全适应经济社会发展的需要,不少高校的专业设置和结构不尽合理,学生的实践能力和创新精神亟待加强,教师队伍整体素质亟待提高,人才培养模式、教学内容和方法需要进一步转变。"

2015 年 5 月 4 日,《国务院办公厅关于深化高等学校创新创业教育改革的实施意见》(国办发〔2015〕36 号)指出:"但也存在一些不容忽视的突出问题,主要是一些地方和高校重视不够,创新创业教育理念滞后,与专业教育结合不紧,与实践脱节;教师开展创新创业教育的意识和能力欠缺,教学方式方法单一,针对性实效性不强;实践平台短缺,指导帮扶不到位,创新创业教育体系亟待健全。"

2017年3月31日,教育部、中央编办、发展改革委、财政部、人力资源和社会保障部发布了《关于深化高等教育领域简政放权放管结合优化服务改革的若干意见》(教政法〔2017〕7号)。2017年4月6日,教育部有关部门负责人就《关于深化高等教育领域简政放权放管结合优化服务改革的若干意见》答记者问中指出:"同时引导高校对1600多个不适应办学定位和特色发展的本科专业进行了调整。"

2018年1月20日,《中共中央　国务院关于全面深化新时代教师队伍建设改革的意见》指出:"面对新方位、新征程、新使命,教师队伍建设还不能完全适应。有的地方对教育和教师工作重视不够,在教育事业发展中重硬件轻软件、重外延轻内涵的现象还比较突出,对教师队伍建设的支持力度亟须加大;师范教育体系有所削弱,对师范院校支持不够;有的教师素质能力难以适应新时代人才培养需要,思想政治素质和师德水平需要提升,专业化水平需要提高;教师特别是中小学教师职业吸引力不足,地位待遇有待提高;教师城乡结构、学科结构分布不尽合理,准入、招聘、交流、退出等机制还不够完善,管理体制机制亟须理顺。"

(2) 政府部门认为"适应社会需要"的执行情况不甚乐观

潘懋元指出:"发达国家在50—60年代进入大众化阶段,大量发展的是应用性、职业性的高等教育,适应经济与社会发展的需要,从而又提高了社会的生产能力与文化科学水平,使社会能容纳更多的大学毕业生就业。但也有些发展中国家,在70—80年代出现过大学毕业生供过于求的现象。其原因,一方面是大学生的增加速度远超于经济发展的速度,另一方面是按照传统精英教育的模式扩展普通高等教育本科,社会上接纳不了过多的学术型人才。正如市场经济要求产品'适销对路',在人才市场上,也有个是否'适销对路'的问题。因此,在即将进入大众化阶段,必须改变传统的精英教育质量观为大众化的教育质量观,使我们培养出来的专门人才在人才市场上'适销对路'。这是当前大量增招大学生,加快高等教育发展速度时必须充分重视的关键问题。"[1]

① 学位点

记者姚雪青等报道:"日前,教育部网站发布了《国务院学位委员会关于下达2014年学位授权点专项评估结果及处理意见的通知》,50个学位授权点被'亮红牌',将面临撤销,并且5年之内不得重新申请,其中包括部分'985工程'高校,另有95个学位授权点被'亮黄牌',被要求'限期整改',引发社会热议。"[2]刘博智报道:"记者从教育部网站获悉,2014年学位授权点专项评估结果经国务院学位委员会第三十二次会议审议通过,并将相关处理意见下达给各地学位办。根据评估结

---

①　潘懋元.高等教育大众化的教育质量观[J].中国高教研究,2000(1):9-11.

②　姚雪青,张志锋,程远州.42所高校的50个学位授权点被评为"不合格",将面临撤销——学位授权点被"亮牌"将成常态[N].人民日报,2016-04-07.

果,不合格的 4 个博士学位点、4 个硕士学位点、42 个专业学位点被撤销。"①

2016 年 3 月 16 日,教育部发布的《国务院学位委员会关于下达 2014 年学位授权点专项评估结果及处理意见的通知》(学位〔2016〕5 号)结果显示:40 个学校撤了 4 个博士点和 44 个硕士点;85 个学校 5 个博士点和 88 个硕士点被限期整改,其中北京大学、中国人民大学、厦门大学、南开大学、四川大学、对外经济贸易大学等的"审计专业硕士"被限期整改。

刘博智报道:"国务院学位委员会今天正式公布《关于下达 2016 年动态调整撤销和增列的学位授权点名单的通知》,共有 25 个省份的 175 所高校撤销 576 个学位点,包括大量博士学位授权点。此外,共有 25 个省份的 178 所高校增列了 366 个学位点。本次学位点动态调整中,从撤销学位点较多的学科来看,软件工程最多,共有 36 个软件工程学位点被撤销,工程(项目管理)被撤销 21 个,工程(工业工程)被撤销 13 个,生态学、统计学、系统科学、工程(物流工程)、应用化学等学科被撤销学位点也超过 10 个。"②杨频萍报道:"南京大学教育研究院博士生、中国海洋大学教育系讲师胡乐乐说,仔细分析,不难发现,这些主动放弃授权的学位点,要么与本校办学方向不符,脱离学校办学优势,要么市场需求过于饱和。此次撤销专业和过去不同的一点,在国家日益加强的质量问责下,不少高校是'自断其臂',修炼内功。"③

2018 年 2 月 27 日,《国务院学位委员会 教育部关于下达 2017 年学位授权点专项评估结果及处理意见的通知》(学位〔2018〕1 号)结果显示:广西民族大学等三所高校三个博士点,太原师范学院等四所高校四个硕士点被限期整改。

2019 年 5 月 6 日,《国务院学位委员会 教育部关于下达 2018 年学位授权点专项评估结果及处理意见的通知》(学位〔2019〕15 号)披露显示:不合格学位点共有 31 个,全部为硕士学位点;限期整改学位点共有 43 个;还有 18 所高校主动放弃学位点 18 个。

陈鹏报道:"近日,近 30 所高校公布了超过 1 300 名硕博研究生的退学名单,其中包括清华大学、复旦大学、中国人民大学等知名高校。今年 3 月,广州大学对 72 名研究生做出退学处理。随即,合肥工业大学、西南交通大学等大学加入清退不合格学生行列。延边大学对 136 名研究生(14 名博士生,122 名硕士生)送达退学决定。早在 2010 年,华中科技大学清退 300 余名研究生,原因无外乎长期不来上课,超过规定修业时长。"④

---

① 刘博智.国务院学位委员会公布 2014 年学位授权点专项评估结果,50 个不合格学位点被撤销[N].中国教育报,2016-03-26.

② 刘博智.2016 年学位点动态调整 175 所高校撤销 576 个学位点[N].中国教育报,2016-10-20.

③ 杨频萍.破除终身制,全国学位授权点实施"动态调整"——江苏 12 所高校 29 个学位点被撤[N].新华日报,2016-10-20.

④ 陈鹏.近 30 所高校清退 1 300 多名研究生——让严进严出成为研究生培养常态[N].光明日报,2019-12-24.

② 本科专业

调整高校投入结构首先要调整高校的专业结构,停办被市场淘汰的专业,削减无效拨款。刘维涛报道:"2015 年 11 月 5 日,全国政协召开第四十一次双周协商座谈会,全国政协教科文卫体委员会在一次调研中发现,各个高校从发展规划到专业设置,竟然有着惊人的相似,最要命的是,这些设置并非出自区域发展所需。"①

据澎玮、杨萌萌报道:贵州大学唯一一届 2012 级信访本科班停办了,同时,沈阳大学的信访本科班也停招了。该信访专业系"行政力量推动"举办。信访班四门专业课三门没有教材,唯一的教材《信访学概论》,要求学生自行复印教材,上课主要是阅读教材。② 高校也不乏让学生盲目选专业的案例,如衡阳南华大学 2014 级土木工程系竟让数百学生排队抓阄选专业。③ 这些"被阄选"的学生怎么能适应社会需要?

谌彦辉的研究表明:"据统计,2018 年被撤销的专业数量是 2014 年的 6.2 倍。2014 年度,仅有 67 个专业被撤销,以后逐年递增,到现在总共有 991 个专业被撤销。其中被撤销专业数量最多的是工学类 267 个,被撤销最多的是服装与服饰设计,高达 39 个。'这些被撤销的专业还有不少是当年盲目追逐热门跟风开设的。'21 世纪教育研究院副院长熊丙奇认为,专业大幅撤销是近年高校扩招、大学滥设专业的结果。高校扩招的速度和幅度都远超计划和想象。在这种形势下,高校的专业几乎不可控制地自由生长,专业数量从 1998 年 249 种增长到 600 多种。目前,教育部最新公布的大学本科专业目录显示仍有 506 种本科专业。'一个专业热了,各个高校就一哄而上。'熊丙奇说,有的学校专业设置并没有经过充分论证,往往就是领导拍脑袋决定,先开了再说。这样一来,很多功利性强的学校缺乏长远规划,导致热门专业开设过多,专业人才供给超过社会需求,而本校专业又没有办出特色,培养出来的学生专业素质不过硬,就业惨淡,转眼'热门'变成'冷门',它自然面临被撤销的结果。"④

2019 年 3 月 21 日,教育部(教高函〔2019〕7 号)公布了 2018 年度《普通高等学校本科专业备案和审批结果》,其中显示全国共有 416 个本科专业被撤销。

三、高等教育质量评价

(一)高校教育质量评价方式

1. 用手投票——专业机构的大学排名有争议

(1)四大权威世界大学排名机构的排名因素

美国 USNEWS 世界大学排名(US News Best Global Universities),英国《泰

---

① 刘维涛.我们需要怎样的大学?[N].人民日报,2015-11-11.
② 澎玮,杨萌萌.贵州大学唯一一届"信访班":信访局不招,过半已改行[N].东方早报,2016-07-05.
③ 朱炎皇.湖南一高校被曝靠抓阄分专业　"学霸"可自选[N].长沙晚报,2015-9-11.
④ 谌彦辉.高校近千专业撤销内情[J].看天下,2019(14):32-36.

晤士高等教育》(Times Higher Education，简称 THE)世界大学排名，英国高等教育调查机构 QS(Quacquarelli Symonds)和中国上海交通大学一流大学研究中心 ARWU(Academic Ranking of World Universities)是公认的四大权威世界大学排名机构。其排名评价标准见表 3-1 和表 3-2。

表 3-1　QS 世界大学排名评价指标(2016 年)

评价指标	权重	评价内容
学术声誉(同行评议)	40%	通过一项全球性的学术调查，要求学者根据本人观点，选出自己所在研究领域内研究进行得最好的大学，这些被调查的学者来自全球各高等教育机构，并且不能给自己所在的学校投票
生师比例(教学质量)	20%	学生人数与教职人员的比值能够体现学校为学生提供小班教学以及个人指导的能力
每位教职工的文献引用量	20%	这项指标用于评价大学的科研影响力。指标利用 Scopus 数据库中的研究数据，通过统计近 5 年 Scopus 上发表的文献，计算各机构文献被引用总量与教职人员的比值，避免因为职工庞大导致数量的不公平现象
雇主声誉	10%	基于一项全球性调查问卷，要求雇主们指出他们认为哪所大学培养出了最优秀的毕业生
国际学生比例	5%	计算国际学生的人数比例和国际教师的比例，能体现学校的国际化倾向以及大学的国际吸引力
国际教师比例	5%	

资料来源：袁振国.大学排名的风险——大学变革的历史轨迹与启示之四[J].中国高等教育,2016(20)：26-29.

表 3-2　其他三大权威世界大学排名机构评价标准表

排名机构	排名因素	权重
USNEWS	① 本科学术声誉(包括学校受高中生的青睐程度以及学校的本科教育综合声誉)	22.5%
	② 大一学生升学率(学生在大一结束之后继续大二阶段学习的比率)	22.5%
	③ 学生情况(本科新生的 SAT、ACT 均分；本科新生在高中班级的排名；申请录取比率)	12.5%
	④ 师资力量(包括本科班级规模、生师比例、教师的薪资情况、教师拥有 PhD 学位的比率)	20%
	⑤ 财务情况(本科新生平均在教学、研究以及其他学校提供服务上的财务支出，可理解为学费情况)	10%
	⑥ 毕业率(本科生顺利毕业的比率)	7.5%
	⑦ 校友捐赠率(本科毕业生给学校提供捐赠的比率)	5%

（续表）

排名机构	排名因素	权重
THE	① 教学 ② 科研 ③ 论文引用 ④ 国际视野 ⑤ 行业收入	30% 30% 30% 7.5% 2.5%
ARWU	① 教育素质：获诺贝尔或菲尔兹奖的校友折合数 ② 教职员素质：获诺贝尔或菲尔兹奖的教职员折合数 ③ 各学术领域获引用次数最高之科学家人数 ④ 科研成就：《自然》与《科学》期刊论文发表量折合数 ⑤ 获科学引文索引及社会科学引文索引收录之论文折合数 ⑥ 人均学术表现：上述指标得分的人均值	10% 20% 20% 20% 20% 10%

上述四大机构的评价目标不同,如 ARWU 倾向学术性;QS 则倾向非学术性,学术权重较低,主要注重就业。因此,评价标准也不同。

（2）世界大学排名有争议

研究机构对大学的排名是有一定的积极意义和参考价值,但也有一些消极作用。

凯西·奥尼尔指出:"《美国新闻》第一次依据数据确定的大学排名于 1988 年出炉,当这一排名发展成全美标准时,恶性循环出现了。排名会自行巩固,如果一所大学在《美国新闻》所发布的排名中名次靠后,它的声誉就会下降,生源情况就会恶化。优秀的学生会避开这所大学,优秀的教授也一样。已毕业的校友将减少捐款。由此,这所学校的排名就会继续下跌。简单来说,排名决定了大学的命运。……用学术术语来说,《美国新闻》的评估模型是一种分布模型。这导致了一场学校间的'军备竞赛'。另一个问题是,得克萨斯基督教大学无法控制占 1/4 权重的声誉分数。招生主任雷蒙德·布朗指出,声誉是模型中权重最大的变量,'这很荒谬,因为它完全是主观的'。……学费便宜的大学很可能因此闯入优秀大学之列,而这一结果将遭到广泛的质疑。"[①]

袁振国认为:"大学排名本身并无所谓风险,注重排名甚至根据排名进行决策才有风险,依据大学排名名次进行决策的程度越高则风险越大。"他认为大学排名有大风险:窄化大学功能,淡化大学特色,强化西方中心。[②]

（3）国内高等教育质量的评价机构、专家、媒体的评价

国内对高等教育质量的评价机构主要有清华大学的史静寰和罗燕团队、北京大

---

① 奥尼尔.大学排名是如何诞生的[N].马青玲,译.文汇报,2018-09-21.

② 袁振国.大学排名的风险——大学变革的历史轨迹与启示之四[J].中国高等教育,2016(20):26-29.

学的鲍威团队、北京师范大学的周作宇和章建石团队、厦门大学的史秋衡团队、南京大学的龚放和吕林海团队、中山大学的屈琼斐团队、西安交通大学的陆根书团队等。

专家与媒体的评价如：

冀文海报道："从学生对整个教学环节的满意程度来看，认为'很满意'和'满意'的学生只有 5%，认为'不满意'和'很不满意'的学生达 53%；感到学习负担'比较重'和'很重'的学生共占 66%；认为在大学苦读几年后，'能学到一点点'和'根本学不到'有用东西的学生占 79%。刘西拉分析，这个结果表明当前高等教育让学生负担沉重却又学不到什么东西。刘西拉教授分析，造成这种现象的主要原因有三：①学校普遍存在'浮躁心态'，热衷'轰动效应'。因为追求短期内迅速提高各种评比指标，重金奖励作者，不顾其他；为了提高学术知名度和争取课题，拉一些社会名流或官员到高校当领导、做教授，制造舆论，不计效果；为增加科研收入，不论技术含量，只要来钱就行。因此，很多教师不在教学上投入。②行政干预过多，限制高校创新。每个学校应各具特色，不同的受教育对象应有不同的教育方法和教材，因此应鼓励高校创新，可以迅速引进国外优秀教材，也可以鼓励教授各自编写有特色的教材，而当前由于行政干预，许多高校和高校教师无法实现这些教育改革。③教师队伍中出现'断层'。'文革'前毕业的教师大都到了退休年龄，而年轻教师普遍缺乏实践经验。教育发展应尊重规律，'忽视教育发展的自身规律，过分注重直接的短期经济效益，将成为中国教育发展的灾难，'刘西拉说，'我们应该充分认识到，在人才和学科的建设上从来就是靠积累，靠踏踏实实。'"①

宋鸿雁指出："《教育部办公厅关于普通高等学校编制发布 2012 年〈本科教学质量报告〉的通知》规定应该重点体现七方面的内容：本科教育基本情况、师资与教学条件、教学建设与改革、质量保障体系、学生学习效果、特色发展、需要解决的问题。我国高校本科质量年度报告出台以来受到广泛关注与评论。对其问题的认识方面，主要是认为《本科教学质量报告》晒成绩轻反思，被质疑'没质量'。《人民日报》指出，2012 年新版的本科质量报告缺乏学生反馈、内容被简化，部分高校依然避重就轻。也有学者指出主要存在四方面共性问题：各高校年报大多站在高等教育提供方角度，描述办学者的努力，缺乏对学生这一高等教育需求方的关注；大多侧重培养过程和质量保障因素，缺乏培养过程的科学的质量监控，缺乏有说服力的证据来说明教学实施效果；对于'质量'没有明确界定，统计口径不同，各校之间可比性不强；各高校很少将年报里的指标与以往进行纵向比较，对于上一年度质量年报改进措施的评价无法体现在'本年度'的绩效中。还有研究认为，《本科教学质量报告》对本科教学质量的认识及其评价方式仍以资源、声誉为主，缺乏对教育质量核心要素的分析，建议构建以学生为中心的评估模式。在实践中，大部分高校的

---

① 冀文海.我国高等教育持续滑坡　8成大学生对高校教育不满[N].中国经济时报,2001-03-28.

质量报告信息也很难获取。"①

宋鸿雁指出:"21世纪教育研究院的调研结论很有代表性。该研究院对75所教育部直属高校2013年度毕业生质量报告的完备性、公信力、信息便捷性等进行了调研,发现:部属高校'就业质量年度报告'发布情况整体不达标;部属高校年报内容完备性与公信力平均得分55.4分;四成高校未及时发布就业质量年度报告;各高校在信息公开的便利性方面仍亟待提高。'高校统计数据基本上是自说自话,缺乏雇用单位数据佐证……个别高校公布的就业率明显与当前经济社会大环境和就业形势相背离,缺乏基本的说服力和公信力。'综上,总体上可以认为我国本科教学质量年度报告和本科毕业生就业质量报告制度的实施成效不能令人满意。"②

史静寰等的研究发现:"我国'985工程'院校在师生互动水平、学业挑战度(学习投入量、学习任务量、课程目标达成度)等方面均显著低于美国研究型高校,如美国高校学生课堂提问的参与度更高,口头报告经验更为丰富,教师对学生阅读、写作以及考试环节的要求更为严格。"③

刘晓峰认为:"数量、规模激增之花并未开出质量提升之果;相反,'批量化生产'还导致高等工程教育陷入量大质低、结构不合理的尴尬境地。一方面,高校培养的工科毕业生总量供大于求,许多工科毕业生不得不面对毕业即失业的严峻现实;另一方面,行业、企业难以招揽到适应产业发展需求的合格工程人才,具有全球竞争力的高素质工程人才更是凤毛麟角。'用人单位对工科毕业生在前沿知识、创新能力、分析解决工程问题能力等方面表现的评价相对较低,折射出工程教育对工业发展的现代需求适应性存在不足','麦肯锡全球研究生一项调查显示:80.7%的美国工程师可在全球受雇,而只有10%的中国工程师满足同样需求'。"④

韩晓蓉报道:"《上海大学2011年度本科教育教学质量报告》向社会公开,报告显示,学生平均缺课率达5.51%,学生住宿区平均违纪率为4.57%。"⑤

邹大光等认为:"如美国研究型大学和文理学院本科毕业率要明显高于包括社区学院等在内的其他高校,即竞争力愈强的四年制高校,其本科毕业率也相应较高。"⑥

根据美国教育部的统计,分族裔来看,亚裔大学生毕业率最高,而非洲裔的大学生毕业率最低,只有三成的学生毕业,加州有近1/3的黑人大学生中途辍学。大

① 宋鸿雁.我国高等教育质量问责:背景、问题与改革[J].江苏高教,2016(4):24-27.
② 宋鸿雁.我国高等教育质量问责:背景、问题与改革[J].江苏高教,2016(4):24-27.
③ 罗燕,史静寰,涂冬波.清华大学本科教育学情调查报告2009[J].清华大学教育研究,2009(5):13.
④ 刘晓峰,杜健.我国高等工程教育质量评价制度研究[J].黑龙江高教研究,2017(2):57-61.
⑤ 韩晓蓉.上海大学公布数据自曝"家丑"[N].东方早报,2012-06-26.
⑥ 邹大光,滕曼曼,李端淼.大学本科毕业率与高等教育质量相关性分析——基于中美大学本科毕业率数据的比较分析[J].高等教育研究,2016(12):56-65.

学生毕业率低已经成为美国的一个社会问题,拖累整体人口受教育程度的提高。不同族裔间大学毕业生毕业率相差悬殊,使得不同族裔的年轻人在社会上升通道的差距难以弥合。推迟毕业或者中途辍学还给学生和社会带来经济损失,有研究发现,美国每年因为大学生辍学带来的收入损失在45亿美元左右,因为一个学生推迟一年毕业公立大学要多交学杂费1.7万美元左右,私立大学要多交4万美元左右。加上推迟工作带来的损失大约每人每年损失4.5万到9万美元之间。"①

刘强指出:"毕业率、保留率、生师比等教育数据在美国仅具有统计意义,并不直接对学校的资源配置、人事晋升等现实利益产生直接影响。除了毕业率以外,学生留存率(Retention Rate)也是衡量美国高校人才培养质量的重要指标,它是指美国大学新生第二年继续就读该校的比例。值得一提的是,尽管部分学生可能选择转学到其他高校,但是他们并不会计入转入高校的毕业率统计中。这样一来,美国高校毕业率受自由退出和转学机制影响较大,学生留存率会严重影响到学校的毕业率,因为学校毕业率必然会低于留存率。简言之,高校毕业率主要衡量高校人才培养的质量效益,毕业率越高,在该校就读越有可能顺利毕业;学生留存率通过学生'用脚投票'机制来衡量学生对学校办学质量的满意度,留存率越高,学生越认可该校的办学水平。"②

袁本文指出:"官方要求高校公布就业质量报告的初衷是:'全面系统反映高校毕业生就业工作实际,完善就业状况反馈机制,及时回应社会关切、接受社会监督,建立健全高校毕业生就业工作评价体系',不过,在认真阅读近年的报告后,我们发现这一目的并未实现。高校统计数据基本上是自说自话,缺乏雇用单位数据佐证。所谓'灵活就业'的统计,更是天知、地知,你知、我知。水分不少的数据怎能'反映毕业生就业工作实际'?更遑论'系统反映'?统计数据截止时间也不一致。2014年高校报告的截止时间有的为2014年6月1日,有的为12月31日,可见自由裁量权有多大。这使高校之间的相互比较变得非常困难。这如何'回应社会关切'?"③

刘强指出:"中国高校毕业率何以对质量评价失效:①唯上唯权的高校管理模式,滋生高校滥权寻租的空间。②严进宽出的入学毕业模式和统一管理的学年制模式,为高毕业率提供便捷的条件。高校学生'入学即毕业''大学就是'玩'毕业'等观念已经深入人心,而学生一旦遭遇学业失败被劝退,只有选择重新参加高考。③知识授受的教育教学模式和刻板僵化的学业评价机制,造成学业评价的质量把控功能渐趋失效。学生普遍存在'为考而学'和'混学分'的不良心态。尤其是在当

---

① 余皓.美国1700多万大学生毕业率仅56% 最低只有4%[Z].中国广播网,2014-03-17.

② 刘强.我国高校毕业率衡量高等教育质量何以可能——再论高校毕业率与高等教育质量的相关性[J].黑龙江高教研究,2018(10):32-36.

③ 袁本文,铁铮,董会泽,等.就业质量报告"初长成"[J].北京教育(高教),2015(3):5.

下学生就业和升学压力渐趋紧张的背景下,部分学生为了提升自身的竞争实力,争取评奖评优、保研深造、就业留学等各种发展资源,不惜以各种手段向任课教师'要高分',导致高校学业考试分数日益膨胀,'水课''水军'日渐泛滥。同样,教师为了与学生和谐相处,在学生心中塑造一个'好教师'形象,也为了取得学生信任而谋得较高的学生评教成绩,为学生学业考试大开方便之门,'考前划重点''考试成绩虚高'等现象屡禁不止。总之,在这种种利益的裹挟下,高校学生学业考试分数日益膨胀,高校毕业率接连攀升,高校学术质量底线屡遭侵蚀。特别是伴随着教育收费而带来的学生消费主义观念甚嚣尘上,学生中心主义理念逐渐异化为'学生就是上帝',成为学校管理者和教师等推诿质量责任的借口,使得高校教师越来越难以坚守学术质量底线,褫夺了教师在人才培养过程中的主导性地位。④教学质量保障机制的不健全,导致高校学术质量底线屡遭侵蚀。"①

2. 用嘴投票——政府对教育满意度的排名

政府是"看得见的手",笔者搜索了李克强任总理以来《政府工作报告》对教育满意度的排名:

《2013年政府工作报告》指出:"社会矛盾明显增多,教育、就业、社会保障、医疗、住房、生态环境、食品药品安全、安全生产、社会治安等关系群众切身利益的问题不少。"不满意排第一。

《2014年政府工作报告》指出:"住房、食品药品安全、医疗、养老、教育、收入分配、征地拆迁、社会治安等方面群众不满意的问题依然较多。"不满意排第五。

《2015年政府工作报告》指出:"群众对医疗、养老、住房、交通、教育、收入分配、食品安全、社会治安等还有不少不满意的地方。"不满意排第五。

《2016年政府工作报告》指出:"人民群众关心的医疗、教育、养老、食品药品安全、收入分配、城市管理等方面问题较多。"不满意排第二。

《2017年政府工作报告》指出:"在住房、教育、医疗、养老、食品药品安全、收入分配等方面,人民群众还有不少不满意的地方。"不满意排第二。

《2018年政府工作报告》指出:"在空气质量、环境卫生、食品药品安全和住房、教育、医疗、就业、养老等方面,群众还有不少不满意的地方。"不满意排第五。

《2019年政府工作报告》指出:"在教育、医疗、养老、住房、食品药品安全、收入分配等方面,群众还有不少不满意的地方。"不满意排第一。

党的十九大报告指出:"办好人民满意的教育。"办好人民满意的教育是教育本质的回归,是人民对美好生活的期盼,可是教育每年都排入"不满意"之列,在九年中有四年排在"不满意"的前一、二名。

---

① 刘强.我国高校毕业率衡量高等教育质量何以可能——再论高校毕业率与高等教育质量的相关性[J].
黑龙江高教研究,2018(10):32-36.

3. 用脚投票——选择到国外大学留学

储朝晖认为：“从操作层面来说，如果世界一流的学者以及生源愿意选择这所学校进行教学或学习，那么，这所学校便是一流大学。”①

2019年3月27日，教育部发布的《2018年度我国出国留学人员情况统计》显示：2018年中国出国留学总人数达到66.21万人，同比增长8.83%。其中，国家公派3.02万人，单位公派3.56万人，自费留学59.63万人。据统计，从1978年到2018年底，各类出国留学人员累计达585.71万人。其中153.39万人正在国外进行相关阶段的学习和研究；432.32万人已完成学业，365.14万人在完成学业后选择回国发展。

王蓉、田志磊指出：“2004年至2014年，中国赴海外的留学生人数从42.7万增长为110万左右，十年之间增长了2.5倍以上。《中国留学发展报告》显示，2014年，中国已成为美国、澳大利亚、加拿大、日本、英国、韩国、新加坡、德国、俄罗斯、新西兰、瑞典等国留学生的第一大生源国。更重要的是，当前我国留学进入自费时代，且留学低龄化趋势凸显，高中生已经成为继研究生、本科生之后的第三大出国留学人群。北京大学'低龄留学与高中国际化'课题组调查的北京约1700名学生的样本中，超过四分之一的初中生有留学意愿，超过三分之一的高中生有留学意愿，学生的留学意愿随年级提升日益明确。”②

薛涌指出：“经济合作与发展组织（OECD）日前公布了2018年国际学生评估（PISA）测试结果，中国的北京、上海、江苏、浙江四省市作为一个整体取得了阅读、数学、科学全部三项科目第一。这次共79个国家和地区参测，测试对象是15～16岁的学生。这个年龄的学生成绩，被认为能比较准确地反映一国义务教育的成就。这就提出了一个问题：既然中国教育已经是世界冠军了，为什么中国的留学热乃至于'美高''美初'留学热，依然愈演愈烈？按这个成绩，美国的水平比中国差一大截，那么美国人应该送孩子到中国读书才对啊！有人指出，上述四个发达省市不能代表中国的整体水平。但也有人说，这四个省市人口总计近两亿，足以构成'世界第七人口大国'。况且，也正是这四个省市，留学（特别是低龄留学）似乎比其他地区更热。”③

正如去日本买马桶盖、去韩国美妆、去澳大利亚买婴儿奶粉、去意大利买包包、去荷兰买剃须刀等等，国内不是没有马桶盖等产品，就是质量不如人家。同理，我国不是没有高等教育，但是国人对我国高等教育的质量不满意，只好选择到国外留学。中国留学境外的自费留学的学生约150万人，如果按照一个学生的年费用（学费、生活费、交通费等）40万元人民币计算，每年全部留学生的金额可高达6000亿人民币。从网上检索，教育部75所部属高校2018年度决算数据共3000亿元，这6000亿元流

① 吕春荣.中国大学明确"世界一流"时间表 哪些内功需修炼？[Z].中国新闻网，2015-11-06.
② 王蓉，田志磊.迎接教育财政3.0时代[J].教育经济评论，2018(1)：26-46.
③ 薛涌.PISA排名世界第一，中国是教育的世界冠军吗？[J].中国新闻周刊，2019(46).

向国外的资金是 75 所部属高校 2018 年决算资金的两倍! 为什么那么多资金会流向国外? 归根结底是我国高等教育质量还不够高,高等教育供给不能满足需求,教育的供给侧改革迫在眉睫! 教育资金的外流更进一步加剧了教育资金的不足。

4. 高校教育质量评价应采用多种方式

1998 年在巴黎召开的首届世界高等教育会议所通过的《21 世纪的高等教育:展望和行动宣言》第 11 条指出"高等教育的质量是一个多层面的概念",要"考虑多样性和避免用一个统一的尺度来衡量高等教育质量"。所谓"多层面",如博士、硕士、本科、专科等纵向层面;又如研究型、理论型、应用型、技能型等横向层面。这两个层面的质量很难界定。

潘懋元认为:"许多人怀疑大众化将导致高等教育质量下降。鉴于此,我提出'质量下降'不仅是一个真命题,也是一个假命题。真命题是指学生扩招,师资、设备、校园建设跟不上,必然导致高等教育质量下降。假命题是指不同的高等学校有不同的质量标准,各级各类高校都应当有不同的质量标准,用研究型高校的学术水平作为唯一的标准来评价应用型高校而得出的'质量下降'是个伪命题。"①

(二) 高等教育质量评价很难

阿什比认为:"美国的教育质量千差万别,学士学位的标准多种多样。初看起来,这似乎是体制上的弱点,但从长远来看,这恰恰表明它对美国的环境具有很有价值的适应力。社会上所要求的合格标准,并不是学术上所力求达到的合格标准;学校所发的廉价证书,正像市场出售的廉价汽车一样,是有它合法市场的。这种市场在任何方面都未曾损伤优秀院校的质量。相反,胸无大志的学生被那些标准较低的大学吸收去了,正好可以保证那些享有国际声誉的学府的高标准。"②

黄海涛指出:"作为高等教育质量概念的种概念——质量概念本身就具有动态性和开放性,以致有人戏称'质量'像牛奶一样容易变质,也像'正义'和'自由'一样难以阐释。"③

刘振天认为:"教育质量与一般的产品质量不同,对产品质量高低,使用者相对比较容易判断,但教育质量则具有多样性、潜在性、模糊性等特点,对其做出科学合理的评价,相当困难,甚至不可能。比如,一所高校质量高,到底是因为学校条件好、老师教得好,还是学生基础好,或是学生学习努力,或者社会环境好造成的,很难分得清楚。"④

刘强认为:"我们对高校人才培养质量难以像产品质量那样做出客观公正的评价,更不可能拿某一类型高校人才培养的质量标准去要求不同类型、不同层次的高校人才培养,因为这样既不符合高校人才培养的实际情况,也与高等教育客观规律

① 潘懋元. 高等教育"质量下降"是一个真命题也是一个假命题[N]. 中国青年报,2018-12-25.
② 阿什比. 科技发达时代的大学教育[M]. 滕大春,滕大生,译. 北京:人民教育出版社,1983:12-14.
③ 黄海涛. 高等教育质量标准:影响因素、基本特征与制定原则[J]. 江苏高教,2015(4):26-29.
④ 刘振天. 高校质量好不好,最终学生说了算?[N]. 光明日报,2015-04-07.

相背离。"①

有学者指出:"以教育为例,如果学生在进入高校之前和接受高等教育之后的成就、行为可以测量的话,那么,两者的变化越大,价值增值越多,教育教学的质量也就越高。"②

(三) 我国高等教育质量不够高的原因分析

1. 四个"投入不到位"

2018 年 8 月 22 日,《教育部关于狠抓新时代全国高等学校本科教育工作会议精神落实的通知》(教高函〔2018〕8 号)指出:"各地教育行政部门、各高校要坚持问题导向,全面梳理影响本科教育改革发展、影响以本为本、四个回归的主要问题,认真查找本科教育中还存在的领导精力投入不到位、教师精力投入不到位、学生精力投入不到位、资源投入不到位等方面的问题。"1956 年 9 月 27 日下午 3 时,毛泽东在政协礼堂休息室会见参加中共八大的罗马尼亚工人党代表团时指出:"我们的质量还不好,只注意数量,不注意质量。要提高质量,成本就高,就不能得奖;要成本低,质量就不高。现在的制度有很多毛病。"(《毛泽东年谱》)

2. 一部分高校领导缺乏"面向社会,依法自主办学"的能力

《中华人民共和国高等教育法》第十一条规定:"高等学校应当面向社会,依法自主办学。"但一部分高校领导缺乏"面向社会,依法自主办学"的能力,不会主动了解社会发展和经济建设需要哪些人才,更不会预测学生毕业时社会发展和经济建设的急需人才,一味盲目地"生产"社会不需要的就业率低的学生。从财务角度看,应该尽快改革拨款机制,即从以招生人数拨款变为按就业等指标的绩效拨款。

第三节　高等学校生师比研究

一、生师比是衡量办学效益和教育质量的重要指标

(一) 生师比是衡量办学效益的重要指标

杜智敏等指出:"生师比,是许多国家及国际教育组织采用的一个教育统计指标,其定义为学校的学生人数与教师人数之比,表明了平均一个教师负担的学生人数。由于它的简明性,在许多报告、文章中被用来衡量或比较学校的办学效益,甚至作为制定政策的依据之一。"③

---

① 刘强.我国高校毕业率衡量高等教育质量何以可能——再论高校毕业率与高等教育质量的相关性[J].黑龙江高教研究,2018(10):32-36.

② Johnston R J. Quality Assessment of Teaching: Inputs, Processes and Outputs [J]. Journal of Geography in Higher Education, 1994, 18(2):184-193.

③ 杜智敏,王静,周萍.论高等学校生师比与办学效益[J].教育研究,1998(5):61-66.

罗建平、马陆亭的研究表明："高等教育生师比是反映高等教育质量的一个重要指标,是提高教学效率和办学效益的有效途径。1993 年我国普通高校生师比为 8：1,但自 1999 年扩招以来,教师数量严重滞后于学生规模的增长,致使 2001 年全国普通高校生师比骤然增长为 18.2：1,2002 年甚至为 19：1,从 2003 年开始生师比回落并稳定保持在 17：1 左右,2011 年为 17.4：1。而发达国家或地区的生师比明显低于我国,2008 年哈佛、斯坦福和伯克利大学的生师比分别为 6.7：1、6.4：1、15.1：1。我国较高的生师比现状在一定程度上影响了教学质量,而教育经费结构的变化也是影响生师比的重要原因之一。从高校扩招开始,由于非财政性教育经费的大幅提高,挤占了财政性教育经费,2001 和 2002 年财政性和非财政性教育经费的占比趋同,以及人员经费支出的下降,使得生师比提高较快。而对于不同类型院校来说,这种影响更是明显,2001 年教育部部属的 71 所大学,平均生师比达 18.2：1,地方院校的形势似乎更加严峻,如广东、四川等省均已超过 20：1。针对这种现象,笔者认为不同类型的院校因教育经费的筹措渠道、资金配置结构的不同,应采取层级式的生师比结构来保障人才培养质量及提升学术研究水平。"[1]

李勇、闵维方的研究显示:"我国高等教育扩大了招生规模,生师比和生职比有了很大的提高。普通高等学校的生师比和生职比分别从 1998 年的 11.6：1 和 4.6：1 增长到 2002 年的 19：1 和 9：1。"[2]

(二) 生师比是衡量教育质量的重要指标

在本章第二节"表 3-1　QS 世界大学排名评价指标(2016 年)"中"生师比例(教学质量)"是一个重要指标,占 20%。[3] 吴启迪认为:"扩招前,同济的生师比是 1：8,扩招后达到了 1：10 到 1：12。从办学效益讲,扩招当然是好的,但学生太多、教师太少,实际上对办学质量是有影响的。"[4]因此,生师比既与教育质量有关,又与教育经济效益相关。

2003 年,教育部公布的《中国教育与人力资源问题的报告》指出:按照"十五"规划普通高校生师比 15：1 的比例计算,高校教师队伍的缺口达 11 万人。有的高校生师比高达 20：1,甚至 34.8：1。师资不足导致教师工作量过大,部分教师周课时达 20 多节的现象十分普遍,[5]有的教师周课时高达 40 多节,一人承担 3 门课以上的教师占 60.2%,最多达 6 门。[6]

① 罗建平,马陆亭.我国普通高校经费配置情况与教育质量研究[J].教育与经济,2013(3):20-24.
② 李勇,闵维方.美国研究型大学经费来源与支出结构的特征分析与启示[J].中国高教研究,2004(3):52-55.
③ 袁振国.大学排名的风险——大学变革的历史轨迹与启示之四[J].中国高等教育,2016(20):26-29.
④ 高渊.虽然九死一生,但我还是很乐观[N].解放日报,2018-03-16.
⑤ 杨德广.高等教育的大众化、多样化和质量保证[J].高等教育研究,2001(4):6-9.
⑥ 马万华.扩招后高等学校教学质量状况分析[J].高等教育研究,2002(5):69-74.

少数非财务指标如生师比也不是越大越好。中国高等教育学创始人潘懋元指出:"1998年的生师比是9.73∶1,而2005年的生师比是17.14∶1。这是统计数字上的比较,实际上许多高等学校不是17.14∶1,远远超过了这个比例。大体上一个教师教二十多个学生。"[①]

潘懋元还指出:"教育资源中最重要的是师资。这几年,学生增加很快,教师没办法增加那么快。因为培养一个教师需要很多年,快了不一定好。2003年底,教育部所属的72所重点大学的师生比达到1∶22,怎么得了! 1∶14应该是一般大学的水平。国外很多名牌大学师生比例不到1∶10,我们现在还做不到,但总得有个分寸呐! 我过去每年招2个博士,3年6个博士生我还带得过来。现在每年都要招5~6个,全所每年得招20多个博士生。我们可以拼命干,但人的精力是有限的。每年都需要我们挖掘潜力,但潜力已经挖尽了! 如果一个教师承担的工作量太多,就没有时间积累。科研任务也把教师压得喘不过气,有的教师为了评比和提升职称,一年写几十篇论文。照我看谁要一年写几十篇,质量肯定不会高!"[②]

二、"生师比"标准及现状

(一) 我国关于"生师比"标准的规定

1999年8月16日,教育部印发的《关于新时期加强高等学校教师队伍建设的意见》(教人〔1999〕10号)第5条规定:"总量与效益根据高等教育发展规划,全国高校教师总量基本保持现有规模或稳中略增;在保证高等教育水平不断提高的同时,全国高等学校平均当量生师比达到14∶1左右。"

2004年2月6日,教育部印发的《普通高等学校基本办学条件指标(试行)》(教发〔2004〕2号)的"合格标准"见表3-3。

表3-3　普通高等学校"生师比"的合格标准

学校类别	综合、师范、民族院校	工科、农、林院校	语文、财经政法院校	医学院校	体育院校	艺术院校
生师比	18∶1	18∶1	18∶1	16∶1	11∶1	11∶1
具有高级职务教师占专任教师的比例(%)	30	30	30	30	30	30
具有研究生学位教师占专任教师的比例(%)	30	30	30	30	30	30

---

① 潘懋元.规模、速度、质量、特色——中国当前高等教育发展中的若干问题[J].河北师范大学学报(教育科学版),2007,9(1):5-12.

② 宋晓梦.不可忽视高等教育的发展规律——访中国高等教育学创始人潘懋元教授[J].大学(研究与评价),2007(10):16-18.

(二)国外"生师比"的状况

杨福家指出:"3 700 万人口的加利福尼亚州共有约 300 所高等学府,其中公立、私立差不多各占一半,但是最好的高等学府几乎都是私立的(民办)。例如,研究型大学中的加州理工学院(钱学森、周培源、谈家桢、赵忠尧获博士学位的大学;本科生 967 名,研究生 1 208 名,师生比为 1∶3),斯坦福大学(哺育出硅谷的大学;本科生 6 887 名,研究生 8 779 名,师生比为 1∶6.2),都是世界顶尖的大学。加州还有 20 所以本科教学为主的博雅学院,每所学院的学生数不超过 3 000 名,师生比均高于 1∶9,其中有些学院的本科生的质量均可与哈佛大学、耶鲁大学相比。所谓'质量',最主要的是学生的素质,例如,一位毕业于斯坦福大学的华裔教授这样说:'我有幸就读于斯坦福大学,这是一所笃信素质教育的大学。'"[①]

马陆亭、罗建平的研究表明:"2008 年,哈佛大学各类全日制在校学生为 18 862 人,教师为 2 825 人,生师比为 6.7∶1。2008 年斯坦福大学各类全日制在校学生共计 6 812 名,教师共 1 061 人,生师比为 6.4∶1,远远低于我国。2008 年伯克利分校在校学生人数为 29 375 人,教师 1 941 人,生师比为 15.1∶1,远高于哈佛大学和斯坦福大学,说明公立学校的人员配置更看重利用率。"[②]

在美国,学校办学层次越高,生师比越低。美国排名前 10 位的大学平均生师比为 6.73∶1,具有硕士学位授予权前 40 位的大学平均生师比为 13.4∶1。[③]

吕菊芳等的研究显示如表 3-4 所示。

表 3-4　排名前 10 位的不同类型院校生师比一览表[④]

排名	全国性大学		文理学院		授予学士学位的大学 *	
	院校名称	生师比	院校名称	生师比	院校名称	生师比
1	Princeton University	5∶1	Williams College	7∶1	Taylor University	12∶1
2	Harvard University	7∶1	Amherst College	8∶1	Cooper Union for the Advancement of Science and Art	9∶1
3	Yale University	6∶1	Swarthmore College	7∶1	Ouachita Baptist University	12∶1

① 杨福家.我的一流民办大学梦[J].科学新闻,2012(3):68-71.
② 马陆亭,罗建平.高水平大学资源配置有效性研究——美中两国几所知名大学的对比[J].华中师范大学学报(人文社会科学版),2013(2):158-164.
③ 张驰,张斌贤.美国大学与学院的生师比和班级规模[J].教育发展研究,2002(1):67-70.
④ 吕菊芳,何仁龙,黄清云.美国高校"生师比"的实证分析及思考——基于 2009 年《美国新闻与世界报道》排行榜院校的研究[J].现代教育科学,2011(5):118-122.

（续表）

排名	全国性大学		文理学院		授予学士学位的大学 *	
	院校名称	生师比	院校名称	生师比	院校名称	生师比
4	Stanford University	5：1	Wellesley College	7：1	United States Air Force Academy	27：1
5	California Institute of Technology	6：1	Middlebury College	9：1	Ohio Northern University	14：1
6	Massachusetts Institute of Technology	8：1	Pomona College	7：1	United States Coast Guard Academy	18：1
7	University of Pennsylvania	15：1	Bowdoin College	8：1	John Brown University	19：1
8	Columbia University	6：1	Carleton College	9：1	Oklahoma Baptist University	12：1
9	University of Chicago	11：1	Davidson College	10：1	Augustana College	12：1
10	Duke University	10：1	Haverford College	8：1	United States Merchant Marine Academy	10：1
	平均生师比	7.9：1	平均生师比	8.0：1	平均生师比	13.4：1

注：院校生师比原始数据来自美国教育部官方网站 http//nccs. cd. gov/collcgcnavigator/。

＊授予学士学位的大学又按南部、北部、中西部和西部院校分别排名,此处仅按地区分别列出了排名前3位的院校。

此外,美国、英国一些著名大学的生师比如表3-5和表3-6所示。

表3-5　美国著名大学的生师比

排名	学校	生师比	排名	学校	生师比
1	加州理工学院	3：1	7	宾州大学	7：1
2	芝加哥大学	4：1	8	哥伦比亚大学	7：1
3	普林斯顿大学	6：1	9	哈佛大学	8：1
4	耶鲁大学	7：1	10	杜克大学	9：1
5	麻省理工学院	7：1	11	达特茅斯大学	9：1
6	斯坦福大学	7：1			

资料来源: http://www. usnews. com/usnews/edu/college/rankings/natudoc/tierl/tlnatudoc. htm.

表 3-6　英国著名大学的生师比

排名	学校	生师比	排名	学校	生师比
1	伦敦大学学院	8.7∶1	5	牛津大学	11.7∶1
2	伦敦帝国学院	10.2∶1	6	爱丁堡大学	12.5∶1
3	伦敦大学国王学院	10.8∶1	7	曼彻斯特大学	12.7∶1
4	剑桥大学	10.9∶1			

资料来源：http://www.utoronto.ca/about-uoft/measuring-our-performance/university-rankings-and-facultydata.

(三) 我国"生师比"的现状

1. 新中国成立前(民国时期)

张善飞的研究表明："中国公学创办之初因经费困难,机构设置非常简单。很多机构的人员都是身兼数职,全校职工总计 14 人,平均每 44 个学生 1 个职员。到后来学生人数增至 1 300 余人的时候,职员仍维持 14 个人,平均约 100 个学生 1 个职员。中华大学也以'机构精简'而著称。学校的机构设置最为精简,建校初期,在校长之下设校监一人,辅助校长工作一人,直到 1921 年 3 月,学校才设教务处、总务处,后又设秘书室,全部人员控制在 30 人以内。南开大学的机构设置和人员配备都从学校的需要出发,在行政人员的聘用上力求精简、高效。当时学校不少事情约请学生兼任。20 世纪 30 年代初,规模相近的大学,其职员大都多于南开大学。据 1931 年统计,国立大学职员与学生比为 1∶8.6,而南开大学则为 1∶14.6。与公立大学相比,私立大学职员所占的比例较小。"①

2. 新中国成立后至 1988 年

原大连工学院关航麟指出："教育部 1965 年规定重点高校的教工与学生比为 1∶3.1,教师与学生比为 1∶6.4。"②

原东北工学院叶迪群指出："1965 年教育部直属高校的教职工与学生比为 1∶2.22。"③

原四川大学贾九洲指出："教育部已将'文革'前教职工与学生比例 1∶3.5,改为现在的 1∶2.8,作了 0.7 的调整,这个调整本身就给高校增加了 20% 的编制。"④

傅兴国认为:"从师生比例上看,1985 年高校师生比为 1:5,重点院校还要低一些。而高校师生比的国际标准是 1:10 或更高一些,世界上目前高校师生的实际平均比例为 1:14。"①

3.《全国教育事业发展统计公报》发布的"普通高等学校生师比"见表 3-7

表 3-7　普通高等学校生师比

年份	生师比	年份	生师比	年份	生师比
1991	5.23:1	2001	18.22:1	2011	17.42:1
1992	5.64:1	2002	19.00:1	2012	17.52:1
1993	6.50:1	2003	17.00:1	2013	17.53:1
1994	8.80:1[1]	2004	16.22:1	2014	17.68:1
1995	8.90:1	2005	16.85:1	2015	17.73:1[2]
1996	9.60:1	2006	17.93:1	2016	17.07:1[3]
1997	9.81:1	2007	17.28:1	2017	17.52:1[4]
1998	11.60:1	2008	17.23:1	2018	17.56:1
1999	13.40:1	2009	17.27:1	2019	17.95:1
2000	16.30:1[5]	2010	17.33:1		

资料来源:各年《全国教育事业发展统计公报》

说明:

[1]《1994 年全国教育事业发展统计公报》披露:"生师比进一步提高,由上年的 6.5:1 提高到 7.1:1。"《1995 年全国教育事业发展统计公报》披露:"本专科生师比由上年的 7.06:1 提高到 7.25:1(按折合学生数计算的生师比由上年的 8.8:1 提高到 8.9:1)。"

[2][3][4] 普通高校生师比,不含分校点数据,学生总数为折合学生数。

[5] 教育部 1998 年 12 月 24 日制定、国务院 1999 年 1 月 13 日批转的《面向 21 世纪教育振兴行动计划》指出:"普通高等学校生师比由 1997 年的 10:1 提高到 2000 年的 12:1。"

4. 武书连:世界一流学科建设高校生师比排名

在武书连 2018 中国大学生师比排行榜中,大多数世界一流大学建设高校有较低的生师比,世界一流学科建设高校则相反。② 具体见表 3-8。

---

① 傅兴国.论我国高教发展模式的转变[J].高等教育研究,1988(1):79-81.
② 武书连.世界一流学科建设高校生师比排名[Z].高考网,2018-11-29.

表 3-8 世界一流大学建设高校生师比排名

世界一流大学 建设高校排名	全国大学生 师比排名	校名	生师比	学校类型
1	6	清华大学	9.15：1	理工
2	37	西安交通大学	13.07：1	综合
3	39	上海交通大学	13.29：1	综合
4	57	厦门大学	14.52：1	综合
5	59	北京大学	14.59：1	综合
6	69	东南大学	14.77：1	综合
7	74	西北工业大学	14.92：1	理工
8	83	复旦大学	15.17：1	综合
9	85	浙江大学	15.21：1	综合
10	86	北京理工大学	15.21：1	理工
11	106	天津大学	15.77：1	理工
12	111	中国科学技术大学	15.85：1	理工
13	116	兰州大学	16.13：1	综合
14	120	哈尔滨工业大学	16.24：1	理工
15	127	吉林大学	16.39：1	综合
16	136	新疆大学	16.64：1	综合
17	145	南开大学	16.81：1	综合
18	146	南京大学	16.83：1	综合
19	158	山东大学	17.12：1	综合
20	159	北京航空航天大学	17.13：1	理工
21	160	中国人民大学	17.15：1	综合
22	174	东北大学	17.55：1	理工
23	180	中山大学	17.63：1	综合
24	182	四川大学	17.64：1	综合
25	202	北京师范大学	17.97：1	师范
26	210	西北农林科技大学	18.09：1	农业
27	212	中国农业大学	18.13：1	农业
28	227	同济大学	18.30：1	理工
29	240	华南理工大学	18.53：1	理工

（续表）

世界一流大学建设高校排名	全国大学生师比排名	校名	生师比	学校类型
30	245	大连理工大学	18.58：1	理工
31	251	华东师范大学	18.63：1	师范
32	281	武汉大学	18.91：1	综合
33	282	电子科技大学	18.92：1	理工
34	296	中央民族大学	19.07：1	民族
35	423	中南大学	20.32：1	综合
36	429	重庆大学	20.37：1	综合
37	433	云南大学	20.39：1	综合
38	470	华中科技大学	20.81：1	理工
39	507	中国海洋大学	21.13：1	综合
40	535	郑州大学	21.40：1	综合
41	621	湖南大学	22.52：1	综合

上述 41 所（国防科技大学未列入）世界一流大学建设高校，有 15 所生师比不合格，1 所生师比为限制招生，合计 16 所。

三、对"生师比"的分析

（一）高校的"生师比"不能与小学差不多

《全国教育事业发展统计公报》中大学与小学"师生比"如表 3-9 所示。

表 3-9　大学与小学"生师比"对比表

年份	大学	小学	年份	大学	小学
2007	17.28：1	18.82：1	2013	17.53：1	16.76：1
2008	17.23：1	18.38：1	2014	17.68：1	16.78：1
2009	17.27：1	17.88：1	2015	17.73：1	17.05：1
2010	17.33：1	17.70：1	2016	17.07：1	17.12：1
2011	17.42：1	17.71：1	2017	17.52：1	16.98：1
2012	17.52：1	17.36：1	2018	17.56：1	16.97：1

资料来源：各年《全国教育事业发展统计公报》

大学应比小学的"生师比"要低。美国的"生师比"分为"综合性大学"和"授予学士学位的大学"。"硕士""博士"导师的培养方式要求肯定比"学士"高，当然比小学生更高。

(二)"生师比"不能笼统披露

1."生师比"应分学科

《全国教育事业发展统计公报》发布的"普通高等学校生师比"是不分"综合、师范、民族院校""工科、农、林院校""语文、财经政法院校""医学院校""体育院校"和"艺术院校"的"生师比",上述类型的高校,有的是"18：1",有的是"11：1",把这六类笼统披露就显示不出准确的"生师比"。

2004年2月6日,教育部发布的《普通高等学校基本办学条件指标(试行)》对"师生比"有了规定：综合、师范、民族、工科、农、林、语文、财经、政法院校为1：18,医学院校为1：16,体育、艺术院校为1：11;但2003年6月13日,《国家发展改革委办公厅、财政部办公厅、教育部办公厅关于开展高等学校教育成本有关情况调查审核工作的通知》(发改办价格〔2003〕347号)却规定："标准学生与教学人员人数的合理比例(生师比)确定为13：1以上,低于这一比例则按超比例教学人员数、教学人员的人均人员费用水平核减支出,高于这一比例不核增支出。"

2005年6月8日,国家发展改革委印发了《高等学校教育培养成本监审办法(试行)》第二十一条规定："生师比。标准学生与教学人员人数的合理比例(生师比),综合、民族、师范、工科、农、林、语文、财经、政法等院校确定为18：1,医学院校16：1,体育及艺术院校11：1,低于这一比例则按超比例教学人员数、教学人员的人均工资及福利费水平核减支出,高于这一比例不核增支出。……行政人员比例。行政管理工作人员原则上控制在事业编制教职工人数的12%—15%(校部党政机构人员编制可按全校事业编制教职工人数的6%—10%掌握),高于15%则按超比例行政管理人员数、在职教职工人均工资及福利费水平核减支出,低于12%不核增支出。"

2."生师比"应分层次

在西方著名高校,学校办学层次越高,生师比越低。而我国将有"博士硕士授予权的高校"、没有"博士硕士授予权的高校"和"职业技术学院"这三类笼统披露也显示不出准确的"生师比"。

3.学生数折合系数应统一

学生数是分母,学生数直接涉及生均经费基本标准,但现在"学生数折合系数"规定却不一致,建议应统一。如：

2004年8月12日,《教育部办公厅关于印发〈普通高等学校本科教学工作水平评估方案(试行)〉的通知》(教高厅〔2004〕21号)规定："折合在校生数＝普通本、专科(高职)生数＋硕士生数×1.5＋博士生数×2＋留学生数×3＋预科生数＋进修生数＋成人脱产班学生数＋夜大(业余)学生数×0.3＋函授生数×0.1。"

《国家发展改革委办公厅、财政部办公厅、教育部办公厅关于开展高等学校教育成本有关情况调查审核工作的通知》规定："折合标准学生。各类学生折算为标准学生的权数为：本科、专科、第二学士学位、在职人员攻读博士和硕士学位、高等职业技术教育学生为 1，博士生为 3，硕士生为 2，来华留学生为 2.5，网络教育生为 0.1，夜大、函授、自考等其他学生均为 0.25。"

(三)"生师比"应考虑教师队伍的结构

1. 职称结构

"生师比"是反映高等教育质量的一个数量指标，并不代表教师素质。在上述"生师比"中没有教师的职称结构。强连庆指出："在麻省理工学院的两千名教师中，在 1991—1992 年度，有 8 位诺贝尔奖得主，93 位国家工程科学院院士，90 位国家科学院院士，209 位美国艺术科学研究院成员。斯坦福大学在 1990—1991 年度有 8 名诺贝尔奖得主，146 名文理科学院院士，12 名国家教育科学院院士。哈佛大学自 1914—1990 年，先后有 31 人获得诺贝尔奖。加州大学伯克莱(利)分校 1 640 名全日制教师中，有 9 名诺贝尔奖获得者，98 名美国科学院院士，60 名美国工程院院士，及 139 位美国文理学院院士。从教授数量来看，世界著名大学的教授一般都占教师总数的一半以上，而我国仅为 1/14～1/18。"[1]

张曾莲、付含的研究显示："高校办学结构中的生师比是一把双刃剑，太高或太低均不适合高校教育教学质量的改进。该比例太低，浪费教师资源，影响办学的社会效益，也不符合国际公约对公众受教育权的要求；同时，该指标太高，每名专任教师需指导大量的学生，承担更多的教学任务，教学质量难以保证，更难以挤出时间进行科研。从 1999—2000 至 2014—2015 财政年度中国香港生师比数据来看，近年来高等院校的生师比比较稳定，最高为 13.4，最低为 10.8，均值为 12.12。按照教育部 2004 年发出的通知，综合大学的生师比达标要求：优秀为 14∶1，良好为 16∶1，合格为 18∶1，超过 18∶1 的将进行黄牌警告，控制其招生规模。"[2]

2. 年龄结构

潘懋元指出："现在新教师的比例是多少呢？先来界定什么是'新教师'，一般来讲，三年以下的教师是新教师。三年以下的新教师占到我们全国教师的 36%。另外，每年平均要有 6% 的老教师离任、退休。三年老教师要减少 18%，近 11 万人。因此，实际上新教师占我们现在教师数的 47%。应当承认，三年以内的新教师经验比较少，还存在一些其他的问题。"[3]而我国的扩招初期，既没有教学经验又没有实践经验的学生就上讲台，在统计中也属于"专任教师"。

3. 性别结构

女教师由于生理特点需要在孕期、产期、哺乳期等时期请假，因此，女教师的比

① 强连庆.中美日三国高等教育比较研究[M].上海：复旦大学出版社，1995：200.
② 张曾莲，付含.中国香港高等教育经费绩效评价与提升研究[J].教育科学，2016(4)：64-75.
③ 潘懋元.规模、速度、质量、特色——中国当前高等教育发展中的若干问题[J].河北师范大学学报(教育科学版)，2007，9(1)：5-12.

例过大也影响"生师比"的实际比例。

4. 双肩挑比例

中层干部以上的人员一般职称较高（如教授），俗称"双肩挑"人员，而相当多的高校将"双肩挑"列入教师编制，这就影响"生师比"的实际比例。

《中国教育改革和发展纲要》（中发〔1993〕3 号）第 43 条指出："精简机构和人员，提高办学效益。适应面向 21 世纪的需要，必须走建设一支人员精干、素质优良、待遇较高的师资队伍的路子。要制订合理的学校人员编制标准，严格考核，精减人员，提高每一教师负担的学生人数。"

（四）"生师比"过高或过低不一定好，既决定高等教育质量又影响高等教育成本，而这两者都影响高等教育效益

孟凡静、朱若羽指出："欧美国家的大学生师比普遍较低，而日本则呈现出两种局面，京都大学和东京大学的生师比都为 6.7：1，久负盛名的早稻田大学却高达 38.5：1。由此可见，'生师比'作为对高校教育教学有很大影响的指标，到底应为多少属于合理，并不能一概而论。"[①]

吴王平等认为："生师比是衡量一个国家教育质量的标志，相比我国高校生师比，发达国家平均生师比是 14：1。相关文献资料指出美国排名前 10 位的著名高等学校的平均生师比约为 6.7：1。相关文献进行了统计世界著名的 20 所大学的生师比，结果显示欧美国家的大学生师比普遍较低，而日本则呈现出两种局面，京都大学和东京大学的生师比为 6.7：1，久负盛名的早稻田大学却高达 38.5：1。"[②]

杜智敏等指出："生师比过高和过低都不利于高校办学质量的提升。如果高校生师比普遍过低，造成了教师资源的浪费，影响了学校办学效益。然而生师比过高，每名专任教师就要面对更多的学生，承担更多的教学任务，再加上科研工作量的要求……"[③]

因此，好的高校生师比并不一定低，高生师比并不意味着大学质量低。

（五）"生师比"要考虑有充足的行政和技术人员支持教学和研究

目前，世界一流大学都有充足的专职行政管理和技术人员支持教学和科研，以保障教师专心学术工作，而不用分心于行政与日常杂务。美国排名前 10 位的私立大学与前 10 位的公立大学的教职比平均为 0.3：1。哈佛大学行政管理和专业人员、办公室文员和技工合计 11 204 人（全时当量），与学生的比例为 1：2，这还不包括临时雇员。[④]

---

① 孟凡静，朱若羽. 高校生师比合理性初探[J]. 世界华商经济年鉴·高校教育研究，2008(11)：6.

② 吴王平，华同曙. 浅析高校生师比失衡及对策[J]. 教育现代化，2016(21)：195-196.

③ 杜智敏，王静，周萍. 论高等学校生师比与办学效益[J]. 教育研究，1998(5)：61-66.

④ 国务院学位委员会办公室，中国研究生院院长联席会. 透视与借鉴——国外著名高等学校调研报告[M]. 北京：高等教育出版社，2004：1-69.

张晓鹏的研究显示:"我国台湾新竹交通大学教育研究所的戴晓霞教授认为,各国政府拨给公立大学的经常性经费多以本科学生数为基准,只有具备一定的本科生规模,才易获得追求教学与研究之卓越发展所必需的经费;在大多数世界一流大学里,生师比相对较低,学生较有机会获得充分的教导,教师的负担较轻,也有更多时间从事学术研究;大多数世界一流大学有充足的行政和技术人员支持教学和研究,教师不必分心于行政与技术性杂务,可以提高学术人力资源的生产力和附加值;世界一流大学拥有充裕的办学资金,美国私立大学之所以称霸全球,与其生均支出高达 14.8 万美元高度相关,其他各国/地区之生均支出也多在 3 万美元以上,可见经费多少在学术卓越的追求上还是扮演着关键性的角色。"①

我国片面地强调控制专职行政管理和技术人员的编制,又将大量的教辅工作压在专职教师身上,如编制计划、制定方案、填制表格等,从事烦琐的事务工作,影响教学、科研的质量。

四、高等教育规模与效益

(一) 高等教育内涵发展与"规模效益应有明显提高"有关

1993 年 1 月 12 日,国务院批转国家教委《关于加快改革和积极发展普通高等教育的意见》指出:"高等教育的发展,要坚持走内涵发展为主的道路,首先使现有学校达到合理的办学规模,同时进一步发挥学校的办学潜力,提高整体效益。到二〇〇〇年,规模效益应有明显提高,校均规模本科院校由现在的二千五百人提高到三千五百人左右,专科院校由一千人提高到二千人左右。"高等教育规模与效益与高等教育质量有关,但又与高等教育内涵发展有关,将在第四章第一节阐述。

(二) 高等教育内涵发展与"发挥学校的办学潜力"有关

上述文件指出:"高等教育的发展,要坚持走内涵发展为主的道路,首先使现有学校达到合理的办学规模,同时进一步发挥学校的办学潜力,提高整体效益。"如"表 3-7 普通高等学校生师比"显示:1991 年生师比为 5.23:1;1992 年生师比为 5.64:1;1993 年生师比为 6.50:1;1994 年生师比为 8.80:1;1995 年生师比为 8.90:1;1996 年生师比为 9.60:1;1997 年生师比为 9.81:1;1998 年生师比为 11.60:1;1999 年生师比为 13.40:1;2000 年生师比为 16.30:1;2001 年生师比为 18.22:1;2002 年生师比为 19.00:1;2003 年生师比为 17.00:1;2004 年生师比为 16.22:1;2005 年生师比为 16.85:1;2006 年生师比为17.93:1;2007 年以后生师比一直在 17:1 以上。因此,高等教育内涵发展与挖掘高校内部潜力(生师比等)有关,也将在第四章第一节阐述。

---

① 张晓鹏.大学排名与世界一流大学建设——第一届"世界一流大学"国际研讨会述评[J].复旦教育论坛,2005(4):5-10.

记者温才妃报道:"生师比,反映一所高校学生受关怀程度、师生互动交流频繁与否的指标。有统计显示,美国排名前10位的高校生师比为6.73:1,一流州立大学的生师比为18:1。作为教育质量的重要指标,生师比差距过大,一直是中国高等教育的一大诟病。按照教育部2004年发出的通知,综合大学的生师比达标要求:14:1为优秀,16:1为良好,18:1为合格,超过这一比例的将给予黄牌警告,限制其招生等。然而,十多年过去,甚少听闻哪家高校因生师比超标,而被教育部黄牌警告的。生师比差距大,离不开高校扩招的大背景。从1999年起,为了解决经济和就业问题,中国高校掀开了扩招大幕,直到2012年,持续了13年的扩张才以高等教育质量下滑为代价,被教育主管部门叫停。其留下的'教师少、学生多'局面,至今还在缓慢改善中。中国教育科学研究院研究员储朝晖告诉《中国科学报》记者,一重原因来自教育主管部门通过卡住高校招生指标加以控制生师比,而另一重原因则来自高校生师比的统计口径。"[1]

第四节　高校全面实施预算绩效管理研究

笔者曾对"绩效预算"与"预算绩效"专门进行过研究[2],本节主要对"高校预算绩效评价"做一探索。

一、高校全面实施预算绩效管理的概述

(一)"全面实施预算绩效管理"提法的演变

1."绩效预算管理"的提法

2010年4月1日,财政部部长谢旭人在《求是》发表的署名文章表示:"积极推进绩效预算管理。"

2005年,河北省财政厅在石家庄举办了"绩效预算管理国际研讨会",来自世界银行、财政部及河北省的领导和专家,就如何编制好绩效预算、建立科学合理的绩效评价体系等问题进行了深入研讨。此次研讨会,学习借鉴了国外开展绩效预算管理的做法和经验,对近年来河北绩效预算试点的情况进行了总结,进一步明确了河北绩效预算改革的工作方向。[3]

2."预算绩效管理"的提法

2010年11月18日,财政部部长谢旭人在谈到"十二五"时期加快财税体制改革的主要任务时指出:"建立健全预算绩效管理制度。"

①　温才妃.扩大的生师比为何难"收缩"[N].中国科学报,2015-08-13.
②　乔春华.高校预算管理研究[M].苏州:苏州大学出版社,2013:206-275.
③　杜彦卿,冯鸿雁.为河北绩效预算管理改革"把脉"[J].经济论坛,2005(20):23-24.

2010年12月27日,谢旭人在全国财政工作会议上指出:"逐步建立健全绩效目标设定、绩效跟踪、绩效评价及结果运用有机结合的预算管理机制,实现全过程预算绩效管理。"

2011年3月20日,谢旭人在北京举行的中国发展高层论坛指出:"建立健全预算绩效管理制度。"

2011年6月27日,财政部部长谢旭人向全国人大常委会做关于2010年中央决算的报告时表示:"要逐步建立'预算编制有目标、预算执行有监控、项目完成有评价、评价结果有反馈、反馈结果要运用'的预算绩效管理模式。"

2011年7月5日,财政部发布《关于推进预算绩效管理的指导意见》。

3. "全面实施预算绩效管理"的提法

党的十九大报告提出:"全面实施绩效管理。"

《2018年政府工作报告》指出:"全面实施绩效管理。"

2018年9月1日,中共中央、国务院颁布《中共中央 国务院关于全面实施预算绩效管理的意见》。

2018年11月8日,财政部发布了《关于贯彻落实〈中共中央 国务院关于全面实施预算绩效管理的意见〉的通知》(财预〔2018〕167号)(以下简称《通知》)。

2019年12月10日,教育部发布了《教育部关于全面实施预算绩效管理的意见》(教财〔2019〕6号)(以下简称《意见》)。

(二)高校全面实施预算绩效管理的内容

1. 高校的使命是高校预算绩效管理的内容基本出发点

国内外高等学校预算绩效管理内容有其共性,但社会主义大学预算绩效管理内容有其特性,因此,要构建中国特色社会主义大学预算绩效管理的内容。

管理大师彼得·杜拉克曾经说过:"非营利性组织的驱动因素不是'利润'而是其'使命'的引导和凝聚,非营利性组织的绩效评价的标准主要是其对'使命'的完成程度。"[①]

高等学校的使命是什么? 中共中央、国务院发布的《关于加强和改进新形势下高校思想政治工作的意见》(中发〔2016〕31号)指出:"高校肩负着人才培养、科学研究、社会服务、文化传承创新、国际交流合作的重要使命。"

2017年1月24日,教育部、财政部、国家发展改革委印发的《统筹推进世界一流大学和一流学科建设实施办法(暂行)》(教研〔2017〕2号)第三条指出:"面向国家重大战略需求,面向经济社会主战场,面向世界科技发展前沿,突出建设的质量效益、社会贡献度和国际影响力,突出学科交叉融合和协同创新,突出与产业发展、社会需求、科技前沿紧密衔接,深化产教融合,全面提升我国高等教育在人才培养、

---

① 杜拉克.非营利机构的经营之道[M].余佩珊,译.台北:远流出版事业股份有限公司,1996:3-7.

科学研究、社会服务、文化传承创新和国际交流合作中的综合实力。"

高校的使命是五个,高校的产出是多元化的,高校的职能经历了从单一"人才培养"到多元功能的演变过程。

2. 高校产出的内容决定了高校预算绩效管理的内容基本框架

(1)教育部要求"探索开展单位整体绩效评价"

《意见》要求"各单位探索开展单位整体绩效评价"。

(2)财政部、教育部要求"顶层设计"

《通知》指出:"对全面实施预算绩效管理进行统筹谋划和顶层设计,是新时期预算绩效管理工作的根本遵循。"《意见》指出"各单位应于 2020 年 8 月底前出台本单位贯彻落实全面实施预算绩效管理的文件或实施方案,加强统筹规划和顶层设计"。

因此,单位整体绩效评价的顶层设计总体框架第一层次是"单位整体绩效",第二层次是"五大使命(或五大功能、五大产出)",第三、第四等层次的指标再根据第二层次使命(或功能、产出)具体化。

(三)"全面实施预算绩效管理"的体系

1."全面实施预算绩效管理体系"的提法

(1)全覆盖、全过程、全系列、全方位

2018 年 3 月 16 日,时任财政部部长的肖捷指出:"全面实施预算绩效管理的重点任务是:一是绩效管理全覆盖,即将一般公共预算、政府性基金预算、国有资本经营预算的所有资金或支出项目纳入绩效管理范围,社保基金预算也要参照执行。二是贯穿预算全过程,即不仅预算编制、执行、结果要引入绩效理念和绩效管理,还要对重大项目全周期进行绩效评价,注重成本效益分析,关注支出结果和政策目标实现程度,推动改进预算编制和调整财政政策。三是绩效方法全系列,包括绩效自评、重点评价相结合,并逐步建立起第三方评价体系和评价结果运用机制,形成一套完整绩效管理闭环体系。四是评价对象全方位。由目前对部门项目支出和重大政策绩效评价为主,拓展到对部门整体支出绩效评价;由对地方转移支付绩效评价为主,拓展到对地方财政运行绩效评价,更好地促进部门、地方履职尽责。"[①]

(2)全方位、全过程、全覆盖

2018 年 9 月 1 日,中共中央、国务院发布的《中共中央 国务院关于全面实施预算绩效管理的意见》指出:"力争用 3～5 年时间基本建成全方位、全过程、全覆盖的预算绩效管理体系,实现预算和绩效管理一体化,着力提高财政资源配置效率和使用效益,改变预算资金分配的固化格局,提高预算管理水平和政策实施效果,为经济社会发展提供有力保障。"

---

① 肖捷.全面实施预算绩效管理　提高财政资源配置效率[N].学习时报,2018-03-16.

① 全方位，即"构建全方位预算绩效管理格局"。

② 全过程，即"建立全过程预算绩效管理链条"。

③ 全覆盖，即"完善全覆盖预算绩效管理体系"。

2. 高校"全面实施预算绩效管理"的内容

(1) 中共中央、国务院颁发的《中共中央 国务院关于全面实施预算绩效管理的意见》的内容是"全方位、全过程、全覆盖"。

(2)《通知》的内容是"全方位、全过程、全覆盖"。

(3)《意见》的内容是"覆盖部门预算和转移支付"。

(四)"全面实施预算绩效管理"实施需要多少时间

(1) 2018 年 9 月 1 日，中共中央、国务院颁发的《中共中央 国务院关于全面实施预算绩效管理的意见》要求"力争用 3～5 年时间基本建成全方位、全过程、全覆盖的预算绩效管理体系"，即从 2021 年 9 月 1 日至 2023 年 9 月 1 日。

(2)《通知》要求"到 2020 年底中央部门和省级层面要基本建成全方位、全过程、全覆盖的预算绩效管理体系"，即用 2 年多时间。

(3)《意见》要求"到 2020 年底，基本建成覆盖部门预算和转移支付的全面预算绩效管理制度体系"，即用 1 年多时间。

二、国外高校预算绩效管理的借鉴

(一) 预算绩效是高校关注的重点之一

根据洛克菲勒(Rockefeller)机构 1999 年的调查，预算与绩效的有机结合已经成为州政府和公立高等学校的关注重点。[1]

Gaither 等在 1994 年认为，绩效指标运用到绩效拨款(Performance Funding)能够促使高校和政策制定者进一步深入研究绩效指标体系，并能提高高校绩效，优化高等教育资源配置。[2]

(二) 国外预算绩效管理的指标

1985 年贾特勒委员会提交了《大学效率研究指导委员会报告》(Report of Steering Committee for the Efficiency Studies in Universities)，建议政府退出对高校的事务性管理，让高校自己制定出发展战略和计划，并研制出可行的绩效评价指标对高校进行绩效评价，促进高校的教学和管理更具效率性和效益性，并将高等教育绩效指标分为三类：内部指标、作业指标和外部指标。

① Burke J C, Modarresi M S, Serban A M. Performance: Shouldn't it Count for Something in State Budgeting[J]. Change, 1999, 31(6): 16-23.

② Gaither G, Nedwek B P, Neal J E. Measuring Up: The Promises and Pitfalls of Performance Indicators in Higher Education[R]. Washington DC: Office of Educational Research and Improvement, 1997.

1988 年,协会校长和高校拨款委员会(CVCP/UGC)联合工作小组将绩效评价指标分为投入指标、过程指标和产出指标。投入指标主要体现了高等院校现有条件和实力,过程指标主要是高等院校的行为,产出指标是高等院校的最终成果和产出。[①]

2000 年,Berman 和 Wang 提出绩效评价对象不仅包括工作结果和质量,也应对工作任务和计划展开绩效评价,这样才能增强绩效评价的可比性。[②]

2008 年,OMB(美国行政管理和预算局)将绩效指标分为投入类、产出类、结果类、效率类,并为每一个指标设置了目标值和基准值。[③]

在对美国州和地方政府层级的绩效评价情况所做的调查中提出地方绩效评价产出、效率、效力、结果和生产率五个指标的是 Ammons(2001)[④]、Kelly 和 Rivenbark(2003)[⑤]。

2014 年,Khalid 等提出绩效指标选择的标准为相关性、真实性、能与其他指标协调的综合性、精度和可比性、可靠性和即时性。把考评高校的绩效指标分为五大类:成本指标(Cost Indicators),结果指标(Results Indicators),活动指标(Activity Indicators),绩效指标(Performance Indicators)和战略指标(Strategic Indicators)。[⑥]

Seal 和 Ball(2011)分析了公共部门预算决策和制定流程,对高校预算编制方法进行探讨,运用控制论对如何实现短周期预算和长周期预算编制的平衡进行了阐释。[⑦]

(三) 并非所有绩效信息都能在预算中准确表达出来

Borgia 和 Coyner 在研究了美国综合性高校绩效预算的发展历程后认为,任何制度都不是完美无缺的,绩效预算也存在不足之处,并非所有绩效信息都能在预算中准确表达出来,但美国大学积极采用绩效预算。[⑧]

上述"指标"大部分指的是"高等教育绩效指标"而不是"高校预算绩效指标"。

---

① Burke. Performance Funding: Arguments and Answers[J]. New Directions for Institutional Research, 1998,97(1):85-90.

② Berman, Wang. Performance Measurement in US Countries: Capacity for Reform [J]. Public Administration Review, 2000, 60(5):409-420.

③ OMB: Guidance for Completing 2008 PARTs.

④ Ammons. Municipal Benchmarks[M]. Thousand Oaks: Sage Publications, 2001.

⑤ Kelly, Rivenbark. Performance Budgeting for State and Local Government[M]. New York: M. E. Sharpe, Inc. 2003:136.

⑥ Khalid, Knouzi, Tanane, Inc. Balanced Scoreboard, the Performance Tool in Higher Education: Establishment of Performance Indicators[J]. 5th World Conference on Educational Sciences, 2014(116): 4552-4558.

⑦ Seal W, Ball A. Interpreting the Dynamics of Public Sector Budgeting: A Dialectic of Control Approach [J]. Financial Accountability & Management, 2011, 27(4):409-436.

⑧ Borgia, Coyner. The Evolution and Success of Budgeting Systems at Institutions of Higher Education [J]. Public Budgeting and Financial Management, Winter 1995(7):467-492.

我国也有从"教育绩效指标"或"高等教育绩效指标"研究的,如:

朱莺指出:"为了提高州政府高等教育投资经费的效率和效益,加强政府的监督作用,许多州引入'绩效指标',把政府高教资金的分配与高校的业绩相挂钩,已形成一种'伙伴关系'。现在全美各州主要采取的是以州政府协助为主的公立高等教育财政支持模式和以政府鼓励为主的政府政策问题解决模式。美国学者 Sheila Slaughte 在分析这一时期的政府与高校关系时指出,与其说是教育财政开支的简单紧缩,倒不如说是对教育经费资源的重新分配,分配的方式有专业重组、战略规划以及不断增加兼职老师等,其结果是在专业设置、学额分配、师资建设等方面不断强化了市场化和实用主义倾向。"①

薛涌指出:"美国教育学家曾提出衡量教育的两种指标:知识回报和感情回报。经合组织的 PISA 测试检验的就是知识回报,即你对所学内容掌握了多少。什么是感情回报呢? 那就是你学了一段时间后,对所学的东西是更感兴趣了,还是更厌倦了。教育的感情回报,永远要优于知识回报,因为这是保持一生孜孜不倦求知的根本。如果为了拿高分整天刷题,拼得身心交瘁,这岂不像是马拉松开跑阶段的世界冠军? 这样的冠军,不要也好。"②

2009 年 12 月 9 日,中央教育科学研究所高等教育研究中心发布了《中国高等学校绩效评价报告》。该报告采用国际通行的惯例,组织专家研究筛选出投入的评价指标 14 项、产出的指标 16 项,对教育部直属的 72 所高校中的 69 所进行绩效评估。记者彭德倩、徐敏报道:"中央教育科学研究所高等教育研究中心日前发布《中国高等学校绩效评价报告》,对教育部直属 69 所高校投入产出比进行评价与排序。结果显示,近半数高校在 2006—2008 年 3 年间呈现出'高投入低产出'的特点,仅有 29 所高校呈现出'产出大于投入'的较高效益。"③

中共中央、国务院颁发的《中共中央 国务院关于全面实施预算绩效管理的意见》在"基本原则"中指出:"坚持科学规范、公开透明。抓紧健全科学规范的管理制度,完善绩效目标、绩效监控、绩效评价、结果应用等管理流程,健全共性的绩效指标框架和分行业领域的绩效指标体系。"下面对预算绩效管理的四个流程分别阐述。

三、高校全面实施预算绩效管理的绩效目标

(一) 高校全面实施预算绩效管理绩效目标的重要性和严重性

1. 绩效目标设置的重要性

朱红认为:"绩效总目标是高校新绩效预算管理的'灵魂',建立系统、科学、开

---

① 朱莺.美国公立研究型大学的财政变迁及其影响——基于美国 10 所大学 2002—2011 年财务报告分析的研究[D].上海:华东师范大学,2013:7.

② 薛涌.PISA 排名世界第一,中国是教育的世界冠军吗? [J]中国新闻周刊,2019(46).

③ 彭德倩,徐敏.半数部属高校"高投入低产出"[N].解放日报,2009-12-12.

放的目标体系是新绩效预算管理得以运行的基础条件。……年度绩效计划是连接学校或部门战略规划和日常工作的纽带,是年度绩效预算的依据,它包括绩效目标、评价指标和评价标准三部分内容……"①

2. 绩效目标设置的严重性

《通知》指出:"财政部门要严格绩效目标审核,未按要求设定绩效目标或审核未通过的,不得安排预算。"

(二) 高校全面实施预算绩效管理绩效目标的指标

中共中央、国务院颁发的《中共中央　国务院关于全面实施预算绩效管理的意见》第四条第七款指出:"强化绩效目标管理。各地区各部门编制预算时要贯彻落实党中央、国务院各项决策部署,分解细化各项工作要求,结合本地区本部门实际情况,全面设置部门和单位整体绩效目标、政策及项目绩效目标。绩效目标不仅要包括产出、成本,还要包括经济效益、社会效益、生态效益、可持续影响和服务对象满意度等绩效指标。各级财政部门要将绩效目标设置作为预算安排的前置条件,加强绩效目标审核,将绩效目标与预算同步批复下达。"

《意见》第三条第四款指出:"强化绩效目标管理。各单位编制预算时要贯彻落实党中央、国务院有关决策部署,分解细化各项工作要求,结合教育领域和本单位实际情况,自主设置单位整体绩效目标、政策和项目绩效目标。部内各司局自主设置所管理的部门预算政策和项目的绩效目标。部内有关司局按照财政部要求设置转移支付整体绩效目标,组织省级教育主管部门设置区域绩效目标或项目绩效目标。绩效目标不仅要包括产出、成本,还要包括经济效益、社会效益、生态效益、可持续影响和服务对象满意度等绩效指标。预算管理部门要将绩效目标设置作为预算安排的前置条件,加强绩效目标审核,并将绩效目标与预算同步批复下达。"

这里的绩效目标指标包括:产出、成本,经济效益、社会效益、生态效益、可持续影响和服务对象满意度等。

(三) 高校绩效目标指标设置的难度

1. 产出

(1) 高校产出什么——劳动能力

马克思指出:"教育会生产劳动能力。"②马克思还指出:"我们把劳动力或劳动能力,理解为人的身体即活的人体中存在的、每当人生产某种使用价值时就运用的体力和智力的总和。"③"整个'商品'世界可以分为两大部分:第一,劳动能力;第二,不同于劳动能力本身的商品。有一些服务是训练、保持劳动能力,使劳动能力

---

① 朱红.新绩效预算理论在高校预算中的运用[J].财务与金融,2009(5):46-49.

② 马克思.剩余价值理论:第1册[M].北京:人民出版社,1975:210.

③ 马克思.资本论:第1卷(上)[M].北京:人民出版社,1975:190.

改变形态等等的。总之,是使劳动能力具有专门性,或者仅仅使劳动能力保持下去的,例如学校教师的服务、医生的服务——购买这些服务,也就是购买提供'可以出卖的商品'等等,即提供劳动能力本身来代替自己的服务,这些服务应加入劳动能力的生产费用或再生产费用。"①在马克思看来,教育所生产的劳动是一种复杂劳动,"比较复杂的劳动只是自乘的或不如说是多倍的简单劳动。因此,少量的复杂劳动等于多量的简单劳动"。②

马克思指出:"任何时候,在消费品中,除了以商品形式存在的消费品以外,还包括一定量的以服务形式存在的消费品。"这种"以服务形式存在的消费品",具有价值和使用价值,是整个消费品中一个重要组成部分。马克思还说:"服务这个名词,一般地说,不过是指这种劳动所提供的特殊使用价值,就像其他一切商品也提供自己的特殊使用价值一样;但是,这种劳动的特殊使用价值在这里取得了'服务'这个特殊名称,是因为劳动不是作为物,而是作为活动提供服务的。"马克思认为使用价值就其形态而言包括两类,一类是"物化、固定在某个物中"的"实物形式的使用价值";一类是"随着劳动能力本身活动的停止而消失""不采取实物的形式,不作为物而离开服务者独立存在"的"运动形式"的使用价值,后者就是服务的使用价值。"一切艺术和科学的产品,书籍、绘画、雕塑等等,只要它们表现为物,就都包含在这些物质产品中。"马克思还肯定了斯密的论述,他在转引时指出:"劳动不固定或不物化在一个特定的对象或可以出卖的对象或可以出卖的商品中,他的服务通常一经提供随即消失,很少留下某种痕迹或某种以后能用来取得同量服务的价值。"马克思还指出:"产品同生产行为不能分离,如一切表演艺术家、演说家、演员、教师、医生牧师等等的情况。"③这种"产品同生产行为不能分离"与"一经提供随即消失,很少留下某种痕迹"的特点在高校的"成果"中也是具备的,这区别于企业的有实物形态的生产,这正是复杂性的体现。综上所述,学校的"产出"是劳动能力,其通常一经提供随即消失,很少留下某种痕迹,产品同生产行为不能分离。而"能力"是相对单位的业绩而言的,它并不总是可以计量的。④ 罗伯特·卡普兰和大卫·诺顿指出:"你不能描述的,就无法衡量;你不能衡量的,就无法管理。"⑤因此,会计在要求确认、计量、报告时,无形产品计量难。

① 马克思.剩余价值理论:第1册[M].北京:人民出版社,1975:159.
② 马克思.资本论:第1卷(上)[M].北京:人民出版社,1975:58.
③ 马克思.剩余价值理论:第1册[M].北京:人民出版社,1975:160,435,156,165,152.
④ Smith, Wheeler. The Finance-strategy Relationship[J]. Journal of Health Care Finance, 2001, 28(2): 1-12.
⑤ 卡普兰,诺顿.战略地图——化无形资产为有形成果[M].刘俊勇,孙薇,译.广州:广东经济出版社,2005:14.

（2）对高等教育产出的度量存在着相当的困难

闵维方、丁小浩指出："对效率准则在工商组织中的运用是不难理解的,因为金钱为其投入和产出提供了共同的衡量尺度。在同样的标准下,工商组织可以追求产出与投入差额的最大化。而对教育事业,情况却大相径庭。在教育研究中,有关效率的任何观点都可以受到不应忽视的教育目标和准则的挑战。其关键原因之一在于,对教育产出的度量存在着相当的困难。教育产出的是通过教育过程而获得了知识,能力,态度等等方面的人。这些人不光通过其数量,更通过其质量,体现着教育系统的效率。要定量的测量这种教育质量(这是一切实证分析赖以进行的必要前提),目前仍受到方法论方面的严重限制。虽然教育学家,教育经济学家们曾为此付注了大量的热情,但成效不甚令人满意。鉴于直接从质量上的度量教育产出的困难,本文将用质量投入指标来代替学校教育质量。这种思路的逻辑在于,假设投入质量与产出质量之间存在着正的相关性。因为一般而言,高质量的投入是高质量输出的必要保证。很难想象,一所学校其低水平的教师队伍以及难以满足需要的物质条件会造就出富有时代特点的高水平的毕业生。"①

2. 成本

（1）高校成本与营利单位的成本内涵不一致

娄尔行指出："我们高等学校搞智力开发,出人才、出知识,我们的成本毕竟与营利单位的成本内涵不一致,效益也不一样,需要探讨。"②

（2）高校成本难度不亚于甚至要超过企业的成本核算

杨纪琬指出："事业单位的基本业务如果要进行成本核算,其难度不亚于甚至要超过企业的成本核算,这是因为事业单位成本核算的对象往往不可能像企业那样明确、具体。考虑我国目前情况,事业单位进行成本核算的条件还不够成熟。"③《高等学校财务制度》(2012)第十章"成本费用管理"至今几乎没有学校实施过。

杨纪琬指出："必须明确,成本核算必须实行权责发生制,而实行权责发生制的单位不一定要进行成本核算(这里不是指销售成本)。"④与同样事业单位的"医院"相比,医院进行成本核算比较容易,其主要原因不在于医院早就实行权责发生制,而在于医院相当多的费用可以对象化,如CT是给谁做的,B超是给谁做的,心电图是给谁做的,手术是给谁做的,病床是给谁住的,药是给谁用的,等等,而"高校"则很难,其绝大多数费用是间接费用,直接费用很少很少,高等学校将费用归集与分配到成本核算对象很烦琐。另外,高校的支出受拨款、收费等收入的制约,"不出

---

① 闵维方,丁小浩.中国高等院校规模效益：类型、质量的实证分析[J].教育与经济,1993(1)：16-22.
② 高等学校经济效益问题研究会(筹备组).高等学校经济效益问题文集[M].北京：教育部计划财务司,
　 1983：9.
③ 杨纪琬.学习两个《准则》的体会[J].预算会计,1996(10)：22-27.
④ 杨纪琬.学习两个《准则》的体会[J].预算会计,1996(10)：22-27.

赤字"决定了支出小于收入。因此,笔者多次提出"'年生均教育培养成本'计算难且意义不大"。①

3. 高校经济效益是一个难度较大但又非常重要的课题

通讯员报道:"在社会主义制度下,只是企业实行经济核算制不行,所有事业单位,直至行政管理部门都应该考核经济效果,关于建立考核经济效果的指标体系问题,代表们认为这是一个难度较大但又非常重要的课题,应该花大力气进行研究。"②

此外,高等教育质量是效益的前提。邱渊指出:"效益以质量合格为前提。"③但是,目前高等教育质量不容乐观。2018年6月21日,陈宝生在新时代全国高等学校本科教育工作会议上的讲话中指出:"我国大学课堂的挑战性和美国高校相比还是有差距的,高校还存在一些内容陈旧、轻松易过的'水课',有人说,现在是'玩命的中学、快乐的大学',这种现象应该扭转。"朱士娟等报道:"小马是驻济一高校大三学生,她称,'有偿代课'在学校里并不是新鲜事了,自己就曾在大二的时候替别人上过课,一般每节课20~50元不等,胆子大的还能替别人考试,一般保底50元,如果考试通过价格更高,一般得100~200元。"④

何友晖报道:"香港《南华早报》网站10月27日发表题为《中国大学必须觉悟并现代化,否则将落得更远》的文章,不久前,我到北京某一流大学担任访问学者。我发现学生们非常聪明,得到教授适当的指导后也很有求知欲。然而,他们在学习方面存在某些严重障碍。在校园里,我注意到很多学生,尤其是在大教室里上课的学生在打瞌睡、玩电脑游戏、看报纸和做作业等等,根本不理老师在讲什么。授课老师则接着讲下去,无视学生的漫不经心。学生们说,这种无礼的漫不经心在中国各地都很常见。"⑤

2018年11月3日,教育部高教司司长吴岩在2018高等教育国际论坛年会上指出:"不能搞'玩命'的中学,也不能办'快乐'的大学。一部分学生天天打游戏,天天睡大觉,天天谈恋爱,'醉生梦死'的日子一去不复返了。一部分教师'认认真真培养自己,稀里马虎培养学生'的日子一去不复返了。一部分学校'领导精力投入不足,教师精力投入不足,学生精力投入不足,资源配置投入不足'的日子一去不复返了。……对不起良心的专业应该停办了。……对学生发生作用的是课程,课程

① 乔春华.《事业单位会计准则》与《事业单位财务规则》研究——以高等学校为例[M].南京:南京大学出版社,2010:248-249.
② 通讯员.开展会计理论研究 促进会计科学发展——中国财政学会、中国会计学会成立大会,第三次全国财政理论讨论会关于会计理论问题的讨论情况简介[J].会计研究,1980(1):76-79.
③ 邱渊.教育经济学导论[M].北京:人民教育出版社,1989:5.
④ 朱士娟,马赫楠.揭秘高校替课族:课上替人喊到,最多月入千元[N].济南日报,2016-04-29.
⑤ 何友晖.港报:中国大学为何不能跻身世界一流?[N].参考消息,2014-10-28.

是人才培养的核心单元和核心要素,我们要把课程建好,就是要消灭'水课',打造有创新性、挑战度的'金课'。"但 2019 年底没有根本好转。张凡报道:"近日,有媒体做了一项针对大学生逃课现状的问卷调查。调查显示,被调查的 77 名大学生中竟有 66 人有过逃课的经历,如此'高频'的高校大学生逃课现象为何屡禁不止? 究竟是什么导致学生们逃课? 他们逃课后又去干什么?"①北京大学教育学院教育经济研究所研究员鲍威为此开药方。②

高等教育质量评价相当困难甚至不可能。刘振天认为:"教育质量与一般的产品质量不同,对产品质量高低,使用者相对比较容易判断,但教育质量则具有多样性、潜在性、模糊性等特点,对其做出科学合理的评价相当困难,甚至不可能。比如,一所高校质量高,到底是因为学校条件好、老师教得好,还是学生基础好,或是学生学习努力,或者社会环境好造成的,很难分得清楚。"③

4. 高校社会效益

社会效益一般是指一所学校在社会上的声誉、威信和信任程度,在人才培养、文化传承、科技进步、经济增长和社会发展上所发挥的积极作用。由于高校社会效益需要长期积累形成或产出,因此,作为高校短期的绩效目标指标是否合适?

5. 高校生态效益

生态效益是生态平衡和生态系统的良性、高效循环。经济效益与生态效益不一定是正相关,有的是经济效益是正值,生态效益也是正值;有的是经济效益是正值,而生态效益却是负值。高校生态效益与社会效益一样很难界定与测量。

6. 高校可持续影响

"高校可持续影响"这个指标不太明确,似乎是"影响"经济效益、社会效益、生态效益? 还是可持续发展?

7. 高校服务对象满意度

高校服务对象满意度与医院不同,衡量高校教育质量与医院的主体不同。患者到医院就诊,患者不允许医院和医生糊弄,该治好的伤或病如治不好会发生患者"医闹";但高校有不少学生却希望政府允许"清考",希望学校为追求毕业率而"放一码",希望老师"放水",混毕业。

由于"投入型"的拨款机制,高等教育拨款培养了一批被市场淘汰的学生。笔者曾指出:"就业率低主要原因是未瞄准人才市场的需求盲目办学。高等教育供给侧改革应解决专业结构不合理造成高校低端供给和无效供给,由此引发高等教育

① 张凡.刹住高校逃课风须多方发力[N].光明日报,2019-11-25.
② 鲍威.来,给不刻苦读书的大学生开个药方[N].光明日报,2019-11-12.
③ 刘振天.高校质量好不好,最终学生说了算?[N].光明日报,2015-04-07.

某些专业产能过剩和就业率低的问题。"①有的校领导还担心清退不合格学生后会影响财政拨款。

四、高校全面实施预算绩效管理的绩效监控

(一) 绩效监控是绩效管理的第二个流程

中共中央、国务院颁布的《中共中央 国务院关于全面实施预算绩效管理的意见》指出:"做好绩效运行监控。各级政府和各部门各单位对绩效目标实现程度和预算执行进度实行'双监控',发现问题要及时纠正,确保绩效目标如期保质保量实现。各级财政部门建立重大政策、项目绩效跟踪机制,对存在严重问题的政策、项目要暂缓或停止预算拨款,督促及时整改落实。各级财政部门要按照预算绩效管理要求,加强国库现金管理,降低资金运行成本。"

(二) 绩效监控是预算执行的关键环节

《通知》第三条第二款指出:"预算执行环节加强绩效监控。按照'谁支出、谁负责'的原则,完善用款计划管理,对绩效目标实现程度和预算执行进度实行'双监控',发现问题要分析原因并及时纠正。逐步建立重大政策、项目绩效跟踪机制,按照项目进度和绩效情况拨款,对存在严重问题的要暂缓或停止预算拨款。加强预算执行监测,科学调度资金,简化审核材料,缩短审核时间,推进国库集中支付电子化管理,切实提高预算执行效率。"

2016 年 7 月 22 日,财政部发布的《关于开展 2016 年度中央部门项目支出绩效目标执行监控试点工作的通知》(财办预〔2016〕85 号)指出:"绩效目标执行监控是全过程预算绩效管理的关键环节,也是确保中央部门实现绩效目标、落实绩效主体责任的重要手段。中央部门组织项目执行单位对照年初绩效目标,跟踪查找项目执行中资金使用和业务管理的薄弱环节,及时弥补管理中的'漏洞',纠正绩效目标执行中的偏差,能够克服'问题不被发现、事后发现的问题已是既成事实,或者发现滞后导致整改难度增加'等弊端,对促进预算管理、财务管理和项目管理的有效结合,提高中央部门和单位的资金使用绩效和管理水平,以及打造高效政府具有重要的现实意义。"

(三) 绩效目标执行监控内容

《关于开展 2016 年度中央部门项目支出绩效目标执行监控试点工作的通知》指出:"绩效目标执行监控的主要内容,主要包括年初计划提供的公共产品和服务的数量、质量、时效、成本等产出指标的完成值,项目支出计划带来经济效益、社会效益、生态效益等效果的实现程度及趋势,相关满意度指标的实现程度及趋势等。在收集、分析上述绩效运行信息的基础上,对偏离目标的原因进行分析,对全年绩

---

① 乔春华.高等教育供给侧改革的财务视角[M].南京:东南大学出版社,2017:78-80.

效目标完成情况进行预计,对预计到年底不能完成目标的原因及拟采取的改进措施等进行说明。绩效目标执行监控的有关信息以《项目支出绩效目标执行监控表》的形式体现。"

(四) 绩效目标执行监控应注意的问题

1. 监控专业性强难度大

《关于开展 2016 年度中央部门项目支出绩效目标执行监控试点工作的通知》仅在"项目支出"范围内,而且提到"考虑到绩效目标执行监控是一项新的工作,专业性、技术性较强,需要逐步探索、积累经验"。2019 年教育部发布的《教育部关于全面实施预算绩效管理的意见》要求"坚持全面实施、突出重点。预算绩效管理覆盖所有财政资金和非财政资金,贯穿预算编制、执行、监督全过程",这个难度较大。

2. 关于谁监控

(1)"谁支出、谁负责"的原则

《通知》第三条第二款指出:"预算执行环节加强绩效监控。按照'谁支出、谁负责'的原则。"

(2) 绩效监控工作由各地各单位各司局自主开展,由年度绩效自评代替绩效监控

《意见》第三条第七款指出:"做好绩效监控。绩效监控工作由各地各单位各司局自主开展。项目实施周期为 1 年的,年中开展绩效监控;项目实施周期为 1 年以上的,由年度绩效自评代替绩效监控。教育部可根据情况对绩效监控实施情况开展评价。"

五、高校全面实施预算绩效管理的绩效评价

(一) 高校全面实施预算绩效管理的绩效评价概述

1. 经济收益的多少不包括培养人才的数量和质量

1985 年 5 月 27 日,中共中央发布的《中共中央关于教育体制改革的决定》第五条规定:"在整个教育体制改革的过程中,必须牢牢记住改革的根本目的是提高民族素质,多出人才、出好人才。衡量任何学校工作的根本标准不是经济收益的多少,而是培养人才的数量和质量。紧紧掌握这一条,改革就不会迷失方向。"

2.《预算法》等法规重视绩效

《预算法》(1994)第三条为"各级预算应当做到收支平衡"。《预算法》(2014)修改为:第十二条"各级预算应当遵循统筹兼顾、勤俭节约、量力而行、讲求绩效和收支平衡的原则"。

《预算法》(2014)第三十二条规定:"各级预算应当根据年度经济社会发展目标、国家宏观调控总体要求和跨年度预算平衡的需要,参考上一年预算执行情况、有关支出绩效评价结果和本年度收支预测,按照规定程序征求各方面意见后,进行

编制。"第五十七条规定:"各级政府、各部门、各单位应当对预算支出情况开展绩效评价。"第三十二条规定:"各部门、各单位应当按照国务院财政部门制定的政府收支分类科目、预算支出标准和要求,以及绩效目标管理等预算编制规定,根据其依法履行职能和事业发展的需要以及存量资产情况,编制本部门、本单位预算草案。"

3. 教育系统重视绩效评价

2010 年 6 月 21 日,中共中央政治局审议并通过的《国家中长期教育改革和发展规划纲要(2010—2020 年)》第五十八条的标题为"加强经费管理",其中规定:"建立经费使用绩效评价制度。"

2011 年 6 月 29 日,国务院发布的《国务院关于进一步加大财政教育投入的意见》第四条第二款指出:"全面推进教育经费的科学化精细化管理。……建立健全教育经费绩效评价制度。"

(二)高校全面实施预算绩效评价的对象

1. 从项目支出拓展到部门预算基本支出和项目支出

(1)项目支出绩效评价

2002 年 11 月 6 日,财政部印发的《中央与地方共建高等学校专项资金管理办法》(财政〔2002〕213 号)第八条规定:"共建专项资金实行项目考核和责任追究制度。对严格按时规定管理项目和使用资金、成效显著的地区,在下一年度安排项目时给予优先考虑。对挪用、挤占、截留中央补助专款的,缓拨、减拨、停拨直至追回中央补助专款,并追究有关责任人的责任;触犯刑律者,移交司法机关处理。"

2003 年 9 月 30 日,财政部印发了《中央级行政经费项目支出绩效考评管理办法(试行)》(财行〔2003〕108 号)。

2005 年 9 月 9 日,财政部颁布了《中央级教科文部门项目绩效考评管理办法》(财教〔2005〕149 号),第二条规定:"教科文部门项目绩效考评(以下简称项目考评),是指运用一定的考核方法、量化指标及评价标准,对纳入中央部门预算管理的教科文部门专项资金项目的实施过程及其完成结果进行综合性考核与评价。"第三条规定:"教科文部门项目考评范围主要包括:专项计划项目(即指国家批准设立的教科文事业发展专项计划、工程、基金项目),专项业务项目以及大型修缮、大型购置等项目。具体项目由教科文部门商财政部确定。"

2009 年 10 月 26 日,财政部印发的《财政部关于进一步推进中央部门预算项目支出绩效评价试点工作的通知》(财预〔2009〕390 号)规定:"为进一步推进中央部门预算项目支出绩效评价试点工作,提高绩效评价工作的制度化、规范化、科学化程度,切实提高绩效评价工作实效,现就推进中央部门预算项目支出绩效评价试点工作有关问题通知如下……"

2016 年 10 月 31 日,财政部印发的《关于开展中央部门项目支出绩效自评工作的通知》(财办预〔2016〕123 号)指出:"实现绩效自评全覆盖。各部门要按照 2016

年、2017 年中央部门预算编制工作要求和《中央部门预算绩效目标管理办法》（财预〔2015〕88 号）规定，组织对本部门及所属预算单位的所有一级项目、二级项目开展绩效自评，确保绩效自评覆盖率达到 100％。"

（2）绩效评价应当以项目支出为重点

2011 年 4 月 2 日，财政部印发的《财政支出绩效评价管理暂行办法》（财预〔2011〕285 号）第二条指出："财政支出绩效评价是指财政部门和预算部门（单位）根据设定的绩效目标，运用科学、合理的绩效评价指标、评价标准和评价方法，对财政支出的经济性、效率性和效益性进行客观、公正的评价。"

（3）基本支出绩效目标一般不单独设定

2015 年 5 月 21 日，财政部印发的《中央部门预算绩效目标管理办法》（财预〔2015〕88 号）第三条指出："本办法所称绩效目标：按照预算支出的范围和内容划分，包括基本支出绩效目标、项目支出绩效目标和部门（单位）整体支出绩效目标。基本支出绩效目标，是指中央部门预算中安排的基本支出在一定期限内对本部门（单位）正常运转的预期保障程度。一般不单独设定，而是纳入部门（单位）整体支出绩效目标统筹考虑。项目支出绩效目标是指中央部门依据部门职责和事业发展要求，设立并通过预算安排的项目支出在一定期限内预期达到的产出和效果。部门（单位）整体支出绩效目标是指中央部门及其所属单位按照确定的职责，利用全部部门预算资金在一定期限内预期达到的总体产出和效果。"

（4）逐步扩大项目支出预算评审范围

2018 年 8 月 17 日，《国务院办公厅关于进一步调整优化结构提高教育经费使用效益的意见》（国办发〔2018〕82 号）第十二条指出："健全预算审核机制，加强预算安排事前绩效评估。逐步扩大项目支出预算评审范围。加强预算执行事中监控，硬化预算执行约束，从严控制预算调剂事项，健全经济活动内部控制体系，实施大额资金流动全过程监控，有效防控经济风险。加强预决算事后监督。"

（5）精简对高校经费使用的考核评估

2017 年 1 月 10 日，国务院印发的《国家教育事业发展"十三五"规划》（国发〔2017〕4 号）第三条第三款指出："精简对高校经费使用的考核评估，扩大项目资金统筹使用权，落实高校经费使用管理自主权。"

（6）覆盖到部门预算

《意见》的内容是"覆盖部门预算和转移支付"。

（7）项目支出绩效评价也并非易事

2015 年 11 月 17 日，财政部、教育部印发的《关于改革完善中央高校预算拨款制度的通知》将改革为"1＋6"模式。"1"是指"基本支出体系"，"6"是指"项目支出体系"，即"新的项目支出体系包括以下六项内容：中央高校改善基本办学条件专项资金；中央高校教育教学改革专项资金；中央高校基本科研业务费；中央高校建设世界一流大学(学科)和特色发展引导专项资金;中央高校捐赠配比专项资金;中央高校管理改革等绩效拨款"。其中"高校基本科研业务费"绩效评价就很难,但高校科研经费绩效评价未全覆盖。

2. 从财政资金拓展到全部资金

2011年4月2日,财政部印发的《财政支出绩效评价管理暂行办法》(财预〔2011〕285号)第二章"绩效评价的对象和内容"第七条指出:"绩效评价的对象包括纳入政府预算管理的资金和纳入部门预算管理的资金。按照预算级次,可分为本级部门预算管理的资金和上级政府对下级政府的转移支付资金。"第八条指出:"部门预算支出绩效评价包括基本支出绩效评价、项目支出绩效评价和部门整体支出绩效评价。绩效评价应当以项目支出为重点,重点评价一定金额以上、与本部门职能密切相关、具有明显社会影响和经济影响的项目。有条件的地方可以对部门整体支出进行评价。"第九条指出:"上级政府对下级政府的转移支付包括一般性转移支付和专项转移支付。一般性转移支付原则上应当重点对贯彻中央重大政策出台的转移支付项目进行绩效评价;专项转移支付原则上应当以对社会、经济发展和民生有重大影响的支出为重点进行绩效评价。"

2018年8月17日,《国务院办公厅关于进一步调整优化结构提高教育经费使用效益的意见》(国办发〔2018〕82号)第十三条指出:"全面提高使用绩效。各级教育部门和学校要牢固树立'花钱必问效、无效必问责'的理念,逐步将绩效管理范围覆盖所有财政教育资金。"

《中共中央 国务院关于全面实施预算绩效管理的意见》在"现行预算绩效管理仍然存在一些突出问题"中指出:"绩效管理的广度和深度不足,尚未覆盖所有财政资金,一些领域财政资金低效无效、闲置沉淀、损失浪费的问题较为突出,克扣挪用、截留私分、虚报冒领的问题时有发生。"在第五条第十款中指出:"积极开展涉及一般公共预算等财政资金的政府投资基金、主权财富基金、政府和社会资本合作(PPP)、政府采购、政府购买服务、政府债务项目绩效管理。"

《通知》第三条第五款指出:"推动预算绩效管理扩围升级。绩效管理要覆盖所有财政资金,延伸到基层单位和资金使用终端,确保不留死角。"

《意见》在"基本原则"中指出:"坚持全面实施、突出重点。预算绩效管理覆盖所有财政资金和非财政资金。"在"主要任务"中指出:"各单位探索开展单位整体绩效评价。"

3. 一年预算期拓展到中长期财政规划

2011年4月2日,财政部印发的《财政支出绩效评价管理暂行办法》(财预〔2011〕285号)第十一条指出:"绩效评价一般以预算年度为周期,对跨年度的重大(重点)项目可根据项目或支出完成情况实施阶段性评价。"

《意见》第三条第一款指出:"实施单位整体预算绩效管理。各单位要将预算收支全面纳入绩效管理,围绕单位职责和中长期事业发展规划,树立业务和财务有机融合、相互促进的绩效管理理念,以预算资金管理为主线,从运行成本、管理效率、履职效能、社会效应、可持续发展能力和服务对象满意度等方面,综合衡量本单位整体预算绩效。在年度绩效自评的基础上,原则上每五年为一周期开展单位整体绩效评价。"第三条第三款指出:"优化政策和项目预算绩效管理。将部门预算和转移支付政策、项目全面纳入绩效管理,从数量、质量、时效、成本、效益等方面,综合衡量政策和项目预算绩效。对于绩效可以按年度衡量的政策和项目,应严格按照年度开展绩效自评等相关工作;对于实施周期较长的政策和项目,在年度绩效自评的基础上,应在实施周期内开展中期绩效评价。对于根据国家规定由各单位统筹使用的项目,不单独开展项目绩效评价,但应纳入单位整体绩效评价。"

牛维麟、詹宏毅的研究表明:"调查结果显示,我国大学校长担任现职的平均时长为 4.1 年,基本与一个任期相当。另一方面,我国现任大学校长中有近半数(47.4%)曾任其他高校的校领导,这里所说的校领导是指高校的校长、副校长或校党委书记、副书记,平均任职时间为 5.6 年,比他们担任现职的时间还要长 1.5 年。"[①]校长任期平均时长为 4.1 年致使高校战略不稳定,致使中长期事业发展规划难以制定和执行,即使"每五年为一周期开展单位整体绩效评价"也难以准确地反映单位整体预算绩效。

（三）高校全面实施预算绩效评价的方法

《意见》第三条第五款指出:"健全绩效指标和标准体系。逐步探索建立健全定量和定性相结合、具有教育行业特点的绩效指标和标准体系,实现科学合理、细化量化、可比可测、动态调整、共建共享。绩效指标和标准体系要与基本公共服务标准、部门预算项目支出标准、教育行业标准等相适应,突出结果导向,重点考核实绩。创新评估评价方法,依托大数据分析技术,运用成本效益分析法、比较法、因素分析法、公众评判法、标杆管理法等,提高绩效评估评价结果的客观性和准确性。"

上述绩效指标提的是"定量和定性相结合",可 2015 年提的是"细化、量化描述"。2015 年 5 月 21 日,财政部发布的《中央部门预算绩效目标管理办法》(财预〔2015〕88 号)第九条指出:"绩效目标要能清晰反映预算资金的预期产出和效果,并以相应的绩效指标予以细化、量化描述。"第十条指出:"绩效指标是绩效目标的细化和量化描述,主要包括产出指标、效益指标和满意度指标等。"从某种意义上讲,如果没有这些量化的绩效指标,对于质量的问责将会变成一件没有意义的事情,当然,我们必须做的是以判断来调和这些统计数字。[②]由此可见,将"绩效目标

---

① 牛维麟,詹宏毅.中国高校校长调查:平均年龄 52 岁,平均任期 4.1 年[N].中国教育报,2007-08-18.

② Elton L. Accountability in Higher Education: The Danger of Unintended Consequences[J]. Higher Education,1988(4):377-390.

要能清晰反映"必须"予以细化、量化描述",但将高校绩效目标指标"予以细化、量化描述"是非常困难的。

六、高校全面实施预算绩效管理的结果应用

(一) 高校全面实施预算绩效管理的结果应用的规定

《通知》第三条第三款指出:"决算环节全面开展绩效评价。加快实现政策和项目绩效自评全覆盖,如实反映绩效目标实现结果,对绩效目标未达成或目标制定明显不合理的,要做出说明并提出改进措施。逐步推动预算部门和单位开展整体绩效自评,提高部门履职效能和公共服务供给质量。建立健全重点绩效评价常态机制,对重大政策和项目定期组织开展重点绩效评价,不断创新评价方法,提高评价质量。"

《意见》第三条第八款指出:"加强绩效评价和结果应用。通过自评和外部评价相结合的方式,对预算执行情况以及政策和项目实施效果开展绩效自评,各单位探索开展单位整体绩效评价,评价结果报送教育部。建立重大政策和项目预算绩效评价机制,逐步开展单位和部门整体绩效评价,必要时可以引入第三方机构参与绩效评价。健全绩效评价结果反馈制度和绩效问题整改责任制,加强绩效评价结果应用。"

(二) 绩效评价结果应用

1. 奖惩

《通知》第三条第四款指出:"强化绩效评价结果刚性约束。健全绩效评价结果反馈制度和绩效问题整改责任制,形成反馈、整改、提升绩效的良性循环。各级财政部门要会同有关部门抓紧建立绩效评价结果与预算安排和政策调整挂钩机制,按照奖优罚劣的原则,对绩效好的政策和项目原则上优先保障,对绩效一般的政策和项目要督促改进,对低效无效资金一律削减或取消,对长期沉淀的资金一律收回,并按照有关规定统筹用于亟须支持的领域。"

2. 考核

2018 年 8 月 17 日,《国务院办公厅关于进一步调整优化结构提高教育经费使用效益的意见》(国办发〔2018〕82 号)第十三条指出:"全面提高使用绩效。各级教育部门和学校要牢固树立'花钱必问效、无效必问责'的理念,强化绩效评价结果应用,加大绩效信息公开力度,将绩效目标执行情况和绩效评价结果作为完善政策、编制预算、优化结构、改进管理的重要依据,作为领导干部考核的重要内容。坚持厉行勤俭节约办教育,严禁形象工程、政绩工程,严禁超标准建设豪华学校,每一笔教育经费都要用到关键处。"

3. 编制绩效预算和绩效拨款依据

2016 年 7 月 22 日,财政部发布的《关于开展 2016 年度中央部门项目支出绩效

目标执行监控试点工作的通知》(财办预〔2016〕85 号)指出：“结果应用：试点部门对跟踪发现的管理漏洞和绩效目标偏差，要及时采取有针对性的措施予以纠正，完善项目管理办法，优化绩效目标实现路径，促进绩效目标如期实现。在反馈绩效目标执行监控结果应用意见时，可参考《项目支出绩效目标执行监控反馈表》。涉及调整项目预算资金和绩效目标的，需报财政部批准。属于延续项目的，绩效目标执行监控结果可作为 2017 年及以后年度预算编制和政策制定的重要依据。”

2015 年 11 月 17 日，财政部、教育部《关于改革完善中央高校预算拨款制度的通知》(财教〔2015〕467 号)指出：“讲求绩效的中央高校预算拨款制度，支持世界一流大学和一流学科建设，引导中央高校提高质量、优化结构、办出特色，加快内涵式发展，更好地为全面建成小康社会服务。”

七、高校部分绩效目标分析

1. 我国高校绩效目标——毕业率设定几何为妥？

刘强认为：“相反，我国不同类型、不同层次、不同水平高校本科毕业率表现出惊人的一致性，都在 90% 以上。很显然，我国高校毕业率并不能衡量高校人才培养的质量水平，却恰恰表明我国高校人才培养质量要求和质量标准的‘宽容性’，‘考上大学就能够顺利毕业’，而高校‘清考’(‘清零考试’)等不良现象的大量存在恰恰也证明了这一点。”但美国 1 700 多万大学生毕业率仅 56%。记者余皓报道：“据中国之声《全球华语广播网》报道，美国是世界上高等教育最发达的国家，每年有 1 750 万大学生在高校就学。然而有调查却显示，美国大学毕业率是发达国家中最低的。为什么会出现这种现象？‘宽进严出’的大学教育给美国的社会环境带来了哪些影响呢？根据哈佛大学教育研究生院的研究报告，美国仅有 56% 的大学生能够在 6 年之内完成本科课程而毕业，毕业率在经合组织 18 个成员国中是最低的，南新奥尔良大学的大学生毕业率居然只有 4%，其余的或者辍学，或者没能够在 6 年之内完成大约 120 个学分的本科课程。本科四年制大学当中，毕业率最高的州是：Delaware，毕业率为 73.6%。”

2. 我国高校绩效目标——就业率设定几何为妥？

统计的就业率遭到质疑。陈薇伊报道：“在江西某高校，毕业生如果在论文答辩之前还没有交上就业协议，就不允许参加第一轮论文答辩。为此，即便并没有找到工作，毕业生们也要‘想方设法’动用各种社会关系，签署一份三方协议。”刘诗蕾报道：“中国社会科学院劳动与社会保障研究中心副主任张翼认为，‘高就业率本身值得揣度。一部分就业率通过研究生考试来解决，还有一部分是虚假就业证明，有些学校强行要求学生签三方协议，这种水分是存在的。再一个，毕业半年就业率能到 90% 以上，多是赶上了下一届学生的就业季’。‘应届生就业怎么样，光拿就业合同和三方协定来统计肯定不准确，但确实也是没办法的事情，’教育部教育发展研究中心教育体制改革研究室主任王烽接受界面新闻采访时说,'特别是在毕业的一年以后,有隐性失业,也有隐形就业,我们对应届生就业率的跟踪统计很难进行,想要更准确反映就业情况,对毕业生的跟踪统计还是要建立起来'。"

国务院提出"就业质量"的要求,因为"高质量就业率"才是真实的绩效指标,如毕业生第一年就业的单位排名(公司是全球 500 强等)和月薪(月薪 5 000 元以上等)。现在"就业率"不是经过市场或用人单位检验,而是有形的手在推动。

3. 我国高校绩效目标——"预算执行效率"何时设定为绩效目标?

笔者早就提出,预算执行效率≠预算执行率。《国家中长期教育改革和发展规划纲要(2010—2020 年)》提的是"预算执行效率",少了个"效"字的"预算执行率"倒成了绩效指标,"预算执行率"实际上是只讲进度突击花钱的指标。

4. 高校预算绩效与企业和政府不同

(1) 高校预算绩效与企业不同

高校与企业的区别一是企业产品有实物形态,而高校是无实物形态,其能力依附在载体上;二是企业产品销售后(出口)有了"绩效"收到钱,而高校学生入学未"加工"(入口)没有"绩效"就收到拨款和学费;三是企业加工产品是单向活动,无论是生产飞机、航母还是衣服、食品,加工者可以按预定设计目标加工,教学是"教"与"学"双向活动,受教育者接受教育的结果具有不确定性和不可控制性,因此,需要"教"与"学"共同努力才有绩效。

(2) 高校预算绩效与财政部门不同

财政部门自身的人员经费与公用经费并不多,其掌管的大量资金用于投资项目如铁(铁路)、公(公路)、机(机场),以及教育、环保、扶贫等。投资到项目后由项目单位预算绩效管理,这些项目一般形成实物,与高校提供的服务"一经提供随即消失,很少留下某种痕迹"不同。

八、我国高校预算绩效指标的三个问题

(一) 高级人才并非该校近几年投入产出的成果

王明秀、张克友等学者认为:"队伍建设评价指标包括工程院和科学院院士人数、长江特聘教授人数、获国家杰出青年人才基金、获教育部跨世纪人才、获教育部高层次创造性人才计划资助人数。"[①]

一个学生从学士到硕士再到博士一般需要 10 年,博士要评为副教授一般需要 5 年,副教授晋升教授一般需要 5 年。从学士到教授一般需要 20 年!其中,从学士

---

① 王丽萍,郭岚,张勇.高校新绩效预算管理的组合评价方法研究[J].会计研究,2008(2):68-75;张克友.高校预算绩效评价指标的应用分析[J].企业经济,2007(10):178-180;王明秀,孙海波.高等学校预算绩效评价及对策与措施研究[J].科技与管理,2005,7(4):151-153;张建新.基于科学发展观视角下的高校预算绩效评价指标体系构建[J].河北工程大学学报(社会科学版),2010,27(2):22-23.

到硕士到博士相当多的学生不是在同一所高校甚至不是在同一个国家完成的学业。2009 年 12 月 7 日,"中国校友会网大学评价课题组"最新完成的《2009 中国两院院士调查报告》显示:"调查发现,在 1955—2009 年当选的中国两院院士中,拥有海外学历的'海归院士'有 700 多人,占总数的 36.95%。"刘道玉指出:"就拿诺贝尔奖来说,据统计,在 114 年中,共有 889 人获得这一殊荣,其中美国人占了四成。在这些获奖的成果中,除了极少数是偶然幸运者以外,绝大多数都是皓首穷经的结果。例如,美国物理学家雷蒙德·戴维斯,对宇宙中微子的研究长达 40 年,于 2002 年才获得诺贝尔物理学奖;2003 年诺贝尔物理学奖的获得者,又是 3 位美国人,他们的研究耗时 10 年,而且经过 30 年的考验;2004 年诺贝尔化学奖的获得者是两位以色列化学家,他们的研究经历了长达 35 年漫长过程。又如,英国剑桥大学生理学教授罗伯特·爱德华兹被称为'试管婴儿'之父,他用 20 年的时间,经过反复试验,终于培养出了首个试管婴儿路易斯·布朗,但他于 85 岁才获得诺贝尔生理或医学奖,滞后了 32 年。"[①]韩声江报道:"17 位诺奖获得者与名古屋大学相关的占到6 名。正如松尾清一所言,经澎湃新闻统计,17 位诺奖得主的获奖研究平均在27.65 年前完成。"[②]值得注意的是,不少学校引进院士、教授是靠钱买来的,既不能算"绩"更不能算"效"。这种投入产出的绩效不能反映引入高校的真实绩效。由于高等教育具有迟效性和双向性的特征,因此,不可能当年投入当年产出。

(二) 科研成果并非该校近几年投入产出的成果

王丽萍、王明秀、张建新、张克友等学者的论文在高校经费绩效评价指标设计"科学研究评价指标"中提到"SCI、EI、ISTP 的论文数量、获得国家级奖励数量"。

关于 SCI。2020 年 2 月 18 日,教育部、科技部印发的《关于规范高等学校 SCI论文相关指标使用 树立正确评价导向的若干意见》(教科技〔2020〕2 号)规定:"学校在绩效和聘期考核中,不宜对院系和个人下达 SCI 论文相关指标的数量要求,在资源配置时不得与 SCI 相关指标直接挂钩。"

2002 年 11 月 4 日,中山大学黄达人校长在研究生教育工作会议上的讲话中指出:"许多学术成果都是'十年磨一剑'的结果,我校肿瘤医院发在 *Nature* 上的那篇文章就是用了几千万的投入,近百人共同努力了将近十年才取得的成果。"2006 年6 月 3 日新华社报道,中山大学朱熹平教授和旅美数学家、清华大学讲席教授曹怀东,在历经 10 年潜心研究后,以一篇长达 300 多页的论文,给出了庞加莱猜想的完全证明,破解了国际数学界已关注百年的"七大世纪数学难题"之一的庞加莱猜想。刘道玉指出:"像过去那种'板凳一坐十年冷'的学风已经少见,而浮躁、急功近利的风气却很有市场。大家知道,2002 年世界数学大会在北京召开,法国年轻的数学

---

① 刘道玉.学术研究可以慢下来[N].光明日报,2017-03-28.
② 韩声江.日本 17 年拿 17 个诺奖,获奖者及名古屋大学校长却开始反思[Z].澎湃新闻,2016-10-26.

家拉佛阁获得了相当于数学界的诺贝尔奖的菲尔兹奖。他埋头研究了 7 年世界重大难题——'朗兰兹纲领'。功夫不负有心人,他于 2000 年将对'朗兰兹对应猜想的证明从局部推向了整体',终于解决了这个世界难题。近 10 年来,法国已经出现了 4 位菲尔兹奖得主。正是由于这些出色的数学研究,法国才成为世界数学大国。对比之下,我国在百年诺贝尔奖的历史上,至今还没有零的突破。"[①]

曹雪芹历经十年创作《红楼梦》前八十回的稿子;"杂交水稻之父"袁隆平 1964 年开始研究杂交水稻,1973 年实现三系配套,1974 年育成第一个杂交水稻强优组合南优 2 号,1975 年研制成功杂交水稻制种技术,用了 10 多年时间;屠呦呦教授也是在 1972 年成功提取到了青蒿素,40 多年后才获得诺贝尔奖。此外,还有"十年"之说的,如:历史学家范文澜主张"板凳要坐十年冷,文章不写一句空",以及"十年寒窗苦""台上一分钟,台下十年功"等等,都表示一部名著,一篇传世之作,并非旦夕之功可立竿见影。建议不要对近几年的科研成果评奖,因为尚未得到实践的检验。

陆琦报道:"中国工程院院士、大连理工大学校长郭东明直言:'科研不能按照生产来管理。'他表示,科研过程往往是未知的,科研过程中遇到困难、问题在所难免,不能够一步一步完全按照计划来实现。'走一走,要调整。'而且,不能说科研一定就能成功,因此科研经费不能像生产那样一成不变,要求到时候一定要完成。"[②]由于科学研究具有迟效性和不确定性的特征,因此,不可能当年投入当年产出。

(三) SCI 等论文不能作为评价指标

2020 年 2 月 23 日,教育部科技司负责人就《关于规范高等学校 SCI 论文相关指标使用树立正确评价导向的若干意见》答记者问时指出:"SCI 论文相关指标直接用于科研评价,具有很大的局限性。一是 SCI 的本质是文献索引系统,并非评价系统,不能把 SCI 论文简单等同于高水平论文。二是 SCI 论文的引用数反映的是论文受关注情况,不能对应于创新水平和实质贡献,高被引论文更多反映的是学术研究热点,但并不直接说明其创新贡献。三是论文主要是基础研究成果的表达形式,SCI 论文相关指标并不能全面反映科技创新贡献,不适用对技术创新、成果转化等工作的评价。"[③]论文的"引用数"成了论文质量的评判标准是学术界无知的悲哀。众所周知,批评反驳一种错误的观点,必须有根据地指出发表在哪个论文著作中,如果不引用该论著,不成了"无的放矢"? 因为"引用数"高而成为质量高的论著,这不是荒唐吗?

---

① 刘道玉. 中国怎样建成世界一流水平的大学[J]. 高等教育研究,2003,24(2):4-10.
② 陆琦. 不能像管生产那样管科研[N]. 中国科学报,2014-06-12.
③ 张烁. 破除"SCI 至上"评价更科学——教育部、科技部发文,要求高校规范 SCI 论文相关指标使用[N]. 人民日报,2020-02-24.

九、关于高校全面实施预算绩效管理的建议

(一)制定高校全面实施预算绩效管理的指标体系

《中共中央　国务院关于全面实施预算绩效管理的意见》指出:"健全共性的绩效指标框架和分行业领域的绩效指标体系,推动预算绩效管理标准科学、程序规范、方法合理、结果可信。……各级财政部门要建立健全定量和定性相结合的共性绩效指标框架。各行业主管部门要加快构建分行业、分领域、分层次的核心绩效指标和标准体系,实现科学合理、细化量化、可比可测、动态调整、共建共享。"建议教育部门尽快制定高校全面实施预算绩效管理的指标体系,以便各高校在全面实施预算绩效管理时有较强的操作性。

(二)各高校成立由党委书记或校长担任组长的预算绩效管理工作领导小组

《意见》指出:"各单位要建立由主要负责人担任组长的预算绩效管理工作领导小组,全面负责预算绩效管理工作。各省级教育行政部门要建立健全转移支付绩效管理工作机制。各单位应于 2020 年 8 月底前出台本单位贯彻落实全面实施预算绩效管理的文件或实施方案,加强统筹规划和顶层设计。"高校总会计师承担高校绩效评估的重要职责。2011 年 4 月 1 日,教育部、财政部印发的《高等学校总会计师管理办法》(教人〔2011〕2 号)在第十条"总会计师职责"第二款中规定:"负责财务管理,包括预算管理、筹资管理、资本管理(包括投资管理)、资金管理、成本控制、绩效评估等。"

(三)高校全面实施预算绩效管理应成立绩效管理办公室

高校全面实施预算绩效管理的指标体系包括财务指标与非财务指标。财务指标包括基本支出和项目支出的预算与决算等;非财务指标不仅要包括产出(毕业率、就业率、生师比、高等教育质量等)、成本,还要包括经济效益、社会效益、生态效益、可持续影响和服务对象满意度等绩效指标,以及五大使命(人才培养、科学研究、社会服务、文化传承创新、国际交流合作)的绩效目标设定等。在这个问题上要吸取推动内部控制建设的教训,仅靠财务部门推动内部控制建设是小马拉大车,其后果会存在各方面的业务风险和管理风险;同样,仅靠财务部门推动全面实施预算绩效管理也是小马拉大车,其后果不仅会影响拨款,而且会收回拨款。绩效管理办公室应由组织、人事、财务、教务、科研、学生管理等部门的人员组成。

(四)各高校推动全面实施预算绩效管理需要各部门共同负责

《意见》指出:"明确责任主体。各单位各司局主要负责人是本单位预算绩效管理工作的第一责任人,对完善绩效管理体制机制、有效开展管理工作负责;单位内部具体预算执行机构负责人对本机构预算绩效管理工作负责;项目负责人对项目预算绩效管理工作负责。对重大项目的负责人实行绩效终身责任追究制,切实做到花钱必问效、无效必问责。各地要完善转移支付绩效管理责任体系,明确责任主

体。"教育部各司局主要负责人是本单位预算绩效管理工作的第一责任人,高校各中层部门主要负责人也应是该部门预算绩效管理工作的第一责任人;此外,各项目支出(特别是学科建设项目和科研项目等)的负责人也应是该项目预算绩效管理工作的第一责任人,首先承担该部门、该项目预算绩效管理的责任,并将预算绩效结果纳入单位人员和绩效考核体系,作为人员选用、业绩考核和预算安排的重要参考。同时,要自觉接受主管部门、财政、审计等有关部门的审核和监督,对绩效管理工作中存在突出问题的限期整改,涉嫌违规违纪的移交相关部门查处。

(五) 高校应制定绩效指标评价标准体系

"生师比"是衡量办学效益的重要指标,我国虽有标准,但是否科学有待商榷,如 2004 年标准制定的依据是什么?"生师比"未分层次,研究型大学与其他高校"生师比"毕竟不同,因此,"生师比"标准需修订。高校毕业率高好还是低好? 一般认为高好,但这个"高"是宽出造成的,而那个"低"是严出造成的;高校成本高好还是低好? 一般认为低好,但这个"高"是保证质量造成的,而那个"低"是降低质量造成的。《意见》第三条第五款指出:"健全绩效指标和标准体系。"因此,要制定绩效指标评价标准体系,不仅有利于绩效目标的设定,而且有利于绩效评价的科学性,也有利于预算绩效管理的结果的应用。

(六) 高校如何实施"三全"

所谓"三全"是指"全方位、全过程、全覆盖的预算绩效管理体系"。笔者在分析某省预算绩效目标时发现,有"办多少次培训班""开多少次会""出多少期刊物(通讯)""建多少个微信、微博公众号"等,这些都是过程。预算绩效管理毕竟是以"结果"为导向的,"结果"要有"效果",有结果才有"绩"和"效"。要不要过程? 所谓"全过程"是指"全过程预算绩效管理链条",不是罗列过程,而是"链条"。"全方位"是指"全方位预算绩效管理格局",目前首先是"全覆盖",如果规定某"项目支出"1 000 万以上才需要绩效管理,似乎还不算"全覆盖"。《通知》第三条第五款指出:"绩效管理要覆盖所有财政资金,延伸到基层单位和资金使用终端,确保不留死角。"

(七) 全面实施预算绩效管理建议先试点

2018 年 9 月 1 日发布的《中共中央 国务院关于全面实施预算绩效管理的意见》要求"力争用 3～5 年时间基本建成全方位、全过程、全覆盖的预算绩效管理体系",即从 2021 年 9 月 1 日至 2023 年 9 月 1 日;2018 年 11 月 8 日发布的《通知》要求"到 2020 年底中央部门和省级层面要基本建成全方位、全过程、全覆盖的预算绩效管理体系",即用 2 年多时间;2019 年 12 月 10 日发布的《意见》要求"到 2020 年底,基本建成覆盖部门预算和转移支付的全面预算绩效管理制度体系",即用 1 年多时间。高校全面实施预算绩效管理比其他行业更为复杂,难度更大。"先试点后推广"是我国推进改革和发展的成功做法,因此,建议这次是"全面实施预算绩效管理""先行试点,推动整体""以点带面,全面推动",按中央要求力争到 2023 年 9 月 1 日高校全面实施预算绩效管理。

最后,顺便提一下"绩效工资"。绩效,"绩"是指"业绩、成绩",效是指"效率、效果、效益"。绩效管理是管理学的概念,在所有人力资源管理和企业管理中很难做到,在事业单位中更难做到,它在实际操作过程中很复杂。绩效管理的对象是人,人和工具最大的区别是,人有能动性,会产生业绩的波动。所以,对人的绩效管理风险大但收益高。由于绩效管理对象的这个特点,在 2006 年世界经济学会的评估中,绩效管理被列为最难的管理难题。在人力资源管理中绩效工资比较难实施,但没有有效的方法,后来引申到预算领域。

高校不宜推行绩效工资。美国伦斯勒理工学院终身教授杨英锐指出:"绩效机制不适合一流大学。在国内,大部分高校对教师实行的都是绩效制管理,但一流大学内部是不能用这种模式的,因为绩效管理很容易造成教师之间横向竞争。而这种竞争对高校学术生态的破坏是非常大的。一流大学的管理理念应该是支持和服务于每一个教授在学术生涯中的纵向跳跃。一流只能意味着领跑的第一方阵。这种将教师的工资和岗位与'工作量'直接挂钩的模式很容易给教师带来一种外在压力,而相互之间的横向比较,又会转化成为教师内心的一种焦躁,并容易滋生大面积的学术亚健康心态,破坏教师内心追求学术的规律。时间一长,一些教师甚至会因此迷失自己的学术方向。绩效制模式为主导在大学管理中其实是懒惰取巧的做法。据我所知,有些国外的一流大学在年终也会对每个教授在教学、研究和服务方面作统计,但一般这是很次要的事情。一流大学的教授们不会对此看得太认真,管理层也很少拿此说事。美国高校普遍实行的是教授终身制,该制度从来不用一个统一的绩效作为评价标准,反而是系主任个人在发挥重要的评价作用。主导美国一流大学的是教授而不是管理层,这与目前国内的现状有别。我国大学的管理层如果只和美国大学的管理层交流,结果很可能是扬弃了世界一流大学的精华而吸收了西方大学的糟粕,与一流大学的目标背向而行。美国一流大学的教师一般不会产生横向竞争的重要原因在于,每个人在学术道路上的选择是不一样的,有人愿意做'短平快'的项目,有人更愿意沉下心做长期学问,这是教师自己的选择。在这种情况下,不同选择的人在不同阶段所获得的工资可能有所不同,但大家的学术尊严是一样的,甚至那些因为做长期项目而工资提升较慢的人,在一个系里所获得的学术尊严反而更高。举几个例子也许能反映美国一流大学的品格。美国加州理工学院的校长认为,聘用教授是极为谨慎的工作,因为一旦聘用了一个教授,我们就只能为其学术发展服务而无其他。哈佛大学聘用教授的一个理念是:此人的工作改变了传统的思想或思维方式。普林斯顿大学的一个系主任说过,如果一个教授一年写了两个以上的基金申请书,他会担心这个教授还有没有时间作思考与研究,会不会退化成二流学者。众所周知,爱因斯坦耗费八年时间研究思考,并学习新的数学工具,最终创立了广义相对论,这可怎么绩效管理呢? 如果以为没有一个爱因斯坦式的教授群体也可以办成世界一流大学,那将是大学理念的无形误区。其实判别一所中国顶尖大学是否世界一流的最好办法,就是问问这所大学的教授们,你所在的大学是世界一流吗?"①

---

① 杨英锐.我们离世界一流大学有多远[N].中国科学报,2015-11-19.

第四章 "双一流"高校①建设资金研究

第一节 高等教育内涵式发展研究

党的十九大报告指出："加快一流大学和一流学科建设,实现高等教育内涵式发展。"在新时代,"双一流建设"与"高等教育内涵式发展"总是联系在一起的。2018年1月23日,陈宝生在2018年全国教育工作会议上的讲话中指出："要清醒看到,高质量发展是根本要求,实际工作中我们的精力、资源、政策还没有彻底转到内涵建设上。"因此,研究"高等教育内涵式发展"不仅对所有高校的高质量发展是根本要求,而且对"双一流建设"尤为必要。

一、发展是人类社会永恒的主题

(一) 发展是硬道理

1985年3月4日,邓小平在会见日本商工会议所访华团时鲜明地提出了他的著名论断: 和平和发展是当代世界的两大问题。②

1992年1月18日至2月21日,邓小平《在武昌、深圳、珠海、上海等地的谈话要点》中指出："发展才是硬道理。"③

(二) 可持续发展

可持续发展是20世纪80年代提出的一个新的发展观。1987年,世界环发委员会主席布伦特兰夫人第一个提出"可持续发展"的概念,1989年5月举行的第15届联合国环境署理事会期间,经过反复磋商,通过了《关于可持续发展的声明》。2012年6月1日,我国发布了《中华人民共和国可持续发展国家报告》。

(三) 科学发展观

2007年10月15日,胡锦涛在党的十七大上做的《高举中国特色社会主义伟大旗帜 为夺取全面建设小康社会新胜利而奋斗》报告中提出："必须坚持把发展作为党执政兴国的第一要务。……科学发展观,第一要义是发展,核心是以人为本,基本要求是全面协调可持续,根本方法是统筹兼顾。"

---

① 本章用"双一流"高校而不用"一流大学和一流学科",避免标题太长。
② 邓小平.邓小平文选: 第3卷[M].北京: 人民出版社,1993: 104.
③ 邓小平.邓小平文选: 第3卷[M].北京: 人民出版社,1993: 377.

(四) 发展是人类社会永恒的主题

2015 年 10 月 29 日,中国共产党十八届五中全会通过的《中共中央关于制定国民经济和社会发展第十三个五年规划的建议》提出:"必须牢固树立创新、协调、绿色、开放、共享的发展理念。"这是"十三五"规划建议三个最核心的内容之一,也是指导"十三五"期间中国发展的新的"思想灵魂"。

2016 年 12 月 4 日,习近平在致"纪念《发展权利宣言》通过 30 周年国际研讨会"的贺信中指出:"发展是人类社会永恒的主题。……发展是解决中国所有问题的关键,也是中国共产党执政兴国的第一要务。"

2017 年 10 月 18 日,习近平在党的十九大做的《决胜全面建成小康社会 夺取新时代中国特色社会主义伟大胜利》报告中指出:"我国经济已由高速增长阶段转向高质量发展阶段,正处在转变发展方式、优化经济结构、转换增长动力的攻关期,建设现代化经济体系是跨越关口的迫切要求和我国发展的战略目标。必须坚持质量第一、效益优先。"

二、我国高等教育应选择"外延式发展"还是"内涵式发展"

发展是永恒的主题,我国高等教育应选择"外延式发展"还是"内涵式发展"?

(一) 我国高等教育是大还不是强

1. 2007 年之前我国高等教育规模成为世界第一

2007 年 12 月 26 日,周济部长在教育部 2008 年度工作会议上的讲话中指出:"过去几年中,我国高等教育规模先后超过俄罗斯、印度、美国,成为世界第一。"[①]

2. 我国建成高等教育强国还需多少年

(1) 教育强国还需 15 年

2019 年 2 月 23 日,中共中央、国务院印发的《中国教育现代化 2035》指出:"到 2035 年,总体实现教育现代化,迈入教育强国行列。"

(2) 高等教育强国还需 30 多年

2015 年 10 月 24 日,国务院发布的《统筹推进世界一流大学和一流学科建设总体方案》(国发〔2015〕64 号)指出:"到本世纪中叶,一流大学和一流学科的数量和实力进入世界前列,基本建成高等教育强国。"

吕春荣报道:"近年来,在名目繁多的各类世界大学排行榜中,虽然都能找到一些中国大学的名字,但与发达国家和地区相比,中国大学在世界名列前茅的总是屈指可数,距离'世界一流'更是相距甚远。"[②]

---

① 周济.推进教育事业科学发展 为建设人力资源强国而奋斗——在教育部 2008 年度工作会议上的讲话 [N].中国教育报,2008-01-04.

② 吕春荣.中国大学明确"世界一流"时间表 哪些内功需修炼?[Z].中国新闻网,2015-11-06.

（3）"世界一流行列"还是"世界一流前列"

《统筹推进世界一流大学和一流学科建设总体方案》指出："到 2020 年,若干所大学和一批学科进入世界一流行列,若干学科进入世界一流学科前列。2030 年,更多的大学和学科进入世界一流行列,若干所大学进入世界一流大学前列,一批学科进入世界一流学科前列,高等教育整体实力显著提升。到本世纪中叶,一流大学和一流学科的数量和实力进入世界前列,基本建成高等教育强国。"这里有"世界一流行列"和"世界一流前列"的差别。吕春荣报道："清华大学早在 1985 年就提出建设世界一流的目标,2011 年,清华大学提出了力争 2020 年达到世界一流水平的目标。近日,北京大学校长林建华也在接受媒体采访时表示,北大力争 2030 年左右进入世界一流大学前列。而记者注意到,除了清华、北大之外,近年来,包括复旦大学、南京大学、山东大学等知名高校都曾提出力争 2020 年跻身世界一流大学行列的口号。"[1]

（二）"高等教育外延式发展"与"高等教育内涵式发展"

1. 何谓"外延"与"内涵"

金岳霖指出：在逻辑学里,"概念的内涵,就是概念所反映的事物的特有属性;概念的外延,就是具有概念所反映的特有属性的事物"。[2]

王洪才指出："'内涵'与'外延'是逻辑学的一对范畴,原义指概念的两种基本属性。按照《现代汉语词典》的解释,概念的内涵是指事物本质属性的总和,而概念的外延则是所指对象的范围。"[3]

徐敦楷认为："从哲学意义上讲,内涵是指事物本质属性的总和,外延则是指事物向外部的延伸,前者强调事物质的规定性,后者更侧重于事物量的规定性。"[4]

高等教育研究领域中内涵式与外延式发展是借用逻辑学里"内涵"与"外延"的概念,逻辑学里"内涵"与"外延"并不具有对称性。

2. 何谓"外延式发展"与"内涵式发展"

马克思在《资本论》中针对企业扩大再生产的方式的论述中指出："如果生产场所扩大了,就是在外延上扩大;如果生产资料效率提高了,就是在内涵上扩大。"[5]马克思还指出："生产逐年扩大是由于两个原因:第一,由于投入生产的资本不断增长;第二,由于资本使用的效率不断提高;在再生产和积累期间,小的改良日积月累,最终就使生产的整个规模完全改观。"[6]

① 吕春荣.中国大学明确"世界一流"时间表 哪些内功需修炼?[Z].中国新闻网,2015-11-06.
② 金岳霖.形式逻辑[M].北京:人民出版社,1979;22.
③ 王洪才.论高等教育内涵发展[J].教育发展研究,2006(13);14-17.
④ 徐敦楷.谈基于内涵发展的质量工程建设[J].中国高等教育,2007(18);23-25.
⑤ 马克思.资本论:第2卷[M].北京:人民出版社,1975;192.
⑥ 马克思,恩格斯.马克思恩格斯全集:第26卷(第二册)[M].北京:人民出版社,1973;58.

徐敦楷认为:"内涵发展是指以事物的内部因素作为动力和资源的发展模式,在发展形态上主要表现为事物内在属性的发展,如规模适度、结构协调、资源配置效率更高,追求数量、质量、规模、结构、效益的统一。而外延发展则是以事物外部因素作为动力和资源的发展模式,在发展形态上主要表现为规模的扩大、数量的增长,重点是通过增加资源和资金的投入来促进发展。"[1]

谢仁业认为:"内涵发展是发展结构模式的一种类型,是以事物的内部因素作为动力和资源的发展模式;外延发展作为内涵发展的对应概念,是以事物的外部因素作为动力和资源的发展模式。"[2]

王洪才指出:"我们所使用的高等教育'内涵发展'(包括'内涵性发展''内涵型发展'和'内涵式发展'等各种用法)和'外延发展'(包括'外延性发展''外延型发展'和'外延式发展'等各种用法)都是从这里借用来的。在很大程度上,人们所说的高等教育内涵发展与外延发展都是一种比喻性的说法,而没有给以精确的规定。"[3]

张德祥、林杰认为:"发展路径选择的不同就产生了两种基本的高等教育发展方式,即内涵式发展与外延式发展。高等教育内涵式与外延式发展的概念不是'舶来品',它是高等教育研究者对我国经济社会和高等教育发展历程进行分析的基础上而创造的一个概念。"[4]

3. 何谓"高等教育外延式发展"与"高等教育内涵式发展"

傅兴国认为:"发展高等教育,一般讲有两种模式,一是追求速度型模式,一是效益提高型模式。前者以单纯的数量增长(如高校招生数、毕业生数)为目标,以新建高校的外延发展为主要方式。它强调发展的速度,忽视投资效益的提高、高教结构的调整以及人才培养对新社会经济发展需要的满足程度等等。后者以不断调整高教结构、老校挖潜的内涵发展为主要方式,它强调高教发展与经济、社会发展的联系,强调高教投资效益的提高以及在此基础上的稳步发展。就我国高教发展来看,建国三十多年来(除'一·五'外),我们选择的主要是一种追求速度型发展模式。"[5]

房剑森认为:"高等教育发展方式可以根据发展主要是靠要素投入还是资源效率提高分为外延发展和内涵发展两种。外延发展主要通过增加新校(院、系、专业)、增加教师数量来扩大规模;内涵发展则是通过挖掘现有学校的潜力、提高现有

① 徐敦楷.谈基于内涵发展的质量工程建设[J].中国高等教育,2007(18):23-25.
② 谢仁业.中国高等教育内涵发展:价值、问题及趋势[J].教育发展研究,2006(13):7-10.
③ 王洪才.论高等教育内涵发展[J].教育发展研究,2006(13):14-17.
④ 张德祥,林杰."高等教育内涵式发展"本质的历史变迁与当代意蕴[J].国家教育行政学院学报,2014(11):3-8.
⑤ 傅兴国.论我国高教发展模式的转变[J].高等教育研究,1988(1):79-81.

学校的资源效率,来实现总体规模的扩大。这两种模式不存在孰优孰劣的差别,而在于不同发展阶段的政策选择。"①

上述观点认为,高等教育外延式发展是加大投入达到追求速度,扩大规模;高等教育内涵式发展是挖掘潜力,调整结构达到扩大规模。都未提到提高高等教育质量,这种观点是 2010 年前政府的观点,也是大多数学者的观点。

4. 何谓"高等教育内涵式发展"

"高等教育内涵式发展"主要有两种观点:

(1)挖掘原有高等教育内部潜力,扩大高等教育规模

邬大光认为:"所谓'内涵式发展'的道路,是指通过挖掘原有公立高等教育系统内部潜力来扩大高等教育的容量。这种扩展方式也可称之为体制内扩张。时至今日,'内涵式发展'的道路已使公立高校系统资源全面紧张,办学条件不足的状况趋明显,教育部制定的高校设置标准的许多指标一再被破,并由此引发了人们对高等教育质量的担忧。"②

王洪才认为:"'内涵发展'原义:通过学校内部挖潜的扩张模式。最初人们使用高等教育内涵发展与外延发展概念是 20 世纪 80 年代中期以后。当时人们普遍认为我国高等教育规模偏小,而造成这种现象的一个重要因素就是办学效益太低,不具有规模效益。当时衡量办学效益的主要指标是学校校均规模和生师比以及生均成本,研究表明这三者都很低。在此基础上一种发展思路产生了:高等教育应该扩大其内涵方式来获得发展,具体而言就是提高生师比,提高单位规模效益,从而降低生均成本。"③

刘朝马等认为:"外延式发展是指通过增设新学校、扩大招生规模、扩大学校面积等措施来扩大高等教育的总体规模的发展模式。内涵式发展则是指通过挖掘现有学校的潜力,优化教育结构,提高学校内部效率和质量来推动高等教育发展的模式。"④

(2)不是扩大规模发展而是原有规模基础上提高质量

于光认为:"本文所说的高等教育内涵式发展,是以质量为主导的发展,指学校充分利用现有内外部资源,挖掘现有潜力,优化资源配置,强调人的全面发展,提升师生综合素质,提高办学效率和教育质量,突出特色,树立品牌,注重规模、质量、结构、效益协调发展的发展模式。内涵式发展主要着眼于学校软实力的提升,要求提炼大学使命,弘扬大学精神,革新办学手段,优化教育结构,改革和完善学科及专业

① 房剑森.我国高等教育内涵发展的政策选择[J].教育发展研究,2006(13):1-6.

② 邬大光.我国高等教育应走外延式发展道路[J].求是,2003(10):51-52.

③ 王洪才.论高等教育内涵发展[J].教育发展研究,2006(13):14-17.

④ 刘朝马,吴敬,徐木兴,等.高校内涵式发展战略研究[J].浙江理工大学学报,2009,26(6):932-936.

设置,完善管理体制,激发教育要素的潜能,实现教育资源的合理配置。"①

2010 年 6 月 21 日,中共中央政治局审议并通过的《国家中长期教育改革和发展规划纲要(2010—2020 年)》指出:"把提高质量作为教育改革发展的核心任务。树立科学的质量观,把促进人的全面发展、适应社会需要作为衡量教育质量的根本标准。树立以提高质量为核心的教育发展观,注重教育内涵发展,鼓励学校办出特色、办出水平,出名师,育英才。建立以提高教育质量为导向的管理制度和工作机制,把教育资源配置和学校工作重点集中到强化教学环节、提高教育质量上来。制定教育质量国家标准,建立健全教育质量保障体系。加强教师队伍建设,提高教师整体素质。"

5. 何谓"高等教育外延式发展"

(1)"高等教育外延式发展"主要有两种观点:

① 规模扩大

于光认为:"与内涵式发展相对应,外延式发展则是以规模扩大为主导的数量式发展,指通过增设新学校、扩大招生规模、扩大学校而积等措施来扩大高等教育的外部总体规模的发展模式。"②

② 办学体制的突破

邬大光认为:"高等教育的'外延式发展'战略,就是指在原有高等教育系统外部,建立新的高等教育体系和结构,这种新的高等教育系统在价值取向、功能、定位等方面均区别于精英教育系统。外延发展的核心是办学体制的突破。因为办学体制的多元化势必带来投资体制的多元化,投资体制的多元化势必促进办学体制的多元化。"③

(2) 外延式发展与扩招

1998 年 11 月,经济学家汤敏向中共中央提交的建议书《关于启动中国经济有效途径——扩大招生量一倍》提出:教育是老百姓最大的需求,通过高校大量扩招和入学收费政策,可以迅速扩大内需,拉动经济增长,确保国家提出的经济增长 8% 目标的实现。汤敏的建议很快被有关部门的采纳,对 1999 年全国普通高校招生计划进行大幅调整——扩招 48%,并且其后连年扩招,中国高等教育大众化得以提前实现。④

1999 年 6 月上旬,时任国务院总理朱镕基主持召开总理办公会议,决定大规模扩大招生规模。6 月 24 日,国家计委、教育部联合召开新闻发布会,宣布在年初扩大招生规模的基础上,进一步扩大高等学校招生计划,计划 1999 年普通高校招

① 于光.提升高校软实力 促进高等教育内涵式发展[J].国家教育行政学院学报,2008,126(6):63-65.
② 于光.提升高校软实力 促进高等教育内涵式发展[J].国家教育行政学院学报,2008,126(6):63-65.
③ 邬大光.我国高等教育应走外延式发展道路[J].求是,2003(10):51-52.
④ 潘懋元.中国高等教育大众化的理论与政策[M].广州:广东教育出版社,2008:93.

生从 1998 年的 108 万人扩大到 156 万人。

高渊报道:"吴启迪:很快,中央要求我们教育部所属高校大幅扩招,一开始要求扩招一倍,后来发现其实做不到,但至少平均扩招了 1/3。作为一个大学校长,在国家没有任何投入的情况下,要多招这么多学生,不管从哪个角度看,都是困难的。同济在那几年经历了一个困难时期,首先碰到的是学生宿舍问题,男生已经 8个人一间房了,再扩招一倍不可能,即便是 1/3,也没有空间了。但当时国家经济有困难,大学要做出自己的贡献,我们还是接下了任务。其实,各个大学都是在非常困难的情况下接受扩招任务的,思想上也没有形成共识。吴启迪:(在扩招中,同济最困难的时候)应该是 2000 年和 2001 年,我印象中都是每年招 7 000 名学生,当然这没持续几年。当时还叫我们招二本,我说我们同济从来不招二本的。后来学校实施了后勤改革,通过银行贷款以及和企业合作建设学生公寓,总体上缓解了空间紧张问题。但有些问题很难短期内解决。扩招前,同济的师生比是 1∶8,扩招后达到了 1∶10 到 1∶12。从办学效益讲,扩招当然是好的,但学生太多、教师太少,实际上对办学质量是有影响的。但不管怎样,我们还是克服困难,完成了扩招任务。2003 年,我到教育部工作后,站在国家的高度来看整个高等教育,越来越觉得扩招这件事早晚要做。但当时做得有点急了,如果分几年来做,可能更稳妥。"[①]

(3)"高等教育外延式发展"是不是粗放型

①"高等教育外延式发展"是粗放型

曾宪文认为:"从总体上看,以 2005 年为界,以规模求生存,以规模求效益,以规模求发展的粗放型发展阶段已经结束。"[②]

刘振天认为:"所有这些都迫使人们深刻反省粗放型外延式发展理论的局限。"[③]

陈先哲认为:"1999 年高校扩招后,我国高等教育经历了跨越式发展,其发展方式具有较明显的'超常规'特征。外延式增长、粗放式经营、重点式分配是这个时期'超常规'高等教育发展方式的主要特征,带来了体量巨大的数据增长和光鲜亮丽的成绩,但内涵建设层面的一些问题被长期忽略和掩盖,为高等教育未来发展埋下了不少隐患。"[④]

赵智兴认为:"虽然外延式增长并不一定与粗放式经营方式相匹配,但就 1998—2006 年我国高等教育在以"规模扩张"为导向的国家高等教育政策引导下

① 高渊.吴启迪教授谈:生命、同济和江上舟[N].解放日报,2018-03-16.

② 曾宪文.高等教育内涵发展阶段人才培养的形势、任务、思路与方法[J].当代教育科学,2009(23):10-13.

③ 刘振天.从外延式发展到内涵式发展:转型时代中国高等教育价值革命[J].高等教育研究,2014,35(9):1-7.

④ 陈先哲.从"超常规"到"新常态":论我国高等教育发展方式转型[J].高等教育研究,2016,37(4):1-8.

的发展方式而言,外延式增长方式与粗放式经营方式成了其客观事实上的组成要素。"①

②"高等教育外延式发展"不是粗放型

崔民选、韩廷春认为:"在讨论经济增长方式转变的问题时,有些人往往把外延式增长与粗放式增长混为一谈,且认为外延式增长等于粗放型经营,因而结论为,实现经济增长方式从粗放型增长向集约型增长转变的关键。"②

卫兴华指出:"学界之所以把'外延'与'粗放'、'内涵'与'集约'这两对概念等同起来,追根溯源,主要有两方面的原因。一是在外文如德文和英文中,'粗放'与'外延'是同一单词(extensive),'集约'与'内涵'也是同一单词(intensive),据此将其含义等同。但是,无论是中文还是外文,一字多义或一词多义的解读都很多。马克思用德文写的著作,把这两对概念的不同含义是区分清楚了的。逻辑学关于概念'外延'与'内涵'的定义,不能置换成经济学概念的'粗放'和'集约'。二是由于把马克思外延与内涵的扩大再生产理论解释得不准确,随之就易被理解为与'粗放'和'集约'是同义的。例如多年前新建的上海宝钢,是外延扩大再生产,但它利用先进技术设备,绝非粗放型经营。再如我国的高铁建设,也是应用最先进技术的外延扩大再生产,与粗放经营无关。"③

(4)"中国全部高等教育史整体上可归结为外延式发展史"质疑

刘振天认为:"在本质上,高等教育凡是以遵从外在价值、实现外部目的、受外部力量规制为总体取向的发展,就是外延式发展;而凡是以遵从内在价值、实现内在目的、受内在逻辑支配为总体取向的发展,就是内涵式发展。以此为判断标准和尺度,可以确定无疑地说,千百年来的中国高等教育总体上属于外延式、外在性和外部性的发展。中国全部高等教育史整体上可归结为外延式发展史。"④这个观点值得商榷。且不论"中国全部高等教育史",就"新中国 70 年高等教育史",一般强调"高等教育内涵式发展"则表明"外延式发展"该转型了;一般强调"高等教育外延式发展"则表明"内涵式发展"该转型了。而"新中国 70 年高等教育史"这两者都强调过,怎么"中国全部高等教育史整体上可归结为外延式发展史"?下文继续阐述了,没有纯粹的"内涵式发展",也没有纯粹的"外延式发展",只有"以内涵发展为主外延式发展为辅"或"以外延式发展为主内涵发展为辅"。

① 赵智兴,段鑫星.从规模扩张、质量提升到内涵式发展——近二十年国家高等教育政策导向的转变与反思[J].教育学术月刊,2019(7):29-40.
② 崔民选,韩廷春.外延式增长≠粗放型经营[N].光明日报,1996-09-05.
③ 卫兴华.澄清对马克思再生产理论的认识误区[J].中国社会科学,2016(11):5-14.
④ 刘振天.从外延式发展到内涵式发展:转型时代中国高等教育价值革命[J].高等教育研究,2014,35(9):1-7.

(三)"高等教育外延式发展"与"高等教育内涵式发展"的关系

1. "高等教育外延式发展"与"高等教育内涵式发展"不是对立的

于光认为:"需要强调的是,内涵式发展与外延式发展并不是截然对立的。内涵式发展并不意味着规模增长的停滞,而是要实现以质量保证为前提的扩张,其实质就是反对盲目的数量扩张,反对把数量扩展作为主要目标,要求在规模、质量、结构和效益之间实现均衡。可以说,内涵式发展是一种均衡、协调、可持续的发展观,是科学发展观在高等教育领域的具体体现。"①

韩震认为:"所谓内涵发展,就其实质而言,是以科学发展观为指导思想的发展。既然科学发展的要义仍然是发展,那么内涵发展的要义也应该是发展。科学发展不是不要发展,而是要更好、更快、更全面、更协调的内涵式发展;内涵发展不是不要外延发展,而是使外延的扩展与内涵的丰富相互促进的科学发展。内涵需要外延支撑,没有一定的外延就不可能有内涵,没有脱离了外延的赤裸裸的内涵。内涵发展无非是把只关注外延扩展的价值取向转向外延扩展与内涵丰富相统一的价值取向。"②

2. "高等教育外延式发展"与"高等教育内涵式发展"的关系

韩震认为:"内涵需要一些外延的支撑;内涵与外延的关系,就是规模与效益、数量和质量的关系。高等教育的有质量的发展,必须从单纯的量的发展转向对发展的质的关注上来,因为只是量的扩张没有质的提升是粗放的发展,是缺乏竞争力的发展。有了质的提升,量的发展就更加具有效益。当然,对质的关注并不能否认量、实际上,效益在任何时候,都是以规模为基础的。没有一定的规模,就不可能有效益;有了一定的规模,才能有效益。'质量',质和量两者是分不开的。没有一定的量就不可能有质,质是通过量来体现的;没有一定的量不仅无法体现质,而且也无法提升质。在科学研究方面,任何人,必须有一定量的科研经历,才能获得科研训练,发展其创造性的敏感性;任何人,必须有了一定的教学量,才可能积累教学经验,提高其教学水平。"③

"高等教育外延式发展"与"高等教育内涵式发展"的关系是相辅相成的关系,某一阶段"以内涵发展为主外延式发展为辅",而某一阶段"以外延式发展为主内涵发展为辅"。用供给侧改革中"补短板"的举措,高校应审时度势,因校而宜,某个时期某个学校是"以内涵发展为主"还是"以外延式发展为主"应从实际出发,但从国家层面应对发展趋势提出倾向性意见。

---

① 于光.提升高校软实力 促进高等教育内涵式发展[J].国家教育行政学院学报,2008(6):63-65.
② 韩震.高等教育内涵式科学发展战略的实质和内涵[J].中国高等教育,2009(20):10-11.
③ 韩震.高等教育内涵式科学发展战略的实质和内涵[J].中国高等教育,2009(20):10-11.

（四）"内涵发展为主"→"外延式发展为主"→"以质量提升为核心的内涵式发展"

1. "内涵发展为主"

高校以挖掘内部潜力的"内涵发展为主"始于 20 世纪 80 年代末 90 年代初。高欣指出："1989—1990 年,闵维方主持了中国高等教育的发展形式与规模效益研究。此项研究是'七五'全国哲学社会科学规划国家级重点研究课题'教育投资决策研究'的一部分及博士点专项研究基金项目任务。在这项研究中,闵维方系统考察了高等教育发展的两种基本形式:即以建立新校为主的'外延'型发展形式和以充实、提高和扩大现有高校规模的'内涵'型发展形式,进而研究了这两种不同的发展形式对教育资源使用效益的影响。在经济学的规模效益理论和教育的内部效益理论的基础上,提出了关于我国高等院校的平均规模和单位办学成本的理论框架和数学模型。在此基础上,对我国 200 余所高等院校进行了抽样调查,采集了十万余个数据,进行了系统的实证分析。研究结果表明,在其他相关变量得到控制的情况下,当学校的平均规模较小时,单位办学成本(培养一个学生所需费用)较高。单位办学成本随高校平均规模的扩大而逐渐降低。当高校的平均规模达到4 000～5 000人时,单位办学成本的变化率趋于零,这表明高等教育从总体上实现了规模效益的要求。根据这一结果所进行的计算机模拟表明,由于我国在 80 年代的高教发展中,建立了大量新校,而全国高校的平均规模只有 1 900 多人,因而导致了我国高校规模效益差,资源利用率低的问题。这一研究结果为我国制定高等教育发展的长远战略,确定以内涵发展为主的方针提供了决策依据,因而受到有关部门的重视与肯定,其结论和建议如中国高等教育发展在本世纪内应坚持走内涵发展为主的道路,全国高校平均规模应逐渐趋近 4 000 人左右等,已被采纳。"[1]

1993 年 1 月 12 日,国务院批转国家教委《关于加快改革和积极发展普通高等教育的意见》指出："高等教育的发展,要坚持走内涵发展为主的道路,首先使现有学校达到合理的办学规模,同时进一步发挥学校的办学潜力,提高整体效益。到二〇〇〇年,规模效益应有明显提高,校均规模本科院校由现在的二千五百人提高到三千五百人左右,专科院校由一千人提高到二千人左右。"

1993 年 2 月 8 日,国家教委、国务院学位委员会联合发出的《关于中央部门所属普通高等学校深化领导管理体制改革的若干意见》第 13 条指出："今后一段时期内,中央部门高等教育的发展,要坚持走内涵发展为主的道路。在规划本部门高等教育数量发展时,要考虑使现有学校达到合理的办学规模和注意发挥老校的潜力。"

---

① 高欣.教育投资与办学效益——闵维方教授的教育经济学研究[J].北京大学学报(哲学社会科学版),1994(4):25-26.

1993年2月13日,中共中央、国务院印发的《中国教育改革和发展纲要》(中发〔1993〕3号)第9条指出:"高等教育的发展,要坚持走内涵发展为主的道路,努力提高办学效益。"

1994年7月3日,《国务院关于〈中国教育改革和发展纲要〉的实施意见》(国发〔1994〕39号)第五条指出:"高等教育要走内涵发展为主的道路,使规模更加适当,结构更加合理,质量和效益明显提高。"

2. "外延式发展为主"

潘懋元认为:"在高等教育增长的方式上,要改变'内涵式发展'为'外延式发展'或'内涵式发展与外延式发展并重,以外延式发展为主'。"[1]

邬大光认为:"高等教育大众化的发展目标已不可能通过体制内扩张实现。我国高等教育应该调整发展战略,走'外延式发展'的道路。"[2]

3. "以质量提升为核心的内涵式发展"

2007年1月22日,《教育部财政部关于实施高等学校本科教学质量与教学改革工程的意见》(教高〔2007〕1号)第一条第三款指出:"实施质量工程,是坚持科学发展观,全面落实党中央、国务院战略决策和部署的重要举措,是落实科教兴国战略和人才强国战略的重要组成部分。质量工程以提高高等学校本科教学质量为目标,以推进改革和实现优质资源共享为手段,按照'分类指导、鼓励特色、重在改革'的原则,加强内涵建设,提升我国高等教育的质量和整体实力。质量工程充分考虑了提高教学质量的系统性和复杂性,确定了具有基础性、全局性、引导性的项目作为改革的突破口,以调动广大高校的积极性和主动性,引导高等学校教育教学改革的方向。质量工程的实施,对于扩大优质教育资源受益面,形成重视教学、重视质量的良好环境和管理机制,实现高等教育规模、结构、质量和效益协调发展,具有十分重要的意义。"

2007年7月13日,教育部、财政部印发的《高等学校本科教学质量与教学改革工程项目管理暂行办法》(教高〔2007〕14号)第二条指出:"'质量工程'以提高高等学校本科教学质量为目标,以推进改革和实现优质资源共享为手段,按照'分类指导、鼓励特色、重在改革'的原则,加强内涵建设,提升我国高等教育的质量和整体实力。"

2010年7月29日,中共中央、国务院发布的《国家中长期教育改革和发展规划纲要(2010—2020年)》指出:"树立以提高质量为核心的教育发展观,注重教育内涵发展,鼓励学校办出特色、办出水平,出名师,育英才。建立以提高教育质量为导向的管理制度和工作机制,把教育资源配置和学校工作重点集中到强化教学环节、

---

① 潘懋元.大众化阶段的精英教育[J].高等教育研究,2003(6):1-5.
② 邬大光.我国高等教育应走外延式发展道路[J].求是,2003(10):51-52.

提高教育质量上来。制定教育质量国家标准,建立健全教育质量保障体系。加强教师队伍建设,提高教师整体素质。"

2011 年 7 月 1 日,《教育部 财政部关于"十二五"期间实施"高等学校本科教学质量与教学改革工程"的意见》(教高〔2011〕6 号)在"建设目标"中指出:"通过实施'本科教学工程',初步形成中国特色的人才培养质量评价标准;引导高校主动适应国家战略需求和地方经济社会发展需求,优化专业结构,加强内涵建设,改革人才培养模式,形成一批引领改革的示范性专业。"

2013 年 12 月 23 日,《教育部办公厅关于进一步加强和规范高校人才引进工作的若干意见》(教人厅〔2013〕7 号)指出:"近年来,各地各校认真落实国家教育规划纲要和人才发展规划,深入推进人才强教、人才强校,高校人才引进工作取得显著成效,有力地推动了高等教育内涵发展和创新能力提升,为建设创新型国家做出了重要贡献。"

党的十八大报告指出:"推动高等教育内涵式发展。"

党的十九大报告指出:"加快一流大学和一流学科建设,实现高等教育内涵式发展。"

2017 年 9 月 24 日,中共中央办公厅、国务院办公厅印发的《关于深化教育体制机制改革的意见》指出:"要健全促进高等教育内涵发展的体制机制。"

2018 年 1 月 20 日,《中共中央 国务院关于全面深化新时代教师队伍建设改革的意见》第 13 条指出:"全面提高高等学校教师质量,建设一支高素质创新型的教师队伍。着力提高教师专业能力,推进高等教育内涵式发展。"

三、走以质量提升为核心的内涵式发展道路的措施

(一) 控制规模是提高质量的前提

1959 年 3 月 22 日,《中共中央关于在高等学校中指定一批重点学校的决定》指出:"全国重点学校,从现在起,即应着重提高质量,非经中央同意不得再扩大学校规模,不得增加在校学生数目和增设科系。上列重点学校,必须招收和认真培养研究生,适当地担负高等学校教师进修的任务,同其他学校交换教材、交流教学经验等等,以这些方式为提高全国高等教育的质量服务。"

1960 年 10 月 22 日,《中共中央关于增加全国重点高等学校的决定》指出:"全国重点底等学校的专业设置不宜过多,各校之间要有适当分工;学校的发展规模不宜过大,应该加以控制;以便集中力量,迅速达到提高质量的目的。"

1996 年 4 月 10 日,国家教委印发的《全国教育事业"九五"计划和 2010 年发展规划》(教计〔1996〕45 号)在"政策措施"第三条指出:"调整高等学校布局,提高办学效益。我国高等学校的数量已经不少,只要适当扩大现有高校的办学规模,就可以实现本世纪末本专科在校生达到 630 万人的规划目标。因此,'九五'期间要通

过严格控制中专、大专学升格和另铺摊子增设新校;统筹规划基础上,有计划、有步骤的推动高等学校布局结构调整;通过发展多种形式的联合办学和校际合作,努力提高办学效益。到本世纪末,要使省区内高等学校的总体布局进一步趋于合理,全国高等学校的总校数进一步减少,本科院校和高等专科学校的校均在校生规模、生师比、生员(教职员工)比进一步提高。"

2012 年 3 月 16 日,《教育部关于全面提高高等教育质量的若干意见》(教高〔2012〕4 号)第一条指出:"坚持内涵式发展。牢固确立人才培养的中心地位,树立科学的高等教育发展观,坚持稳定规模、优化结构、强化特色、注重创新,走以质量提升为核心的内涵式发展道路。稳定规模,保持公办普通高校本科招生规模相对稳定,高等教育规模增量主要用于发展高等职业教育、继续教育、专业学位硕士研究生教育以及扩大民办教育和合作办学。优化结构,调整学科专业、类型、层次和区域布局结构,适应国家和区域经济社会发展需要,满足人民群众接受高等教育的多样化需求。强化特色,促进高校合理定位、各展所长,在不同层次不同领域办出特色、争创一流。注重创新,以体制机制改革为重点,鼓励地方和高校大胆探索试验,加快重要领域和关键环节改革步伐。按照内涵式发展要求,完善实施高校'十二五'改革和发展规划。"

(二) 高等教育规模与效益的发展

高等教育规模经济与效益的发展起源于 1986 年。有资料显示,在 20 世纪 80 年代的 1 000 多所高校中,平均在校生 1 922 人,在校生不足 2 000 人的达 751 所,占学校总数的 70%左右,1 000 人以下的 268 所,占高校总数的 25%以上,其中 60 所院校的在校生不足 300 人,而 5 000 人以上的学校仅占 4.9%。丁小浩、闵维方认为:"对我国高校规模效益的系统科学研究始于 1986 年。1986 年,世界银行的专家对我国部分高校进行了有关规模效益的实证分析,此后,北京大学的教育科学工作者应用规模经济理论研究了我国 80 年代高等教育的扩展形式。通过对包括全国重点院校、省重点院校以及普通地方院校在内的 100 多所高等院校调查数据的分析发现,全国和省级高教系统的总体规模在 80 年代都有明显的扩大,但高教系统的内部效率指标(包括学校平均规模、学生与学校各类人员的比例等)并没有明显变化。因而,80 年代我国高等教育系统主要是依据'外延式'模式发展扩大的;在规模扩展过程中,其内部效率没有得到大的提升。他们在深入分析这种'外延式'发展对高等教育办学效益产生的消极影响后指出,走一条以'内涵式'为主的发展道路,扩大现有高等院校的办学规模,充分挖掘现有高等院校的潜力,应该是我国在未来一个相当长的时期内实现高等教育总体规模扩展的主要途径。如果在当时的办学条件下,我国高等院校在校生的平均规模能够达到 4 000 人而不是不足 2 000 人,则可带来 20%~25%的成本节约,由此推算,整个 80 年代由高校规模适度所产生的效益估计可达 120 亿人民币。这笔经费无论是用于进一步改善高等教育的办学条件提高高等院校的教学质量,还是用于支持更多的人接受高等教育,都能起到相当可观的积极作用。"①

1. 高校规模多少为宜

美国高校:1990 年秋,美国共有各类高校 3 501 所,其中四年制的大学和学院 2 119 所,二年制的专科院校 1 382 所,200 人以下的高校共 413 所,200～499 人者 432 所,500～999 人者 477 所,合计千人以下的高校 1 322 所,占全美高校总数的 37.76%。从层级上看,综合性的研究型大学规模一般较大,除了个别在 2 500 人以下外,其他都不少于 5 000 人;四年制的院校和二年制的院校规模相差较大。从类别上看,公立院校规模较大而私立院校规模较小。在 1 548 所公立院校中,千人以下的高校 153 所,不足 10%;在 1 953 所私立院校中,不足 200 人的高校 402 所,200～499 人者 398 所,500～999 人者 369 所,千人以下者 1 169 所,占私立学校总数的将近 60%。② 当然,除了袖珍型的高等学校以外,美国还有约 384 所万人以上的巨型大学,高校数量多,学校规模相差悬殊是美国高等教育的重大特点,前者有利于学生的就近入学和高等教育的大众化,后者则有利于教育结构的合理化,培养出各种层次的高等专门人才,满足社会和个人的教育需求。③

中国研究:而据北京大学闵维方教授 1986 年研究了我国的 136 所高等学校的规模问题,得出的结论是:临界规模为 6 000 人。上海市智力开发研究所 1994 年分析了 841 所高等学校的数据后,得出了相似的结果。他们认为,本科院校的临界规模是 8 000 人,专科学校的临界规模是 6 700 人。④ 潘懋元指出:"北大曾经做的一项研究认为,一所大学 4 000～8 000 人时效率最高。这个数字成为教育行政部门合并高校重要依据。结果合并后,万人大学成了普遍现象。美国大学的平均人数是 3 000 多,日本是 2 000 多,我国是 7 000 多,而我们的本科院校平均人数是 11 000 多,如果加上成人教育,我们大学的平均数就是 13 000 人以上! 就算 4 000～8 000 人这项研究是对的,那也早就大大超过了! 而数量超过太多,效率就不一定高了。现在教育部已经注意到这个问题,这两年发展规模与速度降了很多,但因基数大,总量还是太多。"⑤

一个高等院校的合理规模应该是多大? 需要进行办学社会效益和经济效益的科学分析。

---

① 丁小浩,闵维方.规模效益理论与高等教育结构调整[J].高等教育研究,1997(2):1-8.
② 李玢.世界教育改革走向[M].北京:中国社会科学出版社,1997:333-334.
③ 谢秀英.应理性地看待我国高等学校的规模效益[J].教育与经济,2001(1):57-61.
④ 韩素贞.高等教育效益的国际比较[J].上海高教研究,1998(6):3-5.
⑤ 宋晓梦.不可忽视高等教育的发展规律——访中国高等教育学创始人潘懋元教授[J].大学(研究与评价),2007(10):16-18.

2. 规模≠效益

光明日报记者晋浩天、光明日报通讯员吴凡报道:"规模＝资源,不利于提高教学质量。既然称为'改革完善',那说明现实中的高校预算制度存在一定问题。对此,北京大学原党委书记闵维方表示赞同。他告诉记者:基本支出是根据各高校的招生数和在校生数拨付生均定额的总额。这种拨款制度容易导致在校生数'规模导向'的'膨胀机制'。对于一所学校来说,只要边际成本低于平均成本,即增加一名学生所需要的额外支出低于增加的生均拨款额,学校就有扩大规模、争取更多国家财政拨款的内在动力。但是,这种行为容易致使高校忽视自己的内涵发展。实际上,学校内的各个院系也存在这样的'自我膨胀机制',他们千方百计地要求扩大本单位的招生规模,因为规模就是资源。闵维方认为,在教师队伍素质等质量投入不够的条件下,盲目扩大规模,不利于提高教学质量。闵维方指出,目前,专项经费拨款的项目太多太杂,例如有'211工程''985工程''优势学科创新平台''特色重点学科项目'以及'2011计划'等等。每个项目都是为了提高高校办学水平,也都有专项经费支持。但是,每个项目都是单独立项,有独立的评估评价机制,学校却不能统筹使用各个项目的经费,不利于资源的优化配置和提高资源使用效率。"[1]

潘懋元指出:"例如,规模与速度是这些年左摇右摆的大问题。根据规律,我们认为,教育的发展应适度超前。但此后又连续几年大规模扩招,这就不是适度超前,而是冒进! 冒进的结果是我们内部的教育资源(资金、设备、师资等)跟不上发展的需要,因此普遍出现了教育资源的不足,从而影响了教育质量。"[2]

3. 高校规模扩张的弊病

什么是高校规模? 学生人数! 目前高校拨款是按生均拨款,即根据学生的数量而不是学生的质量拨款,因此,高校热衷于规模扩张,规模越扩张拨款越多,而调整结构和提高质量不可能增加拨款。正如闵维方所指出:"我国改革开放以来实行的'综合定额加专项补贴'的高等教育财政预算拨款制度存在两方面亟须解决的问题:一是……容易导致在校生'规模导向'的'膨胀机制'……二是目前专项经费拨款的项目太多太杂。"[3]

(三)"小而精"有利于提高教育质量

1. 国外"小而精"

潘懋元指出:"一流大学要培养出优秀的学生,并为社会所承认。学生中要出对社会有很大贡献的知名人士。我们知道,法国有个巴黎高师。这所学校过去不

① 晋浩天,吴凡.预算改革倒逼高校办出特色[N].光明日报,2015-12-09.
② 宋晓梦.不可忽视高等教育的发展规律——访中国高等教育学创始人潘懋元教授[J].大学(研究与评价),2007(10):16-18.
③ 闵维方."十三五"时期我国高等教育发展战略的若干问题[J].北京大学教育评论,2016(1):98-99.

过 1 000 个学生,1986 年和女子高师合并后有 2 000 人左右。规模不大,但它在法国是顶尖学校,因为它出了许多名家:哲学家,生物学家,还有总统。有个总统是大家都知道的著名的文化总统蓬皮杜。我研究这个学校为什么能出这么多著名校友? 因为学校有它自己的办学理念,并且求精不求多,对学生既严格训练,又要让其个性自由发挥。法国所有这些专科学校的考试都很难,进去后经过一段时间的严格训练,训练后,到预定阶段它就完全开放了:你要在本校学习也可以,跨校学习也可以,跨地学习也可以,跨国家学习也可以,各自定各自的学习计划,所以会培养出这么多的人才。"①

潘懋元指出:"美国加州理工学院是一所学生不足 2 000 人的小型学院,所以扬名世界,就因为它拥有 63 名美国国家科学院院士、25 名美国国家工程科学院院士(1990 年数据),从 1923 年以来,有 21 名教师和校友获得诺贝尔奖。巴黎高等师范学校在 20 世纪 70 年代以前,只是一所学生不过几百名的袖珍高校(现时也不过千名左右)。这个学校经过严格考试选拔最优秀的学生,学生结束预备班学习之后,可以自行选择专业、拟定计划,自由地跨学科、跨学校以至跨国家学习与研究,从中产生了一批富有创新精神与能力的精英人才。"②

加州理工学院每年只招收 800 名左右的本科生,但能拿到学士学位的不过 600 多人,平均每年都要淘汰 200 名左右的后位学生。研究生、博士生也有类似的苛刻淘汰比例。多少年来,这所学校出来的都是尖子中的尖子,名校的声望就是这样确立的。在加州理工学院上课是一件艰苦的事,"压力"就是加州理工学院的代名词。这里的学业负担之重,学习节奏之紧,分量之多,也许只有凌晨四点的哈佛大学可以比拟。能够在这里留下来的学生,都是出了名的"工作狂"。他们平均每个星期学习 50 个小时,每个人在毕业前都必须修满 486 个小时的课程,也就是说,平均每个学期有 5 门课,1 年 3 个学期共修 15 门课,因此有学生说,我最恨的事就是解题才解到一半,就发现太阳已经升起来了。

姜澎报道:"欧林工程学院采取的是小而精的人才培养方式,一年招 80 名学生,一名学生 4.5 万美元学费,而实际培养成本高达 10 万美元/年,学校基金会规模达 3.5 亿美元。这样的投入,国内绝大多数高校目前都很难做到。"③

亨利·汉斯曼的研究表明:"高等教育的连带特性也有助于解释为什么私立学校会保持相对小的规模。在过去的几十年里,大多数私立学校都面临社会对精英教育需求增长的问题,它们尽可能不予以回应,在学生规模扩大的同时保证学生质量的稳定。更确切地说,它们倾向于保持学生规模的相对稳定和质量的提高。私

---

① 潘懋元.一流大学不能跟着"排名榜"转[J].清华大学教育研究,2003,24(3):50-51.
② 潘懋元.一流大学与排行榜[J].求是,2002(5):57-58.
③ 姜澎.新工科改革进入深化年,探索"中国方案"面临"路径之争"[N].文汇报,2019-03-01.

立学校不愿意扩大招生,显然不是因为存在设备或课程意义上的规模不经济的问题。事实上,大多数私立学院似乎在有效规模之下良好地运转。作为这方面的证据,只需要注意一下州立大学的巨大规模就可以了。私立学校保持小规模的原因在于,学生规模的扩大会降低质量,也会降低在校学生、教师可能还有管理人员的福利(因为管理者通常也喜欢管理一所高选择性的学校)。为确保高质量,学院有积极性在学生人数远远低于具有最小平均成本学生规模的情况下运行,使学生有一个愉快的大学经历。如果这种激励机制被证实是有效的,实际情况也常常是这样,学院就不能因为学生质量的不同而收取不同的费用。由于非营利性机构可能对在校生、校友、在职教师和管理人员的利益特别敏感,而不在意那些想交钱上学而被拒绝的学生的福利,所以这种激励机制发挥了进一步的作用。"①

殷晶晶等指出:"阿卜杜拉国王科技大学(KAUST)的学科设置以'小规模高质量'为目标,摒弃传统的单学院制度,建立了跨学科、矩阵式架构的学部与研究中心。"②

2. 国内"小而精"

当初信奉"总而全"的胡适,对"总"到什么程度、"全"到什么程度的争论他竟不屑一顾;但在此同时,胡适却推崇"小而专"的普林斯顿高等研究院,还撰文说要建设一流的"农科大学",可见他的"总而全"大学观已经发生了转变。1929年2月初,身为中国公学校长的胡适对北大来客说,"希望他们把北大改作研究院",他还正儿八经地与北大诸君合作草拟了一份"北京大学大学院规程草案",计划逐年减少本、预科生,使其五年之后完全成为"研究院"。③

作为中国私立大学,学费是学校最为稳妥的一项收入,招生越多就意味着收的学费越多。但是在当时有限的条件下,盲目招生并不一定能够保障学校的教学质量,于是有的学校为了声誉和发展并不以赚钱为目的。当南开大学学生数到400人时,张伯苓就明确表示:"南开在10年内,大学生决不扩张至500人以上,树良好校风之培养,而基础可以稳固也。"④

中国科学技术大学秉承"精品办学、英才教育"的办学理念,是唯一一所本科不扩招的原"985"高校,18年不扩招,每年招收本科生1 860人。坚持控制学生的生源质量,坚持每一个学生都能够享有优质的教学资源就能培养出一流学生,而毕业生的实力是学校实力的最好的象征。

刘道玉认为:"既然一流大学应当担负培养少而精的理论型和研究型人才的重

---

① 汉斯曼.具有连带产品属性的高等教育[J].王菊,译.北京大学教育评论,2004(3):67-73.
② 殷晶晶,管国锋,袁燕.以阿卜杜拉国王科技大学之成功崛起谈世界一流大学建设[J].化工高等教育,2017(6):1-4,43.
③ 胡适.胡适全集:第31卷[M].合肥:安徽教育出版社,2003:324.
④ 金忠明,李若驰,王冠.中国民办教育史[M].北京:中国社会科学出版社,2003:196.

任,那就应当采取切实可行的措施,确保培养目标的顺利实现。这些措施包括:首先要确定学校的规模,以小为特,以质取胜,就像美国普林斯顿大学、哈佛大学、麻省理工学院、加州理工学院、洛克菲勒大学和法国巴黎高等师范学校那样,一流大学决不能追求'大而全'。其次,一定要减负,不仅不能扩招,而且还要逐步压缩学生在校的人数。大学招生是一道重要的关口,不仅仅只是按分数线录取,而是派有智慧的人,把那些适合培养成为理论和研究型的人挑选和录取进来。"[①]

大河报记者王磊报道:"中国科协副主席、西湖大学校长、中国科学院院士施一公在第二十届中国科协年会开幕式上做的报告中指出:我们对西湖大学的定位是三点:高起点、小而精、有限学科,我们不希望西湖大学'大',希望在十年之后西湖大学有300位教师,基本达到加州理工的规模。"[②]

(四) 重点大学应培养精英人才,不应承担大众化的任务

1. 重点大学应培养精英人才

潘懋元认为:"从理论上,从国外的经验上看,我认为不应当由精英教育机构来承担大众化的任务。从国外的经验来看,精英型的大学,一般不承担大众化教育任务。但中国当前的情况不是如此。1999年扩招以来,大量的扩招任务落在原有的全日制普通高校身上,重点大学也承担了沉重的扩招任务。总之,精英教育机构不应承担大众化任务。在制订重点大学发展战略时,应当尽可能逐步减少已经承担的大众化任务,使精英教育机构能够集中力量,以保障、提高教育质量与科研水平。"[③]

朱清时认为:"其实国家不需要所有学校都办成研究型大学。国家最需要的是大量学校为提高劳动者素质作贡献。我相信,过一段时间后,我国博士会贬值了,许多博士可能难找工作。什么样的人大家会抢呢?高级技工、熟练工人和技术员将特别稀缺。这种人才的需求量最大,但培养这种人的渠道现在越来越少。中专、大专纷纷升级变成大学,大学都想变成研究型大学,这样浪费极大,而且培养出来的人找不到工作是必然的,因为国家不需要那么多那样的人才。国家培养的人才结构失衡,很多事情都会受到阻碍。"[④]

2. 重点大学不应承担大众化的任务

马丁·特罗说:"精英型和大众型高等教育机构同时存在。""在大众化阶段,精英高等教育机构不仅存在而且很繁荣。"[⑤]

潘懋元认为:"精英与大众是中国大陆高等教育的两个发展方向,而且两个发

① 刘道玉.论一流大学的功能定位[J].高教探索,2010(1):5-9.
② 王磊.西湖大学28位创始捐赠人中9位河南老乡[N].大河报,2018-05-29.
③ 潘懋元.大众化阶段的精英教育[J].高等教育研究,2003(6):1-5.
④ 朱清时.建设一流大学值得重视的几个问题[J].清华大学教育研究,2003,24(6):45-47.
⑤ 特罗.从精英向大众高等教育转变中的问题[J].王香丽,译.外国高等教育资料,1999(1):1-22.

展方向不完全一致。"①还指出:"大众和精英是高等教育的两个体系,这两个体系是并存的,不可互相代替的"。②

(1) 重点大学不应扩招

潘懋元指出:"问题之一:进入大众教育阶段,是否意味着放弃精英教育?《从精英向大众高等教育转变中的问题:防止误解的说明》:'在大众化阶段,精英教育机构不仅存在而且很繁荣。在大众型高校中培养精英的功能仍继续起作用。'(Martin Trow)精英教育与大众教育,并不是'非此即彼'的关系。大众高等教育阶段,包含了一定数量的精英教育。两者朝着不同的方向发展,都是'科教兴国'战略必要的组成部分。但对于一所高等学校来说,必须有适当的分工。研究型大学着重于发展精英教育,培养学术型人才,而一般高等学校,尤其是高等职业技术学校着重于承担大众教育任务,培养技术、管理、服务的应用性、职业性人才。"③

张红光、付晓晓报道:"刘道玉:朱清时先生我很敬仰,他的学问做得很好。他在中国科技大学领导 10 年,坚持不扩招一个学生,这种精神是很值得尊敬的。除了他之外,中国的大学没人敢抵制。齐鲁晚报:您认为中国的高校怎样才能培养出大师? 刘道玉:第一,必须实行精英教育,现在对大众化的理解是错误的,不是所有大学都齐步走向大众化,应该有少数大学保持精英教育不扩招。现在有很多大学为了利益,跑步扩招,一年有几个亿的学费,却是以牺牲质量为代价的。精英教育负责提高,大众化教育负责普及,不能混为一谈。"④

(2) 重点大学不应办成人教育学院

刘道玉指出:"现在,每个重点大学都设有成人教育学院,其实它们并没有开展对成人的职业继续教育,而是成了第二条升学的普通高等文凭教育,从招生的专业到学习的内容,与普通本科教育没有多大区别。但是,普通本科与成人招收的高中毕业生的成绩差别悬殊,到毕业时都获得同一所大学的文凭,这不是变相地降低质量和变卖文凭又是什么呢? 还有少数重点大学办了分校,甚至是交给个人办学者操作,招生的分数又比校本部低很多,这又如何能保证教学质量呢?"⑤

潘懋元认为:"研究型大学为了创收拼命搞大众化教育,培训班也办,成教也办,二级学院也办,冲击了精英教育。现在全国的高等教育质量下降,精英教育受冲击最厉害。因此,前不久我提出一个口号叫'保护精英教育,发展大众化教育',

---

① 潘懋元.精英与大众:21世纪初中国大陆高等教育的两个发展方向[C]//潘懋元.传承与变革:"中华高等教育改革"国际学术研讨会论文集.厦门:厦门大学出版社,2003:196.

② 潘懋元.精英高等教育与大众高等教育应统筹、协调发展[J].教育研究,2004(4):48-52.

③ 潘懋元.精英教育与大众教育——21世纪初中国高等教育两个发展方向[J].理工高教研究,2002,21(1):3.

④ 张红光,付晓晓.武汉大学前校长刘道玉评价朱清时:"除了他之外,没人敢抵制扩招"[N].齐鲁晚报,2014-07-04.

⑤ 刘道玉.中国怎样建成世界一流水平的大学[J].高等教育研究,2003,24(2):4-10.

在发展过程中要保护精英教育。"①

潘懋元指出:"如果重点大学大办成人高教、二级学院,就会导致教育资源分散、质量下降,以大众化冲击精英教育,使公平与效率处于矛盾冲突中。"②因此,重点大学不招专科生(包括成人教育专科生)和成人本科生。

(3) 重点大学不应办独立学院与分校

何辉、郭婷婷、张瑜琨报道:"刘道玉认为,重点大学决不能做这种降格以求的事,必须尽快与以盈利为目的的'独立学院'脱离关系。设分校,是用高学费赚钱。如某一本重点院校,在一个县级市设立有分校。高考招生时,该重点高校在本部的录取分数线往往要比一本控制线高出数十分,但其分校的录取分数线虽然要求至少要进一本控制线,但却存在较大"弹性空间",即有些考生达不到重点高校的录取线,但可以通过高学费的形式进行招录,有的甚至能降批次录取。但因毕业时,学生的毕业证仍然盖的是一本重点院校的公章,导致高学费进分校的市场还比较大。"③

(4) 重点大学不应招专业硕士、工程硕士

双一流大学不招专业硕士、工程硕士,让二流本科院校招,上海财经大学就没有招 MPA,让上海立信会计金融学院去办。

但有些双一流大学办了"审计专业硕士"却被"限期整改"。2016 年 3 月 16 日,《国务院学位委员会关于下达 2014 年学位授权点专项评估结果及处理意见的通知》(学位〔2016〕5 号)指出:"审计专业硕士"需要"限期整改"的高校有"北京大学、中国人民大学、对外经济贸易大学、南开大学、厦门大学、四川大学"6 所。这些原"985""211"高校培养博士就可以了,现在连"审计专业硕士"却被"限期整改"。真是得不偿失!"会计专业硕士"需要"限期整改"的高校有"天津大学、北京科技大学、青岛理工大学、东北林业大学、江苏大学、济南大学、山东农业大学、武汉工程大学、湘潭大学"9 所。

(五) 内涵式发展应注重环境育人

环境属于文化范畴。"孟母三迁""橘生淮南则为橘,生于淮北则为枳"讲的是环境的重要性。高校历来倡导"自由之思想,独立之精神"。

大学是什么?世界上第一个回答的是德国哲学家康德(Immannuel Kant,1724—1804),他指出:"大学是一个学术共同体,它的品性是独立、追求真理与学术自由。"纽曼(John Henry Newman,1801—1890)是 19 世纪倡导自由教育的第一人,他的《大学理念》是第一本叙述大学理念的著作,他认为:"大学应该为自由教育

---

① 潘懋元.中国高等教育的定位、特色和质量[J].中国大学教学,2005(12):4-6.
② 潘懋元.公平与效率:高等教育决策的依据[J].北京大学教育评论,2003,1(1):54-57.
③ 何辉,郭婷婷,张瑜琨.武汉大学前校长刘道玉提整顿高校十意见引争议[N].长江商报,2009-03-03.

而设,大学应该提供普遍性和完整的知识教育,而不是狭隘的专门化的教育。"法国著名哲学家、结构主义之父雅克·德里达(Jacques Derrida,1930—2004)指出:"大学是无条件追求真理的地方。大学独立、自由到什么程度? 大学不仅相对于国家是独立的,而且对于市场、公民社会、国家的或是国际的市场也是独立的。"2014 年5 月2 日,习近平在北京大学师生座谈会上的讲话时指出:"大学是一个研究学问、探索真理的地方。"

新华社记者杨汀报道:"被称为日本诺贝尔奖得主摇篮的京都大学校长山极寿一就如何培养创新人才等话题接受了新华社记者的专访。'自由学风是以对话为中心的自学自习,帮助学生启发自我。'山极说在这种自由学风下,京大已经培养了9 位诺贝尔奖获得者和2 位菲尔兹奖得主等众多国际科研领域的领军人物。"[①]韩声江报道:"名古屋大学异军突起的理由:自由学风。"[②]

张炜的研究显示:"钱学森非常怀念加州理工学院的学术民主空气。冯·卡门也认为,加州理工学院是美国唯一真正具有民主结构的大学。"[③]

刘道玉指出:"几乎毫不例外,每所世界一流大学或研究机构,都是一座象牙之塔,他们的那些重大成就都是在其中孕育出来的。例如,耶鲁大学被称为'神秘的学府',哈佛大学是'人才的炼狱',巴黎高等师范是'纯艺术的殿堂',芝加哥大学是'苦修学术的孤岛'等。芝加哥大学被称为既有思想又有学派的大学,芝加哥大学学派独领风骚。一个仅有120 年历史的大学,已经出现53 个诺贝尔奖获得者,其中经济学奖就占了总数61 人中的24 人。这些骄人的诺贝尔奖的记录,确实是令人羡慕的,是名副其实的世界一流大学。学术孤岛是什么? 其实就是象牙之塔的别名。那么,芝加哥大学是怎样营造这样的学术孤岛的呢? 芝加哥大学不像其他的大学城,它附近没有热闹的商业街,没有游戏机、酒吧、电影院,甚至没有快餐店。总之,凡是可能引起喧闹嘈杂和黑人闹事的公共场所,学校都一律避免。因此,它被称作苦修的学术孤岛。这正体现了象牙塔的精神。"[④]

(六) 外延式发展要注意的问题

1. 硬件建设

现在大学的新校区普遍很漂亮,20 世纪30 年代清华大学校长梅贻琦说过:"大学者,非大楼之谓也,乃大师之谓也。"下面这些资料可以看出,著名大学对大师的培养重于大楼的建设。

---

① 杨汀.京都大学何以成为日本诺奖得主摇篮——访京大校长山极寿一[Z].新华网,2016-05-12.
② 韩声江.日本17 年拿17 个诺奖,获奖者及名古屋大学校长却开始反思[Z].澎湃新闻,2016-10-27.
③ 张炜.钱学森之问与冯·卡门之见——再论世界一流大学的共性特征与个性特色[J].学位与研究生教育,2016(3):7-10.
④ 刘道玉.论一流大学的功能定位[J].高教探索,2010(1):5-9.

（1）哈佛大学的校门

我们看看哈佛的校门。浙江大学人文学院哲学系教授、博士生导师张国清著文介绍：到了哈佛之后，我发现，哈佛还是有校门的，在校门密集的地方，几乎几十步左右就有一个校门。但是，哈佛的校门既不太高，也不太大，大多只有不到三米宽。有拱顶的校门，其高度只有三米左右。哈佛的最高校门，当数正对着哈佛铜像的那个。它由一个主门和两个侧门组成。主门高约四米，宽约三米半，侧门高约三米，宽约两米。这个校门与周围的建筑融为一体，但与哈佛校园里的其他建筑相比，没有什么特别之处，从审美角度来看，反而显得非常平常。大学之大，不在于校门之大；大学之高，不在于校门之高；人们进入大学之艰难，也不在于进入大学校门之艰难；大学之所以为大学，在于大学培育的是怀抱服务社会，服务民众，服务国家，掌握优秀思想、先进知识和出色技能的人们，而这一切是无法简单地通过校门的尺度来体现、展示和衡量的。[①]

资料表明，哈佛大学自 1636 年在马萨诸塞州查尔斯河畔建立美国历史上第一所学府——哈佛学院以来，从这扇简朴的校门，走出了无数的政治家、科学家和文学家。其中有 7 位美国总统、40 位诺贝尔奖得主和 30 位普利策奖获奖者……哈佛被誉为美国的"总经理摇篮"、美国的政府思想库。在这扇门下进出的许多人的一举一动决定着美国的政治走向与经济命脉。担任哈佛大学校长长达 20 年（1933—1953）之久的美国著名教育家科南特曾经说过："大学的荣誉，不在它的校舍和人数，而在于它一代一代人的质量。"正是在择师和育人上坚持高标准、高质量，哈佛大学才得以成为群英荟萃、人才辈出的第一流著名学府，对美国社会的经济、政治、文化科学和高等教育都产生了重大影响，对世界各国的求知者具有极大的吸引力，实践了它的校志铭"促进知识并使之永存后代"。

（2）西南联大的校舍

再看看国内的西南联大。据资料介绍，联大师生担任中国科学院、工程院院士共 171 人（学生 92 人），其中有杨振宁、李振道 2 人获得诺贝尔奖；赵九章、邓稼先等 8 人获得"两弹一星"功勋奖；黄昆、刘东生、叶笃正 3 位国家最高科学技术奖获得者；宋平、彭珮云等成为国家领导人。但是办学条件如何？且不说校门，以校舍为例，1938 年 7 月，学校以昆明市西北角 124 亩城外荒地为校址，修建新校舍。1939 年 4 月，西南联大新校舍落成，有学生宿舍 36 栋，全是土墙茅草顶结构；教室、办公室、实验室 56 栋，为土墙铁皮顶结构；食堂 2 栋，图书馆 1 栋，为砖木结构。西南联大条件的艰苦令今天的我们难以想象——学生们几十人挤在铁皮屋顶（甚至铁皮屋顶最后还因为经济困难换成了茅草屋顶）、土坯墙的教室和宿舍里；名师、教授们的生活同样异常艰辛，闻一多、华罗庚两家一度十几口人共居一室，中间用布

---

① 张国清. 不起眼的哈佛校门[N]. 新京报,2006-10-27.

帘隔开,形成"布东考古布西算"的奇特格局。

2. 校名

(1)校名升格

现在有一种现象是校名升格,如"学院"改"大学",似乎称为"大学"比"学院"要高。鲁迅告诫说:"不必忙于挂招牌,'稻香村''陆稿荐'已经不能打动人心了。'皇太后鞋店'的顾客,我看也并不比'皇后鞋店'里的多。"(《三闲集·文艺与革命》)。

刘道玉指出:"像美国的麻省理工学院(MIT)和加州理工学院(CIT),前者有14位诺贝尔奖获得者,后者有15位诺贝尔奖获得者,算得上是世界顶尖大学,可是它们现在依然还是叫学院。加州大学伯克莱(利)分校的劳伦斯实验室已经涌现了10位诺贝尔奖获得者,成为核物理的重要学派,可是它依然还是叫实验室。美国贝尔实验室是拥有10万研究人员的研究机构,每天至少有一项发明成果诞生,可是它也还是一个实验室。眼下,赶时髦的风气也很盛,只要国外有一个什么新东西出来,我们不是踏踏实实地进行研究,而是立即就换牌子。例如,一强调计算机软件重要,一些大学本已有了计算机学院,马上又成立软件学院,甚至是实验软件学院。众所周知,麻省理工学院发明了世界上第一台计算机,但它们依然还是叫电机系,这并没有影响它们在世界上的领先地位。还有,像MBA、EMBA、MPA班也是太多、太乱,在我国现实的条件下,不知道有多少教师能够胜任那些班的教学?又有多少人能够付得起那么昂贵的学费?是否能够培养出合格的高级管理人才?"①

国外有不少称为"学院"或"分校"的是世界著名高校,如:

麻省理工学院　Massachusetts Institute of Technology(MIT)　美国

加州理工学院　California Institute of Technology　美国

苏黎世联邦理工学院　Swiss Federal Institute of Technology Zurich　瑞士

帝国理工学院　Imperial College London　英国

伦敦政治经济学院　London School of Economics and Political Science 英国

伦敦大学学院　University College London(UCL)　英国

伦敦大学国王学院　King's College London　英国

韩国高等科技学院　Korea Advanced Institute of Science and Technology　韩国

巴黎高等理工学院　Ecole Polytechnique　法国

佐治亚理工学院　Georgia Institute of Technology　美国

加州大学伯克利分校　University of California, Berkeley　美国

加州大学洛杉矶分校　University of California, Los Angeles　美国

---

① 刘道玉.中国怎样建成世界一流水平的大学[J].高等教育研究,2003,24(2):4-10.

加州大学圣地亚哥分校　University of California，San Diego　美国

密歇根大学安娜堡分校　University of Michigan，Ann Arbor　美国

得克萨斯大学奥斯汀分校　University of Texas at Austin　美国

（2）两所国外高校的校名使中国著名大学校长出了洋相

① 法国巴黎高等专科学校

熊文杰报道："我们都不知道中国教育病到什么程度，可以说病入膏肓。你只要看一个问题。中国大学改名改了二十年了，现在没有专科学校了，没有学院了，所有的都是(叫)大学了。原来各个地区的大学，什么鲁东大学、鲁西大学，都是师范改的，你们再去看看西方国家，哪一个大学几百年改过名字？几百年不改，坐不改名，行不改姓！中国的大学为什么改名？它就是个虚荣心，极度的虚荣心！办学者的虚荣、求学者的虚荣，还有家长的虚荣。美国麻省理工学院，还是(叫)学院，玛丽学院、加州理工学院，没有哪个学校想去改名，法国的巴黎高等专科学校，还是个专科学校，当我们刚改革开放以后，巴黎高等专科学校到北京来找姊妹学校，找到北师大，北师大说，你是个专科学校，你不配和我们来建姊妹学校。他们都不知道这个巴黎高等专科学校(培养)出了 11 个诺贝尔奖(获得者)，出了 8 个数学菲尔兹奖，人家不想改名，但并没有影响它在世界上的顶尖地位。"[①]

② 美国斯沃司莫尔学院

2019 年 1 月下旬，李克强总理主持召开座谈会，听取教科文卫体各界人士和基层代表对《政府工作报告(征求意见稿)》的意见建议。杨福家院士发言："1979 年 5 月 16 日，我的导师，国家一级教授卢鹤绂接到美国斯沃司莫尔学院的邀请，去该校讲学一年。当时的校领导大为不快：'堂堂国家一级教授去这种无名小学校，丢脸，丢脸！一级教授应去哈佛、耶鲁这样的大学。'后来有关领导要求我带队去美国看看这样的学校，特别是斯沃司莫尔学院。百闻不如一见！当时我已去过美国不下数十次，但却从来没有去过这样的学校！这次访问使我收获颇丰。我懂得了高等院校分为三类，一类是研究性大学，如美国的哈佛、耶鲁，英国的剑桥、牛津。第二类是高等职业学院。第三类是一般性大学。当时，我们大多数人，包括我，对研究型大学充满着敬意，对职业型院校是看不起，对一般性大学是不了解。通过这次访问，我们懂了：最好的本科院校是成立于 1793 年的威利姆斯学院，第二名是成立于 1821 年的阿姆赫斯特学院，上两所学院都在美国名城波士顿(Boston)。第三名是邀请卢鹤绂教授去任教的斯沃司莫尔学院，该校成立于 1864 年，在美国费城。而在本科排名中，哈佛排在第 8 名，耶鲁第 10 名！"

3. 校名缩写引烦恼

吴长安、吴娜指出："一个"南大"几家抢，说的是几年前的一桩公案。2015 年，

---

① 熊文杰.武汉大学老校长刘道玉谈中国教育改革[N].医界春秋,2017-06-11.

南昌大学在其官网发布《南昌大学章程》,将其简称定为'南大',这就与早就约定俗成的'南京大学'的简称重复,引发了舆论关注。讨论中,人们联想到南宁大学不叫南大就只能叫宁大,可宁夏大学、宁波大学又有问题了;宁夏大学叫'夏大'就与'厦大'读音重合了。这就刺激了网友们制造噱头的幽默才能,如把厦门大学说成'门大',把汕头大学称为'头大',把太原大学叫作'太大',等等。缩略词语应当如何规范呢?一方面要严格要求。官方文件、出版物、学校教学不应使用或出现网络缩略词语。另一方面也应适当宽容。网络缩略语言无论怎么新奇,毕竟是以交际为目的,这一因素决定了它不可能太离谱,有一些有特色的新造缩略语也会沉淀下来,进入规范词语之中。回到开头说的大学简称,有以下解决办法:一是尊重历史,近几十年里,'南大'逐渐成为南京大学公认的的简称。岭南大学、南开大学这两所原来称'南大'的学校也就分别改称'岭南'和'南开'。二是尊重权威,教育部先行批准的大学章程中确定的简称,后申报的学校应该回避,比如南昌大学、南通大学、南宁大学都不宜再简称'南大'。三是现在大家也接受了三音节词和四音节词,大学简称也无须非减到双音节不可,像'北师大''东北师大'也是很好的选择。"①

四、必须走以质量提升为核心的内涵式发展道路、提高资金使用效益的道路

1993年2月13日,中共中央、国务院印发的《中国教育改革和发展纲要》(中发〔1993〕3号)第9条指出:"高等教育的发展,要坚持走内涵发展为主的道路,努力提高办学效益。"2012年3月16日,《教育部关于全面提高高等教育质量的若干意见》(教高〔2012〕4号)指出:"坚持内涵式发展。牢固确立人才培养的中心地位,树立科学的高等教育发展观,坚持稳定规模、优化结构、强化特色、注重创新,走以质量提升为核心的内涵式发展道路。"

(一)调整高等教育结构

高校合理的规模有利于效益。高校的规模过小或过大都不利于效益:规模过小不利于潜力的充分发挥,造成浪费;规模过大不利于提高质量,也易造成结构性浪费。两者都影响高校的效益。1990年12月30日,中国共产党第十三届中央委员会第七次全体会议通过的《中共中央关于制定国民经济和社会发展十年规划和"八五"计划的建议》第37条指出:"高等教育要根据社会实际需要,合理调整结构,大力提高质量。'八五'期间研究生教育和本科教育基本上稳定现有规模,进行充实和加强。根据需要和可能,适当发展专科教育。重点抓好普通高等院校的调整,优化高等教育的布局和专业结构,努力提高教学质量和办学效益。建设高等学校的一批重点学科。博士生的培养基本上立足于国内。继续改革招生和毕业生分配

---

① 吴长安,吴娜.一个"南大"几家抢——新兴缩略词带来的烦恼[N].光明日报,2019-02-16.

制度,改进教育拨款制度,加强教育法规建设。继续完善出国留学生政策,促进国际教育交流与合作的进一步发展。"1993 年 2 月 13 日,中共中央、国务院印发的《中国教育改革和发展纲要》(中发〔1993〕3 号)第 50 条指出:"各级教育部门和学校必须努力提高教育经费的使用效益。要合理规划教育事业的规模,调整教育结构和布局,避免结构性浪费。"2004 年 3 月 3 日,国务院批转教育部 2004 年 2 月 10 日制定的《2003—2007 年教育振兴行动计划》(国发〔2004〕5 号)第 24 条指出:"切实将高等学校布局、发展规划、学科专业结构、办学评估、经费投入等方面工作与毕业生就业状况紧密挂钩。把就业率和就业质量作为衡量高等学校办学水平的重要指标之一。"

(二) 提高高等教育质量

尽管高校以挖掘内部潜力的"内涵发展为主"始于 20 世纪 80 年代末 90 年代初,但 1990 年底就提到了"调整优化教育结构,提高教育质量和办学效益"。1990 年 12 月 30 日,中国共产党第十三届中央委员会第七次全体会议通过的《中共中央关于制定国民经济和社会发展十年规划和"八五"计划的建议》第 34 条指出:"中央和地方各级政府要逐步增加对教育的投入,并逐步完善多渠道筹措教育资金的体制。继续深化教育改革,调整优化教育结构,提高教育质量和办学效益,加强师资队伍建设,建立具有中国特色的面向二十一世纪的社会主义教育体系。"此问题在第三章已有详细阐述。

(三) 在财务领域内"调结构、提效益"

2018 年 11 月 23 日,《教育部办公厅等四部门关于推动落实〈国务院办公厅关于进一步调整优化结构提高教育经费使用效益的意见〉的通知》(教财厅〔2018〕6 号)是新时代高校"调结构、提效益"的重要文件,它指出:"要把调结构、提效益作为当前和今后一段时期教育财务工作的主要方向。"教育部财务司司长郭鹏指出:"在教育财务领域主要体现为教育经费投入使用同实现公平而有质量发展不相适应的结构性矛盾。……着力解决教育发展不平衡不充分问题,促进各级各类教育协调发展、公平而有质的发展。"①

2018 年 8 月 22 日,《教育部关于狠抓新时代全国高等学校本科教育工作会议精神落实的通知》(教高函〔2018〕8 号)第一条第 2 款指出:"坚持问题导向。各地教育行政部门、各高校要坚持问题导向,全面梳理影响本科教育改革发展、影响以本为本、四个回归的主要问题,认真查找本科教育中还存在的领导精力投入不到位、教师精力投入不到位、学生精力投入不到位、资源投入不到位等方面的问题。"高校应对经济发展和社会进步急需的人才,对内涵发展的高质量教育在资金上保障和支持,反之则控制与制约。

---

① 郭鹏.不断完善教育经费投入使用管理体制机制[N].中国教育报,2018-11-13.

总之,高校要按照教育部关于质量、规模、结构、效益协调发展的方针,正确处理质量、规模、结构、效益之间的关系,坚持走质量提升为核心的内涵式发展道路。

第二节 "双一流"高校建设研究

一、从"胡适之问答"到"钱学森之问答"

(一)"胡适之问答"

1. 中国竟没有一所像样的大学

1932年10月25日,胡适到南开大学演讲,主题是"中国问题的诊察",他认为中国患了"五鬼症"(贫穷、衰弱、愚昧、贪污、纷乱),根源不仅在"武力不如人",更在"文化不如人",他举出的一个重要例证是,欧美、日本有那么多著名的大学,而"何以一个五千多年的老大国家,竟没有一所像样的大学,没有一处文化人才建设集中的地方"?① 在他看来,"一个五千年历史的国家没有一所大学",是十足的愚昧,"愚昧到自己不能自救,不知自求医药"。他提醒大家:"我们应该平心(地)想一想,教育为什么办不好,为什么不如人?"

2. 中国没有成立五十年的大学

1936年9月,胡适作为北大、南开、"中央研究院"的代表,前往美国参加哈佛大学三百周年校庆,参加校庆的有当时世界各国五百多所高等教育机构派出的代表。校庆活动项目之一是游行——所有这些代表要按其所代表高等教育机构的校龄为序排队,结果在这个五百人左右的队伍里,胡适所代表的北大排在第419位(南开排在454位,"中央研究院"则在499位、倒数第7位)②。这对胡适是一个不小的刺激,令他感到很惭愧:"我们中国已具五千多年历史文化最早的古国,反屈居于最末的次序。"他的问题接着也就冒出来了:欧美大学为什么能够长久延续,最高龄的已有九百多岁,连建国才一个半世纪的美国居然也有了三百岁的哈佛,而有着五千年历史的中国为什么"竟没有成立五十年的大学"? 他问道:"为什么在有五千年文化的古国,大学的历史却会这样短?"③

3. 中国没有一个真正完备的大学

1932年5月,胡适在反驳"东方夸大狂"的论调时质问对方:"欧洲有三个一千年的大学,有许多个五百年以上的大学,至今继续存在,继续发展;我们有没有?"④ 胡适指出:"一个国家有五千年的历史,而没有一个四十年的大学,甚至于没有一个

---

① 胡适.胡适全集:第28卷[M].合肥:安徽教育出版社,2003:515.
② 胡适.胡适全集:第28卷[M].合肥:安徽教育出版社,2003:515.
③ 胡适.胡适全集:第22卷[M].合肥:安徽教育出版社,2003:518.
④ 胡适.胡适全集:第24卷[M].合肥:安徽教育出版社,2003:502.

真正完备的大学,这是最大的耻辱。"①在论辩"领袖人才的来源"时,胡适反问对手,时至今日"西方国家的领袖人物,哪一个不是从大学出来的? 即使偶有三五个例外,也没有一个不是直接间接接受大学教育的深刻影响的"。随即他将话题转到本国:"在我们这个不幸的国家,一千年来,差不多没有一个训练领袖人才的机关。贵族门阀是崩坏了,又没有一个高等教育的书院是有持久性的,也没有一种教育是训练'有为有守'的人才的。"胡适愤然质问道:"茫茫的中国,何处是训练大政治家的所在? 何处是养成执法不阿的伟大法官的所在? 何处是训练财政经济专家学者的所在? 何处是训练我们的思想大师或教育大师的所在?"②

4. 胡适的答

前已述及,胡适推崇"小而专"的普林斯顿高等研究院,1929 年 2 月初,时任中国公学校长的胡适计划逐年减少本、预科生,使其五年之后完全成为"研究院"。③抗战胜利后胡适出任北大校长,他兴致勃勃地提出了一份《争取学术独立的十年计划》,声称"今后中国的大学教育应该朝着研究院的方向去发展。凡能训练研究工作的人才的,凡有教授与研究生做独立的科学研究的,才是真正的大学。凡只能完成四年本科教育的,尽管有十院七八十系,都不算是将来的最高学府"。④ 胡适在这份计划中还建议:"在十年之内,集中国家的最大力量,培植五个到十个成绩最好的大学,使他们尽力发展他们的研究工作,使他们成为第一流的学术中心,使他们成为国家学术独立的根据地。"

(二)"钱学森之问答"

1. "钱学森之问"

钱学森生前不止一次提问:为什么我们的学校总是培养不出杰出人才?

2. "钱学森之答"

目前,学界普遍关注"钱学森之问",其实有"钱学森之答"——"现在中国没有完全发展起来,一个重要原因是没有一所大学能够按照培养科学技术发明创新人才的模式去办学"。

2005 年 3 月 29 日,94 岁高龄的钱学森对身边工作人员谈了科技创新人才、具有非凡创造能力人才的培养问题。⑤ 刘道玉的研究显示:"2005 年 7 月 29 日,温家宝总理到解放军总医院探望钱学森,征询钱先生对国家制定新的科学技术发展规划的意见。可是,钱学森先生却说:'我要补充一个教育问题,培养具有创新能力的人才问题。现在中国没有完全发展起来,一个重要原因是没有一所大学能够按照

① 胡适.胡适全集:第 24 卷[M].合肥:安徽教育出版社,2003:504.
② 胡适.胡适全集:第 24 卷[M].合肥:安徽教育出版社,2003:539.
③ 胡适.胡适全集:第 31 卷[M].合肥:安徽教育出版社,2003:324.
④ 胡适.胡适全集:第 20 卷[M].合肥:安徽教育出版社,2003:228.
⑤ 叶永烈.钱学森[M].上海:上海交通大学出版社,2010:375.

培养科学技术发明创新人才的模式去办学,没有自己独特的东西。老是冒不出杰出人才。这是个很大的问题。'"①记者杨天报道:"刘道玉:应该说是的。钱学森提出的建言只有76个字,但是很多人都没有读懂这76个字。'现在中国没有完全发展起来,一个重要原因是没有一所大学能够按照培养科学技术发明创新人才的模式去办学'——在我看来,这句话是这76个字的核心问题。办学模式是因,而创造性人才是果,二者相辅相成。"②

"胡适之问答""钱学森之问答"实际上在一定程度上关系到我国创建世界一流大学的路径选择。

二、"双一流"建设的发展沿革

(一)"双一流"(含重点高校)建设的发展沿革

1. 计划经济时期(1949年10月—1992年10月)

(1)1954年(6所)

1954年10月5日,中共中央《关于重点高等学校和专家工作范围的决议》中指定6所学校为重点高等学校:中国人民大学、北京大学、清华大学、北京医学院、北京农业大学、哈尔滨工业大学。

(2)1959年(6+10+4=20所)

1959年3月22日,《中共中央关于在高等学校中指定一批重点学校的决定》指出:"高等教育的发展,是我国所极为需要的。但是,在目前师资不足、设备不全、学生来源不多的情况下,高等教育的大发展,可能招致高等教育质量的降低。为了既能发展高等教育,又能防止平均使用力量,招致高等教育质量的普遍降低,和为了便于将来逐步提高高等教育的质量起见,从现有的比较有基础的高等学校中,指定少数学校,从现在起就采取措施,着重提高教育质量,是必要的。为此,指定下列十六个高等学校为全国重点学校:北京大学、清华大学、北京工业学院、中国人民大学、天津大学、北京航空学院、复旦大学、上海交通大学、北京农业大学、中国科学技术大学、西安交通大学、北京医学院、上海第一医学院、华东师范大学、北京师范大学、哈尔滨工业大学。"随后又决定增加4所高校为国家重点高等学校:中国医科大学(第2次复校)、第四军医大学、军事工程学院、军事通讯工程学院。共确定20所高校为全国重点大学。

(3)1960年(20+44=64所)

1960年10月22日,《中共中央关于增加全国重点高等学校的决定》(中发〔1960〕868号)指出:"一九五九年三月中央决定设置全国重点高等学校,是在高等

① 刘道玉.论一流大学的功能定位[J].高教探索,2010(1):5-9.
② 杨天.武大前校长刘道玉:高校存在瞎指挥等五大歪风[N].瞭望东方周刊,2010-12-07.

教育事业大发展中,为了保证一部分学校能够培养较高质量的科学技术干部和理论工作干部,更有力地提高我国高等学校的教育质量和科学水平。由于两年来高等学校大量增加,中央原定二十所重点高等学校的数量感到太少,为了更有力地促进我国高等教育事业和支援新建高等学校的工作,中央决定再增加一批全国重点高等学校。"中央决定在原来 20 所(16+4)重点大学的基础上,再增加 44 所重点大学,共 64 所。这 44 所大学是:①综合大学 9 所:吉林大学、南开大学、南京大学、武汉大学、中山大学、四川大学、山东大学、山东海洋学院(理科)、兰州大学;②工科院校 25 所:大连工学院、东北工学院、南京工学院、华南工学院、华中工学院、重庆大学、西北工业大学、合肥工业大学、北京石油学院、北京地质学院、北京邮电学院、北京钢铁学院、北京矿业学院、北京铁道学院、北京化工学院、唐山铁道学院、吉林工业大学、大连海运学院、华东水利学院、华东化工学院、华东纺织工学院、同济大学、武汉水电学院、中南矿冶学院、成都电讯工程学院;③农林院校 2 所:北京农机化学院、北京林学院;④医学院校 2 所:北京中医学院、中山医学院;⑤外语政法院校 4 所:北京外国语学院、国际关系学院、北京政法学院、北京对外贸易学院;⑥音乐体育院校 2 所:中央音乐学院、北京体育学院。

(4) 1963 年(64+3=67 所)

1963 年增加 3 所。1962 年 12 月 11 日,国务院通知厦门大学列入全国重点高等学校,由于学校接到通知很晚,到了年底部分师生已经离校,没有宣布,习惯上仍称 1963 年全国重点;1963 年 9 月 12 日,教育部通知,增加 2 所全国重点高等学校:浙江大学、上海外国语学院。

(5) 1964 年(67+1=68 所)

1964 年 10 月 24 日,中央书记处决定再增加一所农业院校为全国重点高等学校,教育部口头通知了南京农学院。

(6) 1978 年(88 所)

1977 年 5 月 2 日,邓小平提出要办重点大学,集中优秀人才办。

1978 年 2 月 17 日,《国务院转发教育部关于恢复和办好全国重点高等学校的报告的通知》指出:"恢复和办好全国重点高等学校是一项战略性措施,对于推动教育战线的整顿工作,迅速提高高等教育的水平,尽快改变教育事业与社会主义革命和建设严重不相适应的状况,是完全必要的。因此,办好全国重点高等学校,不仅是教育部门的任务,各省、自治区、直辖市和各部委都要给予足够的重视,加强对有关院校的领导,积极支持全国重点高等学校的工作。第一批全国重点高等学校的数量不宜增加过多。拟恢复原有六十所,增加二十八所,共为八十八所,约占现有高等学校总数四百零五所的百分之二十二。"各校名称如下(括号内为现校名):①综合类 17 所:北京大学,复旦大学,吉林大学,南开大学,南京大学,厦门大学,武汉大学,中山大学,山东大学,四川大学,兰州大学,湘潭大学,云南大学,西北大学,新疆大学,内蒙古大学,中国人民大学(1978年7月追加);②理工类51所:清华大学,中国科学技术大学,山东海洋学院(中国海洋大学),长沙工学院(国防科学技术大学),天津大学,重庆大学,同济大学,浙江大学,上海交通大学,西安交通大学,西南交通大学,北方交通大学(北京交通大学),哈尔滨工业大学,西北工业大学,合肥工业大学,吉林工业大学(后与吉林大学、白求恩医科大学、长春科技大学、长春邮电学院合并成新的吉林大学),哈尔滨工程大学,东北重型机械学院(燕山大学),重庆建筑工程学院(与重庆大学、重庆建筑高等专科学校合并成新的重庆大学),西安冶金建筑学院(西安建筑科技大学),大连工学院(大连理工大学),东北工学院(东北大学),南京工学院(东南大学),华南工学院(华南理工大学),华中工学院(后更名华中理工大学,再与同济医科大学、原武汉城市建设学院和科技部干部管理学院合并成华中科技大学),北京工业学院(北京理工大学),北京航空学院(北京航空航天大学),北京钢铁学院(北京科技大学),北京邮电学院(北京邮电大学),北京化工学院(北京化工大学),大连海运学院(大连海事大学),华东水利学院(河海大学),华东石油学院(中国石油大学),华东化工学院(华东理工大学),华东纺织工学院(东华大学),武汉水利电力学院(与武汉大学、武汉测绘科技大学、湖北医科大学合并组建新的武汉大学),武汉地质学院(中国地质大学),徐州矿业学院(中国矿业大学),中南矿冶学院(后更名中南工业大学,再与湖南医科大学、长沙铁道学院合并为中南大学),南京航空学院(南京航空航天大学),南京气象学院(南京信息工程大学),华东工程学院(南京理工大学),武汉建材工业学院(后更名为武汉工业大学,再与武汉交通科技大学、武汉汽车工业大学合并组建成武汉理工大学),西北轻工业学院(陕西科技大学),武汉测绘学院(后与武汉大学、武汉水利电力大学、湖北医科大学合并成组建新的武汉大学),长春地质学院(后更名为长春科技大学,再与吉林大学、吉林工业大学、白求恩医科大学、长春邮电学院合并组建新的吉林大学),阜新矿业学院(辽宁工程技术大学),大庆石油学院(东北石油大学),华北电力学院(华北电力大学),成都电讯工程学院(电子科技大学),西北电讯工程学院(西安电子科技大学),湖南大学(1978年8月追加);③师范类2所:北京师范大学,华东师范大学(均为1978年8月追加);④农学类9校:北京农业大学(与北京农业工程大学合并成中国农业大学),北京林学院(北京林业大学),镇江农业机械化学院(后更名为江苏理工大学,再与镇江医学院和镇江师范专科学校合并组建江苏大学),南京农学院(南京农业大学),华中农学院(华中农业大学),华南农学院(华南农业大学),西南农学院(后更名为西南农业大学,再与西南师范大学合并成西南大学),西北农学院(西北农林科技大学),沈阳农学院(沈阳农业大学);⑤医学类6所:北京医学院(后更名为北京医科大学,再与北京大学合并为新的北京大学),上海医学院(上海医科大学,后与复旦大学合并成新的复旦大学),中山医学院(中山医科大学,后与中山大学合并为新的中山大学),四川医学院(后更名为华西医科大学,再与四川大学合并成新的四川大学),北京中医学院(北京中医药大学),南京药学院(中国药科大学);⑥外国语2所:北京外国语学院(北京外国语大学),上海外国语学院(上海外国语大学);⑦艺术类1所:中央音乐学院。

(7) 关于"七五"期间国家重点建设的高校(6+9=15所)

20世纪80年代初,4所大学(南京大学、浙江大学、天津大学、大连理工大学)校长联名向中央写信,建议中央政府增加对教育的财政预算和投入,特别是要拨出专款、大力度地支持全国著名的部分重点大学建设。国务院采纳了这个建议,并于1984年确定清华、北大、复旦、西交大、上交大、中科大6所大学纳入国家"七五"重点投资建设项目。

后来又批准9所:北京医科大学、北京农业大学、北京师范大学、华南理工大学、北京航空航天大学、哈尔滨工业大学、西北工业大学、国防科学技术大学、中国政法大学。

(8) 关于"八五"期间国家重点建设的高校(15所)

北京大学、清华大学、复旦大学、西安交通大学、上海交通大学、中国科技大学、北京医科大学、中国人民大学、北京师范大学、北京农业大学、北京航空航天大学、华南理工大学、哈尔滨工业大学、西北工业大学、国防科学技术大学。

(9) 设立研究生院的高校(1+22+10=33所)

1978年,经国务院批准成立中国科技大学研究生院。

1984年8月,经国务院批准,原教育部正式发出了《关于在北京大学等二十二所高等院校试办研究生院的通知》,全国22所高校首批设立研究生院:北京大学、中国人民大学、清华大学、北京理工大学、北京航空航天大学、北京农业大学、北京医科大学、北京师范大学、北京科技大学、天津大学、南开大学、哈尔滨工业大学、吉林大学、复旦大学、上海交通大学、上海医科大学、浙江大学、南京大学、武汉大学、华中理工大学、国防科学技术大学、西安交通大学。

1985年5月27日,《中共中央关于教育体制改革的决定》指出:"为了增强科学研究的能力,培养高质量的专门人才,要改进和完善研究生培养制度,并且根据同行评议、择优扶植的原则,有计划地建设一批重点学科。重点学科比较集中的学校,将自然形成既是教育中心,又是科学研究中心。"

1986年4月,经国务院批准,原国家教委发出了关于同意中山大学等10所院校试办研究生院的通知,全国增加10所研究生院:中山大学、东南大学、同济大学、东北大学、大连理工大学、厦门大学、华东师范大学、中国地质大学、中国协和医科大学、西北工业大学。

(10) 关于首批书记、校长职务由中央管理的高校(14所)

1992年,中央指定14所高校的党委书记、校长职务由中央直接任命,书记和校长享受副部级待遇:北京大学、清华大学、中国人民大学、北京理工大学、北京航空航天大学、北京师范大学、中国农业大学、哈尔滨工业大学、复旦大学、上海交通大学、浙江大学、中国科学技术大学、西安交通大学、西北工业大学。

2. 市场经济时期(1992年11月至今)

(1)"211工程"建设

1993年2月13日,中共中央、国务院印发的《中国教育改革和发展纲要》(中发〔1993〕3号)第5条指出:"高等学校培养的专门人才适应经济、科技和社会发展的需求,集中力量办好一批重点大学和重点学科,高层次专门人才的培养基本上立足于国内,教育质量、科学技术水平和办学效益有明显提高。"第9条指出:"为了迎接世界新技术革命的挑战,要集中中央和地方等各方面的力量办好100所左右重点大学和一批重点学科、专业,力争在下世纪初,有一批高等学校和学科、专业,在教育质量、科学研究和管理方面,达到世界较高水平。"

1994年7月3日,《国务院关于〈中国教育改革和发展纲要〉的实施意见》(国发〔1994〕39号)第五条指出:"实施'211工程'。面向21世纪,分期分批重点建设100所左右的高等学校和一批重点学科,使其到2000年在教育质量、科学研究、管理水平及办学效益等方面有较大提高,在教育改革方面有明显进展。争取有若干所高等学校在21世纪初接近或达到国际一流大学的学术水平。"

"211工程"是新中国成立以来国家正式立项在高等教育领域进行的规模最大的重点建设工程,是国家"九五"期间提出的高等教育发展工程,也是高等教育事业的系统改革工程。

1995年12月,第一批入选"211工程"的15所大学是:北京大学、清华大学、北京理工大学、北京航空航天大学、中国农业大学、复旦大学、上海交通大学、西安交通大学、哈尔滨工业大学、中国科技大学、南开大学、天津大学、南京大学、浙江大学、西北工业大学。

1996年12月,第二批增加12所,共为27所,新增的高校是:中国人民大学、北京师范大学、大连理工大学、吉林大学、哈尔滨工程大学、同济大学、东南大学、武汉大学、华中科技大学、中南大学、国防科技大学、中山大学。

1997年12月,第三批增加68所,共为95所,新增的高校是:中国石油大学、北京中医药大学、北京邮电大学、北京林业大学、北京科技大学、北京交通大学、北京化工大学、北京外国语大学、对外经济贸易大学、中央音乐学院、北京工业大学、中央民族大学、天津医科大学、河北工业大学、太原理工大学、内蒙古大学、东北大学、辽宁大学、大连海事大学、东北师范大学、延边大学、东北农业大学、华东师范大学、华东理工大学、东华大学、上海财经大学、上海外国语大学、上海大学、上海医科大学、第二军医大学、中国矿业大学、中国药科大学、南京农业大学、江南大学、河海大学、南京航空航天大学、南京理工大学、南京师范大学、苏州大学、南昌大学、安徽大学、厦门大学、福州大学、山东大学、中国海洋大学、郑州大学、中国地质大学、武汉理工大学、湖南大学、湖南师范大学、华南理工大学、暨南大学、华南师范大学、广西大学、重庆大学、四川大学、电子科技大学、西南交通大学、西南财经大学、四川农业大学、云南大学、兰州大学、西安电子科技大学、长安大学、西北大学、第四军医大学、新疆大学、中国传媒大学。

2005 年,第四批增加 12 所,共为 107 所,新增的高校是:西南大学、中国政法大学、中央财经大学、华北电力大学、东北林业大学、合肥工业大学、华中农业大学、华中师范大学、中南财经政法大学、贵州大学、西北农林科技大学、北京体育大学。

2005 年底,第五批增加 1 所,共为 108 所,新增的高校是:陕西师范大学。

2008 年,第六批增加 5 所,共为 113 所,新增的高校是:宁夏大学、海南大学、青海大学、石河子大学、西藏大学。

截至 2009 年 1 月 5 日,"211 工程"的各类高校共有 113 所,其中普通院校 110 所,军事院校 3 所。但是在 21 世纪初高校合并过程中,"211 工程"合并的有:①三所"211 工程"高校合并:武汉测绘科技大学、武汉水利电力大学并入武汉大学(2000 年);②两所"211 工程"高校合并:北京医科大学并入北京大学(2000 年);吉林工业大学并入吉林大学(2000 年);华西医科大学并入四川大学(2000 年);上海医科大学并入复旦大学(2000 年);山东工业大学并入山东大学(2000 年)。这样,"211 工程"高校总共 118 所。

教育部 1998 年 12 月 24 日制定、国务院 1999 年 1 月 13 日批转的《面向 21 世纪教育振兴行动计划》第 17 条指出:"1995 年启动的'211 工程',重点建设一批高等学校和一批学科,已经为我国创新人才的培养和国家创新体系的建设奠定了重要基础。'九五'期间,进入实质性建设阶段。要保证 2000 年切实完成'211 工程'首期计划并在此基础上启动二期计划,以进一步提高高校知识创新能力和科学研究水平。"

(2)"985 工程"建设

1996 年春,国务院、教育部就设想从第一批进入"211 工程"的 15 所大学中选出 10 所,作为中国高校航母,即重中之重。国家将投入巨资,目标是在中国打造 10 所国际一流的、高水平大学。这就是所谓的"985 工程"的原型。

教育部 1998 年 12 月 24 日制定、国务院 1999 年 1 月 13 日批转的《面向 21 世纪教育振兴行动计划》第 18 条指出:"建设世界一流大学,具有重大的战略意义。按照江泽民同志在北京大学百年校庆大会上讲话的精神,'为了实现现代化,我国要有若干所具有世界先进水平的一流大学'。经过长期的建设和积累,我国少数大学在少数学科和高新技术领域已达到和接近国际先进水平,拥有一批高水平的教授,尤其是本科生培养质量较高,为创建世界一流大学创造了条件。"因为是江泽民在 1998 年 5 月的讲话,所以叫"985 工程"。

"985 工程"最初只有北大和清华被确认为要建设"世界一流大学"。1999 年,又有复旦大学、上海交通大学、浙江大学、南京大学、中国科学技术大学、西安交通大学、哈尔滨工业大学 7 所大学签约进入"985 工程",俗称"2＋7"。国家首批"985工程"重点建设的 9 所一流大学,又称为九校联盟(C9),类似于美国常春藤联盟、英国罗素大学集团、澳大利亚八校集团等高教联合组织。九校联盟经过研讨与协商,一致同意按照"优势互补,资源共享"原则,签订《一流大学人才培养合作与交流协议书》,共同培养拔尖人才。

"985 工程"大学名单一期共 34 所,除了上述 9 所,还有南开大学、天津大学、武汉大学、华中科技大学、厦门大学、中山大学、华南理工大学、山东大学、东南大学、四川大学、重庆大学、湖南大学、中南大学、中国人民大学、北京理工大学、北京航空航天大学、北京师范大学、同济大学、吉林大学、电子科技大学、东北大学、大连理工大学、兰州大学、西北工业大学、中国海洋大学。

"985 工程"大学名单二期共 5 所:中国农业大学、国防科技大学、西北农林科技大学、华东师范大学、中央民族大学。

2004 年 3 月 3 日,《国务院批转教育部 2003—2007 年教育振兴行动计划的通知》(国发〔2004〕5 号)第二部分指出:"重点推进高水平大学和重点学科建设。建设世界一流大学和高水平大学是党和国家的重大决策,对于增强高等教育综合实力,提高我国国际竞争力具有重要的战略意义。今后五年要充分集成各方面资源,统筹协调学科建设、人才培养、科技创新、队伍建设和国际合作等各方面工作,深化改革,开拓创新,使重点建设高等学校和重点学科的水平显著提高,带动全国高等教育持续健康协调快速发展。"第 7 条指出:"继续实施'985 工程',努力建设若干所世界一流大学和一批国际知名的高水平研究型大学。紧密结合国家创新体系建设,集成优质资源,创建一批高水平、开放式、国际化的科技创新平台和人文社会科学研究基地,造就学术大师和创新团队,使之在国际上占有一席之地,促进资源共享,为国家现代化建设做出重大贡献,全面提高学校的整体水平和综合实力。"

2004 年 6 月 2 日,《教育部 财政部关于继续实施"985 工程"建设项目的意见》(教重〔2004〕1 号)指出:"在'985 工程'二期(2004—2007)建设中,巩固一期建设成果,为创建世界一流大学和一批国际知名的高水平研究型大学进一步奠定坚实基础,使一批学科达到或接近国际一流学科水平,经过更长时间努力,建成若干所世界一流大学。"

2015 年 10 月,国务院公布的《统筹推进世界一流大学和一流学科建设总体方案》提出加快建成一批世界一流大学和一流学科,国家"双一流"建设由此拉开大幕。"985 工程"高校、"211 工程"高校和部分高校的学科遴选为"双一流"建设。

(3)"2011 计划"建设

高等学校创新能力提升计划也称"2011 计划",是继"985 工程""211 工程"之后,中华人民共和国国务院在高等教育系统启动的第三项国家工程。

2011年4月24日,胡锦涛在庆祝清华大学建校100周年大会上的讲话中强调指出:"高等教育作为科技第一生产力和人才第一资源的重要结合点,在国家发展中具有十分重要的地位。……要积极推动协同创新,通过体制机制创新和政策项目引导,鼓励高校同科研机构、企业开展深度合作,建立协同创新的战略联盟,促进资源共享,联合开展重大科研项目攻关,在关键领域取得实质性成果。"

2012年3月15日,《教育部 财政部关于实施高等学校创新能力提升计划的意见》(教技〔2012〕6号)指出:"为贯彻落实胡锦涛总书记在庆祝清华大学建校100周年大会上的重要讲话精神,积极推动协同创新,促进高等教育与科技、经济、文化的有机结合,大力提升高等学校的创新能力,支撑创新型国家和人力资源强国建设,决定实施'高等学校创新能力提升计划'(以下简称'2011计划')。实施'2011计划',是落实胡锦涛总书记清华大学百年校庆重要讲话精神的重大举措。贯彻落实总书记讲话,迫切需要通过大力推进协同创新,鼓励高等学校同科研机构、行业企业开展深度合作,建立战略联盟,促进资源共享,在关键领域取得实质性成果,实现高等学校创新能力的显著与持续提升。按照'国家急需、世界一流'的要求,瞄准科学前沿和国家发展的重大需求,以重点学科建设为基础,以机制体制改革为重点,以创新能力提升为突破口,大力推动协同创新,充分发挥高等教育作为科技第一生产力和人才第一资源重要结合点在国家发展中的独特作用,支撑经济社会又好又快发展。"

2012年5月4日,《教育部 财政部关于印发高等学校创新能力提升计划实施方案的通知》(教技〔2012〕7号)指出:"'2011计划'自2012年启动实施,四年为一个周期。教育部、财政部每年组织一次'2011协同创新中心'的申报认定,通过认定的中心建设运行满四年后,教育部、财政部将委托第三方评估。"

该项目由教育部和财政部共同研究制定并联合实施,于2012年5月7日正式启动。2013年4月,教育部公布"2011计划"的首批入选名单,全国4大类共计14个高端研究领域获得认定建设,相关单位成为首批工程建设体。

(4)"双一流"建设

"双一流"是"世界一流大学"和"世界一流学科"的简称,在计划经济时期提的建设"重点大学"和"重点学科"目标也是"世界一流","211工程""985工程"和"2011计划"的"世界一流大学"目标也是"世界一流"。

市场经济时期,1993年2月13日,中共中央、国务院印发的《中国教育改革和发展纲要》(中发〔1993〕3号)第9条指出:"力争在下世纪初,有一批高等学校和学科、专业,在教育质量、科学研究和管理方面,达到世界较高水平。"

2010年7月29日,中共中央、国务院发布的《国家中长期教育改革和发展规划纲要(2010—2020年)》第二十二条指出:"加快建设一流大学和一流学科。以重点学科建设为基础,加快创建世界一流大学和高水平大学的步伐,培养一批拔尖创新人才,形成一批世界一流学科,产生一批国际领先的原创性成果,为提升我国综合国力贡献力量。"

2015年8月,中央全面深化改革领导小组审议通过了《统筹推进世界一流大学和一流学科建设总体方案》,进一步明确了党和国家建设世界一流大学的指导方针和具体目标,明确提出要通过一流学科的建设带动世界一流大学的建设。2015年10月,中共十八届五中全会通过的"十三五"规划的建议再次提出,要大大提高高校教学水平和创新能力,使若干高校和一批学科达到或接近世界一流水平。"双一流建设"将是今后一段时期我国高等教育改革与发展的重心议题,是落实创新驱动发展战略的重大举措。

2017年1月24日,教育部、财政部、国家发展改革委发布的《统筹推进世界一流大学和一流学科建设实施办法(暂行)》(教研〔2017〕2号)指出:"到2020年,若干所大学和一批学科进入世界一流行列,若干学科进入世界一流学科前列;到2030年,更多的大学和学科进入世界一流行列,若干所大学进入世界一流大学前列,一批学科进入世界一流学科前列,高等教育整体实力显著提升;到本世纪中叶,一流大学和一流学科的数量和实力进入世界前列,基本建成高等教育强国。⋯⋯每五年一个建设周期,2016年开始新一轮建设。建设高校实行总量控制、开放竞争、动态调整。"

2017年9月20日,《教育部 财政部 国家发展改革委关于公布世界一流大学和一流学科建设高校及建设学科名单的通知》(教研函〔2017〕2号)指出:"一流大学建设高校42所:A类36所:北京大学、中国人民大学、清华大学、北京航空航天大学、北京理工大学、中国农业大学、北京师范大学、中央民族大学、南开大学、天津大学、大连理工大学、吉林大学、哈尔滨工业大学、复旦大学、同济大学、上海交通大学、华东师范大学、南京大学、东南大学、浙江大学、中国科学技术大学、厦门大学、山东大学、中国海洋大学、武汉大学、华中科技大学、中南大学、中山大学、华南理工大学、四川大学、重庆大学、电子科技大学、西安交通大学、西北工业大学、兰州大学、国防科技大学;B类6所:东北大学、郑州大学、湖南大学、云南大学、西北农林科技大学、新疆大学。一流学科建设高校95所(略)。"

(二)"双一流"建设应实现高等教育内涵式发展

1."双一流"建设应走内涵发展为主的道路

党的十九大报告指出:"加快一流大学和一流学科建设,实现高等教育内涵式发展。"

党的十八大报告指出:"推动高等教育内涵式发展。"

2010年7月29日,中共中央、国务院发布的《国家中长期教育改革和发展规划纲要(2010—2020年)》指出:"把提高质量作为教育改革发展的核心任务。树立科学的质量观,把促进人的全面发展、适应社会需要作为衡量教育质量的根本标准。树立以提高质量为核心的教育发展观,注重教育内涵发展,鼓励学校办出特色、办出水平,出名师,育英才。建立以提高教育质量为导向的管理制度和工作机制,把教育资源配置和学校工作重点集中到强化教学环节、提高教育质量上来。制定教育质量国家标准,建立健全教育质量保障体系。加强教师队伍建设,提高教师整体素质。"

2."双一流"建设应走以质量提升为核心的内涵式发展道路

党的十四大报告指出:"各级各类学校都要全面贯彻党的教育方针,全面提高教育质量。"

党的十五大报告指出:"稳步发展高等教育。优化教育结构,加快高等教育管理体制改革步伐,合理配置教育资源,提高教学质量和办学效益。"

党的十七大报告指出:"提高高等教育质量。"

2010 年 7 月 29 日,中共中央、国务院发布的《国家中长期教育改革和发展规划纲要(2010—2020 年)》指出:"把提高质量作为教育改革发展的核心任务。树立科学的质量观,把促进人的全面发展、适应社会需要作为衡量教育质量的根本标准。树立以提高质量为核心的教育发展观,注重教育内涵发展,鼓励学校办出特色、办出水平,出名师,育英才。建立以提高教育质量为导向的管理制度和工作机制,把教育资源配置和学校工作重点集中到强化教学环节、提高教育质量上来。"

2011 年 4 月 24 日,胡锦涛在庆祝清华大学建校 100 周年大会上的讲话中指出:"不断提高质量,是高等教育的生命线,必须始终贯穿高等学校人才培养、科学研究、社会服务、文化传承创新各项工作之中。"

2012 年 3 月 15 日,《教育部 财政部关于实施高等学校创新能力提升计划的意见》(教技〔2012〕6 号)指出:贯彻落实胡锦涛总书记在庆祝清华大学建校 100 周年大会上的重要讲话精神,"全面提高高等教育质量是总书记讲话的主线,创新能力是提高质量的灵魂"。

2012 年 3 月 16 日,《教育部关于全面提高高等教育质量的若干意见》(教高〔2012〕4 号)指出:"坚持内涵式发展。牢固确立人才培养的中心地位,树立科学的高等教育发展观,坚持稳定规模、优化结构、强化特色、注重创新,走以质量提升为核心的内涵式发展道路。"

(三) 一流大学(高水平大学)建设目标

1. 争取有若干所高等学校在 21 世纪初接近或达到国际一流大学的学术水平

1993 年 2 月 13 日,中共中央、国务院印发的《中国教育改革和发展纲要》(中发〔1993〕3 号)第 9 条指出:"为了迎接世界新技术革命的挑战,要集中中央和地方等各方面的力量办好 100 所左右重点大学和一批重点学科、专业,力争在下世纪初,有一批高等学校和学科、专业,在教育质量、科学研究和管理方面,达到世界较高水平。"

2. 到 2010 年,若干所高校和一批重点学科进入或接近世界一流水平

教育部 1998 年 12 月 24 日制定、国务院 1999 年 1 月 13 日批转的《面向 21 世纪教育振兴行动计划》规定:"行动计划的主要目标是:到 2010 年……若干所高校和一批重点学科进入或接近世界一流水平。"

2007 年 5 月 18 日,国务院批转教育部的《国家教育事业发展"十一五"规划纲要》(国发〔2007〕14 号)在"主要目标"中指出:"若干所高校成为国际知名高水平大学,建成一批世界一流学科,在培养和造就杰出人才方面取得重要进展,使我国高校在国际上的影响力显著上升。"

3. 今后 10~20 年,争取若干所大学和一批重点学科进入世界一流水平

教育部 1998 年 12 月 24 日制定、国务院 1999 年 1 月 13 日批转的《面向 21 世纪教育振兴行动计划》第 19 条规定:"今后 10~20 年,争取若干所大学和一批重点学科进入世界一流水平。"

2012 年 6 月 14 日,教育部印发的《国家教育事业发展第十二个五年规划》(教发〔2012〕9 号)在"主要目标"中指出:"一批学科进入世界前列。"

4. 到 2020 年建成一批国际知名、有特色、高水平的高等学校,若干所大学达到或接近世界一流大学水平

2010 年 6 月 21 日,中共中央政治局审议并通过的《国家中长期教育改革和发展规划纲要(2010—2020 年)》第十八条指出:"到 2020 年,高等教育结构更加合理,特色更加鲜明,人才培养、科学研究和社会服务整体水平全面提升,建成一批国际知名、有特色、高水平的高等学校,若干所大学达到或接近世界一流大学水平,高等教育国际竞争力显著增强。"

5. 2020 年、2030 年、2050 年分三个目标

2015 年 10 月 24 日,国务院印发的《统筹推进世界一流大学和一流学科建设总体方案》(国发〔2015〕64 号)在"总体目标"中指出:"①到 2020 年,若干所大学和一批学科进入世界一流行列,若干学科进入世界一流学科前列;②到 2030 年,更多的大学和学科进入世界一流行列,若干所大学进入世界一流大学前列,一批学科进入世界一流学科前列,高等教育整体实力显著提升;③到本世纪中叶,一流大学和一流学科的数量和实力进入世界前列,基本建成高等教育强国。"

6. "十三五"进入三个"世界一流行列或前列"

2017 年 1 月 10 日,国务院印发的《国家教育事业发展"十三五"规划》(国发〔2017〕4 号)指出:"支持拥有多个国内领先、国际前沿高水平学科的大学,全面建设进入世界一流大学行列或前列;支持拥有若干国内前列、在国际同类院校中居于优势地位的高水平学科的大学,通过学科建设带动学校进入世界同类大学前列;支持拥有某一高水平学科的大学,通过建设进入该学科的世界一流行列或前列。"

(四)"双一流"建设的时间表

1. 21 世纪初接近或达到国际一流大学的学术水平

1993 年 2 月 13 日,中共中央、国务院印发的《中国教育改革和发展纲要》(中发〔1993〕3 号)第 9 条指出:"力争在下世纪初,有一批高等学校和学科、专业,在教育质量、科学研究和管理方面,达到世界较高水平。"

1994 年 7 月 3 日,《国务院关于〈中国教育改革和发展纲要〉的实施意见》(国发〔1994〕39 号)第五条指出:"争取有若干所高等学校在 21 世纪初接近或达到国际一流大学的学术水平。"

教育部 1998 年 12 月 24 日制定、国务院 1999 年 1 月 13 日批转的《面向 21 世纪教育振兴行动计划》第 19 条指出:"国际上一流大学都是经过长期的建设形成的。一流大学建设要有政府的支持、资金的投入,但更重要的是学校领导、教师、学生长年累月辛勤奋斗的结果。特别是学生毕业以后在国家的各个建设岗位上乃至在国际上体现出了公认的信誉。同时这种学校集中有一大批知名的学者教授。因此,办成一流的大学,需要有一定的历史过程,要经过社会实践的考验。对此,既要有雄心壮志,又必须脚踏实地。要相对集中国家有限财力,调动多方面积极性,从重点学科建设入手,加大投入力度,对于若干所高等学校和已经接近并有条件达到国际先进水平的学科进行重点建设。今后 10~20 年,争取若干所大学和一批重点学科进入世界一流水平。"

2010 年 7 月 29 日,中共中央、国务院发布的《国家中长期教育改革和发展规划纲要(2010—2020 年)》第十八条指出:"到 2020 年,高等教育结构更加合理,特色更加鲜明,人才培养、科学研究和社会服务整体水平全面提升,建成一批国际知名、有特色、高水平的高等学校,若干所大学达到或接近世界一流大学水平,高等教育国际竞争力显著增强。"

记者蔡蕴琦、张琳报道:"斯坦福大学校长约翰·汉尼斯认为,当前中国大学和世界一流大学的差距,在我看来主要是在质量建设上。在过去的 20~30 年间,中国大学更注重的是学生数量的扩张上,现在则已经到了重视质量的时候了。世界上只有少数一些大学能够成为顶级大学,中国要建设世界一流大学大约快则 20 年,慢则 50 年。"①

(五)民办高水平大学

1. 中央重视高水平民办高校

高水平民办高校的建设是高等教育结构性供给侧改革的需要,是高等教育发展的需要,中央十分重视高水平民办高校的建设。

2010 年 6 月 21 日,中共中央政治局审议并通过的《国家中长期教育改革和发展规划纲要(2010—2020 年)》第四十三条指出:"支持民办学校创新体制机制和育

---

① 蔡蕴琦,张琳.国外名校校长:中国建成世界一流大学还需 20 年[N].扬子晚报,2010-05-03.

人模式,提高质量,办出特色,办好一批高水平民办学校。"

2010年10月24日,《国务院办公厅关于开展国家教育体制改革试点的通知》(国办发〔2010〕48号)第8条指出:"办好一批高水平民办学校(上海市,浙江省,福建省,江西省,广东省深圳市,云南省,宁夏回族自治区,武汉科技大学中南分校)。"

2012年3月16日,《教育部关于全面提高高等教育质量的若干意见》(教高〔2012〕4号)第二条规定:"加强民办高校内涵建设,办好一批高水平民办高校。"

2012年6月18日,《教育部关于鼓励和引导民间资金进入教育领域促进民办教育健康发展的实施意见》(教发〔2012〕10号)第十五条规定:"支持高水平有特色民办学校建设。扶持和资助民办学校提高管理水平,加强教师队伍建设,建立民办学校与公办学校共享优质教育资源的机制,深化教育教学改革,创新人才培养模式,推动民办学校不断提高办学水平和人才培养质量。"

《国务院关于鼓励社会力量兴办教育促进民办教育健康发展的若干意见》第二十五条规定:"引进培育优质教育资源。鼓励支持高水平有特色民办学校培育优质学科、专业、课程、师资、管理,整体提升教育教学质量,着力打造一批具有国际影响力和竞争力的民办教育品牌,着力培养一批有理想、有境界、有情怀、有担当的民办教育家。允许民办高等学校和中等职业学校与世界高水平同类学校在学科、专业、课程建设以及人才培养等方面开展交流。"

2. 目前高水平民办高校的出路是中外合作办学

由于历史原因,我国民办高校的历史较短,新中国成立前我国著名的私立大学与教会大学也改造为了公立大学,因此,目前我国高水平民办高校几乎没有。在这种民办高校起点低的基础上,需要开辟一条独创的新路,这就是建设高水平中外合作大学。我国中外(含内地与港澳地区)合作大学联盟第一届理事会学校见附表4-1。

表4-1 中外(含内地与港澳地区)合作大学联盟第一届理事会学校

校名	中外(含内地与港澳地区)合作方	注册地	招生时间	授学位
西交利物浦大学	西安交通大学和英国利物浦大学	江苏省苏州市	2006年	学士、硕士、博士
宁波诺丁汉大学	英国诺丁汉大学与浙江万里学院	浙江省宁波市	2006年	学士、硕士、博士
上海纽约大学	美国纽约大学和华东师范大学	上海市	2013年	学士、硕士
昆山杜克大学	美国杜克大学和武汉大学	江苏省昆山市	2013年	学士、硕士

（续表）

校名	中外(含内地与港澳地区)合作方	注册地	招生时间	授学位
香港中文大学(深圳)	香港中文大学和深圳大学	广东省深圳市	2014 年	学士、硕士、博士
温州肯恩大学	美国肯恩大学与温州大学	浙江省温州市	2012 年	学士

如西交利物浦大学：前六届毕业生(2010—2015)中超过 80% 选择继续留学深造，其中 10% 进入 TIMES 世界排名前 10 的学府，约 50% 进入 TIMES 世界排名前 100 的名校，70% 以上进入 TIMES 世界排名前 200 的大学，近 20% 的本科毕业生选择直接就业，就职于世界 500 强、中国财富 500 强等企业。2015 届毕业生 83.28% 前往英国牛津大学、剑桥大学、帝国理工大学，美国芝加哥大学、哥伦比亚大学、康奈尔大学，瑞士苏黎世联邦理工学院等。

3. 高水平民办高校初见端倪——西湖大学

钱江晚报记者孙晶晶报道："以世界一流为目标的西湖大学(筹)终于有了新动作。组建理学、前沿技术、生物学和基础医学 4 个研究所，这 4 个研究院的'掌门人'都是目前国内科学界的'大咖'，分别是潘建伟教授、陈十一教授、施一公教授和饶毅教授。四个重点项目各获杭州一亿元扶持资金。浙江西湖高等研究院，就是未来西湖大学的前身及筹建依托主体。"[1]

时代周报记者刘科报道："西湖大学的定位，有两个关键词，一是民办；二是研究型大学。该校以民间筹资建校，以博士研究生培养为起点。著名结构生物学家施一公院长在成立大会上说：'这是我国历史上第一所民办的、含理工生命等多个学科的小型、综合性、剑指世界一流的高等研究院。'按照计划，2017 年 3 月，首批教职工将入驻西湖高研院。与普通大学不同的是，西湖高研院以博士生培养为起点，先招博士，之后再招研究生和本科生，预计建成后要达到博士后 300 名、在校博士和硕士研究生 3 000 名、本科生 2 000 名的规模。西湖大学前期建设及经营的主体是杭州西湖大学建设投资有限公司，注册资本 1 亿元；西湖大学的首位主要捐赠人是龙湖集团董事长吴亚军；西湖教育基金会宣布西湖大学暨西湖高研院创始捐赠人分别是：北京荣之联科技股份董事长王东辉、万达集团董事长王健林、北极光投资董事长邓锋、杭州创业软件总经理葛航、深圳金信诺公司董事长黄昌华和腾讯董事会主席马化腾。"[2]

西湖大学办学历史：

---

[1]　孙晶晶.西湖大学前身——浙江西湖高等研究院昨成立[N].钱江晚报,2016-12-11.

[2]　刘科.200 亿＋4 个顶级科学家,这所大学要颠覆你对"民办高校"的看法[N].时代周报(广州),2016-12-20.

2015 年 3 月 11 日,七位西湖大学倡议人正式向国家提交《关于试点创建新型民办研究性的大学的建议》并获得支持。

2015 年 5 月,上述 7 人与"国家千人计划"(中国国家"海外高层次人才引进计划")的多位专家学者们商议后达成共识,希望在西湖之畔,"创建一所民办的、研究型的、有望在相对较短的时间内成为世界一流的小型综合大学;而其前身正是浙江西湖高等研究院"。

2015 年 7 月,西湖大学的举办方,杭州市西湖教育基金会成立。

2015 年 11 月 23 日,西湖区与杭州市西湖教育基金会正式签署"共建浙江西湖高等研究院"战略合作协议。

2015 年 12 月 1 日,西湖大学的前身,浙江西湖高等研究院正式注册成立。

2016 年 2 月 29 日,杭州市委市政府发文成立"杭州市推进西湖大学项目建设指挥部"。

2016 年 6 月,潘建伟、陈十一、施一公和饶毅领衔的团队积极申报"杭州市顶尖人才和团队重大项目"和"浙江省领军型创新创业团队"。

2016 年 7 月 9 日,2016 年度浙江西湖高等研究院第一次学术人才引进面试工作在京举行。

2016 年 10 月,浙江西湖高等研究院 5 号楼行政办公楼装修任务完成。

2016 年 12 月,浙江西湖高等研究院位于杭州市云栖小镇的院址正式落成并投入使用。

2016 年 12 月 10 日,浙江西湖高等研究院在杭州举行成立大会并揭牌。

潘懋元教授对未来 15 年我国民办高等教育有一个较为明确的预测:"到 2020 年,多种规模的民办高等学校及其学生,可能达到高等教育总数的二分之一以上,并将有若干民办高校成为各自定位的一流院校。"[①]

4. 多办高水平民办高校比出国留学合算

北大教授章启群认为:"教育改革的出路只有一条:开放民间资本,新建真正的私立大学。"他指出:"中国近年外流的教育经费却令人触目惊心!中国目前出现了留学大潮。可以说正是国内高水平大学太少而将大批中学生挤出了国门。数据显示海外中国留学生总数为 309.54 万人,除去回国的大约 100 多万,仍在海外的约有 200 万。自费留学占到整体人数的 90% 以上。如果按照一个学生的年费用 20 万元人民币计算,全部留学生的金额可达 4 000 亿人民币。我们为什么不用新的政策、法规,让这笔巨大经费发展我们自己的教育?近 5 年国家年平均投入的教育经费是 15 590 亿人民币。如果每年再增加 4 000 亿人民币用在中国大陆的教育投入上,我们现在'985 大学''211 大学'的数量可以增加多少?随着国民经济收入

---

① 潘懋元,林莉.2020:中国民办高等教育的前瞻[J].浙江树人大学学报,2005(3):4.

的增长,让孩子在高中甚至初中阶段出国留学成为越来越多家长的选择。这对于心智尚未健全的独生子女,实质上并不是很好的选择。很多中国家庭用一辈子积蓄让子女留学海外。这些留学生中除了不到1‰的学生能够进入国外一流大学,其余学生大都进入二、三甚至不入流的学校。设想,如果中国再由民间资金新建100所'985大学',1 000所'211大学',中学生上大学的比例达到75%~80%,上名牌大学的比例达到30%~40%,中学生和老师为高考还会这样玩命吗?出国留学还是这样火热吗?"笔者暂不企求那么多"985"和"211"大学,也不类比国外私立名校,如果有2所"985"和10所"211"水平的民办大学就不错了。

刘民权指出:"值得忧虑的是,我国需要有学生去海外留学,特别是去美欧等发达国家,以学习他们的先进科学知识和技术,同时增进相互了解,但超量的海外留学量是否是好事,值得商榷。"①

三、"双一流"高校建设的探讨

本节标题为"'双一流'高校建设研究",本部分对"双一流"高校建设的若干问题做一探讨。

(一)"双一流"的内涵

1. 领导阐述

(1)是"摇篮""前沿""重要力量""桥梁"

1998年5月4日,江泽民在庆祝北京大学建校100周年大会上的讲话中指出:"为了实现现代化,我国要有若干所具有世界先进水平的一流大学。这样的大学,应该是培养和造就高素质的创造性人才的摇篮,应该是认识未知世界、探求客观真理、为人类解决面临的重大课题提供科学依据的前沿,应该是知识创新、推动科学技术成果向现实生产力转化的重要力量,应该是民族优秀文化与世界先进文明成果交流借鉴的桥梁。"

(2)是"策源地""试验田""桥头堡"

2011年4月24日,胡锦涛在庆祝清华大学建校100周年大会上的讲话中指出:"建设若干所世界一流大学和一批高水平大学,是我们建设人才强国和创新型国家的重大战略举措。要以重点学科建设为基础,以体制机制改革为重点,以创新能力提高为突破,加大支持力度,健全长效机制,鼓励重点建设高校成为知识创新的策源地、深化教育改革的试验田、扩大开放的桥头堡。"

2. 国外的观点

(1)国外没有"世界一流"的提法

胡乐乐认为:"'世界一流'在汉语和英语中的具体意思实际上是不同的。汉语

---

① 刘民权. 供给侧改革下高等教育隐忧[J]. 人民论坛,2016(10):8.

中的'世界一流'强调的是'世界第一等',亦即等次排在世界前列之义。而在英语中,'世界一流'(world-class)则强调的是比较的最高级,也就是'世界唯一性'。我们常说'世界一流大学',可是西方却很少说'world-class universies'。西方学者和媒体通常只说'top universities'(前多少名大学),比如'《美国新闻》高校排行榜之2016 年美国前多少名大学'(Top Universities in USA for 2016 U. S. News College Rankings),'《美国新闻》全球前 500 所大学'(U. S. News Global Top 500 Universities),'QS 2014—2015 年前多少名研究生院指南'(QS Top Grad School Guide 2014/2015)和'2015—2016 年世界前 100 名大学——QS 排名'(Top 100 World Universities 2015/2016-QS Rankings)。显然,汉语中的'世界一流大学'不能等同于英语中的'前多少名大学',因为英语可以说'世界前 500 名大学',我们肯定不可以说世界前 500 名大学就都是世界一流大学。至少我国有一些大学——北京大学、清华大学、复旦大学、浙江大学、南京大学等 27 所大学被排进了世界前 500名大学,但我们国人和官方却并没有洋洋得意地说我们国家有世界一流大学了。"[1]

(2) 教育质量应该是世界顶级水平的

美国大学联合会常务副主席约翰·冯认为:"首先,我认为一所世界一流大学要有足够广泛的学科领域,基本应当涵盖所有主要的学术和人文领域。另外,我认为世界一流大学就意味着其教育质量应该是世界顶级水平的。我想,很多人对于世界一流大学都是这样理解的。世界一流大学的问题现在大家讨论得很多。我参与了美国与越南政府合作的一个项目,这个项目是一年前开始的。越南政府实施这个项目最重要的目标就是让美方的高校帮助他们建成世界一流大学。另外,今年 1 月我们在叙利亚,也与他们讨论了提高大学质量使其成为世界一流大学的问题。因此,我认为,一所世界一流大学就意味着这所大学的地位受到了全世界大多数国家的关注和认可。这不是一个精确的定义,但这是我个人的一种理解。"[2]

3. "世界一流大学"标准和概念难定

(1) 世界一流大学难有具体标准

许路阳报道:"什么是世界一流大学? 难有具体标准,但应在学术上有崇高声誉。储朝晖发现,方案并未规定什么是世界一流大学和学科。如何评估高校是否属于世界一流? 储朝晖认为,真正的一流大学应该是个性化的,'不能设计一流大学有什么共同目标'。不过,储朝晖也认为,一个大学能否称得上世界一流,可以通过两个标准进行检验:一是世界一流学者是否愿意进入该大学工作,二是世界一

①　胡乐乐.世界一流大学的界定、特征与我国的挑战[J].学位与研究生教育,2016(8):6-11.
②　王晓阳,刘宝存,李婧.世界一流大学的定义、评价与研究——美国大学联合会常务副主席约翰·冯(John Vaugh)访谈录[J].比较教育研究,2010,32(1):13-19.

流生源是否愿意在该大学就读。项贤明也认为,'世界一流大学'不存在什么世界公认的评判标准,其象征意义要远大于实质意义。'对于世界一流大学,从来就没有一个准确的、可衡量的标准,但它在世界高等教育领域应该有崇高的声誉。'王烽认为,世界一流大学一般是指在学术上拥有崇高声誉、作为一个国家或地区科技和文化创新的领导者,培养出享誉世界的各行各业领袖,对经济社会发展做出历史性贡献的大学。王烽称,世界一流大学的共同特质就是创新和引领,即在科学和技术、人才培养、社会服务等方面不断创新,在世界上具有引领作用。而一流大学一般是由一流学科、一流专业支撑的,王烽表示,一流大学内部必然有一批一流学科或专业,同时这些学科和专业之间具有相互支撑、融合发展的优势。"①

阿特巴赫曾指出:无论什么国家都希望能拥有(世界一流大学),但无人了解何谓世界一流大学,创建一流大学的途径也无人知晓。②

阎凤桥、闵维方认为:"在过去十几年时间里,'世界一流大学'这个词汇③不断升温。虽然这一词汇的含义并不甚明晰,尚缺少客观和公认的判断标准。"④

(2)"世界一流大学"是什么概念

袁贵仁认为:①一流大学是个建设性概念;②一流大学是个过程性概念;③一流大学是个总体性概念;④一流大学还是个精神性概念。⑤ 王大中认为:"世界一流大学应是学校实力、社会贡献及国际声誉的一个综合概念。""国际上属世界一流大学概念下的应有一批大学,世界一流大学应是一个群体概念。"⑥王战军认为:"一流大学是一个动态发展中的比较性概念,只要居于领先地位,我们就可以说它是一流。"⑦谢维和认为:"我想提出关于一流大学的一个概念。这个概念叫作'战略性大学'。"

4. 国内学者对"世界一流大学"概念的描述

(1)刘道玉的观点

记者杨天报道:"《瞭望东方周刊》:你觉得我们国家现在还没有一流大学的根本原因是什么? 你曾经说过,与其说是硬件差距,不如说是人和软件方面的差距,

---

① 许路阳.明年启动新一轮世界一流大学建设[N].新京报,2015-11-06.

② 萨尔米.世界一流大学:挑战与途径[M].孙薇,王琪,译校.上海:上海交通大学出版社,2009:19-26.

③ 西蒙·马金森(Simon Marginson,2013:18)指出,名列前茅的大学很少使用"世界一流大学"这个词汇,该词汇主要是那些新兴国家梦寐以求的理想。参见 Marginson,S.《殊途同归:政治文化不同于世界一流大学建设》,收入王琪、程莹、刘念才主编《世界一流大学:共同的目标》,上海交通大学出版社,2013年版,第15-37页.

④ 阎凤桥,闵维方.从国家精英大学到世界一流大学:基于制度的视角[J].北京大学教育评论,2017(1):34-48.

⑤ 袁贵仁.建设社会主义高水平大学的动员令——学习江泽民同志关于建设一流大学的论述[J].求是,2002(7):51-54.

⑥ 王大中.建设世界一流大学的战略思考与实践[J].清华大学教育研究,2003,24(3):2-7.

⑦ 王战军.目标与途径:世界一流大学与研究型大学建设[J].清华大学教育研究,2003,24(3):14-17.

你指的人和软件的差距是什么？刘道玉：这是一个现实问题。什么是一流大学，这必须要界定。在我看来，一流大学第一要培养出一流的大学生，这些学生会是一流的领袖式的人物，这个领袖是广义的概念，不光是国家的领袖，还可以是学术界、企业界的领袖；第二，必须有重大的原创性的成果，获得世界公认；第三，必须拥有众多的学者，其中有多人获得包括诺贝尔奖在内的世界各个学术领域的大奖；第四，必须有由学术大师创立的科学学派，一个杰出人物是一个学派的首领，在他的周围会诞生一批杰出的科学家，你看美国的芝加哥大学有经济学派，普林斯顿大学有理论物理和数学学派，耶鲁有法学学派；第五，一流大学必须有传世百年千年的学术经典著作。"[①]

（2）朱清时的观点

朱清时指出："我本人曾在一些国外大学学习工作过，如 MIT、哈佛、剑桥、牛津和法国巴黎大学等。1998 年我当校长以后，回访了这些学校，其中我印象最深的是在美国加州理工学院。它的校长巴尔的摩，是 38 岁时获得诺贝尔生物奖的著名科学家。他只给我们一个小时的会见时间。我们问他加州理工学院是如何成为世界一流大学的。他说很简单，只有两句话：一是把世界最一流的人请来；二是给他们充分的支持和条件。然后自然而然，这个学校就成为一流了。"[②]

（3）徐立之的观点

香港大学第 14 任校长徐立之曾这样描述"世界一流大学"与"世界一流学科"两者之间的关系，"每当有国际学术会议的时候，如果我们相关学科的老师会被邀请去做专题演讲，全国各地甚至世界各国的学生都希望来上这门课，那个学科就可以说是世界一流的学科；有 10 到 12 个这样的学科，我们就达到世界一流大学的标准了"。[③]

（4）胡乐乐的观点

胡乐乐指出："由于各大世界大学排行榜的前十名大学都是全球公认的最好的大学，而且世界一流大学的数量也不能太多，所以我们把世界一流大学界定为世界前十名大学，亦即在各大排行榜上稳定排名前十位的大学。"[④]

（5）阎凤桥、闵维方的观点

阎凤桥、闵维方认为："何谓世界一流大学？对于这个问题，比较容易从抽象层面做出回答，我们可以说，那些在人才培养和知识创造、传播及应用上取得卓越成绩并且对世界文明进程产生过积极影响的大学。"[⑤]

① 杨天.武大前校长刘道玉：高校存在瞎指挥等五大歪风[N].瞭望东方周刊,2010-12-07.
② 朱清时.建设一流大学值得重视的几个问题[J].清华大学教育研究,2003,24(6)：45-47.
③ 吕诺.香港大学校长徐立之：大学为理想不为排名榜[N].新华每日电讯,2012-08-21.
④ 胡乐乐.世界一流大学的界定、特征与我国的挑战[J].学位与研究生教育,2016(8)：6-11.
⑤ 阎凤桥,闵维方.从国家精英大学到世界一流大学：基于制度的视角[J].北京大学教育评论,2017(1)：34-48.

（6）储朝晖的观点

储朝晖认为："从操作层面来说，如果世界一流的学者以及生源愿意选择这所学校进行教学或学习，那么，这所学校便是一流大学。"①

（二）"双一流"的特征

1. 专家观点

潘懋元指出："一流大学的特征：第一，一流大学要有自己的理念；第二，一流大学要有名师；第三，一流大学要培养出优秀的学生。"②

王大中院士认为："世界一流大学的共同特征包括：要有一批一流学科；培养高层次创造性人才；出高水平原创性科研成果；拥有一支高素质师资队伍；以及充足的办学经费等。""一流大学的个性特征主要体现在时代内涵、国家目标和发展战略的差异上。""为所在国家和民族作出突出贡献是一流大学的基本特征。在中国创建世界一流大学，首先是要为国家发展和民族复兴做出卓越贡献。要把面向国家战略需求放在首位，这是我国一流大学的首要任务，并由此形成我国的世界一流大学的中国特色。"③

胡乐乐认为："世界一流大学的特征：世界一流大学虽各有特色，但也有许多显著的共同特征，比如师资队伍和科研力量都非常强大，研究成果都非常多且影响力巨大，都培养了对所在国家和全球产生重大影响的众多毕业生，都拥有雄厚的财力，而且还都拥有充分的学术自由和完善的大学自治制度。这五大显著特征是它们之所以是世界一流大学的最鲜明证据和最有力保证。"④

2. "双一流"建设必须有中国特色

2014年5月4日，习近平在北京大学师生座谈会上的讲话中指出："办好中国的世界一流大学，必须有中国特色。没有特色，跟在他人后面亦步亦趋，依样画葫芦，是不可能办成功的。这里可以套用一句话，越是民族的越是世界的。世界上不会有第二个哈佛、牛津、斯坦福、麻省理工、剑桥，但会有第一个北大、清华、浙大、复旦、南大等中国著名学府。"

2016年12月7日，习近平在全国高校思想政治工作会议上指出："我国有独特的历史、独特的文化、独特的国情，决定了我国必须走自己的高等教育发展道路，扎实办好中国特色社会主义高校。"

2017年10月3日，习近平在致中国人民大学建校80周年的贺信中指出："中国人民大学始终坚持党的领导，坚持马克思主义指导地位，坚持为党和人民事业服务，形成了鲜明办学特色。"

① 吕春荣.中国大学明确"世界一流"时间表 哪些内功需修炼？[Z].中国新闻网,2015-11-06.
② 潘懋元.一流大学不能跟着"排名榜"转[J].清华大学教育研究,2003,24(3)：50-51.
③ 王大中.建设世界一流大学的战略思考与实践[J].清华大学教育研究,2003,24(3)：2-7.
④ 胡乐乐.世界一流大学的界定、特征与我国的挑战[J].学位与研究生教育,2016(8)：6-11.

(三)"双一流"建设的核心是全面提高人才培养能力这个核心点

1. 只有培养出一流人才的高校,才能够成为世界一流大学

2016 年 12 月 7 日,习近平在全国高校思想政治工作会议上指出:"高校立身之本在于立德树人。只有培养出一流人才的高校,才能够成为世界一流大学。办好我国高校,办出世界一流大学,必须牢牢抓住全面提高人才培养能力这个核心点,并以此来带动高校其他工作。""只有培养出一流人才的高校,才能够成为世界一流大学。办好我国高校,办出世界一流大学,必须牢牢抓住全面提高人才培养能力这个核心点,并以此来带动高校其他工作。"

2018 年 5 月 2 日,习近平在北京大学师生座谈会上的讲话中指出:"目前,我国大学硬件条件都有很大改善,有的学校的硬件同世界一流大学比没太大差别了,关键是要形成更高水平的人才培养体系。"

《高等教育法》第 31 条规定:"高等学校应当以培养人才为中心,开展教学、科学研究和社会服务,保证教育教学质量达到国家规定的标准。"

2017 年 9 月,中共中央办公厅、国务院办公厅印发的《关于深化教育体制机制改革的意见》指出:"要健全立德树人系统化落实机制。……强调要创新人才培养机制。高等学校要把人才培养作为中心工作,全面提高人才培养能力。"

刘延东指出:"以人才培养为中心,全面提高高等教育质量。人才培养是高等教育的本质要求和根本使命。衡量高等教育质量的第一标准就是看人才培养水平,核心是解决好培养什么人、怎么培养人的重大问题。要牢固确立人才培养在高校工作中的中心地位,一切工作都要服从和服务于学生的成长成才,坚决扭转重科研轻教学、重学科轻育人的现象,着力提高学生服务国家人民的社会责任感、勇于探索的创新精神、善于解决问题的实践能力,真正培养出德智体美全面发展的社会主义建设者和接班人。"①

由此可知,培养一流人才是成为世界一流大学的关键。

2. 培养出一流人才关键是本科教育

教育部 1998 年 12 月 24 日制定、国务院 1999 年 1 月 13 日批转的《面向 21 世纪教育振兴行动计划》第 18 条指出:"经过长期的建设和积累,我国少数大学在少数学科和高新技术领域已达到和接近国际先进水平,拥有一批高水平的教授,尤其是本科生培养质量较高,为创建世界一流大学创造了条件。"

《教育部关于全面提高高等教育质量的若干意见》第六条指出:"巩固本科教学基础地位。把本科教学作为高校最基础、最根本的工作,领导精力、师资力量、资源配置、经费安排和工作评价都要体现以教学为中心。"

董洪亮报道:"'一流大学应有一流本科教育''本科教学是大学的根本、是建设

---

① 刘延东.深化高等教育改革,走以提高质量为核心的内涵式发展道路[N].中国教育报,2012-05-21.

世界一流大学和一流学科的迫切需要''本科教学是一流大学的灵魂''重视本科教学是一流大学成熟的标志'——在 5 月 5 日—7 日召开的'一流大学本科教学高峰论坛'上,许多与会者这样说。国际高等教育界对于'本科乃大学之本'的认识是比较一致的,许多世界一流大学把本科教育当作学校的本质要求、主要特征和坚定目标。在世纪之交,美国提出重建以学生为中心的研究型大学的本科教育,并制定10 多项改革建议。斯坦福大学 2012 年发布本科教育研究报告,启动新一轮本科教育改革。哈佛大学近年来也以课程为核心改进本科教育,通过网络开放课程,促进优质课程资源共享。国外名校将本科教育作为学校发展的第一要务,进行始终不懈的追求,这种做法有值得借鉴之处。一流本科教育当然以学生为本,以学生学习发展为中心。教师是本科教育的第一资源,对于支持优秀教师投入主要精力为本科生上课,教育部已经倡导了 15 年,所谓上课,不仅仅是开讲座,而是完整地讲授基础课程和专业课程。"[1]

记者蔡蕴琦、张琳报道:"美国耶鲁大学校长理查德·莱文在接受记者采访时表示,中国大学的本科教育缺乏两个非常重要的内容:第一,就是缺乏跨学科的广度;第二,就是对于评判性思维的培养。"[2]

哈佛大学前校长 Derek Bok 在《回归大学之道》一书中说:"正是因为教师扮演的角色如此重要,最近对本科教育的批评主要集中在他们身上。最普遍的抱怨是,教授承担了过多的科研和校外咨询任务,以至于他们开始忽视教学和学生。毫无疑问,这一现象的确存在,批评家矛头直指的顶尖研究型大学的情况尤其如此。"[3]

(四)"一流大学"建设的重点是"一流学科"建设

学科是大学的细胞,世界一流学科是建设世界一流大学的基础。

1. 一批重点学科达到国际先进水平

1990 年 5 月 10 日,《国家教委关于教育事业"八五"计划和十年规划工作有关问题的通知》(教计〔1990〕047 号)指出:"高等学校的一批重点学科达到国际先进水平,博士生的培养基本上立足于国内。"

《国务院批转教育部 2003—2007 年教育振兴行动计划的通知》第 7 条指出:"继续实施'211 工程',进一步以学科建设为核心,凝练学科方向,汇聚学科队伍,构筑学科基地。提高重点建设高等学校的人才培养质量、科学研究水平和社会服务能力,成为国家和地方解决经济、科技和社会发展重大问题的基地。在全国范围内逐步形成布局合理、各具特色和优势的重点学科体系,使一批重点学科尽快达到国际先进水平。"

---

[1] 董洪亮.没有一流本科,很难成为一流大学[N].人民日报,2016-05-12.
[2] 蔡蕴琦,张琳.国外名校校长:中国建成世界一流大学还需 20 年[N].扬子晚报,2010-05-03.
[3] 胡波."重科研轻教学"更像一幅漫画[N].中国青年报,2012-08-29.

2. 我国"一流学科"的博士点应培养世界一流的博士

韩声江报道:"17 位诺奖获得者,15 人为日本本土博士。……17 位诺奖获得者与名古屋大学相关的占到 6 位。"[①]新华社记者杨汀报道:"京大已经培养了 9 位诺贝尔奖获得者和两位菲尔茨奖得主等众多国际科研领域的领军人物。"[②]任羽中报道:"在那些流行的世界大学排行榜上,京大往往比不上北大、清华,甚至有时还被甩开挺远。但是,京大已经培养了 9 位诺贝尔奖得主,'京都学派'举世闻名,大家公认,这就是当之无愧的世界一流大学。"[③]

笔者认为,我国"一流学科"的博士点应培养世界一流的博士,只有中国本土的博士成为院士或诺贝尔奖得主才能称之为世界"一流学科",而不是引进海外的博士成为院士或诺贝尔奖得主。

（五）"双一流"大学要营造独立之精神,自由之思想

2014 年 5 月 4 日,习近平在北京大学师生座谈会上的讲话中指出:"大学是一个研究学问、探索真理的地方。"

2011 年 4 月 24 日,胡锦涛在庆祝清华大学建校 100 周年大会上的讲话中指出:"积极营造鼓励独立思考、自由探索、勇于创新的良好环境。"

陈寅恪被大师郑天挺称为"教授的教授";被大师吴宓赞为"全中国最博学之人";被大师梁启超由衷佩服为"陈先生的学问胜过我";与蒋介石谈话也高跷二郎腿;数次大骂蒋介石的狂人傅斯年对陈寅恪毕恭毕敬,惊叹"陈先生的学问近三百年来一人而已"。"独立精神,自由思想"就出自清华大学国学大师陈寅恪先生为王国维纪念碑所写的碑文。

沈鲁报道:"有大学,方有大国。正如金耀基先生所言,大学与现代化中国发展有着非常密切的关系,从今天大学的情形差不多可以看到三十年以后中国整个社会的情形。引申其意,不外乎:大学无生气,未来无希望,精神不独立,思想不解放,人才不积累,薪火无传承。与以往不同的是,四位教育家的思考已溢出狭义的大学教育体制改革范畴,直指中国未来发展之基和动力之源——不独立,则无大学;无大学,则无大国。"[④]

（六）"双一流"首先表现在强大的科研竞争上

记者蔡蕴琦、张琳报道:"整个东亚要培养创新人才都很难。剑桥大学副校长尹·莱斯里认为世界一流大学不能太多,多了肯定称不上一流了,中国完全有希望发展世界一流大学。他表示,建设一流大学首先表现在强大的科研竞争上,需要充

①　韩声江.日本 17 年拿 17 个诺奖,获奖者及名古屋大学校长却开始反思[Z].澎湃新闻,2016-10-27.

②　杨汀.京都大学何以成为日本诺奖得主摇篮——访京大校长山极寿一[Z].新华网,2016-05-12.

③　任羽中.大学要守住根本[N].人民日报,2016-12-27.

④　沈鲁."不独立,无大学"——刘道玉、杨福家、朱清时谈大学教育制度改革[Z].财经网,2011-05-10.

足的科研经费,有一流的科研;其次,不仅是科研一流,教育一流不可或缺,且需要长期努力的过程。"①

董洪亮报道:"据统计,20 世纪获得诺贝尔自然科学奖的 466 位科学家中,41.63%具有学科交叉背景,特别是最后 25 年,交叉学科背景获奖者占获奖总人数的 49.07%。这说明跨学科知识结构是一流人才素质的核心要素、显著特征。"②

(七)"双一流"大学的底线是建立现代大学制度

吕春荣报道:"中国教育科学研究院研究员储朝晖向中新网记者表示,世界一流大学的建设标准,在底线上有相同点,顶端则没有相同点,所以并没有统一的衡量标准。从'底线'上说,世界一流大学有相同点,都有建立现代大学制度,拥有学校内部的治理意识,以及专业的管理制度等,但'顶端'没有相同点,一流大学不尽相同,其各有特色,各有长处。学校章程就是一个起步点。当前各高校最该练的'内功'便是要把大学章程设计好,学校要依章办学,而不是将章程挂在墙上,要让章程真正实行,并起到规范治理学校的作用。欲速则不达,创建世界一流大学还是要依照大学发展的内在规律,切勿拔苗助长,过度求快。"③

试想,一个尚未建立现代大学制度的高校怎么能建设"双一流"大学?"学校章程就是一个起步点",遗憾的是相当多的高校只是将章程写在纸上,挂在墙上,高校的治理结构规范了吗? 运行得如何? 再举一个小例子,"招生自主权"在章程中规定了,《教育部关于在部分高校开展基础学科招生改革试点工作的意见》明确提出"2020 年起,原有高校自主招生方式不再使用"。

(八)"双一流"大学应有示范效应

在产业界有"一流企业定标准、二流企业做品牌、三流企业做产品""一流的企业做文化,二流的企业做标准,三流的企业做品牌,四流的企业做服务,末流的企业做制造""一流企业定标准、二流企业做品牌、三流企业卖技术、四流企业做产品"等说法。建议中国"一流大学"在定标准方面做出更大的贡献,诸如质量标准、拨款标准、开支标准、收费标准、绩效评价标准等,应在引领其他高校上起示范作用。

第三节　高等教育"双一流"建设资金研究

建设"双一流"大学,钱不是万能的,但没有钱是万万不能的,高校经费非常重

---

①　蔡蕴琦,张琳.国外名校校长:中国建成世界一流大学还需 20 年[N].扬子晚报,2010-05-03.

②　董洪亮.没有一流本科,很难成为一流大学[N].人民日报,2016-05-12.

③　吕春荣.中国大学明确"世界一流"时间表　哪些内功需修炼?[Z].中国新闻网,2015-11-06.

要。教育行政专家罗森庭格说过:"学校经费如同学校的脊梁。"①史密斯—巴克林协会是专门管理非营利组织的协会,在其组织撰写的一本专著中指出:"虽然金钱不是万能的,但是,没有金钱(和正确的财务管理方法),非营利组织就可能会陷入困境。组织需要及时、准确、有意义的财务信息,以评价当前的工作成果,并为未来做计划。"②耶鲁大学前任校长金曼·布鲁斯特(Kingman Brewster)指出:"大学有3项财产:蕴藏于教师队伍中的智力资本,校舍设施以及投资组合。"③

重点大学建设总是离不开财政资金的投入,中央政府对重点大学进行重点投资的建设,采用在预算中增加专项拨款的方式。本节阐述"双一流"建设资金管理的发展沿革。

一、"双一流"建设拨款的发展沿革

(一)"双一流"建设资金投入的发展沿革

1. 计划经济时期(1949 年 10 月—1992 年 10 月)

1951 年 12 月 1 日,《中共中央关于实行精兵简政、增产节约、反对贪污、反对浪费和反对官僚主义的决定》指出:"文化教育经费的分配,应采取一般维持、重点建设的方针。"

1961 年 9 月 15 日,中共中央颁布的《教育部直属高等学校暂行工作条例(草案)》第四十二条规定:"财务工作必须精打细算,厉行节约。一切开支都必须严格遵守财务制度。采购物资必须遵守国家的规定和市场管理。要定期清查帐(账)目,杜绝浪费和贪污现象。"

1985 年 5 月 27 日,《中共中央关于教育体制改革的决定》指出:"发展教育事业不增加投资是不行的。在今后一定时期内,中央和地方政府的教育拨款的增长要高于财政经常性收入的增长,并使按在校学生人数平均的教育费用逐步增长。现在,各级都有一些领导干部,宁肯把钱花在并非必要的方面,对于各种严重浪费也不感到痛心,唯独不肯为发展教育而花一点钱,这种状况必须改变。"

2. 市场经济时期(1992 年 11 月至今)

(1)"211 工程"建设资金

1995 年 10 月 17 日,国家计委、教委、财政部印发的《"211 工程"总体建设规划》(计社会〔1995〕2081 号)指出:"'211 工程'所需建设资金,采取国家、部门、地方和高等学校共同筹集的方式解决。按现行高等教育管理体制,建设资金主要由学校所属的部门和地方政府筹措安排,中央安排一定的专项资金给予支持,对工程建

① 盖浙生.教育经济学[M].台北:三民书局,1982:89.
② 史密斯—巴克林协会.非营利管理[M].孙志伟,罗陈霞,译.2 版.北京:中信出版社,2004:83.
③ 拉普斯基,莫克.高校的财务运作[M].李正,主译.王晖,主校.北京:中国财政经济出版社,2004:59.

设起推动、引导和调控作用。部门和地方政府的专项资金,要优先保证国家重点学科、高等教育公共服务体系建设的需要,并安排好有关高等学校上水平所必需的基础设施建设。中央专项资金主要用于补助国家重点学科的高等教育公共服务体系的建设,补助少数高等学校整体水平提高所需基础设施的建设。中央专项资金以1995年的3.5亿元为基础,到'九五'期末安排21~25亿元,此外,国家计委'九五'期间将继续安排重点大学建设专项投资3.8亿元,统筹用于'211工程'建设。在国家财政安排增加预算内投资的情况下,中央专项资金在此基础上争取有所增加。中央专项资金中国家计委和财政部的分担比例为6.5∶3.5。'211工程'专项资金专款专用,单独核算。中央专项资金(含重点大学建设专项投资)将根据各重点建设的高等学校和重点学科的具体任务确定安排额度。原则上,对确定重点建设的2所高校的安排为其总建设资金的75%,对国家教委和中央部门所属高校根据不同情况安排50%左右,地方高校不超过25%。"

1998年1月26日,"211工程"部协调小组办公室印发的《"211工程"建设实施管理暂行办法》(211部协办〔1998〕1号)第十五条指出:"211工程所需资金,采取中央、地方政府和高等学校共同筹集的方式解决。"第十六条指出:"中央专项资金主要用于支持部分高等学校重点学科建设项目、高等学校公共服务体系的建设以及支持个别高等学校重点学科所需基础设施的建设。有关主管部委或地方政府的专项资金,要优先保证有关学校国家重点学科及公共服务体系建设的需要,并安排好与行业、地区经济建设和社会发展密切相关学科的建设以及重点学科建设所需的基础设施建设。"第十七条指出:"211工程专项资金的使用和管理,按国家教委、国家计委、财政部发布的《211工程专项资金管理暂行办法》的规定执行。"

2002年9月2日,《国家计委、教育部、财政部印发关于"十五"期间加强"211工程"项目建设的若干意见的通知》(计社会〔2002〕1505号)指出:"建设资金安排及相关政策:①'211工程'建设的资金采取国家、部门、地方和高等学校共同筹集的方式解决。中央安排专项资金60亿元,其中由国家计委安排25亿元,财政部安排25亿元,教育部在2002年《面向21世纪教育振兴行动计划》中安排10亿元。有关部门和地方政府负责安排配套资金,相应加大投入力度,'211工程'院校也要自行筹集一定的建设资金。同时,鼓励引入社会和境外资金。②中央专项资金主要用于重点学科和公共服务体系建设,有关部门和地方政府的配套资金主要用于相关基础设施和人才队伍建设。③中央专项资金的分配,将结合'九五'期间'211工程'资金安排、《面向21世纪教育振兴行动计划》等重大项目投入情况和'十五'期间加强建设的具体任务,进行统筹安排。④根据建设任务,对全国高等教育公共服务体系和'211工程'院校(重点学科和校内公共服务体系)分别安排中央专项资金予以支持,但仍统筹安排在高等学校中进行建设,以实现有效使用和发挥综合效益。"

2003 年 8 月 1 日,财政部、国家发展和改革委员会、教育部印发的《"211 工程"专项资金管理办法》(财教〔2003〕80 号)第三章"支出管理"第十三条指出:"'211 工程'中央专项资金主要用于重点学科项目和公共服务体系项目的建设。有关部门和地方政府的专项资金,在优先保证重点学科和公共服务体系项目建设需要的基础上,主要用于师资队伍和与重点学科建设密切相关的基础设施建设。"第十四条指出:"'211 工程'专项资金支出分为基建项目支出和其他项目支出两大类。"第十五条指出:"基建项目支出按照现行有关基本建设投资管理办法进行管理。"第十六条指出:"其他项目支出包括项目业务费和工程管理费。项目业务费是指项目学校在项目实施过程中发生的人工费、业务费、设备购置费、修缮费和其他费用。设备购置费、修缮费(限额以上的修缮工程)以经过招投标后签订的正式采购合同或协议为依据列支。其他业务费用的开支按国家有关规定执行。工程管理费是指'211 工程'部际协调小组办公室在实施工程管理过程中所必需开支的经费,其管理办法另行制定。"第十七条指出:"'211 工程'专项资金不得用于各种罚款、还贷、捐赠赞助、对外投资以及与'211 工程'项目无关的其他支出。"

2003 年 8 月 25 日,"211 工程"部际协调小组办公室印发的《"211 工程"建设实施管理办法》(211 部协办〔2003〕1 号)第十三条指出:"'211 工程'所需建设资金,采取中央、有关主管部委、地方政府和高等学校共同筹集的方式解决。同时,鼓励引入社会和境外资金进行建设。"第十四条指出:"中央专项资金主要用于重点学科项目和公共服务体系的建设。有关主管部委或地方政府的专项资金,要在优先保证重点学科项目和公共服务体系项目建设需要的基础上,重点用于师资队伍和与重点学科建设密切相关的必要配套基础设施建设。"第十五条指出:"'211 工程'专项资金的使用和管理,按财政部、国家发展和改革委员会、教育部发布的《'211 工程'专项资金管理办法》的规定执行。"

2008 年 2 月 19 日,国家发展和改革委员会、教育部、财政部印发的《高等教育"211 工程"三期建设总体方案》(发改社会〔2008〕462 号)指出:"'211 工程'三期建设资金安排:①'211 工程'三期建设的资金采取国家、部门、地方和高等学校共同筹集的方式解决。中央安排专项资金 100 亿元,其中国家发展改革委、财政部各安排 50 亿元。有关部门、地方政府及高等学校相应增加投入,负责落实各自应承担的资金。同时积极鼓励和引导社会资金投入。②中央专项资金主要用于重点学科建设、创新人才培养和师资队伍建设、全国高等教育公共服务体系建设方面,结合目前正在实施的高等教育重大建设项目和'211 工程'三期建设的具体任务统筹安排。③鼓励有关主管部门或地方政府根据行业发展需要和地方经济社会发展需要,积极增加投入,在现有'211 工程'学校内统筹安排重点学科、人才培养和师资队伍、公共服务体系以及必要的基础设施建设。"

2009 年 8 月 26 日,教育部、国家发展改革委、财政部联合下发的《关于印发高等教育"211 工程"三期建设规划的通知》(教重〔2009〕1 号)指出:"'211 工程'三期建设资金由国家、部门、地方和'211 工程'学校共同筹集。中央安排专项资金 100亿元,由国家发展改革委、财政部各安排 50 亿元。有关部门、地方政府及高等学校相应增加投入,负责落实各自应承担的资金。鼓励吸引社会资金投入。中央专项资金主要用于重点学科建设、创新人才培养和队伍建设、全国高等教育公共服务体系建设方面,以及对建设成效显著的学校给予适当奖励。其中,国家发展改革委的资金侧重于安排能源、信息、资源环境、基础产业和高新技术、医药卫生、农林、新兴交叉学科等领域重点学科建设,以及中国教育和科研计算机网、高等学校仪器设备和优质资源共享系统等公共服务体系建设;财政部的资金侧重于安排人文社会、经济、政法、管理、基础科学等领域重点学科建设,创新人才培养和队伍建设,以及高等教育文献保障体系建设。"

2010 年 1 月 30 日,《教育部、国家发展和改革委员会、财政部关于补充高等教育"211 工程"三期建设规划的通知》(教重〔2010〕1 号)指出:"本次补充规划的重点学科建设项目共计 29 项,涵盖 15 个二级领域,总投资约 4 亿元,拟安排中央专项资金约 1.5 亿元。其中,人文社会科学领域 4 项;政法领域 3 项;管理领域 2 项;基础科学领域 3 项;信息领域 1 项;资源环境领域 1 项;基础产业文件 18 和高新技术领域 4 项;医药卫生领域 3 项;农林领域 8 项。"

(2)"985 工程"建设资金

2010 年 12 月 6 日,财政部、教育部印发的《"985 工程"专项资金管理办法》(财教〔2010〕596 号)第十二条指出:"'985 工程'专项资金支出包括人员经费、业务费、设备购置费、维修费、项目管理费等。①人员经费。指在'985 工程'建设中,用于引进、聘任一流科学家、学科领军人才、紧缺人才和优秀群体所发生的支出。人员经费支出必须符合国家有关政策规定,有利于促进项目学校人事管理制度的改革和创新,有利于建立以竞争、流动为核心的人才激励机制、人才评价机制和与之相适应的收入分配机制。②业务费。指为完成'985 工程'建设任务而必须开支的办公费、印刷费、邮电费、交通费、差旅费、会议费、培训费、劳务费、租赁费等专项业务支出。③设备购置费。指为完成'985 工程'学科体系建设、拔尖创新人才培养、队伍建设等任务而购置必要的教学、科研仪器设备等支出。④维修费。指用于与'985 工程'相关的教学、科研仪器和实验设备、教学科研用房和附属设施的修理、维护以及提供条件支撑的教学科研基础设施改造所发生的支出。⑤项目管理费。指'985 工程'办公室和'985 工程'专家委员会在实施工程管理过程中所必须开支的经费,主要包括:项目论证、验收及召开必要的会议所需的会议费、差旅费、专家劳务费、办公用品购置费、印刷费、邮电通讯费、交通费,国际交流与合作的招待费、出国费等。"第十三条指出:"'985 工程'专项资金的开支范围和标准按照国家有关规定执行。"第十四条指出:"凡纳入政府采购的支出项目,应按照《中华人民共和国政府采购法》的有关规定实施政府采购。"第十五条指出:"'985 工程'专项资金不得用于偿还贷款、支付罚款、捐赠、赞助、对外投资等支出,不得用于'985 工程'建设项目之外的人员经费支出以及与'985 工程'建设项目无关的日常公用经费开支,不得作为其他项目的配套资金,也不得用于按照国家规定不得列支的其他支出。中央财政专项资金不得用于基本建设项目支出。"

2013 年 1 月 6 日,教育部、财政部印发的《"985 工程"建设管理办法》(教重〔2013〕1 号)第十四条指出:"'985 工程'专项资金来源包括中央财政专项资金、地方人民政府共建资金、学校主管部门共建资金以及学校自筹资金。"第十五条指出:"中央财政专项资金重点用于'985 工程'学校实现学科建设新的突破、加快建成一批达到国际先进水平的学科、推进拔尖创新人才培养的改革试点、加快引进和造就学术领军人物和创新团队、加快提升自主创新和社会服务能力、开展高水平国际交流与合作等方面。"第十六条指出:"地方人民政府共建资金、学校主管部门共建资金以及学校自筹资金,根据地方人民政府、有关部门规定和学校'985 工程'总体规划和改革方案统筹安排。"第十七条指出:"'985 工程'专项资金的使用和管理,按照《财政部、教育部关于印发〈'985 工程'专项资金管理办法〉的通知》(财教〔2010〕596 号)执行。"

(3)"2011 计划"建设资金

2012 年 3 月 15 日,《教育部 财政部关于实施高等学校创新能力提升计划的意见》(教技〔2012〕6 号)指出:"中央财政设立专项资金,对经批准认定的'2011 协同创新中心',可给予引导性或奖励性支持。"

2012 年 5 月 4 日,《教育部 财政部关于印发高等学校创新能力提升计划实施方案的通知》(教技〔2012〕7 号)指出:"中央财政设立专项资金,对经批准认定的'2011 协同创新中心',可给予引导性或奖励性支持,主要用于协同创新中心开展协同创新活动和形成协同创新机制直接相关的开支,不得用于与协同创新中心无关的支出。具体开支范围和资金核定办法由财政部、教育部在资金管理办法中另行规定。牵头和参与单位须严格按照国家财政的有关规定,加强对专项资金的监督和管理,专款专用,不得挤占、截留和挪用,并接受财政、审计等有关部门的监督检查。专项资金使用管理情况将作为中心年度检查和阶段评估的重要依据。一旦发生违规违纪现象,将从严从重处罚。情节严重的,可直接撤销'2011 协同创新中心'。"

(二)"211 工程""985 工程"和"2011 计划"共投入多少资金

(1)"211 工程"共投入多少资金? 368.26 亿元。记者报道:"财政部教科文司司长赵路说,自 1995 年'211 工程'立项以来,中央财政不断加大投入力度,'一期投入 27 亿 5 500 万,二期是 60 多亿,三期是 100 个亿'。"[①]记者冯琪报道:"'211 工

---

① 萧晶."211 工程"三期建设将投 100 个亿[N].每日经济新闻,2008-03-26.

程'重点建设高校的数量由 50 所扩展到 112 所,而国家投入资金也远远超出 50 亿元。据教育部公布的数据,从 1995 年到 2005 年,'211 工程'共完成投资 368.26 亿元,其中中央专项资金 78.42 亿元。'985 工程',共分 3 期,建设 39 所高校。教育部公布的数据显示,'985 工程'的投入力度较'211 工程'大幅增加,仅'211 工程'一期投入就达 255 亿元,其中中央专项资金投入 140 多亿元。"[1]别敦荣指出:"统计表明,1995 年到 2005 年期间,'211 工程'筹集建设资金总量约为 368 亿元。其中,用于重点学科建设的资金占 45%,高等教育公共服务体系建设、基础设施建设资金和配套设施建设的资金占 55%。"[2]

笔者认为,368 多亿元可靠,其实不止,笔者曾任中国矿业大学财务处长,当时煤炭部所属各董事会单位(大矿务局)每年资助 100 万~200 万元不等。

(2)"985 工程"共投入多少资金? 记者马海燕报道:"超过 450 亿元人民币将投入新一轮'985 工程'高校建设。前两期投入分别达到 227.7 亿元和 225.83 亿元,共支持 32 所重点高校建设。"[3]三期共投入 903.53 亿元。

(3)"2011 计划"投入多少资金? 财政部网站 2013 年 10 月 17 日披露,中央财政下拨 2013 年"2011 计划"专项资金 5 亿元,主要用于创新团队建设、拔尖创新人才培养、合作交流、日常运行等方面,重在推动协同创新中心体制机制和模式平台的改革创新,提升高校创新能力。其中,科学前沿类每个中心 5 000 万元(共 4 个),文化传承类、行业产业类、区域发展类每个中心 3 000 万元(共 10 个)。

三者相加:368.26 亿元+903.53 亿元+5 亿元=1 276.79 亿元。[4]

二、"双一流"高校经费收入结构研究

(一) 国外一流大学经费收入结构简介

1. 世界一流公立大学的收入结构

罗建平、马陆亭的研究显示,东京大学的收入结构包括:运营费交付金拨款,占总收入的 42%;附属医院收入,占总收入的 18%;合同研究收入;学费、入学注册费、审查费收入,占当年总收入的 9%左右;捐赠收入和其他收入。[5]

Long、Michael (2002)通过对于澳大利亚大学的研究,发现澳大利亚经费来源渠道主要包括:政府拨款、学费资助、校企合作以及在社会上提供有偿服务等。[6]

---

① 冯琪.985、211 成为历史? 高校标签固化等弊病仍需破除[N].新京报,2019-12-11.

② 别敦荣.论"双一流"建设[J].中国高教研究,2017(11):7-17.

③ 马海燕.逾 450 亿投入新一轮"985 工程"高校建设[Z].中国新闻网,2012-12-27.

④ 限于收集数据局限,此数字是不完全统计。

⑤ 罗建平,马陆亭.东京大学教育经费与发展战略的联动[J].高等工程教育研究,2010(6):130-135.

⑥ Long, Micheal. Higher Education Policy and Management[J]. Journal of the Programme on Institutional Management in Higher Education,2002(3):127-143.

朱莺的研究表明,2002—2011 年美国十所公立研究型大学政府拨款在收入结构中来源逐年下降:2001—2002 年为 46.6%,2007—2008 年为 39.7%,2008—2009 年为 36.7%,2009—2010 年为 33.6%,2010—2011 年为 32.7%。[①]

邢丽娜指出:"为考察世界一流公立大学的经费水平,选取美国世界一流公立大学与美国四年制公立大学 2013—2014 年度的收支数据。11 所一流公立大学是加州大学伯克利分校(UC-Berkeley)、加州大学洛杉矶分校(UCLA)、密歇根大学安娜堡分校(UM-AnnArbor)、西雅图华盛顿大学(UW-Seattle)、伊利诺伊大学厄巴纳香槟分校(UIUC)、加州大学圣地亚哥分校(UCSD)、加州大学圣塔芭芭拉分校(UCSB)、佐治亚理工学院(Gatech)、加州大学戴维斯分校(UC-Davis)、威斯康星大学麦迪逊分校(UW-Madison)和明尼苏达大学双城分校(UM-Twin Cities)。11 所美国一流公立大学的总收入为 40 020 620 515 美元,占美国四年制公立大学总收入的 13.5%,1.6% 的学校占据超过十分之一的收入,可见一流公立大学财力雄厚。平均一所美国四年制公立大学的总收入是 430 145 663 美元,而平均一所美国一流公立大学的总收入是 3 638 238 229 美元,一流公立大学是全美公立大学的8.5 倍;美国四年制公立大学的生均收入是 30 454 美元,而美国一流公立大学的生均收入是 92 736 美元,一流公立大学是全美公立大学的 3.0 倍。"[②]

邢丽娜指出:"根据 11 所一流公立大学各项收入占比均值,可以看出一流公立大学各收入类别的次序为:政府收入(包括拨款、补助和合同收入)>营业和服务收入>学杂费收入>其他收入>投资收入≈捐赠收入;而全美公立大学各收入类别的次序为:政府收入>营业和服务收入=学杂费收入>其他收入>投资收入>捐赠收入>独立运作收入。"[③]

2. 世界一流私立大学的收入结构

顾燕鸿、王一涛的研究显示,世界一流私立大学经费筹措渠道主要是:学费收入、政府拨款、捐赠收入、附属机构收入以及投资收入。[④]

邢丽娜指出:"为考察世界一流私立大学的经费水平,选取美国世界一流私立大学与美国四年制私立非营利大学 2013—2014 年度的收支数据。17 所一流私立大学是加州理工学院(CIT)、斯坦福大学(Stanford)、麻省理工学院(MIT)、哈佛大学(Harvard)、普林斯顿大学(Princeton)、芝加哥大学(UChicago)、约翰斯·霍普

① 朱莺.美国公立研究型大学的财政变迁及其影响——基于美国 10 所大学 2002—2011 年财务报告分析的研究[D].上海:华东师范大学,2013:15.
② 邢丽娜.世界一流大学经费水平和结构研究——基于 30 所研究型大学的数据分析[D].杭州:浙江工业大学,2017:19-20.
③ 邢丽娜.世界一流大学经费水平和结构研究——基于 30 所研究型大学的数据分析[D].杭州:浙江工业大学,2017:30-31.
④ 顾燕鸿,王一涛.世界一流私立大学经费收支问题及启示[J].现代教育科学,2016(10):143-150.

金斯大学(JHU)、耶鲁大学(Yale)、哥伦比亚大学(Columbia)、康奈尔大学(Cornell)、杜克大学(Duke)、卡内基梅隆大学(CMU)、西北大学(Northwestern)、纽约大学(NYU)、布朗大学(Brown)、圣路易斯华盛顿大学[WU(St. Louis)]和南加利福尼亚大学(USC)。17所美国一流私立大学的总收入为77 720 075 471美元,占美国四年制私立非营利大学总收入的34.1%,1.1%的学校占据超过三分之一的收入,可见一流私立大学财力雄厚。平均一所美国四年制私立非营利大学的总收入是143 814 198美元,而平均一所美国一流私立大学的总收入是4 571 769 145美元,一流私立大学是全美私立大学的31.8倍;美国四年制私立非营利大学的生均收入是47 360美元,而美国一流私立大学的生均收入是245 815美元,一流私立大学是全美私立大学的5.2倍。"[①]

邢丽娜指出:"根据17所一流私立大学各项收入占比均值,可以看出一流私立大学各收入类别的次序为:投资收入>学杂费收入≈私人缔约和捐赠收入>政府补助和合同收入≈营业和服务收入>独立运作收入>其他收入;而全美私立大学各收入类别的次序为:学杂费收入>投资收入>营业和服务收入>私人缔约和捐赠收入≈政府补助和合同收入>其他收入>独立运作收入。"[②]

3. 世界一流公立大学与私立大学收入结构的比较

(1) 一流私立大学主要收入来源是投资收入

邢丽娜指出:"平均一所一流私立大学超过三分之一的收入来源是投资收入,其中普林斯顿大学80.4%的收入来自投资收入,17所一流私立大学中有四成以上投资收入超过33.9%,有六成以上投资收入超过全美私立大学(25.0%),这说明投资收入已成为一流私立大学最主要收入来源,全美私立大学在投资收入方面与一流私立大学存在较大差距。"[③]

牛妍妍指出:"2015年,普林斯顿大学的投资收入占比最高,约为54.3%,投资收入占总收入比重超过20%的大学还有爱丁堡大学(29.4%)、斯坦福大学(26%)和哈佛大学(25.9%),这些大学中能够获得显著收益的投资主要包括股票,短期票据债券,认购股权证等。"[④]

(2) 公立大学政府拨款在收入结构中高于私立大学

邢丽娜指出:"一流公立大学最主要的收入来源是各类政府收入,一流私立大

---

① 邢丽娜.世界一流大学经费水平和结构研究——基于30所研究型大学的数据分析[D].杭州:浙江工业大学,2017:23-24.

② 邢丽娜.世界一流大学经费水平和结构研究——基于30所研究型大学的数据分析[D].杭州:浙江工业大学,2017:36.

③ 邢丽娜.世界一流大学经费水平和结构研究——基于30所研究型大学的数据分析[D].杭州:浙江工业大学,2017:37.

④ 牛妍妍.世界一流大学经费收支结构研究及其对我国的启示[D].徐州:江苏师范大学,2017:28.

学是投资收入。各类政府收入在一流公立大学收入结构中占比 32.8％。11 所一流公立大学中,佐治亚理工学院政府收入比例最高为 52.0％,密歇根大学安娜堡分校政府收入比例最低为 14.7％。11 所一流公立大学中佐治亚理工学院、明尼苏达大学双城分校、威斯康星大学麦迪逊分校、加州大学伯克利分校和加州大学圣塔芭芭拉分校的政府收入比例都达到总收入的三分之一以上。投资收入在一流私立大学收入结构中占比 33.9％。17 所一流私立大学中,普林斯顿大学投资收入比例最高为 80.4％,纽约大学投资收入比例最低为 7.5％。17 所一流私立大学中普林斯顿大学、耶鲁大学、哈佛大学和斯坦福大学的投资收入比例都达到总收入的一半以上。而一流公立大学中只有密歇根大学安娜堡分校投资收入比例为 21.1％,11 所一流公立大学中仅有密歇根大学安娜堡分校和西雅图华盛顿大学两所大学投资收入比例超过 7.5％,36.4％的一流公立大学投资收入比例不大于 1.0％。因此,可观的投资收入是一流私立大学收入结构区别于一流公立大学最主要的特征。"[1]

(3) 私立大学学杂费在收入结构中低于公立大学

邢丽娜指出:"一流私立大学对学杂费的依赖程度低于一流公立大学。学杂费收入在一流私立大学收入结构中占比 13.3％,在一流公立大学中占比 18.3％,一流公立大学学杂费收入比一流私立大学高出 5 个百分点。一流私立大学中,卡内基梅隆大学学杂费收入比例最高为 32.2％,加州理工学院最低为 1.6％;一流公立大学中,加州大学圣塔芭芭拉分校学杂费收入比例最高为 30.2％,加州大学洛杉矶分校最低为 10.7％。17 所一流私立大学中有 70.6％的学校的学杂费收入比例低于 18.3％,而 11 所一流公立大学中有 63.6％的学校的学杂费收入比例高于 13.3％。因此,一流私立大学对学杂费的依赖程度低于一流公立大学。此外,一流大学对学杂费收入的依赖程度均低于全美大学。"[2]

牛妍妍指出:"2015 年,学费收入占比最高的大学是美国的波士顿大学,约为 53.6％;占比最低的是普林斯顿大学,同样位于美国,仅为 6.9％。波士顿大学和普林斯顿大学同为私立大学,其 2015 年总收入也极为接近,分别为 17.62 亿美元和 16.21 亿美元,学费收入占比相差较大主要是由于普林斯顿大学追求的是'小而精'的办学理念,其学校规模不大,学校招生数量也不高,学费收入并不是其经费来源的主渠道。"[3]

朱莺指出:"学费收入赶超公共拨款。各个大学的学费收入随着学费水平的飙升水涨船高是板上钉钉的事实。2011 年,各所大学的学费收入比 2002 年均增长

① 邢丽娜.世界一流大学经费水平和结构研究——基于 30 所研究型大学的数据分析[D].杭州:浙江工业大学,2017:40-41.
② 邢丽娜.世界一流大学经费水平和结构研究——基于 30 所研究型大学的数据分析[D].杭州:浙江工业大学,2017:41.
③ 牛妍妍.世界一流大学经费收支结构研究及其对我国的启示[D].徐州:江苏师范大学,2017:23.

1~3倍。其中,加州大学伯克利分校、加州大学戴维斯分校和阿拉巴马三所大学的学费收入10年来始终保持着两位数的年均增长,阿拉巴马大学年均增长更是达到16.3%。阿拉马大学的学费水平在十所大学中一直较低,但其学费上涨的幅度也相当大。2002—2003学年,阿拉巴马州内学生学费仅为3 556美元,到了2010—2011年度,学费上涨了122%,达到近8 000美元,州外学生学费更是上涨了133%,达到2.3万美元。爱荷华州立大学学费收入也是十所大学中增长最缓慢的,年增长率仅为4.1%,是唯一一所年均增长率低于7.5%的高校。"①

(4) 私立大学捐赠收入在收入结构中高于公立大学

邢丽娜指出:"一流私立大学捐赠收入表现更佳。私人缔约和捐赠收入在一流私立大学收入结构中占比12.8%,而捐赠收入在一流公立大学中占比4.2%。一流私立大学中,西北大学私人缔约和捐赠收入比例最高为21.0%,普林斯顿大学最低为4.5%;一流公立大学中,威斯康星大学麦迪逊分校捐赠收入比例最高为10.0%,加州大学戴维斯分校最低为1.7%。由此可以看出,一流私立大学获得了更多的捐赠收入。"②

(5) 公立大学营业和服务收入在收入结构中高于私立大学

邢丽娜指出:"一流公立大学营业服务收入更佳。营业和服务收入在一流公立大学收入结构中占比28.0%,而在一流私立大学中占比11.5%。11所一流公立大学中,加州大学洛杉矶分校营业和服务收入比例最高为54.1%,加州大学伯克利分校最低为9.5%,81.8%学校的营业和服务收入比例超过11.5%;17所一流私立大学中,杜克大学营业和服务收入比例最高为40.4%,加州理工学院最低为1.2%,94.1%学校的营业和服务收入比例不足28.0%。由此可以看出,一流公立大学获得了更多的营业和服务收入。因此,一流私立大学在开拓渠道获取来自校友和合作伙伴们的捐赠收入方面表现更佳,而一流公立大学经营教育活动、附属企业和医院中获取的销售和服务收入方面表现更佳。"③

(二) 国内一流大学经费收入结构

2019年11月30日,北京大学校长郝平在北京大学校友会第九届理事会第三次会议暨第十三次校友工作研讨会指出:"经过多年的努力,北京大学已经基本接近世界一流大学前列。2020年北京大学将建成世界一流大学,2030年北京大学将位居世界一流大学的前列。近7万人的北京大学去年的总收入达到340亿元(含

① 朱莺.美国公立研究型大学的财政变迁及其影响——基于美国10所大学2002—2011年财务报告分析的研究[D].上海:华东师范大学,2013:36.
② 邢丽娜.世界一流大学经费水平和结构研究——基于30所研究型大学的数据分析[D].杭州:浙江工业大学,2017:41.
③ 邢丽娜.世界一流大学经费水平和结构研究——基于30所研究型大学的数据分析[D].杭州:浙江工业大学,2017:41.

附属医院等收入)。北大也是学科门类最为齐全的大学。在刚刚结束的两院院士增选上,北大新增 7 人,使北大两院院士达到 101 位,突破了三位数。"

李勇指出:"2014 年,哈佛大学、斯坦福大学、MIT、伯克利分校、剑桥大学和牛津大学年度收入分别达 44 亿美元、45 亿美元、29 亿美元、23 亿美元、23 亿美元和 18 亿美元。同年,清华大学经费收入达 20 亿美元,北京大学达 14 亿美元,已经超过或接近牛津大学 18 亿美元的收入,但是仍然不及斯坦福大学和哈佛大学的一半,特别是世界一流大学生均支出远高于我国重点大学。"①

邢丽娜指出:"根据北京大学和清华大学各项收入比例,可以看出两所大学各收入类别的次序为:事业收入>财政拨款收入>其他收入>捐赠收入,其余收入类别占比非常小可以忽略不计。根据北京大学和清华大学各项支出比例,可以看出北京大学各支出类别的次序为:教育支出>科学技术支出>住房保障支出;清华大学各支出类别的次序为:教育支出>(医疗卫生与计划生育支出)>科学技术支出>住房保障支出。其余收入类别占比非常小可以忽略不计。"②

(三) 国外一流大学经费收入结构对我国的启示

1. 国外一流公立大学经费收入结构多元性比较均衡

从上可以看出,国外一流公立大学经费收入结构中,财政拨款、学杂费收入、捐赠收入、营业和服务收入等比较均衡,捐赠收入与营业和服务收入也比较多;而我国著名公立大学经费收入结构中,财政拨款和学杂费收入比较多,捐赠收入与营业和服务收入等非常少。赵婀娜、赵丹报道:"在当前我国高校总收入的大盘子中,捐赠收入仅占 0.5%,八成为学费收入和财政收入。中央高校还相对较好,地方高校依赖财政则更为严重。"③

2. 国外一流私立大学经费收入结构中学杂费并非主要收入

国外一流私立大学投资收入和捐赠收入比较多,而我国民办高校主要依靠学杂费收入;国外一流私立大学政府拨款占总收入的比重也比我国民办高校高。牛妍妍指出:"2015 年,私立大学政府拨款占总收入比重约为 18%,而公立大学政府拨款占总收入的比重为 32.3%;政府拨款收入最高的是英属哥伦比亚大学,高达 13.06 亿美元,其政府拨款占总收入的比重也最高,为 61.4%;最低的是佛罗里达大学,仅为 0.45 亿美元,其政府拨款占比也最低,仅为 2.6%。"④邢丽娜指出:"一流私立大学中政府收入比例稍高的有麻省理工学院 26.0% 和约翰斯·霍普金斯大学 21.3%,17 所一流私立大学中仅有麻省理工学院、约翰斯·霍普金斯大学、卡

---

① 李勇.世界一流大学经费来源结构变化分析与启示[J].北京教育(高教版),2015(12):18-20.
② 邢丽娜.世界一流大学经费水平和结构研究——基于 30 所研究型大学的数据分析[D].杭州:浙江工业大学,2017:47-48.
③ 赵婀娜,赵丹.善用社会捐赠为一流大学建设添"翼"[N].人民日报,2017-05-18.
④ 牛妍妍.世界一流大学经费收支结构研究及其对我国的启示[D].徐州:江苏师范大学,2017:24.

内基梅隆大学和哥伦比亚大学四所大学政府收入比例超过 14.7%,41.2%的一流私立大学政府收入比例低于 10.0%。"①邢丽娜还指出:"一流私立大学政府补助和合同收入主要来自联邦政府。一流私立大学从政府获得的补助和合同收入比全美私立大学略高一个百分点,占比 12.2%。比例最高的麻省理工学院达 26.0%,是全美私立大学的 2.3 倍;比例最低的普林斯顿大学为 4.1%,不足全美私立大学的 0.4。同时,12.2%的补助和合同收入中有 11.8%来自联邦政府,即 96.7%来自联邦政府,全美私立大学也有 10.3%的补助和合同收入来自联邦政府。因此,对美国私立大学收入贡献度不高的政府收入主要来自联邦政府。"②

三、"双一流"高校经费支出结构研究

(一) 国外一流大学经费支出结构简介

1. 教育经费支出按"经济性质"分类

朱莺指出:"九所大学③在教学功能方面的支出无论是数额还是比例都是最高的,这充分说明在一流公立研究型大学中,人才培养仍然是第一位的。从 2002—2011 年十年间的情况来看,教学支出在九个大学总支出的平均比重一直保持在 23%~26%之间,最高的是 2003 年的 25.9%,最低的是 2009 年的 23.5%。2010 年这一比重为 23.9%,较 2002 年下滑了 0.7%,比全美四年制公立大学 25.3%的平均教学支出比重略低,与四年制私立大学教学支出水平间的差距则达到 8.8%。2010 年平均教学支出达到 5.57 亿美元,是全美四年制大学平均值的约 10 倍,较 2002 年 3.69 亿上升了 50.9%。"④

邢丽娜指出:"一流私立大学重视研究投入,约两成支出用于研究。平均一所一流私立大学约五分之一的支出用于研究,其中麻省理工学院 42.4%是研究支出,17 所一流私立大学中有三成以上研究支出超过 19.3%,近九成研究支出超过全美私立大学(10.3%),这说明一流私立大学非常重视研究投入,全美私立大学在研究支出方面与一流私立大学存在较大差距。"⑤

邢丽娜指出:"一流私立大学同样重视教学,教学支出略高于全美私立大学。

---

① 邢丽娜.世界一流大学经费水平和结构研究——基于 30 所研究型大学的数据分析[D].杭州:浙江工业大学,2017:40.

② 邢丽娜.世界一流大学经费水平和结构研究——基于 30 所研究型大学的数据分析[D].杭州:浙江工业大学,2017:37.

③ 加州大学伯克利分校从 2010 年起不再采用按支出功能划分的统计方式,且 2002—2009 年间也有部分数据缺失,为保持分析的客观性和准确性,这里不将该校教学支出纳入考察。

④ 朱莺.美国公立研究型大学的财政变迁及其影响——基于美国 10 所大学 2002—2011 年财务报告分析的研究[D].上海:华东师范大学,2013:61.

⑤ 邢丽娜.世界一流大学经费水平和结构研究——基于 30 所研究型大学的数据分析[D].杭州:浙江工业大学,2017:39.

教学支出是一流私立大学最主要的支出项目,平均一所一流私立大学 34.9% 的支出用于教学,一流私立大学能够同时兼顾教学和研究支出,在尽量扩大研究投入的同时,仍然为教学保持最大比例的支出。圣路易斯华盛顿大学 60.7% 是教学支出,17 所一流私立大学中有四成以上教学支出高于 34.9%,近六成教学支出高于全美私立大学(32.9%),这说明美国私立大学非常重视教学投入,一流私立大学和全美私立大学一样注重教学。"[1]

邢丽娜指出:"根据 11 所一流公立大学各项支出占比均值,可以看出一流公立大学各支出类别的次序为:教学支出≈研究支出>医院支出>附属企业支出≈学术支持支出>机构性支持支出>学生服务支出≈公共服务支出>学生奖助学金支出>其他支出;而全美公立大学各支出类别的次序为:教学支出>医院支出>研究支出>附属企业支出>机构性支持支出≈学术支持支出>设备运作和维修支出≈折旧支出>公共服务支出≈学生服务支出≈学生奖助学金支出>其他支出>利息支出>独立运作支出。"[2]

邢丽娜指出:"根据 17 所一流私立大学各项支出占比均值,可以看出一流私立大学各支出类别的次序为:教学支出>研究支出>机构性支持支出≈独立运作支出≈学术支持支出≈附属企业支出>学生服务支出≈医院支出>其他支出≈公共服务支出≈学生补助支出;而全美私立大学各支出类别的次序为:教学支出>机构性支持支出>研究支出≈医院支出>附属企业支出≈学术支持支出≈学生服务支出>独立运作支出≈其他支出≈公共服务支出≈学生补助支出。"[3]

2. 教育经费支出按"功能"分类

胡乐乐指出:"哈佛大学 2015 财政年度的运行总支出是 44.63 亿美元,其中薪水、工资和雇员福利支出 22.11 亿美元,奖学金和给学生的其他奖励支出 1.36 亿美元,设施、设备的购买和维护支出 2.53 亿美元,资产折旧 3.23 亿美元,服务购买支出 5.03 亿美元。此外,哈佛大学在这一财政年度给全校学生提供了 5.2 亿美元的财政援助。不过,这些钱对哈佛大学来说不算什么——哈佛大学 2015 财政年度的财政盈余高达 6 200 万美元,而且截至 2015 年 6 月 30 日,哈佛大学的净资产达到 446 亿美元——这主要得益于捐赠的增加和对捐赠的投资的回报。"[4]

顾燕鸿、王一涛的研究显示:世界一流私立大学经费支出由教职工薪水福利

---

[1] 邢丽娜.世界一流大学经费水平和结构研究——基于 30 所研究型大学的数据分析[D].杭州:浙江工业大学,2017:39.

[2] 邢丽娜.世界一流大学经费水平和结构研究——基于 30 所研究型大学的数据分析[D].杭州:浙江工业大学,2017:33.

[3] 邢丽娜.世界一流大学经费水平和结构研究——基于 30 所研究型大学的数据分析[D].杭州:浙江工业大学,2017:39.

[4] 胡乐乐.世界一流大学的界定、特征与我国的挑战[J].学位与研究生教育,2016(8):6-11.

支出、学术部门支出、附属机构运营支出、折旧支出以及学生奖助学金支出组成。[①]

罗建平、马陆亭的研究显示,东京大学的支出结构包括:教职员经费(包括全职和兼职教职工和管理人员工资,福利费用如保险金、退职金等,奖金、值班费、加班补贴等);教学科研费用(包括教育经费、研究经费、教育研究辅助费和资助项目费用。具体包括办公用品、实验用品费用,会议费,活动费,水电费,差旅费,校级奖学金,修缮费用即土地、建筑物、设备的修补费,医疗材料费,租费,停车费,折旧,其他经费等);学校附属医院费用(包括材料费,设施设备费,人员进修费,一般性营运费用如水电费等);管理费用(包括食堂以及学校宿舍所用经费,佣金,税金,广告费等)。[②]

朱莺指出:"以支出对象划分:2011 年北卡罗来纳大学教堂山分校总支出额度是 25 亿,比 2010 年增长了 5.8%。其中,工资(Salaries and Wages)和福利支出(Employee Benefits)是其财政支出中最大的一项,占了总支出的六成左右,其次是服务支出,包括附属企业、旅行、出版、邮递、税收、利息、广告、保险、电话等支出费用。原物料和设备支出,又称业务支出(Supplies and Materials),这部分的比例也较高,约占总支出的 7%,学生资助(Scholarships and Fellowships)和折旧(Depreciation)比例相当,两者共占总支出的 8%。公用事业费,又称公务支出(Utilities)所占的份额是最少的,仅为总支出的 3%。"[③]

朱莺指出:"2002—2011 年,工资和福利支出在加州大学伯克利分校、北卡罗来纳大学教堂山分校、加州大学戴维斯分校、华盛顿大学、佛罗里达大学、阿拉巴马大学中所占的平均比例一直稳定在 61% 左右,其中,工资占总支出的 45%~50%,福利支出比例介于 12%~15%。2011 年工资和福利支出比例最低的北卡罗来纳教堂山分校也仍达到 55.3%,最高的佛罗里达大学此项支出比例接近 68%,而哈佛大学的工资支出比例为 36.3%,福利支出比例为 11.8%。二者共占哈佛大学当年总支出的 48.1%,比北卡罗来纳大学教堂山分校还要低至少 7 个百分点。从数额上来看,几所大学的表现与哈佛大学相比也毫不逊色。2011 年六所大学中除阿拉巴马大学外,其余五所大学工资与福利支出均超过 12 亿元,其中加州大学戴维斯分校和华盛顿大学这项支出分别超过了 20 亿和 23 亿,是六所大学中该项支出经费最多的,哈佛大学当年约 14 亿的工资和福利支出与加州大学伯克利分校和北卡罗来纳教堂山分校不相上下,比支出数额最高的华盛顿大学要少近三分之二。"[④]

① 顾燕鸿,王一涛.世界一流私立大学经费收支问题及启示[J].现代教育科学,2016(10):143-150.
② 罗建平,马陆亭.东京大学教育经费与发展战略的联动[J].高等工程教育研究,2010(6):130-135.
③ 朱莺.美国公立研究型大学的财政变迁及其影响——基于美国 10 所大学 2002—2011 年财务报告分析的研究[D].上海:华东师范大学,2013:55.
④ 朱莺.美国公立研究型大学的财政变迁及其影响——基于美国 10 所大学 2002—2011 年财务报告分析的研究[D].上海:华东师范大学,2013:56-57.

朱莺指出:"2011年折旧占总支出比重最高的加州大学伯克利分校和戴维斯分校,两个学校此项支出比例都超过了7%,爱荷华州立大学和华盛顿大学紧随其后,折旧支出比重分别为6.9%和6.4%。北卡罗来纳大学教堂山分校则是唯一一所折旧支出占总支出比重小于5%的学校,此项比例仅为4.1%。从数额上看,华盛顿大学、得克萨斯奥斯汀大学和加州大学戴维斯分校折旧支出总额是六所学校中最大的,分别达到2.43亿、2.19亿和2.17亿美元。折旧支出超过一亿的高校依次有明尼苏达大学、加州大学伯克利分校、佛罗里达大学、密歇根州立大学和北卡罗来纳教堂山分校,其中,明尼苏达大学和加州大学伯克利分校此项支出高于1.5亿,其他几所学校此项花费则均介于1亿～1.5亿美元之间。爱荷华州立大学折旧支出比重虽然高,但在数额上却只有约6 500万,仅高于阿拉巴马大学,后者仅有不到5 000万的折旧支出,是六所大学中折旧支出最低的。"①

(二)国外一流大学经费支出结构对我国的启示

(1)国外一流大学经费支出结构中工资和福利支出较多,占了总支出的五成左右。

一份报告显示,2006年哈佛商学院募捐到6亿美元后,这笔钱的去向是:11 400万花在学生奖学金上,10 020万花在教授雇佣上,12 530万用于技术基础设施建设,12 750万用于全球性研究与国际交流,8 570万用于校园整修,6 000万作为机动基金。② 顾燕鸿的研究表明,教职工薪水福利支出是大学所有经费支出中的大头,在统计的10所世界一流私立大学中超出经费总支出的五成。③

(2)国外一流大学经费支出结构中有"折旧",我国在2019年执行《政府会计制度》后也体现出"折旧"。

(3)国外一流大学经费支出结构中的"资本性支出"每年比较均衡,而我国在新校区建设时暴涨,在新校区建设前后却趋低。

四、"双一流"大学需要提高资金使用效益

(一)"双一流"大学建设需要大量资金

2016年4月15日,李克强在北京大学召开高等教育改革创新座谈会时指出:"所以我们下决心,教育部要拿具体计划,支持100个世界一流学科建设,不仅提供资金支持,还有政策支持。今年的预算已经做完了,不行的话就从总理预备经费出。舍不得金弹子,打不了金凤凰。我们支持一流学科建设,但你们一定要建成在

① 朱莺.美国公立研究型大学的财政变迁及其影响——基于美国10所大学2002—2011年财务报告分析的研究[D].上海:华东师范大学,2013:74-75.
② 冯永刚."双一流"是靠钱"砸"出来的吗?[J].教育与教学研究,2017,31(6):106-129.
③ 顾燕鸿,王一涛.世界一流私立大学经费支出问题及启示[J].现代教育科学,2016(10):143-150.

世界上有竞争力的一流学科。"

美国哈佛大学德里克·博克指出:"大学的不断扩大要不遗余力地寻找基金,在高等教育竞争越来越激烈的今天,学校代表必须要更加机敏地从政府和个人手中得到资金,"他又说,"在几乎所有其他国家里,大学严重依赖政府,并在中央计划的指令下运行。"①

美国波士顿学院菲利普·G.阿特巴赫强调"钱"对于世界一流大学的重要性,他说:"比起其他大学,研究型大学是十分奢侈的机构,它们需要更多的资金,而且必须有足够、持续的财政预算,如果资金不足或者资金波动过大,它们将难以取得成功。"②

2001 年,季羡林在接受凤凰卫视主持人杨澜访谈时指出:"北京大学本来就已经是世界一流大学。但要更进一步,主要是钱的问题,教育经费的问题,如果没有钱,就请不到好教授,就不能把学办好。当好北大校长要会弄钱!就是能把经费提高,能把教育经费提高。"

洪成文指出:"构建中国特色的大学财政结构。中国的'双一流'建设要依靠资源,依靠钱。'双一流'建设的财政来源,要基于我国国情,走中国的道路。中国的道路行政推动力量十分强大,政府财政集聚能力非常强。因此,要形成公共拨款与自有资金的双轨制,政府的钱要继续增加,政府以外的钱也要积极吸纳。一方面,要加大政府投入,要以法规的形式规定增长比例,实现公共财政拨款的同步增长;另一方面,要积极开辟第二战场,开辟更多的经费渠道,不能只把注意力集中在'双一流'政府财政拨款的分割和抢夺上。要开辟经费的第二渠道,就要积极开展大学筹融资,让高校敢做,让高校想做,让高校会做。①让高校敢做。当前学校领导干部的选任制度下,高校校长敢于去大张旗鼓地筹资吗?这值得怀疑。②让高校想做。要加大财政部门的筹资匹配,并制定其他配套政策,激励高校积极筹融资。央属高校可以获得筹资匹配,地方高校为什么拿不到?希望地方政府尽早出台匹配政策,鼓励地方高校积极筹融资。③让高校会做。高校负责筹融资的领导需要技术培训;若自身没有技术能力,可以聘请社会上的专业人士,借力而为。"③

杨凯奇报道:"为人诟病的还有两大工程涵盖学校挤占了过多的财政资金。据统计,截至 2014 年 7 月,占本科数量 14.3%的'985''211'高校拿走了全国七成政府科研经费。其中 2009—2013 年间,'985'高校拿走 1 394.94 亿元,占总经费52.7%;'211'高校(除'985')拿走 510.66 亿元,占总经费的 19.3%,其他高校仅占 28%。熊丙奇认为,分配落差太大,严重挫伤了非两大工程院校的积极性。"④

①　李筱樱.国外一流大学办学经费分析[J].同济大学学报(人文·社会科学版),1994(S1):100-104.

②　冯永刚."双一流"是靠钱"砸"出来的吗?[J].教育与教学研究,2017,31(6):106-129.

③　洪成文.创新资金新结构着力推进"双一流"建设[J].中国高教研究,2018(1):20.

④　杨凯奇.985 和 211 将成历史"双一流"洗牌中国大学[N].时代周报,2016-07-05.

(二) 钱能够解决的问题都不是问题

冯永刚认为："将'钱景'视为大学发展或'双一流'的重要彰显。一些挤入'双一流'建设行列的高校,也想方设法增加一流学科的投资,由此引发高校'砸钱挖人'的不良行为。具有国家杰青、万人计划、长江学者等头衔的学者,或科研实力雄厚、发表论文层次高、获国家级奖励的人才成为'双一流'建设中'被挖'的对象。建设'双一流',仅有'钱'是不够的,还需依靠大学自身的核心竞争力,促成大学维持发展的永动模式,方能保持大学的世界领先位置。"①

龙宝新认为："'双一流'建设是促使大学与学科自我反省、复归自我的旅程,自我才是'双一流'建设永恒的阿基米德点。如若陷入胡乱'烧钱'的误区,这一建设随时都可能乱了阵脚、迷失自我,导致大学实力消散。因此,'双一流'建设更应该重视自我反省与内在修炼,而不应该急于找资金、挖人才、扩容量,不应该盲目围绕排名'指标'做文章。改革自强的对立面是克隆名校与'烧钱'仿制。这些思路与举措都只会与'双一流'建设背道而驰。其实,'双一流'建设的本意是引导大学去反思自身的改革路径问题,去盘活大学自身的潜能、资源与优势,而非要鼓励大学去用'钱'堆起一所'无心''无魂''忘本'的大学。对中国大学而言,'双一流'建设意味着让大学回归'中国心',找回迷失的'初心',唤醒学科建设的'本心'。也许,这才是我国大学'世界一流'建设从'砸'钱仿制走向本土化原创的科学之'道'。"②

薛国凤认为："大师也是要有的,但不能光盯着外来的引,更要关心本土教师的成长,培养本土教师的教育忠诚感与人才培养责任感。所以,如果非要用'砸'来表示'双一流'建设的决心,那接下来需要彻底思考的是'砸向哪里'以及'怎样砸'。"③

彭泽平认为："为在'双一流'建设中抢占先机,很多省市纷纷'砸'钱,投入巨资支持有条件的高校争创一流大学、一流学科。你追我赶,蔚为壮观。其实'双一流'建设需要钱,但是盲目'砸'钱、为了'一流'而'一流'却也是行不通的,并不是用钱就能够'砸'出我们需要的一流大学与一流学科。用钱"砸"出来的往往是一些物质层面的、外在的东西。通过'砸'钱,往往是'砸'出了量而未必有质。"④

何志伟认为："巨资是世界一流大学建设的必要而非充要条件。如近期持续发酵的高校持巨资进行'挖人大战'的恶性竞争现象,不但破坏了人才自由流动的良性生态环境,而且容易滋生世界一流大学建设就是投钱、砸钱、堆钱的错误价值导向,不利于我国世界一流大学建设总体战略目标的实现。此外,通过反思我国'985工程'大学的经验教训,不难发现世界一流大学建设的主要矛盾已经不是资金的问

① 冯永刚."双一流"是靠钱"砸"出来的吗? [J].教育与教学研究,2017,31(6):106-129.
② 冯永刚."双一流"是靠钱"砸"出来的吗? [J].教育与教学研究,2017,31(6):106-129.
③ 冯永刚."双一流"是靠钱"砸"出来的吗? [J].教育与教学研究,2017,31(6):106-129.
④ 冯永刚."双一流"是靠钱"砸"出来的吗? [J].教育与教学研究,2017,31(6):106-129.

题,而是管理体制机制、学术文化、学术生态、学术环境等软实力方面的问题。"①

(三)"双一流"大学建设不能唯钱

1. 2019 年我国台湾 7 所大学与武汉大学投入与排名比较

张雯雯报道:"大陆 75 所教育部直属大专院校公布 2019 年财务预算,北京清华大学以 297.21 亿元人民币拨得头筹,'百亿俱乐部'最后一名武汉大学预算为 106.44 亿元人民币。大陆 75 所教育部直属大专院校公布 2019 年财务预算,结果北京清华大学以 297.21 亿元人民币、约合 1 364 亿元新台币拨得头筹。这在岛内高校看来,感觉尤其心酸。台湾《中国时报》29 日称,台湾大专院校的收入包括台'教育部'补助的经费、学生支付的学杂费、竞争型计划如'高教深耕'以及校方产学合作、校务基金投资、捐款等自筹经费。不过一来'教育部'补助并不多,台湾大专院校学费又长年'冻涨',加上不像香港有企业家捐款给学校的风气,因此岛内各校多是'自力救济'。有记者搜寻台湾几所顶尖大学官网首页的'校务财务公开信息栏',发现台大 2019 年预算为 205.86 亿元新台币,成功大学 62.38 亿元新台币、新竹交通大学 57.84 亿元新台币、台师大 55.4 亿元新台币、政治大学 39.13 亿元新台币、新竹'清华大学'36.12 亿元新台币、台科大 28.62 亿元新台币。总计 7 所顶尖大学 2019 年的预算约为 485 亿元新台币,比大陆 2019 年"百亿俱乐部"最后一名武汉大学的 106.44 亿元人民币(约合 485 亿元新台币)还少一些,其中台大预算更不到'大陆首富'北京清华大学的 1/6。一名顶尖大学校长表示,他当过政府公务员,知道在当局预算中'20 亿简直不算钱,你把它删掉都不会被注意',但对台湾大专院校来说就是救命稻草。台湾每年的高等教育经费要分给 150 多所大学,而且大搞平均化;相比之下人口是台湾 1/3 的香港,总教育经费跟台湾相去不远,公立大学只有 8 所;大陆直属教育部的大学有 75 所,除了中央给经费,还有省级、地方层级补助,远比台湾顶尖大学过得滋润。《旺报》29 日称,数字会说话,跟大陆大学比起来,台湾顶尖大学的经费简直惨不忍睹,'政府长期要顶尖大学做功德、当台湾之光,给资源的时候又在哪'?"②上述可以列表见表 4-2。

表 4-2　2019 年我国台湾地区 7 所大学与武汉大学投入与排名比较

校　名	投　入（折合新台币）	QS 世界大学排名 1 000 强	
		2018—2019 年	2019—2020 年
台湾大学	205.86 亿元	72	69
成功大学	62.38 亿元	234	225

---

① 冯永刚."双一流"是靠钱"砸"出来的吗?[J].教育与教学研究,2017,31(6):106-129.

② 张雯雯.台湾心塞:七大顶尖高校预算之和不敌大陆"排最后"的武大[N].环球时报,2019-04-30.

（续表）

校　名	投　入（折合新台币）	QS 世界大学排名 1 000 强	
		2018—2019 年	2019—2020 年
新竹交通大学	57.84 亿元		
台湾师范大学	55.4 亿元	308	331
政治大学	39.13 亿元	601	551
新竹"清华大学"	36.12 亿元		
台湾科技大学	28.62 亿元	257	251
合　计	485 亿元		
武汉大学	485 亿元	257	257

（四）"双一流"大学需要提高资金使用效益

1. 20 多年来我国对著名大学投入了大量资金

前已述及，"211 工程"大学、"985 工程"大学和"2011 计划"大学共投入的资金三者相加：368.26 亿元＋903.53 亿元＋5 亿元＝1 276.79 亿元。

除此以外，教育部直属高校还有"百亿俱乐部"成员，见表 4-3 和表 4-4。

表 4-3　2018 年教育部直属高校决算排行榜前六位　（单位：亿元）

序号	学校名称	总经费	收入合计	支出合计
1	清华大学	276.44	199.69	184.85
2	浙江大学	191.92	125.98	113.08
3	北京大学	189.17	120.41	118.34
4	上海交通大学	178.71	128.22	122.55
5	中山大学	130.53	85.22	90.72
6	复旦大学	114.99	83.22	79.41

表 4-4　2019 年教育部直属高校(部分)预算经费　（单位：亿元）

序号	学校名称	总经费	收入合计	支出合计
1	清华大学	297.21	218.94	243.46
2	浙江大学	191.77	125.57	127.98
3	北京大学	190.07	133.08	135.77
4	中山大学	175.17	123.02	137.21

（续表）

序号	学校名称	总经费	收入合计	支出合计
5	上海交通大学	156.32	125.29	126.32
6	复旦大学	125.09	89.52	95.12
7	华中科技大学	106.98	74.37	83.19
8	武汉大学	106.44	70.08	79.44

2. 我国著名大学世界排名尚有上升空间（见表4-5）

表4-5　我国教育部直属百亿俱乐部大学世界排名表

学校名称	QS世界大学排名	
	2018—2019年	2019—2020年
清华大学	17	16
浙江大学	68	54
北京大学	30	22
中山大学	295	287
上海交通大学	59	60
复旦大学	44	40
华中科技大学	415	400
武汉大学	257	251

3. 世界排名100多名的日本名古屋大学17年17人获诺奖

在网上，充斥着日本获得诺贝尔奖的消息，如"据统计，21世纪以来日本已有19人获得诺贝尔奖，平均每年一位。诺奖得主增至27位""18年间18人，盘点日本27位诺奖得主""日本17年拿17个诺奖，获奖者及名古屋大学校长却开始反思"。

韩声江报道："公开信称，日本国立大学近年所能拿到的资金日渐减少，2015年86所大学4所研究机构共拿到1兆945亿日元，比2004年减少了1 470亿日元（13.4%）。自诺贝尔奖1901年首次颁发以来，共有24位日本人被授予诺贝尔奖。……进入21世纪以来，日本17年间在自然科学领域共有17人获得诺贝尔奖，其原因何在？17位诺奖获得者，15人为日本本土博士。这也是自汤川秀树1949年首获诺贝尔物理学奖以来第25位获奖的日本人（含2名日裔）。进入21世纪以后，自然科学三大奖项中，日本以'17年17人获奖'的成绩仅次于美国位居世界第二。17 位诺奖获得者与名古屋大学相关的占到 6 名。正如松尾清一所言,经澎湃新闻统计,17 位诺奖得主的获奖研究平均在 27.65 年前完成。"①这里的"名古屋大学"2018—2019 年 QS 世界大学排名"第 111 名",2019—2020 年 QS 世界大学排名"第 115 名";这里"17 位诺奖获得者,15 人为日本本土博士"值得深思。笔者曾提出:"什么叫一流学科?获得诺贝尔奖者或院士是该校博士点的毕业生,而不是留洋的学生,是本土的。"我国 2012 年获得诺贝尔文学奖的莫言毕业于解放军艺术学院文学系,2015 年获得诺贝尔医学奖的屠呦呦毕业于北京大学医学部。现在很多提"国际化"而很少提"本土化",1928 年张伯苓制定的《南开大学发展方案》就提出"土货化"的办学方针。

4."双一流"大学不一定是百年老店

有的学者认为,办学历史上累计投入多易成为一流大学。我国香港科技大学成立于 1991 年,2019—2020 年 QS 世界大学排名第 32 名;香港城市大学成立于 1984 年,排名为第 52 名。殷晶晶、管国锋、袁燕指出:"2007 年,阿卜杜拉国王斥资 100 亿沙特里亚尔(约 167 亿人民币)在圣城麦加附近城市吉达(Jeddah)旁的小渔村图沃(Thuwal)兴建了一所以自己名字命名的科技大学——阿卜杜拉国王科技大学(KAUST)。建校之初,KAUST 就以世界一流作为标准,确立了一个宏伟目标:'通过 11 年的时间,跻身世界一流大学前 20 强及亚洲顶级大学行列'。建校短短 5 年时间,KAUST 就已成为全球范围内论文平均引用次数增长最快的学术机构之一,在众多国际可比指标上跻身世界一流行列。"②

5."双一流"关键在内涵建设

从"大学之大,不在于校门之大;大学之高,不在于校门之高",我们想起"山不在高,有仙则名;水不在深,有龙则灵"。20 世纪 30 年代清华大学校长梅贻琦说过:"大学者,非大楼之谓也,乃大师之谓也。"通过这些资料对比分析,关键不是在内涵建设吗?再看看现在的大学花几百万元造一个校门,搞观光电梯、搞广场喷泉等,不需上级说话就干得很快,而高等教育质量上级三令五申却收效甚微,大学资金的使用效益不值得深思吗?

2018 年 5 月 2 日,习近平在北京大学师生座谈会上的讲话中指出:"当前,我国高等教育办学规模和年毕业人数已居世界首位,但规模扩张并不意味着质量和效益增长,走内涵式发展道路是我国高等教育发展的必由之路。……目前,我国大学硬件条件都有很大改善,有的学校的硬件同世界一流大学比没有太大差别了,关键是要形成更高水平的人才培养体系。"

① 韩声江.日本 17 年拿 17 个诺奖,获奖者及名古屋大学校长却开始反思[Z].澎湃新闻,2016-10-27.
② 殷晶晶,管国锋,袁燕.以阿卜杜拉国王科技大学之成功崛起谈世界一流大学建设[J].化工高等教育,2017(6):1-4,43.

6."双一流"大学建设应重视资金的使用绩效

在第三章中已阐述了资金的使用效益和预算绩效管理,不再赘述。

许路阳报道:"储朝晖分析:由于缺乏专业评价,985高校和211高校在使用财政支持方面,又易出现绩效偏低等问题。"①

记者董洪亮报道:"近日,我国一些著名大学公布的2014年度决算情况表明,有的高校已经进入'百亿俱乐部',其投入接近世界一流大学的水平。在办学条件、投入及经费得到比较充分保障的前提下,政府理应加强高校的产出效益监管,尤其应该对一流学科建设进行动态管理,建立激励与退出机制。"②

① 许路阳.明年启动新一轮世界一流大学建设[N].新京报,2015-11-06.
② 董洪亮.建设世界一流大学的"变"与"不变"[N].人民日报,2015-10-22.

第五章　新中国高校财务领域70年的基本经验与教训

第一节　新中国高校财务70年的历史经验与主要启示

笔者在《新中国高校财务70年》的"前言"中曾提及："对新中国高校财务领域中的理论研究,是在总结新中国高校财务70年经验与教训的基础上才能得出高校财务发展的规律性,该书作为本书的姊妹篇拟在明年出版的《高校财务理论研究》(暂定名)中阐述。"

在历史的长河中,人们为了生存与发展,总是不断地探索前进的道路,甚至走过不少弯路。明智的人们又不断地总结经验与教训,研究其发展规律,探索新的道路,避免弯路和邪路。因此,经验是宝贵财富,教训更是宝贵财富。无论经济发展、政治建设、军事斗争、科学研究等一切领域都是如此,概莫能外。高校财务领域亦是如此,正如毛泽东指出的那样:"人类总得不断地总结经验,有所发现,有所发明,有所创造,有所前进,那种停止的论点,悲观的论点,无所作为和骄傲自满的论点,都是错误的。"高校财务领域需要实践的探索和发展,经过理论的研究与实践检验,不断推进高校财务领域理论的丰富和创新。

一、新中国高校财务70年的壮丽历程

(一)高校会计要素与记账方法的发展轨迹

1. 高校会计要素的发展轨迹

1950年12月13日,财政部颁布的《各级人民政府暂行单位预算会计制度》第12条规定:"分为收入、支出、资产、负债和资产负债共同类等五大类。"

1954年11月1日,财政部颁布的《各级人民政府单位预算会计制度》规定:全面学习苏联,由上述的五大类改为资产和负债两大类。

1965年9月18日,财政部发布的《行政事业单位会计制度》第四章中指出:"分为'资金来源'、'资金运用'和'资金结存'三大类,共设置十八个会计科目。"

1988年9月17日,财政部颁布的《事业行政单位预算会计制度》第十五条指出:"各单位通用的资金来源、资金运用和资金结存会计科目三大类。"

1988年12月10日,国家教育委员会发布的《高等学校会计制度(试行)》第二

十四条指出："会计科目分为'资金来源''资金运用'和'资金结存'三大类。"

1996年3月11日，财政部发布的《预算会计核算制度改革要点》（财预字〔1996〕26号）第四条指出："确认会计要素。将会计要素划分为资产、负债、净资产（基金）、收入、支出等五个要素。"

1998年3月31日，财政部和教育部颁布的《高等学校会计制度（试行）》（财预字〔1998〕105号）"第二部分"指出："会计科目分为资产类，负债类，净资产类，收入类和支出类。"

2013年12月30日，财政部印发的《高等学校会计制度》（财会〔2013〕30号）第一部分第五条指出："高等学校会计要素包括资产、负债、净资产、收入和支出。"

2017年10月24日，财政部发布的《政府会计制度——行政事业单位会计科目和报表》第一部分第六条指出："单位会计要素包括财务会计要素和预算会计要素。财务会计要素包括资产、负债、净资产、收入和费用。预算会计要素包括预算收入、预算支出和预算结余。"

2. 高校记账方法的发展轨迹

1950年12月13日，财政部颁布的《各级人民政府暂行单位预算会计制度》第8条规定："本制度采用复式记账原理和现金收付记账法登记账目，一切账簿格式概以付方列左，收方列右。但如事实需要，各单位会计得改用借贷记账法登记账目。"

1952年12月，财政部颁布的《各级人民政府单位预算会计制度》第8条规定："本制度采用复式记账原则，借贷记账法登记账目。但各单位会计得参照事实需要，改用现金收付记账法，以付方列左，收方列右。"

1965年9月18日，财政部发布的《行政事业单位会计制度》第四章中指出："采用以资金活动为主体的'收付记账法'。"①

1988年9月17日，财政部颁布的《事业行政单位预算会计制度》第十八条指出："事业行政单位会计的记账方法，采用以资金活动为主体的收付记账法，即'资金收付记账法'。"

1988年12月10日，国家教育委员会发布的《高等学校会计制度（试行）》第十九条指出："高等学校原则上采用资金收付记账法。高等学校所属独立核算单位，可根据有关规定，结合单位具体情况，采用资金收付记账法、借贷记账法或增减记账法。"

1996年3月11日，财政部发布的《预算会计核算制度改革要点》（财预字〔1996〕26号）第四条指出："改变记账方法。将资金收付记账法改为借贷记账法。"

① 1962年，黑龙江财政干校闫伯臣等发明财产收付记账法（该文在《经济研究》1962年第9期发表），在黑龙江等地行政事业单位试行。

1998 年 3 月 31 日,财政部和教育部颁布了《高等学校会计制度(试行)》(财预字〔1998〕105 号)第四条指出:"高等学校会计记账采用借贷记账法。"

从上述记账方法的变迁可以看出五大变化:①现金收付记账法;②借贷记账法;③资金收付记账法;④资金收付记账法、借贷记账法或增减记账法;⑤借贷记账法。

(二) 高校预算管理的发展轨迹

1. 事业单位预算管理形式发展轨迹

(1) 全额、差额、自收自支三种预算管理形式的确立①

国务院 1989 年 1 月 5 日批准、财政部 1989 年 1 月 26 日发布的《关于事业单位财务管理的若干规定》(〔1989〕财政部令 2 号)第二条指出:"事业单位预算管理形式主要分为:全额预算管理;差额预算管理;自收自支管理。"

1992 年 11 月 2 日,财政部印发的《社会文教事业全额预算管理单位财务管理暂行办法》(〔1992〕财文字第 745 号)第二条规定:"全额预算管理单位是指没有稳定的经常性收入或收入较少[一般占单位经常性支出的 30%(不含)以下],各项支出全部或主要由国家预算拨款供应的预算单位。为了方便、加强对同一类型事业单位的财务管理,事业主管部门商同级财政部门同意后,可以对个别收入略高于上述规定比例的事业单位,实行全额预算管理。"第三条规定:"对有条件向差额预算管理过渡的全额预算管理单位,主管部门和财政部门应促其逐步向差额预算管理过渡。"第八条规定:"国家对全额预算管理单位实行预算包干、结余留用、超支不补的预算管理办法。主要形式有:经费和任务挂钩,一年一定;核定基数,比例递增(减);包死基数,一定几年等。"

高校的经常性支出早就超过了 30%,因此,不应列为全额预算管理单位。在以后的改革中,承担高等教育公益服务,划入了"公益二类"。

(2) 全额、差额、自收自支三种预算管理形式的取消

1997 年 6 月 9 日,《财政部对北京市财政局关于执行财政部 8 号令及 1997 年国家预算收支科目有关问题的复函》(财社字〔1997〕56 号)指出:"执行《事业单位财务规则》后不再将事业单位划分为全额、差额、自收自支三种预算管理形式。国家对事业单位实行核定收支、定额或者定项补助、超支不补、结余留用的预算管理办法。"但遗憾的是,相当多的论文还在研究当今的"全额拨款事业单位",不少高校

---

① 笔者查到"全额预算管理单位""差额预算管理单位"和"自收自支预算管理单位"在 1959 年就涉及,如《海南史志网》的"第四节财政管理"指出:"1959 年,海口市对行政事业单位实行收支预算包干管理,并根据单位的不同性质,分为全额预算、差额预算、自收自支、企业化管理等不同形式。"之后,《上海市志》的"财政"篇指出:"1980 年起,正常经费实行预算包干办法,对全额预算拨款单位采用预算定额包干;对差额预算补助单位采用定收入、定支出、定补助;对自收自支单位采用定收入、定支出、结余数额或定比例上交的包干办法。包干结余全部留给单位。"

网上注明自己是"全额拨款事业单位"。

2. 高校预算外资金发展轨迹

(1) 高校预算外资金的确立

1951年12月1日,《中共中央关于实行精兵简政、增产节约、反对贪污、反对浪费和反对官僚主义的决定》规定:"各单位自己的家务和物资必须加以清理,只要其家务是正常生产而非经商投机或非法套取国家资财,应仍归其自管,不算做国家收入。但各级领导机关必须根据中央财委的规定,实行统一监督,以便于必要时得调配其物资,并对机关生产的资金利润,规定支配的手续、严格的用途和民主管理的制度,以免其自由滥用。"这可能是新中国成立后最早对"预算外收入"的规定。1980年1月24日,《中共中央 国务院关于节约非生产性开支,反对浪费的通知》第十一条指出:"一切有条件组织收入的事业单位,都要积极挖掘潜力,从扩大服务项目中,合理地组织收入,以解决经费不足的问题,促进事业的发展。应用科研单位和设计单位要积极创造条件,改为企业经营,不仅不用国家的钱,还要力争上缴利润。"国家教委《关于直属院校预算外资金管理的若干规定》第三条指出:"高等学校预算外资金由下列各项目组成:①应转预算外收入;②科技三项费用拨款;③代管科研经费;④其他代管经费;⑤特种资金收入;⑥委托培养经费;⑦学校基金前期收入;⑧学校基金。"

(2) 高校预算外资金的管理

1983年2月28日,财政部颁发的《预算外资金管理试行办法》第二条规定:"预算外资金是指根据国家财政制度、财务制度规定,不纳入国家预算,由各地方、各部门、各企业事业单位自收自支的财政资金。"1996年7月6日,《国务院关于加强预算外资金管理的决定》(国发〔1996〕29号)指出:"预算外资金,是指国家机关、事业单位和社会团体为履行或代行政职能,依据国家法律、法规和具有法律效力的规章面收取、提取和安排使用的未纳入国家预算管理的各种财政性资金。"这个定义与10年前《国务院关于加强预算外资金管理的通知》的定义相比更规范和准确,不提"自行提取、自行使用"而强调了"依据国家法律法规和具有法律效力的规章";并将"不纳入"改为"未纳入",将"资金"改为"财政性资金"。

高校预算外资金要上缴财政专户,实行收支两条线管理。1996年7月6日,《国务院关于加强预算外资金管理的决定》(国发〔1996〕29号)指出:"预算外资金是国家财政性资金,不是部门和单位自有资金,必须纳入财政管理。财政专户,支出由同级财政按预算外资金收支计划和单位财务收支计划统筹安排,从财政专户中拨付,实行收支两条线管理。"

(3) 取消预算外资金,将预算外资金管理纳入预算管理

2012年6月27日,财政部部长谢旭人在第十一届全国人民代表大会常务委员会第二十七次会议上作《关于2011年中央决算的报告》,指出:"全面取消预算外资

金,将所有政府性收入纳入预算管理。部门预算、国库集中收付、政府采购等预算管理制度改革深入推进。"

1996 年 10 月 22 日,经国务院 1996 年 10 月 5 日批准,财政部发布的《事业单位财务规则》(财政部令第 8 号)第十二条规定:"事业单位收入包括:财政补助收入,上级补助收入,事业收入,经营收入,附属单位上缴收入,其他收入。"第十三条规定:"事业单位的各项收入全部纳入单位预算,统一核算,统一管理。"

3. 高校预算公开的发展轨迹

(1) 预算属于不能公开的机密

长期以来,预算决算是国家秘密。1951 年 6 月 1 日政务院第八十七次政务会议通过、1951 年 6 月 7 日报请中央人民政府主席批准、1951 年 6 月 8 日政务院命令公布发布的《保守国家机密暂行条例》在第二条"国家机密包括下列基本范围"中的第五款规定:"国家财政计划,国家概算、预算、决算及各种财务机密事项。"1988 年 9 月 5 日,《中华人民共和国保守国家秘密法》(主席令第六号)第三十五条规定:"本法自 1989 年 5 月 1 日起施行。1951 年 6 月公布的《保守国家机密暂行条例》同时废止。"中间经历 38 年时间。

《南京师范学院 1959 年度预算分配方案》封面上标有"绝密"字样。

1997 年,国家保密局和财政部制定的《经济工作中国家秘密及其密级具体范围的规定》指出,"财政年度预、决算草案及其收支款项的年度执行情况,历年财政明细统计资料等属于国家秘密,不得向社会公开"。

(2) 政府预算必须公开透明

2007 年 4 月 5 日,《中华人民共和国政府信息公开条例》(国务院令第 492 号)第十条第四款规定:县级以上各级人民政府主动公开的政府信息的具体内容为"财政预算、决算报告"。

2008 年 9 月 10 日,《财政部关于进一步推进财政预算信息公开的指导意见》(财预〔2008〕390 号)第二条指出:"财政预算信息是财政政务信息的重要内容,具体包括预算管理体制、预算分配政策、预算编制程序等预算管理制度,以及预算收支安排、预算执行、预算调整和决算等预算管理信息。中央各部门和地方各级财政部门要按照《中华人民共和国政府信息公开条例》的要求,加大财政预算信息的主动公开力度。在此基础上,重点公开政府预算、部门预算、预算执行以及财政转移支付等内容。"

高校预(决)算公开透明始于 2010 年。2010 年 4 月 6 日,教育部发布的《高等学校信息公开办法》(教育部令第 29 号)第七条"高等学校应当主动公开以下信息"规定:"(六)学生奖学金、助学金、学费减免、助学贷款与勤工俭学的申请与管理规定等;……(八)收费的项目、依据、标准与投诉方式;(九)财务、资产与财务管理制度,学校经费来源、年度经费预算决算方案,财政性资金、受捐赠财产的使用与管理情况,仪器设备、图书、药品等物资设备采购和重大基建工程的招投标。"

2012 年 11 月 16 日,《教育部关于做好高等学校财务信息公开工作的通知》(教财〔2012〕4 号)指出:"高等学校财务信息公开是校务公开的重要内容,是《条例》和《高等学校信息公开办法》的要求。做好财务信息公开工作,有助于提高高校工作的透明度、保障师生员工和社会公众的知情权和监督权,推动高校依法办学、依法理财;有助于提升高校预算管理和财务管理水平,充分发挥资金使用效益,有效保障高等教育事业的科学发展。"

2013 年 8 月 19 日,《教育部关于进一步做好高等学校财务信息公开工作的通知》(教财函〔2013〕96 号)指出:"国务院办公厅印发了《当前政府信息公开重点工作安排》(国办发〔2013〕73 号),要求加大高校财务信息公开力度,推动各高校公开预算决算信息,并细化公开至项级科目。"

2014 年 7 月 25 日,教育部公布了《高等学校信息公开事项清单》(教办函〔2014〕23 号),明确提出,高校面向社会主动公开的事项,包括招生考试、财务资产及收费、教学质量、学生管理服务、对外交流与合作等 10 个大类 50 条具体项目(简称"50 条")。

(三) 高校固定资产单位价值和高校收费标准的显著变化反映高校事业发展的辉煌成就

1. 高校固定资产单位价值的显著变化反映高校事业的迅猛发展

(1) 单位价值在 5 元以上

1952 年,《江苏省各级政府机关固定资产登记管理暂行办法(草案)》第三条规定:"前条所称固定资产除拨入、移转者外,其购置、添建系指单位预算科目有关各自及其他费用中属于财产性质之购置而言,以上财产性质之确定除图书外,均以估计使用年限在一年以上暨其一次购价在五万元①以上者为原则,但如属大宗相向规格之低值易耗品其总价在二百万元以上,虽不尽合以上原则,亦可视作固定资产处理。各级单位主管部门如认为前项确定财产之起始点较高,可酌情减低。凡存出长期性(一年以上)之押金、保证金等,视同固定资产。"

(2) 单位价值在 10 元以上

1955 年 7 月 31 日,教育部和财政部发布的《高等学校固定资产管理暂行办法》第四条指出:"凡新建、购置、拨入接收、移交、捐赠的各种财产,合于下列规定者,皆称为固定资产:①单位价值在 10 元以上,且耐用年限在一年以上者;②单位价值

---

① 1954 年 12 月 20 日,中共中央发出了《关于发行新币的指示》,决定从 1955 年 3 月 1 日起发行新币。1955 年 2 月 21 日,周恩来颁发《关于发行新的人民币和收回现行的人民币的命令》。1955 年 3 月 1 日,中国人民银行开始发行人民币新币,新旧币折换比率为新币 1 元等于旧币 10 000 元。1955 年 6 月 10 日,人民币新旧币兑换工作基本结束。

在 20 元以上,容易破损的物品(如瓷器、玻璃器皿);③凡属家具单位价值在 4 元以上,且耐用年限在一年以上者;④图书、报纸刊物合订本、装订成册的资料,及教学或科学研究的档案、图片、字画、相片底版等(但非科学技术的小册子,和每张在 3 元或每套在 5 元以下的图片,不列作固定资产)。本条所谓"单位价值"系指全新的价值,如已用旧应按全新价值标准计算。"

(3) 单位价值在 100 元以上

1979 年 9 月 21 日,教育部、财政部发布的《教育部所属高等学校固定资产管理办法(试行)》第四条规定:"属于下列条件的为固定资产:①单价在 100 元以上,耐用期在一年以上的教学、科研设备;②单价在 20 元以上,耐用期一年以上的一般设备;③单价虽不满 20 元,但耐用期在一年以上的大批同种类财产和有的财产单价达不到划分标准,但与已列入固定资产目录的财产系同品种、规格、型号的;④有的财产比较稀缺,学校认为应列入固定资产的。"

(4) 单位价值在 200 元以上

1993 年 1 月 19 日,财政部发布的《财政部关于提高事业行政单位固定资产会计核算起点的通知》(〔93〕财预字第 3 号)第一条规定:"事业行政单位固定资产会计核算起点为:专用设备,单价在 500 元以上(含 500 元);一般设备,单价在 200 元以上(含 200 元),且耐用时间都在一年以上。单价低于固定资产核算起点,但耐用时间在一年以上的大批同类财产,也应进行固定资产的会计核算。"

(5) 单位价值在 500 元以上

1997 年 6 月 23 日,财政部和国家教育委员会发布的《高等学校财务制度》(财文字〔1997〕280 号)第三十二条规定:"固定资产是指一般设备单位价值在 500 元以上、专用设备单位价值在 800 元以上,使用期限在一年以上,并在使用过程中基本保持原有物质形态的资产。单位价值虽未达到规定标准,但耐用时间在一年以上的大批同类物资,作为固定资产管理。"

(6) 单位价值在 1 000 元以上

2012 年 12 月 19 日,财政部和教育部印发的《高等学校财务制度》(财教〔2012〕488 号)第四十二条规定:"固定资产是指使用期限超过一年,单位价值在 1 000 元以上(其中:专用设备单位价值在 1 500 元以上),并在使用过程中基本保持原有物质形态的资产。单位价值虽未达到规定标准,但是耐用时间在一年以上的大批同类物资,作为固定资产管理。"

(7) 单位价值在 2 000 元以上

2010 年 9 月 2 日,财政部发布的《高等学校会计制度(征求意见稿第二稿)》在"1401 固定资产"中的第二条指出:"固定资产是指高等学校拥有的预计使用年限超过一年(不含一年)、单位价值在 2 000 元以上、在使用过程中基本保持原有物质形态的有形资产。"由于该文件为"征求意见稿",因此未执行。

(8) 单位价值在规定标准以上

2013 年 12 月 30 日,财政部发布的《高等学校会计制度》(财会〔2013〕30 号)在"1501 固定资产"中的第一条指出:"固定资产是指高等学校持有的使用期限超过 1 年(不含 1 年)、单位价值在规定标准以上,并在使用过程中基本保持原有物质形态的资产。单位价值虽未达到规定标准,但使用期限超过 1 年(不含 1 年)的大批同类物资,作为固定资产核算和管理。"

2. 高校收费标准的显著变化反映高校事业的快速发展

从 1951 年夏出版的大学入学考试简章中可以看出,交通、同济、南京、浙江、复旦等国立大学也都收取学费。①

(1) 自费生、走读生的收费标准

1980 年,"经上海市委、市政府批准,上海交大、复旦、上外等 22 所高校招收 3 000 名自费走读生。自费走读,不包分配,原则上要缴纳国家规定培养经费的三分之二以上。对于这批学生的办学经费来源,除向学生收取少量学费外,每年还将由上海市人民政府补贴 50 万元"。1980 年,上海普通高校走读生的收费标准是本科生每学期 25 元。②

(2) 公费生的收费标准

1989 年 8 月 22 日,国家教委、国家物价局、财政部《关于普通高等学校收取学杂费和住宿费的规定》(〔1989〕教财字第 32 号)指出:"从 1989 学年度开始,对新入学的本、专科学生(包括干部专修科和第二学士学位班学生),实行收取学杂费制度。考虑到当前各地经济发展水平、人民群众的收入水平和经济承受能力,收取学杂费的标准,本着起点从低,逐步调整的原则,一般地区以每学年 100 元为宜。经济特区和广东、上海等经济比较发达的地方可适当高些,但最高不得超出国务院国发〔1989〕19 号文件中规定的标准。从 1989 学年度开始,对新入学的住学校宿舍的本、专科学生要收取住宿费,一般每学年 20 元左右,住宿条件好的可适当多收一些。住学生公寓的,仍按各地规定执行。"

在上述两例中,高校固定资产单位价值从 5 元到 1 500 元,增长了 300 倍;高校收费标准从 100 元到 6 000 元左右,增长了 60 倍。从这两例的"一斑"可以"窥豹",高校事业发展经历了壮丽的历程。收费是市场行为,收费份额的增长反映高校适应市场的能力的增强。

---

① 张建奇."免学费加人民助学金"政策的形成、实施及其作用和影响[J].清华大学教育研究,2002,23(4):33-38.

② 上海高校招收三千走读生[N].人民日报,1980-08-01.

二、新中国高校财务领域 70 年的基本经验

(一) 坚持中国共产党是高校财务的领导核心

领导我们事业的核心力量是中国共产党。习近平在 2016 年"七一"讲话中指出:"办好中国的事情,关键在党。中国特色社会主义最本质的特征是中国共产党领导,中国特色社会主义制度的最大优势是中国共产党领导。"因此,坚持党的领导是新中国高校财务领域 70 年取得辉煌成就的根本保证。

众所周知,共产党不仅作出了改革开放的决策,而且推动了改革开放的实施。没有中国共产党不可能有新中国高校财务领域 70 年的丰功伟绩。《教育部关于加强直属高校直属单位财务队伍建设的意见》第二条指出:"切实落实单位领导班子在财务管理工作中的主体责任。"这是高校财务领域加强党的领导的科学总结。

(二) 坚持中国特色社会主义经济理论是高校财务的指导思想

十九大通过的《中国共产党章程》指出:"改革开放以来我们取得一切成绩和进步的根本原因,归结起来就是:开辟了中国特色社会主义道路,形成了中国特色社会主义理论体系,确立了中国特色社会主义制度,发展了中国特色社会主义文化。"党的十九大报告指出:"中国特色社会主义是改革开放以来党的全部理论和实践的主题,是党和人民历尽千辛万苦、付出巨大代价取得的根本成就。"

社会主义市场经济理论是新中国 70 年来探索的伟大成果,也是改革开发的重大理论创新。2017 年中央经济工作会议指出:习近平新时代中国特色社会主义经济思想内涵之一是"坚持使市场在资源配置中起决定性作用"。社会主义市场经济理论对高校财务的影响是:形成以政府投入为主,包括市场行为的收费等多渠道高等教育投资体制;基本形成以政府办学为主体、社会各界共同参与、公办学校和民办学校共同发展的办学体制;竞争性拨款,绩效管理和财务治理等。

(三) 坚持为民理财是高校财务的宗旨

习近平总书记指出:"人民是历史的创造者,群众是真正的英雄。人民群众是我们力量的源泉。"广大高校财务人员是高校财务发展的力量源泉,是高校财务领域实践和理论发展和创新的主体,他们用聪明才智凝聚起创新发展的磅礴力量,使高校财务领域发生了天翻地覆的历史性巨变。

为人民服务是我们一切工作的宗旨。2017 年中央经济工作会议指出:习近平新时代中国特色社会主义经济思想内涵之一是"坚持以人民为中心的发展思想"。在《国家中长期教育改革和发展规划纲要》《高等教育法》、大学章程中,高校财务定位于"保障条件",即为高校改革与发展提供财力保障。广大高校会计人员兢兢业业,埋头苦干,为教学科研服务,为稳定发展服务,为师生员工服务,特别在"放管服"之后,为民理财上了一个新台阶。

(四) 坚持依法理财是高校财务的准绳

改革离不开法治。习近平指出:"法律是治国之重器,良法是善治之前提。改革和法治如鸟之两翼、车之两轮,将有力推动全面建成小康社会事业向前发展。当前,我们要着力处理好改革和法治的关系。改革和法治相辅相成、相伴而生。在法治下推进改革,在改革中完善法治。"

市场经济是法治经济。依法理财是落实依法治国基本方略重要组成部分,是高校财务领域反腐倡廉建设的重要措施,是规范校内经济秩序、保障资财完整、提高经费效益、维护学校权益的基本要求,因此,高校必须依法理财。《国家中长期教育改革和发展规划纲要(2010—2020年)》规定:"坚持依法理财,严格执行国家财政资金管理法律制度和财经纪律。"2015年5月22日,《教育部关于直属高校落实财务管理领导责任严肃财经纪律的若干意见》提出"使财经纪律真正成为带电的高压线"。坚持依法理财,严格遵守财经纪律,严格贯彻会计法规和财务制度,严格执行预算,是高校师生员工,特别是领导必须履行的职责,更是广大高校会计人员的职业操守,是必须遵从的最低道德底线和行业规范。

(五) 坚持科学理财

2011年6月29日,国务院发布的《国务院关于进一步加大财政教育投入的意见》第四条第二款指出:"全面推进教育经费的科学化精细化管理。一是要坚持依法理财、科学理财。"科学理财就是要实事求是,遵循理财规律办事。1940年,毛泽东在《新民主主义论》中就指出:"科学的态度是'实事求是'。"[①]1941年,毛泽东在《改造我们的学习》中指出:"这种态度,就是实事求是的态度。'实事'就是客观存在着的一切事物,'是'就是客观事物的内部联系,即规律性,'求'就是我们去研究。"[②]从上可以看出,"科学的态度是'实事求是'""实事求是的'是'即规律性"。实事求是要求真实。"真实",即真实地反映经济业务和会计事项,不做假账,不弄虚作假,不移花接木,不搞小金库,会计凭证不搞虚假业务,财务报告不搞虚假陈述。同时高校财务必须遵循客观经济规律和教育规律。

科学理财必须推进制度化、规范化、程序化建设。2011年7月1日,胡锦涛同志在庆祝中国共产党成立90周年大会上的讲话中指出:"在新的历史条件下提高党的建设科学化水平,必须坚持用制度管权管事管人,健全民主集中制,不断推进党的建设制度化、规范化、程序化。"由此可见,高校的财务管理与会计工作是严格按制度办事的专业工作,科学理财必须推进制度化、规范化、程序化建设。

(六) 坚持平安理财

2014年11月17日,《教育部关于加强直属高校直属单位财务队伍建设的意

---

① 毛泽东.毛泽东选集:第2卷[M].北京:人民出版社,1991:663.

② 毛泽东.毛泽东选集:第3卷[M].北京:人民出版社,1991:801.

见》(教人〔2014〕6 号)第二条指出:"切实落实单位领导班子在财务管理工作中的主体责任:①各单位领导班子承担财务管理的主体责任。财务工作是单位工作的重要组成部分。各单位应从事业发展基础和重要支柱的角度定位财务工作,充分认识加强财务工作的必要性和重要性,不断提高单位领导班子为民理财、依法理财、科学理财、平安理财的能力和水平。完善领导班子决策制度和议事规则,凡属重大决策事项、重大项目安排、大额资金使用等重大问题,要加强前期论证,要由单位领导班子集体研究决定,落实分工负责,切实承担财务管理的主体责任。②党政主要领导干部要强化主体责任、主体意识。把财经纪律作为高压线,严格执行八项规定、国务院'约法三章'、各项财经法律法规等。做到对重要财务工作亲自部署、重大财务问题亲自过问、重点环节亲自协调,切实抓好班子、带好队伍、管好自己。③加强单位内部财务管理与监督。各单位主要领导同志应当支持总会计师、财务机构、财务人员依法行使职权。特别是要充分发挥总会计师的专业化管理作用。严格遵守和执行国家财经法规,进一步完善内部控制制度,加强自我约束、自我监督、防范财务风险。大力支持财务队伍建设和信息化建设,全面提高财务人员素质,不断提升业务水平和服务能力。"

高校理财的底线或最低要求是防范财务风险、确保资金安全运行。21 世纪高校财务领域内曾发生惊动高层的三大问题:高校巨额举债,高校乱收费和高校科研经费漏洞。政府与高校应未雨绸缪,防患于未然。为此,高校必须加强财会内部控制建设,掌控会计与财务各个流程的风险点,做到会计与财务各个流程不带病运作。

三、新中国高校财务领域 70 年的主要启示

2014 年 3 月 28 日,习近平在德国科尔伯基金会的演讲时指出:"历史是最好的老师,它忠实记录下每一个国家走过的足迹,也给每一个国家未来的发展提供启示。"

(一) 注重科学立法

新中国高校财务经历了 70 年,"70 而从心所欲不逾矩",即"70 岁能随心所欲而不越出规矩"。习近平非常强调规矩,他指出:"没有规矩,不成方圆。党章就是党的根本大法,是全党必须遵循的总规矩。""要坚持问题导向,把严守政治纪律和政治规矩放在首位。""治理一个国家、一个社会,关键是要立规矩、讲规矩、守规矩。""自觉按原则、按规矩办事。"

1. 科学立法就是立法要符合实际

《会计法》第四条规定:"单位负责人对本单位的会计工作和会计资料的真实性、完整性负责。"在会计实务中,存在"真发票假业务"的情况,这种发票一般会计人员很难鉴别,智能财务更难识别,因此,要单位负责人对本单位的会计资料的真

实性负责是不切实际的规定,建议在修改《会计法》时将其修改,同时建议修改《审计法》①。

《高等学校财务制度》(2012)第十章为"成本费用管理"。第五十九条规定:"成本核算是指按照相关核算对象和核算方法,对高等学校业务活动中发生的各种费用进行归集、分配和计算。"第六十一条规定:"高等学校应当正确归集实际发生的各项费用;不能直接归集的,应当按照一定原则和标准合理分摊。"第六十二条规定:"高等学校应当根据实际需要,逐步细化成本核算,开展学校、院系和专业的教育总成本和生均成本等核算工作。科研活动成本的核算应当细化到科研项目。"杨纪琬指出:"事业单位的基本业务如果要进行成本核算,其难度不亚于甚至要超过企业的成本核算,这是因为事业单位成本核算的对象往往不可能像企业那样明确、具体。考虑我国目前情况,事业单位进行成本核算的条件还不够成熟。"②高等学校将费用归集与分配到成本核算对象很烦琐,笔者多次提出"'年生均教育培养成本'计算难且意义不大"。③ 实际上,《高等学校财务制度(2012)》第十章至今几乎没有学校实施过。

1994 年 7 月 3 日,《国务院关于〈中国教育改革和发展纲要〉的实施意见》(国发〔1994〕39 号)中提到的"教育银行",但却未实施。

2. 必要的法规却未制定或制定了没有执行

(1)《教育投入法》和《高等教育收费条例》应制定但尚未制定

2001 年 7 月 26 日,教育部印发的《全国教育事业第十个五年计划》(教发〔2001〕33 号)第四条第一款指出:"建议研究制定《教育经费保障法》。"2004 年 3 月 3 日,国务院批转的《2003—2007 年教育振兴行动计划》(国发〔2004〕5 号)第 30 条规定:"适时起草《教育投入法》……"

2014 年 4 月 25 日,《教育部财务司 2014 年教育财务工作要点》(教财司函〔2014〕152 号)第 2 条指出:"研究起草《学校收费条例(草案)》,推进学校收费改革和收费管理制度化、规范化。"

(2) 高校拨款咨询委员会制定了没有执行

2010 年 6 月 21 日,中共中央政治局审议并通过的《国家中长期教育改革和发展规划纲要(2010—2020 年)》第五十八条指出:"设立高等教育拨款咨询委员会,增强经费分配的科学性。"《中共中央关于全面深化改革若干重大问题的决定》第 3 条规定:"大幅度减少政府对资源的直接配置。"

---

① 审计分为财务审计与管理审计,但《宪法》第九十一条和《审计法》第二条将审计对象仅局限于"财政收支"或"财务收支",建议增加"管理审计"的内容。

② 杨纪琬.学习两个《准则》的体会[J].预算会计,1996(10):22-27.

③ 乔春华.《事业单位会计准则》与《事业单位财务规则》研究——以高等学校为例[M].南京:南京大学出版社,2010:248-249.

3."逐步"提高,停步不前还是退步

(1)"逐步提高"到"不低于 4%"——退步

《中国教育改革和发展纲要》第 48 条指出:"逐步提高国家财政性教育经费支出占国民生产总值的比例。"《中华人民共和国教育法》(2015)第五十五条规定:"国家财政性教育经费支出占国民生产总值的比例应当随着国民经济的发展和财政收入的增长逐步提高。"

2018 年 8 月 17 日,《国务院办公厅关于进一步调整优化结构提高教育经费使用效益的意见》(国办发〔2018〕82 号)却提出"不低于 4%",当然,5% 或 6% 是"不低于 4%"的"逐步提高",但 4.1% 或 4.2% 却不是"不低于 4%"的"逐步提高"。张国、樊未晨报道:"中国发展研究基金会副理事长卢迈说,目前,我国财政性教育经费占 GDP 比重已达 4.1%,建议提高到 5%。……全国政协常务委员兼副秘书长、民进中央副主席朱永新对记者说,很多国家的财政性教育经费占 GDP 比例超过 6%。随着社会发展,教育投入占比应该越来越高,4%'绝对不是最高点',他赞成逐步提高比例的建议。"[①]《教育法》规定"逐步提高",国办却规定"不低于 4%",这不是"逐步提高"而是退步。

(2)"逐步实行基金制"——停步不前

1993 年 2 月 13 日,中共中央、国务院印发的《中国教育改革和发展纲要》(中发〔1993〕3 号)第 21 条指出:"改革按学生人数拨款的方法,逐步实行基金制。"25 年过去了,仍然未改革按学生人数拨款的方法,"逐步实行基金制"却一步都没有走出来,停步不前。

(二)注重改革创新

十九大报告指出:"只有改革开放才能发展中国、发展社会主义、发展马克思主义。"习近平指出:"创新是引领发展的第一动力。""创新是一个民族进步的灵魂,是一个国家兴旺发达的不竭源泉,也是中华民族最鲜明的民族禀赋。""增强改革创新本领。"

1. 25 年来高校的财政拨款制度的"改革""完善""健全"却未根本突破

1993 年的《中国教育改革和发展纲要》第 21 条就提出:"改革对高等学校的财政拨款机制。"2017 年 9 月,中共中央办公厅、国务院办公厅印发的《关于深化教育体制机制改革的意见》指出:"要健全教育投入机制。强调要完善财政投入机制。健全各级教育预算拨款制度和投入机制。"2018 年 8 月 17 日,国务院办公厅发布的《国务院办公厅关于进一步调整优化结构提高教育经费使用效益的意见》(国办发〔2018〕82 号)第二条是"完善教育经费投入机制"。但高校的财政拨款制度的"改

---

① 张国,樊未晨.教育界人士:建议国家财政性教育经费占 GDP 比重提至 5%[N].中国青年报,2019-06-03.

革""完善""健全"没有发生根本变化,仍然没有"改革按学生人数拨款的方法,逐步实行基金制",仍然是"投入型"的拨款机制而不是"绩效型",简单地说,高校拨款机制的转变不是从"入口"而是应从"出口"入手。

2. 10多年来高校绩效拨款推动缓慢

2008年10月8日,《财政部 教育部关于完善中央高校预算拨款制度的通知》(财教〔2008〕232号)指出:"中央高校预算拨款制度改革的总体思路是:增加绩效拨款,构建激励机制。"第二条第3款指出:"建立与公共财政相适应、科学规范的高校绩效评价体系,引入以绩效为导向的资源配置方式。"2012年6月14日,教育部印发的《国家教育事业发展第十二个五年规划》(教发〔2012〕9号)指出:"完善高等学校财政支出绩效评价体系,构建以绩效为导向的资源配置机制。"2014年4月25日,《教育部财务司2014年教育财务工作要点》(教财司函〔2014〕152号)第9条指出:"改革和完善高等教育投入政策。完善促进中央高校内涵发展的绩效拨款制度。"

研究生和高职生也要绩效拨款。《国务院学位委员会 教育部关于加强学位与研究生教育质量保证和监督体系建设的意见》(学位〔2014〕3号)指出:"建立研究生教育绩效拨款制度。"但是,高校绩效拨款推动缓慢。

3. 高校管理改革等绩效拨款是"花钱进度"的拨款不是"绩效拨款"

《中央高校管理改革等绩效拨款管理办法》是替代《财政部关于实行中央级普通高校绩效拨款与项目支出预算执行挂钩办法的通知》的文件,其考核绩效的指标是"项目支出预算执行率",即"花钱进度"。笔者曾指出:"我国目前在'项目支出'中按执行预算进度奖励的拨款不能称为绩效拨款。"[①]

高校目前绩效评价只限于"项目支出",未拓展到"基本支出"。因为培养人才具有迟效性特点,高等教育质量很难计量,所以,"基本支出"的绩效评价很难。但可以以毕业率、就业率等指标在少数学校试点,先走出一步总结经验。

(三) 注重稳中求进

笔者查阅后知,2011年中央经济工作会议公报就提出"要突出把握好稳中求进的工作总基调"。以后每年中央经济工作会议都提到"坚持稳中求进工作总基调"或"继续把握好稳中求进的工作总基调"等。

2017年中央经济工作会议指出:"稳中求进工作总基调是治国理政的重要原则。"但是,高等教育的发展与高等教育的投入却不符合"稳中求进工作总基调"这个治国理政的重要原则。

1. 高等教育的发展不符合"稳中求进工作总基调"这个治国理政的重要原则

20世纪末到21世纪前10年是高等教育跨越式发展的时期。"教育大跃进"的

---

① 乔春华.高校预算管理研究[M].苏州:苏州大学出版社,2013:266-270.

说法出现在媒体,未出现在官方文件。出现在官方文件的一个词叫"跨越式发展",如:教育部 2004 年 2 月 10 日制定、国务院 2004 年 3 月 3 日批转的《2003—2007 年教育振兴行动计划》(国发〔2004〕5 号)指出:"教育事业实现了跨越式发展。" 2004 年 7 月 13 日,教育部、财政部《关于进一步完善高等学校经济责任制加强银行贷款管理切实防范财务风险的意见》(教财〔2004〕18 号)指出:"我国高等教育改革取得了重大突破,高等教育事业实现了跨越式发展。"社会主义初级阶段是不可逾越的历史阶段,而"跨越式发展"与"稳中求进工作总基调"不协调。

从表 5-1 可以看出,我国从 2000 年后高等教育的发展不是稳中求进而是突飞猛进,扩招引起高等教育的突飞猛进超过了财力的支撑,而新校区建设更超出了财力的支撑,以致高校背负巨大债务。

表 5-1 中国高等教育毛入学率提前实现对比表(1993—2018 年)

文件规定目标	《全国教育事业发展统计公报》
1994 年 7 月 3 日,《国务院关于〈中国教育改革和发展纲要〉的实施意见》规定:"到 2000 年入学率将上升到 8%左右。"	2000 年达到 11.2%
国务院 1999 年 1 月 13 日批转的《面向 21 世纪教育振兴行动计划》规定:"到 2010 年,入学率接近 15%。"	2002 年达到 15%
2001 年 7 月 26 日,教育部《全国教育事业第十个五年计划》指出:"2010 年目标:高等教育毛入学率争取达到 20%左右。"	2010 年达到 26.5%
2012 年 6 月 14 日,教育部《国家教育事业发展第十二个五年规划》"主要目标"中显示:"2015 年毛入学率达到 36%。"	2015 年达到 40.0%
2017 年 1 月 10 日,国务院《国家教育事业发展"十三五"规划》"主要目标"中显示:"2020 年达到 50%。"	2018 年达到 48.1% 2019 年达到 51.6%

资料来源:根据教育部《全国教育事业发展统计公报》及相关资料整理。

《中华人民共和国高等教育法》(2015)第六条规定:"国家根据经济建设和社会发展的需要,制定高等教育发展规划,举办高等学校,并采取多种形式积极发展高等教育事业。"但是,从上可以看出,高等教育毛入学率目标在规划实施中计划赶不上变化:要么目标不准确,要么执行脱离实际。如 2001 年的《全国教育事业第十个五年计划》提出 2005 年高等教育毛入学率达到 15%左右,仅隔 1 年(提前 4 年),2002 年高等教育毛入学率就达到 15%;2010 年,《国家中长期教育改革和发展规划纲要(2010—2020 年)》提出 2020 年高等教育毛入学率达到 40%,实现高等教育大众化,仅隔 5 年(提前 5 年),2015 年就达到 40%;2017 年的《国家教育事业发展"十三五"规划》提出 2020 年达到 50%,实现高等教育普及化,仅隔 2 年,2019 年高等教育毛入学率就达到 51.6%。从上可以看出,毛入学率大众化到高等教育普及化仅用 4 年。总之,目标不断变动,游移不定,反映了对"经济建设和社会发展的需要"心中无数,对"社会主义初级阶段"的国情把握不准,高等教育发展不是建立在科学预测的基础上。2007 年 9 月 6 日,习近平在上海市徐汇区调研指出:"规划是导向、是龙头,是做好各项工作的前提和基础。"2014 年 2 月 26 日,习近平强调指出:"规划科学是最大的效益,规划失误是最大的浪费,规划折腾是最大的忌讳。"2018 年 9 月 20 日,中央全面深化改革委员会主任习近平主持召开中央全面深化改革委员会第四次会议,会议指出:"构建发展规划与财政、金融等政策协调机制,更好发挥国家发展规划的战略导向作用。"高校发展规划也必须与财政、金融等政策协调,规划科学是最大的效益,规划失误是最大的浪费。对于高等教育的实际发展,信马由缰,缺乏事先的监控,结果砍掉一些博士点、硕士点,撤销 400 多个本科专业。在"砍掉""撤销"前浪费许多宝贵的财力、物力、人力,耽误了许多学子的青春和前途。至于跨越式发展造成高等教育质量的普遍下降,已在第三章中阐述。

2. 高等教育的投入不符合"稳中求进工作总基调"这个治国理政的重要原则

《中国教育改革和发展纲要》(中发〔1993〕3 号)第 48 条指出:"国家财政性教育经费支出占国民生产总值的比例,本世纪末达到百分之四,达到发展中国家八十年代的平均水平。"1993 年为 2.54%,2000 年为2.87%,未达到 4%。2003 年为 3.28%,比上一年 3.32%下降 0.04%;2004 年为 2.79%,比上一年下降 0.49%;2010 年为 3.65%,比上一年 3.59%上升 0.06%;2011 年为 3.93%,比上一年上升 0.28%;2012 年比上一年上升 0.35%,是历史上涨幅最大的一年,不仅达到 4%,而且为 4.28%!但 2013 年为 4.16%,比上一年下降 0.12%;2014 年为 4.10%,又比上一年下降 0.06%;2015 年为 4.15%,比上一年上升 0.05%;2016 年为 4.22%,又比上一年上升 0.07%;2017 年为 4.14%,又比上一年下降 0.08%;2018 年为 4.02%,又比上一年下降 0.12%,是 2012 年以来最低的一年;不是稳中求进,而是有进有退,有升有降。GDP 总是增长的,高等教育总是发展的,因此,教育投入必须稳中求进。

此外,高校的"项目支出"年终突击花钱也不符合"稳中求进"均衡花钱的原则。

第二节 21 世纪高校财务领域内惊动高层三大问题的反思

一、新时代"研究发展起来后出现的问题"需要总结历史经验教训

(一) 研究发展起来以后出现的问题

1993 年 9 月 16 日,邓小平同志与弟弟邓垦谈话时指出:"过去我们讲先发展起

来。现在看,发展起来以后的问题不比不发展时少。"①

2013 年 3 月 1 日,习近平同志在中央党校建校 80 周年庆祝大会上的讲话中指出:"当前,全党面临的一个重要课题,就是如何正确认识和妥善处理我国发展起来后不断出现的新情况新问题。"②

(二) 研究发展必须以问题为导向

马克思指出:"主要的困难不是答案,而是问题。""世界史本身除了用新问题来回答和解决老问题之外,没有别的办法。"③

毛泽东在《反对党八股》中指出:"什么叫问题? 问题就是事物的矛盾。哪里有没有解决的矛盾,哪里就有问题。……用马克思主义的方法去观察问题、提出问题、分析问题和解决问题,我们所办的事才能办好,我们的革命事业才能胜利。"④习近平同志很注意"问题",如"问题意识""问题导向""问题倒逼""带着问题学"等。

习近平在 2016 年的哲学社会科学工作座谈会上指出:"坚持问题导向是马克思主义的鲜明特点。问题是创新的起点,也是创新的动力源。只有聆听时代的声音,回应时代的呼唤,认真研究解决重大而紧迫的问题,才能真正把握住历史脉络、找到发展规律,推动理论创新。坚持以马克思主义为指导,必须落到研究我国发展和我们党执政面临的重大理论和实践问题上来,落到提出解决问题的正确思路和有效办法上来。"

不发现问题是风险,不解决问题是危险。问题是实践的起点,问题是在实践中产生的,也必须在实践中解决,并接受实践的检验。实践发展永无止境,矛盾运动永无止境,只有找准了问题才能对症下药、有的放矢,"具体问题具体分析是马克思主义活的灵魂"。坚持问题导向,发现问题是前提,分析问题是核心,解决问题是关键。解决问题的过程,是实践创新、理论创新、制度创新的过程。因此,要增强问题意识,突出问题导向。乐于发现问题,善于分析问题,敢于解决问题,是高校财务工作者理论自信的表现,我们应心怀问题意识,肩负解决问题的责任。

(三) 研究问题需要总结历史经验教训

1964 年 7 月 9 日,毛泽东同志在会见外宾时指出:"如果要看前途,一定要看历史。"1965 年 7 月 26 日,毛泽东同志在中南海接见刚从海外归来的原国民党政府代总统李宗仁先生和夫人时,对程思远说:"我是靠总结经验吃饭的。"

"以史为鉴"。本节以"三大问题"为导向,研究和反思 21 世纪在高校财务领域内惊动高层的三大问题,对于在新时代高校财务的健康发展是十分必要的。

---

① 中共中央文献研究室.邓小平年谱(1975—1997)(下)[M].冷溶,汪作玲,主编.北京:中央文献出版社,2004:1364.

② 引自《人民日报》2013 年 3 月 3 日。

③ 马克思,恩格斯.马克思恩格斯全集:第 1 卷[M].2 版.北京:人民出版社,1995:203.

④ 毛泽东.毛泽东选集:第 3 卷[M].北京:人民出版社,1991:839.

二、三大问题惊动高层

21世纪高校财务领域内三大问题是指高校巨额举债,高校乱收费和高校科研经费漏洞。

(一)高校巨额举债惊动高层

1. 审计亮剑

2005年5月30日,审计署发布2005年第2号审计公告,通报了2004年审计署组织对杭州、南京、珠海、廊坊四市高教园区(俗称"大学城")开发建设情况的审计调查结果,指出:"贷款比重高,偿贷存在一定风险:四市高教园区建设计划投资中的银行贷款占近三分之一,截至2003年底,实际取得银行贷款152.76亿元,占已筹集到建设资金的59.42%。南京中医药大学新校区和北京师范大学珠海分校分别已贷款7亿元和6.28亿元,分别占已筹集到建设资金的93%和94%。"

2006年3月,审计署发布《18所部属高校2003年度财务收支审计结果》。审计显示:18所高校债务总额72.75亿元,比2002年末增长45%,其中基本建设形成的债务占82%。

记者雷恺报道:"近年来,一些地方的高校竞相圈地,新建扩建校园,依靠银行贷款建成一批规模宏大、华美壮观的园区。但随着贷款陆续到期,部分高校深陷还贷泥潭。审计署科研所副所长刘力云,在7月2日接受记者采访时,给出了这样一组数据,'根据审计结果,到2010年底全国一共有1 164所地方所属的普通高校有地方政府性债务,大概的金额是2 634.98亿元,整个这个债务应该说是规模不小。……根据我们的审计结果,地方所属高校的借新还旧率确确实实超过了50%'。"[1]

2. 人大代表、政协委员热议

从2005两会开始,全国"两会"和各省、市、自治区"两会"期间,"高校贷款""高校财务风险"和"高校化债"等成为人大代表和政协委员的热门话题。最近几年,有些省、市、自治区的"两会"仍有这方面的呼声。

3. 中央与政府高度重视

记者郭少峰报道:"国务委员陈至立近日表示,目前高校债务存在潜在的风险。要把高校负债问题等提到议事日程上来。这是国务院有关领导首次在公开场合就高校负债问题发表意见。陈至立是在教育部直属高校工作咨询委员会会议上做上述表示的。她在罗列目前高等教育所面临的问题时说,高等教育投入与高等教育发展需求还有较大差距;高校债务数额较大,贷款比例较高,存在潜在的风险。'要在深入调查研究的基础上,采取切实措施,解决影响稳定和发展的突出问题,要把

---

① 雷恺.审计署:全国1 164所地方所属高校负债2 634亿[N].济南日报,2011-07-04.

高校负债等问题提到议事日程上来.'"①

2010年11月30日,《财政部教育部关于减轻地方高校债务负担化解高校债务风险的意见》(财教〔2010〕568号)第一条指出:"经国务院批准,从2009年起,财政部、教育部在中央高校实施了减轻债务负担、化解债务风险试点工作,取得初步成效."

2011年2月13日,《国务院办公厅关于做好地方政府性债务审计工作的通知》(国办发明电〔2011〕6号)在"高校、医院等重点行业和单位的三类债务情况和偿债风险进行分析"中指出:"一是摸清高校、医院等单位三类债务的规模及其比重情况;二是分析高校、医院等单位利用事业收入、经营收入等偿还到期政府担保债务和其他相关债务的能力;三是债务逾期情况和举借新债偿还旧债情况;四是分析其中政府担保债务、其他相关债务实际转化为地方政府负有偿还责任债务的情况."

(二)高校乱收费惊动高层

1.审计亮剑

2006年3月29日,审计署发布的2006年第1号审计公告指出:"教育部直属18所高校乱收费总计8.68亿元."

2.人大代表、政协委员热议

从2002两会开始,全国"两会"和各省、市、自治区"两会"期间,"高校乱收费"成为人大代表和政协委员议论的焦点.

3.中央与政府高度重视

党中央、国务院对治理教育乱收费工作十分重视,2003年初,胡锦涛、吴官正同志在中央纪委第二次全会,温家宝同志在国务院第一次廉政工作会议上分别发表了重要讲话,对治理教育乱收费工作提出明确要求.

中央政治局常委、中纪委书记吴官正在十六届中央纪委第二次全会上指出"深入治理教育乱收费",在十六届中央纪委第三次全会上指出"严肃查处各种乱收费行为";中央政治局常委、中纪委书记贺国强在十七届中央纪委第五次全会上指出"继续治理教育乱收费".

中共中央政治局委员、国务委员刘延东在全国治理教育乱收费部际联席会议上多次强调,要把坚决治理教育乱收费放在更加突出的位置,统筹兼顾,标本兼治,突出重点,源头治理,务求实效,深入推进治理教育乱收费工作,办好人民满意的教育.

2003年5月,经国务院和中央纪委同意,由教育部会同国务院纠风办等部门建立了治理教育乱收费部际联席会议制度,统一指导和协调全国治理教育乱收费工作,印发了《教育部关于2003年全国治理教育乱收费工作的实施意见》,并报请

---

① 郭少峰.国务委员陈至立:解决高校负债问题要提上议程[N].新京报,2008-01-02.

国务院办公厅转发各地执行。

2001 年 6 月 12 日,国务院纠风办、教育部发布《国务院纠风办、教育部关于进一步做好治理教育乱收费工作的意见》;2002 年 8 月 28 日,教育部、国务院纠风办下发了严厉禁止高等学校招生违规收费的紧急通知;2003 年至 2016 年,教育部、国务院纠风办、监察部、国家发展改革委、财政部、审计署、新闻出版总署七部门每年都发布《关于 20××年规范教育收费治理教育乱收费工作的实施意见》。

(三) 高校科研经费漏洞惊动高层

1. 审计亮剑

2014 年 10 月 10 日,中央纪委监察部网站公布了《中共科学技术部党组关于巡视整改情况的通报》,通报指出:"审计署 2012 年 4 月审计发现 5 所大学 7 名教授弄虚作假套取国家科技重大专项资金 2 500 多万元的问题。"

2013 年 10 月 11 日,在国新办新闻发布会上,科技部部长万钢对科研经费"恶性问题"连说两个"愤怒",并表示"痛心"和"错愕"。山东省发布的审计报告显示,该省教育厅所属 13 所大学编报科研经费项目支出预算 9.43 亿元。2007 年至 2009 年,陕西两所高校分别用项目经费 41.9 万元和 29.36 万元购买小轿车和旅行车各 1 辆。陕西 15 所省属高校 2007 年至 2009 年 29 个"科技创新"项目中,列支家庭和个人电话费、私家车保险费和汽车油料费等 38.38 万元。2008 年至 2010 年,贵州两所高校挤占挪用科研等办学经费 1 745.4 万元,用于经济适用房建设及投资经营性资产等支出。[①]

2. 人大代表、政协委员热议

从 2011 两会开始,全国"两会"和各省、市、自治区"两会"期间,"科研经费黑洞""科研经费乱象频发"和"科研经费腐败"成为人大代表和政协委员热议话题。

3. 中央与政府高度重视

2012 年 1 月 8 日,中央政治局常委、中纪委书记贺国强在十七届中央纪委第七次全会上的工作报告中指出:2012 年年党风廉政建设和反腐败工作主要任务之一,"深入落实《关于加强高等学校反腐倡廉建设的意见》,加强师德校风学风建设,认真解决高等学校在招生录取、基建工程、物资采购、财务管理、科研经费、校办企业、学术诚信等方面存在的突出问题"。

科研经费是纪委对各高校巡视腐败风险的重点问题之一。

三、三大问题反思

(一) 政府应加强宏观调控与监管

政府作为高校出资者的代理人应加强宏观调控与监管,高校巨额举债是高校

---

① 审计报告揭科研腐败黑洞,13 大学 9.4 亿经费说不清[N]. 新京报,2013-10-14.

利用"父爱情结"绑架政府的"成功"范例。

在整个高校贷款的热潮中,高校是积极运作者,金融机构是推波助澜者,政府是被动的失控者。2002 年后,全国高校的基建贷款在不顾还贷后果中竞相攀升,当政府意识到巨额举债存在潜在财务风险时,才于 2004 年 7 月 13 日出台《教育部 财政部关于进一步完善高等学校经济责任制加强银行贷款管理切实防范财务风险的意见》;2004 年 12 月 24 日,《教育部关于建立直属高校银行贷款审批制度的通知》指出:"我部决定从 2005 年 1 月 1 日起,建立直属高校银行贷款审批制度。"

1999 年 12 月 1 日,中国人民银行办公厅发布了《中国人民银行关于转发教育部办公厅〈关于部属高校"银校合作"问题有关意见的通知〉的通知》(银办发〔1999〕197 号),《关于部属高校"银校合作"问题有关意见的通知》(教财厅〔1999〕10 号)指出:"各校必须本着'谁贷款谁负责'的原则开展此项工作。……我部不承担此类贷款的还款责任。"当一些学者(包括部分人大代表和政协委员)提出政府买单帮助化债时,政府才被迫在《教育部 2009 年工作要点》第 4 条中提出"开展化解高校债务风险工作"。而各高校贷款之初,既没有审查各高校的总体发展战略规划,又没有审核还债计划。由于政府既未做到未雨绸缪,又没有加强宏观调控与监管,政府付出了沉重的代价。这个深刻的教训应当记取。

由于高校的任性贷款和政府宏观调控与监管不力,政府被迫化债,这也是对政府对高校长期投入不足的反弹,从某种意义上为 2012 年达到国家财政性教育经费占 GDP 的 4% 打下了基础。

(二) 高校是三大问题的责任主体

1. 高校是贷款主体也是还贷责任主体

2004 年 7 月 13 日,《教育部 财政部关于进一步完善高等学校经济责任制加强银行贷款管理切实防范财务风险的意见》(教财〔2004〕18 号)指出:"必须坚持'谁贷款,谁负责'的原则。《中华人民共和国高等教育法》明确规定,'高等学校在民事活动中依法享有民事权利,承担民事责任'。贷款高校作为贷款的主体,必须承担还贷责任。各高校要继续深入贯彻落实教育部、财政部《关于高等学校建立经济责任制加强财务管理的几点意见》的有关要求,把校内各级经济责任制落到实处。高等学校的校(院)长是高等学校的法定代表人,对偿还贷款负有法律责任。"

2007 年 1 月 15 日,《教育部 财政部关于"十一五"期间进一步加强高等学校财务管理工作的若干意见》(教财〔2007〕1 号)指出:"按照'谁贷款,谁负责'的原则,做好还本付息计划,承担还贷责任。"

2. 高校是收费的责任主体

2001 年 6 月 12 日,《国务院纠风办、教育部关于进一步做好治理教育乱收费工作的意见》(国纠办发〔2001〕10 号)指出:"按照'谁主管,谁负责'的原则,切实负起责任,把'一把手负总责,分管领导各负其责'的责任制落到实处。"

2016 年 5 月 12 日,教育部、国家发展改革委、财政部、国家新闻出版广电总局发布的《教育部等四部门关于 2016 年规范教育收费治理教育乱收费工作的实施意见》(教办〔2016〕4 号)指出:"各地教育行政部门和教育纪检监察部门要自觉维护国家政策的严肃性和权威性,敢于动真碰硬、真抓严管,对乱收费禁而不绝、群众反映集中强烈、造成恶劣影响的地方、部门和单位,既要追究直接责任,也要实行'一案双查',对履行'两个责任'不力的单位和个人严肃追责,始终保持高压严管、正风肃纪的氛围,坚决遏制乱收费屡禁不止的局面,推动全面从严治党向基层延伸。"

3. 高校是科研经费管理的责任主体

2005 年 6 月 26 日,《教育部 财政部关于进一步加强高校科研经费管理的若干意见》(教财〔2005〕11 号)指出:"加强科研经费管理,提高资金使用效益,是高校科技事业持续、健康发展的基本保证。各高校的党政主要领导,特别是作为学校法定代表人的校长必须高度重视此项工作,投入足够时间和精力,采取有效措施,切实加强科研经费管理,进一步提高科研经费的使用效益。分管财务、科研工作的校级领导必须对科研经费的管理和使用负责。"

2011 年 12 月 2 日,《教育部关于进一步贯彻执行国家科研经费管理政策 加强高校科研经费管理的通知》(教财〔2011〕12 号)第二条第一款指出:"明确高校学校一把手责任制。高校是所承担项目经费使用和管理的责任主体。学校一把手要高度重视科研经费管理工作,切实加强领导,有关科研经费管理的重大问题应按照有关规定由学校党委常委会或校长办公会进行专题研究决定。"

2012 年 12 月 17 日,《教育部 财政部关于加强中央部门所属高校科研经费管理的意见》(教财〔2012〕7 号)指出:"强化学校主体责任。学校是科研经费管理的责任主体,校(院)长对学校科研经费管理承担领导责任。"

2012 年 12 月 17 日,《教育部关于进一步加强高校科研项目管理的意见》(教技〔2012〕14 号)指出:"强化学校管理责任。学校是科研项目管理的责任主体,应认真履行法人职责。"

2012 年 12 月 18 日,《教育部关于进一步规范高校科研行为的意见》(教监〔2012〕6 号)第 12 条指出:"坚持高校党委对重大科研项目和重大科研经费的监管,强化责任意识,完善责任体系,健全科技资源配置机制、科研活动内控机制。校长要认真履行法人代表责任,指导督促分管科研、财务工作的校领导,加强对科研行为的管理。分管科研、财务工作的校领导要切实担负起对科研活动督促引导和对科研经费监督管理的职责。"

(三) 对不按规矩办事的必须通过"巡视"形成高压态势

巡视问责之后,高校各级组织管党治党主体责任明显增强,高校类似三大问题的任性行为得到有效遏制。正如 2017 年 1 月 6 日,习近平在十八届中央纪委第七次全会上指出的那样:"党的各级组织管党治党主体责任明显增强⋯⋯腐败蔓延势头得到有效遏制,反腐败斗争压倒性态势已经形成,不敢腐的目标初步实现,不能腐的制度日益完善,不想腐的堤坝正在构筑,党内政治生活呈现新的气象。"

(四) 滥用自主权必须问责

姜殊报道:"中国教育经济学研究会秘书长、北京师范大学袁连生指出,'中国的学校包括大学和中小学,财务权力比国外的学校要大许多,自由度也大许多。高校有财务决策权,却不承担后果。……一些高校的信息公开程度甚至比企业还差,暗箱操作现象普通,害了不少校长'。"①

余勤等报道:"美国密歇根大学校长柯尔曼女士曾说,在大学里,除了给师生创造好的教育环境、学术环境,为师生服务外,她没有任何其他权力。当高校领导只有这样的权力时,如果还出巨贪,那才是真令人震惊的事。"②

雷宇、叶铁桥报道:"高校教学经费来源已从过去的单一渠道转化为多渠道、多方位的筹资。高校开始频繁参与市场经济,基建规模逐渐扩大,且在工程建设、设备物资采购、招生录取等方面拥有的自主权越来越大。……与教学资金来源多样化不相适应的是,高校的管理还长期停留在计划经济时代。高校领导干部的权力相对集中,而与之配套的法律规范、权力监督机制却没有及时有效地跟进,在这些领域的职务犯罪也不断增多。……'权力过大,制约过小。高校内部的财务管理像个自成一体的小社会。'时任湖北省教育厅副厅长的周洪宇这样概括高校领导干部职务犯罪频发的原因。"③

曹淑江指出:"我国高等学校事实上拥有自主向银行贷款的权利,这在世界高等教育的发展过程中是极其罕见的。一些学校贷款过多后,银行不再向其发放贷款,有的就用教师的私人住房作为抵押,还有的用教师工资作抵押向银行贷款。个别高校甚至要求教师个人贷款给学校使用,有的学校严重违反国家法律高息向教师借钱融资。赋予高校自主贷款决策权还容易导致学校领导和教师'联合'侵占国家利益,使国有资产流失。例如,有的高校利用贷款为教职工发放过多的津贴,过高地提高教职工的福利待遇。总之,赋予高校自主向银行贷款的权利的后果是严重。高校中出现的贷款规模过大,高校基本建设支出随意性大、资金使用效率低、浪费严重等问题,是我国公立高等学校事实上拥有的财务自主权过大所致。……银行贷款成为目前高校最为通行的、普遍采用的筹资手段,在学校总资金中所占比例越来越大,甚至超过年度财政资金的几倍,而且大部分贷款是高等学校的自主行为。"④

---

① 姜殊.高校为扩建纷纷借巨债学费 15 年上涨 50 倍[N].瞭望东方周刊,2006-01-27.

② 余勤,颜新文,陈勇.高校腐败案在一些地方高发——警惕!硕鼠出没象牙塔[N].浙江日报,2011-12-15.

③ 雷宇,叶铁桥.高校腐败烈度逐年升级[N].中国青年报,2011-02-18.

④ 曹淑江.高等学校的软预算约束与财务自主权[J].高等教育研究,2005,26(10):48-52.

王北生指出："虽然在办学自主权问题上有待扩大与完善,但我国近几年高等学校已有了相当的办学自主权,这些自主权甚至超过了某些发达国家。有了自主权,关键在于用好它。我们应充分认识到,办学自主权,不是不要约束,或没有约束的自主权,用权与约束是并存的,没有约束监督的权力必须走向滥用、腐败。同时,办学自主权绝对不可以理解为高等学校可以完全自治。"①

由此可见,我国高校财务上出现的问题是滥用自主权,因此,必须加强内部控制,把权力关在制度的笼子里,对于违纪犯法的行为必须问责。

(五) 应从顶层设计完善制度建设

巡视是党内监督战略性制度安排,巡视又是中国特色社会主义民主监督制度,并已写入《中国共产党党章》。

就具体制度建设而言,科研经费制度还有待完善。2016 年 9 月 22 日,财政部、教育部印发的《中央高校基本科研业务费管理办法》(财教〔2016〕277 号)第十四条规定:"基本科研业务费不得开支有工资性收入的人员工资、奖金、津补贴和福利支出。"科研经费应该不应该列支科研项目主要人员的工资,是完善科研经费制度建设的关键。

陆琦报道:"钟南山说,'对科研人员的支持不单是无形的,还要有形的。科研经费只能用在仪器设备上,不能用于科研人员的劳务费、出差开支等。这肯定不合理'。在郭东明看来,真正的科研在于做好研究,而不是在于有多好的设备。'过去大量经费都是买硬件,忽视了软投入,而人力资源恰恰是科学研究中非常重要的方面。'因此,他建议科研经费中应该增加人力使用成本。"②

张玛睿、陈丽媛、王景烁报道:"东南大学人文学院教授吕乃基表示,贪污科研经费如何定义一定程度上也取决于规则的制定。'如果规则本身考虑到了方方面面的利益和科研工作的特殊性,这个行为肯定是有问题的;但如果规则本身不完善,对科研工作者创造性的劳动不予承认,这样的犯规很多,那么对规则的突破背后也有制度的原因。''作为劳务费直接划过去的也很不足,绝大多数都需要发票,发票成了产业链。'吕乃基指出,不少高校老师都拿不出这么多发票。'这也是制度的逼良为娼,迫使科研工作者突破规则。'"③

林小春报道:"在使用上,美国科研经费开支的一大部分是用来支付科研人员自己及其团队的工资与福利。美国大学分为研究型与教学型两大类,研究型大学的教授每年最多只能拿到 9 个月薪水,剩下 3 个月就来自于他们申请的课题经费。

---

① 王北生.高校办学自主权应做到"扩权"与"用好"的统一[N].教育科学,2001,17(3):54-55.

② 陆琦.在科研经费问题上不能像管生产那样管科研[N].中国科学报,2014-06-12.

③ 张玛睿,陈丽媛,王景烁.一边是腐败,一边是喊冤,科研经费为何问题频发[N].中国青年报,2017-05-11.

总之,工资与福利在科研经费里的比例一般可达 50％左右。"①

邓小平同志指出:"制度好可以使坏人无法任意横行,制度不好可以使好人无法充分做好事,甚至会走向反面"。② 科研经费中的腐败案例固然有这些科研人员道德失范的原因,但也有制度不合理的原因。

从顶层设计完善制度建设是全方位的,不仅包括建立制度,而且包括检查监督制度的执行,还包括对违反制度的问责。

忆往昔峥嵘岁月稠。习近平在纪念毛泽东同志诞辰 120 周年座谈会上的讲话中指出:"历史总是向前发展的,我们总结和吸取历史教训,目的是以史为鉴、更好前进。"习近平还指出:"历史是最好的老师。在漫长的历史进程中,中华民族创造了独树一帜的灿烂文化,积累了丰富的治国理政经验,其中既包括升平之世社会发展进步的成功经验,也有衰乱之世社会动荡的深刻教训。""雄关漫道真如铁,而今迈步从头越。"在这个伟大的新时代,我们要不忘初心、牢记使命,承前启后、继往开来,开启高校财务领域改革的新征程,开拓高校财务领域创新的新高度,开创高校财务领域发展的新局面。

---

① 林小春.美国怎样防范科研经费腐败[N].中国纪检监察报,2014-11-09.
② 邓小平.邓小平文选:第 2 卷[M].北京:人民出版社,1983:333.

主要参考文献

［1］邓小平.邓小平文选：第1卷［M］.北京：人民出版社,1989.

［2］邓小平.邓小平文选：第2卷［M］.北京：人民出版社,1994.

［3］邓小平.邓小平文选：第3卷［M］.北京：人民出版社,1993.

［4］杜拉克.非营利机构的经营之道［M］.余佩珊,译.台北：远流出版事业股份有限公司,1996.

［5］冯永刚."双一流"是靠钱"砸"出来的吗？［J］.教育与教学研究,2017,31(6)：106-129.

［6］高等学校经济效益问题研究会(筹备组).高等学校经济效益问题文集［M］.北京：教育部计划财务司,1983.

［7］高培勇."量入为出"与"以支定收"：关于当前财政收入增长态势的讨论［J］.财贸经济,2001(3)：11-16.

［8］葛家澍.经济核算的客观依据是时间节约规律［J］.中国经济问题,1961(3)：8-15.

［9］拉普斯基,莫克.高校的财务运作［M］.李正,主译.王晖,主校.北京：中国财政经济出版社,2004.

［10］联合国教科文组织总部.教育：财富蕴藏其中［M］.联合国教科文组织总部中文科,译.北京：教育科学出版社,1996.

［11］刘道玉.论一流大学的功能定位［J］.高教探索,2010(1)：5-9.

［12］刘道玉.中国怎样建成世界一流水平的大学［J］.高等教育研究,2003,24(2)：4-10.

［13］刘尚希,马洪范,景婉博,等.国外支出责任的理论考察与实践经验［J］.财政科学,2017(9)：62-67.

［14］娄尔行,石成岳.建立我国会计理论体系的设想［J］.财经研究,1980,6(4)：27-34.

［15］娄尔行,汤云为.试论经济效益审计［J］.财经研究,1985(2)：27-34.

［16］马克思.资本论：第1～4卷［M］.北京：人民出版社,1975.

［17］毛泽东.毛泽东选集：第1～4卷［M］.北京：人民出版社,1991.

［18］闵维方,丁小浩.中国高等院校规模效益：类型、质量的实证分析［J］.教育与经济,1993(1)：16-22.

［19］潘懋元.规模、速度、质量、特色：中国当前高等教育发展中的若干问题［J］.河北师范大学学报(教育科学版),2007,9(1)：5-12.

［20］潘懋元.精英高等教育与大众高等教育应统筹、协调发展［J］.教育研究,2004(4)：48-52.

［21］乔春华.《事业单位会计准则》与《事业单位财务规则》研究：以高等学校为例［M］.南京：南京大学出版社,2010.

［22］乔春华.大学经营的财务视角［M］.南京：南京大学出版社,2008.

［23］乔春华.大学校长理财研究［M］.南京：东南大学出版社,2018.

［24］乔春华.高等教育供给侧改革的财务视角［M］.南京：东南大学出版社,2017.

［25］乔春华.高等教育投入体制研究［M］.南京：南京大学出版社,2006.

［26］乔春华.高校财务管理体制研究［M］.南京：南京大学出版社,2011.

［27］乔春华.高校管理会计研究［M］.南京：东南大学出版社,2015.

［28］乔春华.高校管理审计研究［M］.南京：东南大学出版社,2016.

［29］乔春华.高校内部控制研究［M］.苏州：苏州大学出版社,2014.

［30］乔春华.高校预算管理研究［M］.苏州：苏州大学出版社,2013.

［31］乔春华.新中国高校财务 70 年［M］.南京：东南大学出版社,2019.

［32］邱渊.教育经济学导论［M］.北京：人民教育出版社,1989.

［33］习近平.决胜全面建成小康社会　夺取新时代中国特色社会主义伟大胜利:在中国共产党第十九次全国代表大会上的报告［N］.人民日报,2017-10-19.

［34］杨纪琬.会计核算制度改革的回顾与瞻望［J］.财务与会计,1993(6)：3-8.

［35］杨纪琬.学习两个《准则》的体会［J］.预算会计,1996(10)：22-27.

［36］杨时展.论我国会计工作者的思想解放问题:兼论会计的阶级性［J］.财会通讯,1992(11)：3-9.

［37］易庭源.从资金运动的观点来说明借贷原理［J］.中南财经政法大学学报,1958(3)：38-42.

［38］殷宗鹗.读"从资金运动的观点来说明借贷原理"［J］.中南财经政法大学学报,1958(4)：28-29.

［39］余绪缨.以社会主义市场经济理论为指导,对几个会计理论问题的重新认识［J］.厦门大学学报(哲学社会科学版),1993(1)：1-6.

［40］中央宣传部.习近平新时代中国特色社会主义思想学习纲要［M］.北京：学习出版社,2019.

［41］朱清时.建设一流大学值得重视的几个问题［J］.清华大学教育研究,2003,24(6)：45-47.